SCHÜLER
LEXIKON
WIRTSCHAFT

Tina und Stephan Schäfer
Gitterle 6
6975 Gerchsheim

SCHÜLER LEXIKON WIRTSCHAFT

2., neubearbeitete Auflage

Bearbeitet von Betriebswirt grad. Manfred Kuhn

Unter Mitarbeit von

Dipl.-Landw. Siegfried Reinhold · Dipl.-Vw. Franz Scheuring
Dipl.-Hdl. Hans-Josef Schmitt · Dipl.-Kfm. Bernd Zürn
Dipl.-Hdl. Gerd Seyfarth
Didaktische Beratung: Harry Fiebig

CIP-Kurztitelaufnahme der Deutschen Bibliothek

Gabler Schüler-Lexikon Wirtschaft
bearb. von Manfred Kuhn. Unter Mitarb. von Siegfried Reinhold . . . -
2., neubearb. Aufl. - Wiesbaden: Gabler, 1982.
ISBN 3-409-99162-X
NE: Kuhn, Manfred [Bearb.]

Redaktion: Dipl.-Vw. Klaus Hölzel

1. Auflage 1980
© Betriebswirtschaftlicher Verlag Dr. Th. Gabler GmbH, Wiesbaden 1982
Umschlaggestaltung: Horst Koblitz, Wiesbaden
Gesamtherstellung: IVD-Industrie- und Verlagsdruck GmbH, Walluf
Alle Rechte vorbehalten. Auch die fotomechanische Vervielfältigung des
Werkes (Fotokopie, Mikroskopie) oder von Teilen daraus bedarf der vorherigen
Zustimmung des Verlages.

Printed in Germany

ISBN 3 409 99162 X

Vorwort zur 2. Auflage

Die außerordentlich gute Aufnahme, die die 1. Auflage des Schülerlexikons bei den Lesern fand, bestätigt sowohl die didaktische Konzeption dieses Werkes als auch die Brauchbarkeit und Unentbehrlichkeit eines Leitfadens, der umfassend über die Grundlagen der Wirtschaftslehre informiert.

Auch in der 2. Auflage will das Schülerlexikon nicht nur reines Nachschlagewerk, sondern ebenso Ratgeber sein, der zwar auf wissenschaftliche Begründungen verzichtet, den wirtschaftlich nicht Vorgebildeten jedoch motiviert, sich intensiv mit wirtschaftlichen Fragen und Problemstellungen auseinanderzusetzen.

Die Neuauflage enthält eine große Zahl von Überarbeitungen, Erweiterungen und Neuerungen. Nicht nur Daten und Abbildungen zu Themen, wie z. B. Steuerspirale, Bundeshaushalt oder Sozialprodukt wurden auf den neuesten Stand gebracht, sondern es konnten insbesondere Anregungen aus unserem Leserkreis berücksichtigt werden. Die wesentlichen Neuerungen im einzelnen: Wichtige Einzelstichworte zu dem zur Zeit so aktuellen Thema *Energie* wurden zusätzlich aufgenommen und auf die betreffenden Zusammenhänge verwiesen. Der Leser hat somit die Möglichkeit, sich an der aktuellen Diskussion zu beteiligen.

Des weiteren wurde das Lexikon ergänzt durch Stichworte, wie z. B. ABC-Analyse, Anschaffungskosten, Drittwiderspruchsklage, Ergonomie, Gebrauchsmuster, Geschmacksmuster.

Zentrale Begriffe wie Kapitalismus oder Marktwirtschaft wurden neu gefaßt und erweitert.

Als zusätzlicher Service für den Leser wurde im Anhang ein Kapitel „Handelsenglisch" aufgenommen. Durch ein Gegenüberstellen von englischer und deutscher Geschäftskorrespondenz wird der interessierte Leser in die Grundlagen des Handelsenglisch eingeführt. Phraseologische Wendungen und erklärende Vokabeln, die auf den Ablauf der Phrasen ausgerichtet sind, tragen zum Verständnis bei. Der Benutzer hat nach Durcharbeiten dieses Kapitels keine Mühe mehr, sprachlich einwandfreie Geschäftsbriefe zu den Themen *inquiry, offer, order* und *acknowledgement of order* abzufassen.

Schriftleiter und Redaktion

Vorwort zur 1. Auflage

Dieses Schülerlexikon Wirtschaft ist aus drei wesentlichen Gründen für die Benutzer von Vorteil: es wird Schülern, Lehrern und Eltern *helfen,* sie *informieren* und zur Beschäftigung mit Wirtschaftsfragen *anregen.*

Schülern aller Schularten, insbesondere im kaufmännischen Berufsschulbereich, wird das Lexikon *helfen,* Begriffe zu verstehen, sie einzuordnen und mit ihnen umzugehen. Während der Schulzeit, aber auch vor Prüfungen stehen dem Schüler zur Wiederholung des Stoffes kurze und eingängig geschriebene Texte zur Verfügung. Zum besseren Verständnis – gerade für den wirtschaftlich nicht Vorgebildeten – wurden über 80 Abbildungen, Schemata und Tabellen aufgenommen. Der Anschaulichkeit dienen auch die zahlreichen Beispiele zu einzelnen Fachartikeln. Durch diese didaktischen Hilfsmittel unterscheidet sich das Nachschlagewerk vom reinen Fachwörterbuch.

Lehrern, Schülern und *Eltern* bieten die über 1800 Stichworte eine umfassende *Information* über die Grundlagen der Betriebs- und Volkswirtschaft. Nahezu jeder kommt heute mit Wirtschaftsproblemen in Berührung, zum Beispiel als Steuerzahler, Arbeitnehmer, Verbraucher oder Sparer. Für die dabei auftretenden Fragen ist das Schülerlexikon ein Ratgeber, der auch vom Laien sinnvoll benutzt werden kann. Deshalb wurde auf wissenschaftliche Begründungen verzichtet, teilweise auch vom kurzlexikalischen Stil abgewichen, die beispielhafte Erklärung der vollzähligen Nennung aller denkbaren Fälle und Ausnahmen vorgezogen und eine fächerübergreifende Stichwortauswahl vorgenommen. Ausgangspunkt für die Auswahl der Artikel waren sämtliche in Lehrplänen der Grundbildung für das Berufsfeld Wirtschaft und Verwaltung vorkommenden Begriffe. Neben der Wirtschaftslehre wurden die Bereiche Rechnungswesen, Recht und Politik, soweit es zum Verständnis des Wirtschaftsgeschehens in der Bundesrepublik Deutschland nötig ist, aufgenommen. Als besonderen Zusatz enthält das Lexikon wichtige Begriffe aus dem Bereich der Energiepolitik (von »Barrel« bis »Zwischenlager«), um dem Leser Erstinformationen für die aktuelle Diskussion zu geben. Eltern und Schülern geben die Stichworte zu verschiedenen Schulformen und Ausbildungsgängen wertvolle Hilfen bei der Berufsplanung. Auch aus diesem Grund ist das Schülerlexikon ab Klasse 7 der Hauptschule sehr gut einsetzbar.

Lehrer erhalten durch die Verwendung des Schülerlexikons als Mittel der Unterrichtsvorbereitung oder im Unterricht selbst zahlreiche *Anregungen.* Wer zum Beispiel an Hand des Wirtschaftsteils der Tageszeitung ökonomische Zusammenhänge erklären will, kann auf das Lexikon als ein »Begriffsgerüst« zurückgreifen und außerdem durch die zahlreichen Verweise ein Wissensgebiet im ganzen erfassen. Um in Diskussionen über Konjunktur, Arbeitslosigkeit, Gewinnmaximierung usw. mitreden zu können, bedarf es sachlicher und knapper Informationen. Das Schülerlexikon kann daher auch für Gruppendiskussionen wertvolle Dienste leisten. Es ist deshalb hervorragend in den Kursen der Sekundarstufe II und in der Erwachsenenbildung einsetzbar. Wer nämlich Begriffe und Zusammenhänge kennt, wird durch Parolen nicht einzuschüchtern sein.

Schriftleiter und Redaktion

A

Abandonrecht
Recht eines Gesellschafters, sich gegen Preisgabe des Gesellschaftsanteils von der Verpflichtung des Verlustausgleichs zu befreien.

ABC-Analyse
Einteilung der Lagervorräte nach mengen- u. wertabhängigen Größen.

Abfindung
Geldleistung an eine Person, um damit einen Rechtsanspruch dieser Person abzugelten.
I. A. an einen *Arbeitnehmer* nach dem Kündigungsschutzgesetz, wenn bei einer sozial ungerechtfertigten Kündigung durch Gerichtsbeschluß das Arbeitsverhältnis gelöst wird. Die Höhe richtet sich nach der Dauer der Betriebszugehörigkeit und nach dem Lebensalter.
II. A. an Empfänger von *Witwen-* oder *Hinterbliebenenrente*. So kann z.B. die Rentenversicherungsanstalt der Witwe im Falle einer Wiederverheiratung den fünffachen Jahresbetrag der Rente auszahlen.
III. A. an einen ausscheidenden *Gesellschafter,* die auch in Raten gezahlt werden kann.

Abgaben
Sammelbegriff für Pflichtzahlungen von Einzelpersonen und sonstigen Rechtspersonen an Bund, Länder und Gemeinden. Insbesondere gehören zu den A. die Steuern, deren Rechtsgründung in der Abgabenordnung (AO), auch Grundgesetz des Steuerrechts genannt, zu finden ist. Im weiteren Sinne zählen dazu die Gebühren, die bei gewissen Leistungen des Staates an den Bürger erhoben werden, z.B. für das Ausstellen von Urkunden.

Abgeld
↑ Disagio.

abgestimmtes Verhalten
ein nach dem Kartellgesetz verbotenes Verhalten von Unternehmungen, zur gleichen Zeit etwas zu tun oder zu unterlassen.

abhängig Beschäftigte
Sammelbegriff für alle unselbständig Erwerbstätigen. Sie werden unterteilt in Angestellte, Arbeiter und Beamte.

Ablauforganisation
eine betriebliche Organisation, die Arbeitsvorgänge im voraus in zeitlicher und räumlicher Weise regelt.

Abrechnung
↑ Clearing.

Absatz
der Begriff wird unterschiedlich verwendet:
I. A. ist die letzte Stufe der betrieblichen *Leistungserstellung* und umfaßt Tätigkeiten wie Absatzplanung, Werbung, Vertrieb.
II. A. ist die *Menge* der in einem bestimmten Zeitraum verkauften Waren.
III. A. ist die *Menge* dieser Waren, multipliziert mit ihrem *Preis*. In diesem Fall ist der Begriff A. gleichbedeutend mit dem Ausdruck ↑ Umsatz.

Absatzpolitik
↑ Marketing.

Absatzwege
↑ Vertriebswege.

Abschlußprüfung
für Auszubildende vorgesehene Feststellung der Kenntnisse und Fertigkeiten, durchgeführt von den

Abschöpfung

Kammern. *Bestandteile:* Schriftliche, mündliche und in einigen Berufen zusätzlich praktische Prüfung. *Zulassungsvoraussetzungen:* Ablauf der Ausbildungszeit jetzt oder in den nächsten 2 Monaten; Teilnahme an der Zwischenprüfung; Berichtsheftvorlage; Eintragung in das Verzeichnis der Berufsausbildungsverhältnisse. Ausnahmen: Nachweis ausreichender Berufspraxis oder Besuch bestimmter berufsbildender Schulen.
Bei *Nichtbestehen* darf die A. innerhalb eines Jahres zweimal wiederholt werden. Der Ausbildungsvertrag verlängert sich dann auf Wunsch des Auszubildenden um diesen Zeitraum.

Abschöpfung
Abgabe eines Importeurs für Waren, die aus Billigländern außerhalb der EG (Europäische Gemeinschaft) kommen. Die A. soll erreichen, daß das Preisgefüge innerhalb der EG nicht zusammenbricht. Der Importeur muß auf den Importpreis einen so hohen Aufschlag zahlen, daß Importpreis und EG-Preis (Richtpreis) gleich groß sind.

Abschreibung
ein buchhalterischer Begriff, der die Verteilung der Anschaffungs- oder Herstellkosten eines abnutzbaren Gegenstandes des Anlagevermögens auf die einzelnen Geschäftsjahre beinhaltet.
Durch Gebrauch und Veralterung verliert ein Vermögensgut an Wert. Damit der Unternehmer in die Lage versetzt wird, bei völliger Abnutzung der alten Anlage sich eine neue kaufen zu können (Reinvestition), gibt es die Möglichkeit der A.
Die Finanzämter liefern sogenannte AfA (Absetzung für Abnutzungs)-Tabellen. Darin sind die Zeiten enthalten, in denen ein Anlagegut abgeschrieben werden darf, z. B. ein LKW in 5-8 Jahren. Daneben gibt es die AfS (Absetzung für Substanzverminderung). Sie wird bei Ausbeutungen von Boden (Kiesgruben, Bergwerk) angewendet.

Die A. kann *linear,* d. h. gleichbleibend jedes Jahr vom Anschaffungswert vorgenommen werden, *degressiv,* d. h. fallend, immer vom Restbuchwert berechnet werden oder *digital,* einer Zwischenform der beiden erstgenannten sein. Eine Unterscheidung wird auch noch in *bilanzieller* und *kalkulatorischer* Hinsicht gemacht. Erstere wählt die steuerlich kürzeste Abschreibungszeit, um so schnell wie möglich das investierte Kapital durch Steuerersparnis zurückzubekommen. Die Kalkulation hingegen geht vom Wiederbeschaffungswert und von der tatsächlichen Nutzungszeit aus, um reale Preise kalkulieren zu können.

Abschwung
↑ Konjunkturphasen.

Absonderung
das Recht eines Gläubigers, im Konkursfall eine vorzugsweise Befriedigung zu erlangen. Hierzu benötigt er ein Pfand oder ein pfandähnliches Recht an der Sache, z. B. Grundpfandrechte, Sicherungsübereignung.

Abwärme
Wärme, die in der Industrie, vor allem aber auch bei der Energiegewinnung freigesetzt, aber bisher kaum genutzt, sondern durch Kühlanlagen abgeführt wird.

Abwertung
bei der A. wird der Außenwert einer Währung herabgesetzt, d. h. Inländer müssen beim Umtausch in ausländisches Geld mehr eigenes Geld aufwenden. Ausländer hingegen benötigen weniger eigenes Geld, um eine Rechnung des Abwertungsstaates zu begleichen. Folge: Exportsteigerung.

Abzahlungsgeschäft
ein Geschäft, bei dem der Käufer den Kaufpreis nicht in einer Summe, sondern in Teilzahlungen leistet. Dafür behält sich der Verkäufer i. d. R. das Eigentum an der Sache so lange vor, bis die Ware endgültig bezahlt ist. Das am 15. 5. 1974 novellierte Abzahlungsgesetz sieht im wesentlichen zwei *Neuerungen* vor:

I. Der Käufer hat ein absolutes Rücktrittsrecht innerhalb einer Woche. Es hat schriftlich zu erfolgen, Gründe brauchen nicht angegeben zu werden. Jedoch müssen Aufwendungen und Abnutzungen des Gegenstandes abgegolten werden. Auf dieses Recht muß der Verkäufer den Käufer hinweisen.
II. Im notwendigen schriftlichen Kaufvertrag müssen der Barzahlungspreis, der Teilzahlungspreis, der Betrag, die Anzahl und die Fälligkeit der einzelnen Teilzahlungen und der effektive Jahreszins aufgeführt sein.

AGB
Abk. für ↑ Allgemeine Geschäftsbedingungen.

Agio
(ital.: Aufgeld); der Betrag, der bei Ausgabe von Aktien über dem Nennwert gezahlt wird. Das A. muß nach Aktiengesetz in die gesetzliche Rücklage eingesetzt werden. *Beispiel:* Nennwert einer Aktie 100 DM. Erreichter Börsenkurs 120 DM. Agio 20 DM; s.a. ↑ Disagio.

Agrarpolitik
gesamtstaatliche Aktivität, die auf die Erhaltung und Förderung der landwirtschaftlichen Leistungskraft ausgerichtet ist. Binnenwirtschaftlich findet sie ihren Niederschlag in der bevorzugten Besteuerung der Landwirte, der teilweise günstigen Vergabe von Krediten und der allgemeinen Subventionierung landwirtschaftlicher u. forstwirtschaftlicher Betriebe. Die ausreichende Versorgung der Volkswirtschaft mit Nahrungsmitteln kann heute nur noch im Rahmen der Europäischen Gemeinschaft gesehen werden. Innerhalb der Organisation wurden die Zölle abgebaut, den Landwirten in vielen Bereichen feste Preise zugestanden, Subventionen aus dem Regionalfonds gezahlt u.v.m. Gegenüber Drittländern (Nicht-EG-Ländern) existiert ein einheitlicher Zoll.

Akkordlohn
eine Form des Leistungslohns. Ggs.: Zeitlohn. Beim A. wird das Mengenergebnis vergütet. Arten:
I. *Stückgeldakkord.* Für jedes gefertigte Stück wird ein bestimmter Betrag gezahlt. Berechnung: Akkordstundenlohn : ⌀ Stückzahl pro Stunde (wird von der Refa-Abtlg. vorher festgelegt).
II. *Stückzeitakkord.* Über den Minutenfaktor (Akkordlohn:60) errechnet man, wieviel pro Minute verdient wird. Der Bruttolohn errechnet sich dann: gefertigte Stückzahl × Vorgabezahl × Minutenfaktor.

Akkreditiv
↑ Dokumentenakkreditiv.

Aktie
ein Wertpapier, das den Aktionär als Teilhaber an einer Aktiengesellschaft ausweist. Nach Aktiengesetz darf der Mindestnennwert 50 DM nicht unterschreiten. Jede andere Nennung muß durch volle 100 DM teilbar sein. Die A. verbrieft das Recht auf Dividende (Gewinnausschüttung), das Stimmrecht in der Hauptversammlung, das Bezugsrecht auf Aktien bei Neuausgabe und den Anteil am Liquiditationserlös bei Auflösung der Aktiengesellschaft. Zu unterscheiden ist die A. nach der Form der Übertragung und dem Recht, das man aus einer Aktie herleiten kann. Unterscheidung nach der Übertragung:
Inhaberaktie, die durch einfache Einigung und Übergabe verkauft wird.
Namensaktie, die namentlich im Aktionärsbuch bei der Aktiengesellschaft geführt wird. Jede Übertragung durch Verkauf wird festgehalten. Sie kann nur durch ↑ Indossament übertragen werden. Eine verstärkte Form stellt die *vinkulierte* Namensaktie dar, die nur mit Zustimmung des Vorstandes übertragen werden kann.
Unterscheidung nach dem Recht, das man aus einer Aktie ableiten kann: *Stammaktie,* bei der normale Rechte gewährt werden, *Vorzugsaktie,* bei der z.B. erhöhter Dividendenanspruch oder andere außergewöhnliche Rechte gewährt werden. Der *Wert* einer A.

Aktionär

kann schwanken. Er hängt im wesentlichen ab vom Gewinn und Vermögenswert des Unternehmens, von der Zahl der ausgegebenen Aktien, vom Vertrauen in das Unternehmen und in die Konjunkturfrage sowie von Angebot und Nachfrage der A.

Aktionär
Inhaber einer Aktie einer Aktiengesellschaft. Rechte: ↑ Aktie.

Aktionsparameter
eine vom Initiator beeinflußbare Größe, z. B. das Senken eines Preises oder das Forcieren einer Werbung. Es soll damit eine gewisse Reaktion erzielt werden hinsichtlich des Erwartungsparameters, der vom Initiator nicht direkt beeinflußt werden kann. Beispiel: Durch das Senken der Preise (A.) soll der Absatz (Erwartungsparameter) erhöht werden.

Aktivgeschäft
Bezeichnung der Kreditgeschäfte im Bankbereich, die ihren Niederschlag auf der Aktivseite der Bankbilanz finden. Kurzfristige A. sind Kontokorrentkredite, Diskont- und Akzeptkredite, Lombardkredite, Avalkredite. Langfristige A. sind Hypothekenkredite, langfristige Darlehen. Gegensatz: Passivgeschäfte.

Aktiengesellschaft
eine Handelsgesellschaft mit eigener Rechtspersönlichkeit, daher auch juristische Person genannt. Rechtsgrundlage ist das Aktiengesetz vom 6. 9. 1965. Gründung bis Auflösung u. Organe siehe Abbildungen.

Aktiengesellschaft	
Gründung:	Mindestens **5 Personen** können eine Aktiengesellschaft gründen. Erforderlich ist eine notariell beurkundete Satzung (Gesellschaftsvertrag) und ein Grundkapital von **mindestens 100 000,– DM**.
Firma:	Bei Neugründungen ist nur die **Sachfirma** möglich, bei Umgründungen können Traditionsnamen übernommen werden. Immer ist der Zusatz „Aktiengesellschaft" vorgeschrieben.
Haftung:	Nach außen haftet nur das **Vermögen** der Gesellschaft. Daher ist die Bildung einer **Rücklage von 10 %** des Grundkapitals gesetzlich vorgeschrieben.
Geschäftsführung:	Die Geschäftsführung und Vertretung besorgt der **Vorstand** in eigener Verantwortung. Vorstandsmitglieder bestellt der Aufsichtsrat auf höchstens 5 Jahre. Wiederholte Bestellung für jeweils 5 Jahre ist möglich.
Aufsichtsorgane:	○ Die Hauptversammlung der Aktionäre ○ Der Aufsichtsrat
Jahresabschluß:	Der Jahresabschluß muß von unabhängigen **Wirtschaftsprüfern** geprüft werden. Darüber ist ein Prüfbericht anzufertigen. Dieser muß vom Vorstand dem Aufsichtsrat vorgelegt werden. Der Aufsichtsrat hat das Ergebnis der Prüfung schriftlich an die Hauptversammlung zu geben. Ein Geschäftsbericht ist der HV vorzulegen. Bilanz und G+V-Rechnung müssen im Bundesanzeiger veröffentlicht werden.
Gewinn:	Der **Jahresüberschuß** wird nach den Grundsätzen der Buchführung anhand der G+V-Rechnung durch den Vorstand festgestellt. Über die Verwendung entscheidet die HV. Der an die Aktionäre auszuschüttende Betrag heißt **Dividende**.
Verlust:	Verluste werden aus den gesetzlichen und den offenen Rücklagen sowie aus etwaigen Gewinnvorträgen der vorangegangenen Jahre gedeckt.
Auflösung:	Die AG erlischt u. a.: ○ durch einen Beschluß der HV, für den eine Dreiviertelmehrheit erforderlich ist. ○ durch Eröffnung des Konkurses über das Vermögen der AG.
Auflösungsanteile:	Bei freiwilliger Liquidation (Auflösung) werden die Auflösungsanteile gleichmäßig auf jede Aktie verteilt.

Allgemeine Geschäftsbedingungen

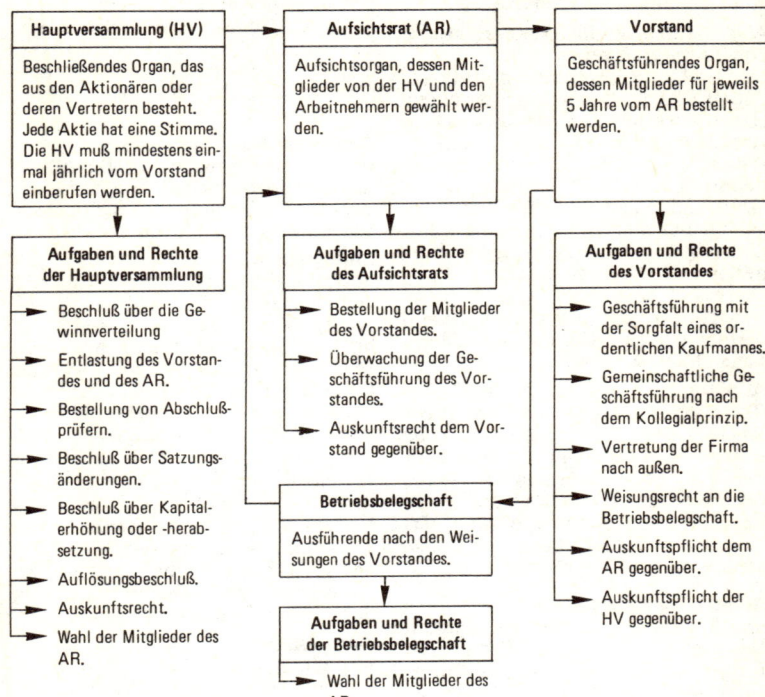

Akzept
A. ist die Annahme eines gezogenen Wechsels durch Querschreiben der Unterschrift. Dadurch erklärt sich der Akzeptant bereit, an einem bestimmten Tag, dem Fälligkeitstag, den Wechsel einzulösen. Der bestätigte Wechsel wird auch als A. bezeichnet. Gegensatz: ↑ Tratte.

Akzeptkredit
Die Bank akzeptiert als Bezogener einen von ihrem Kunden auf sie gezogenen Wechsel. Dieser Wechsel ist für den Kunden ein ausgezeichnetes Kreditmittel bei anderen Banken oder Kaufleuten. Die Bank selbst braucht im Augenblick keine eigenen Mittel für diese Kreditvergabe aufzubringen. A. ist eine Form der Giralgeldschöpfung.

Allgemeine Geschäftsbedingungen
Gesetz vom 9. 12. 1976. Alle Vorformulierungen in Rechtsgeschäften fallen unter dieses Gesetz. Sie werden auch das „Kleingedruckte" genannt. Das Gesetz will den Vertragspartner schützen, indem es den Verwender der AGB ausdrücklich auffordert, den Vertragspartner auf die AGB hinzuweisen. Geschäftspraktiken, die nur einseitig den Interessen des Herstellers dienen und dem Gebot von Treu und Glauben widersprechen, sind nach den AGB verboten. *Inhalt* der AGB sind z.B. ↑Erfüllungsort, ↑Gerichtsstand, ↑Haftung,

Allgemeinverbindlichkeitserklärung von Tarifverträgen

↑ Eigentumsvorbehalt, ↑ Lieferungs- und ↑ Zahlungsmodalitäten.

Allgemeinverbindlichkeitserklärung von Tarifverträgen
eine Erklärung des Bundesministers f. Arbeit und Sozialordnung, der einen abgeschlossenen Tarifvertrag zwischen Arbeitgeberverband und Gewerkschaft auch auf Betriebe und Arbeitnehmer ausdehnt, die keiner Organisation angeschlossen sind. Voraussetzung hierfür ist allerdings, daß die tarifgebundenen Arbeitgeber mindestens 50% der unter diesen Tarifabschluß fallenden Arbeitnehmer beschäftigen, und daß die Allgemeinverbindlichkeitserklärung im öffentlichen Interesse liegt.

Allonge
(frz.: Verlängerung); ein an einen Wechsel angeklebtes Blatt, wenn für weitere Indossamente kein Raum mehr ist. Die wichtigsten Daten aus dem Wechsel wie Betrag, Fälligkeit, Zahlungsort, Name und Wohnort des Bezogenen, Aussteller und Ausstellungsort sind zu wiederholen.

Alternative Energien
im Gegensatz zu der aus fossilen Energieträgern (Kohle, Erdöl und Erdgas) und aus Kernkraft gewonnen Energie eine der Energiearten, die von der Sonnenstrahlung, dem Wind, aus der Erdwärme, aus dem Wasserstoff, aus biologischen Verbrennungsprozessen gewonnen werden.

Altersruhegeld
eine Zahlung aus der Rentenversicherung der Arbeiter und Angestellten. Grundsätzliche Voraussetzung des A. ist die „große Anwartschaft", d.h., es müssen mind. 180 Beitragsmonate belegt sein. Sie wird unabhängig vom Gesundheitszustand bei Frauen vom 60. Lebensjahr an gezahlt, wenn diese in den letzten 20 Jahren mind. 121 Pflichtbeiträge gezahlt haben; bei Männern u. Frauen mit dem 65. Lebensjahr, ohne besondere Voraussetzungen. Vor Vollendung des 65. Lebensjahres kann das A. nur bezogen werden, wenn eine Beschäftigung nicht mehr oder nur noch in begrenztem Umfange ausgeübt werden kann. Männer können das A. mit dem 63. Lebensjahr, Schwerbehinderte ab 62, erhalten, wenn sie 35 Versicherungsjahre belegt haben (sog. flexible Altersgrenze).

Amortisation
(frz.: amortir = tilgen); ein Begriff aus dem Finanzbereich: 1. Tilgung einer Schuld. 2. Rückflußzeit des eingesetzten Kapitals durch Erträge.

Amtsgericht
unterste Instanz der ordentlichen Gerichtsbarkeit in Zivil- u. Strafsachen. Zugelassen sind Streitwerte bis 3 000 DM. Ohne Rücksicht auf den Streitwert ist das A. zuständig im Bereich von Mietstreitigkeiten, Streitigkeiten von Viehmängeln und Wildschäden, in Grundstücksangelegenheiten sowie für alle Streitigkeiten in Familien- u. Kindschaftsangelegenheiten. Zwangsvollstreckungen und Vollstreckungsschutzverfahren, Konkurs- und Vergleichsverfahren sind ebenfalls beim A. abzuwickeln. In Zivilsachen wird die Entscheidung durch einen Einzelrichter gefällt.

Anfechtung
ein Mittel, ein rechtsgültig zustande gekommenes Geschäft durch Gerichtsurteil für nichtig zu erklären. Anfechtbare Rechtsgeschäfte sind wegen Irrtums, arglistiger Täuschung und unter widerrechtlicher Drohung eingegangene Verträge. Das Rechtsgeschäft wird bei Anerkennung des Grundes rückwirkend aufgelöst.

Anfrage
I. A. ist eine nicht bindende Aktivität eines *Kaufmanns*, von einem anderen Kaufmann Auskunft über gewisse Waren und Konditionen zu erhalten. Der A. folgt meist ein Angebot.
II. A. ist ein *parlamentarisches* Recht von Mitgliedern des Bundestages, Auskunft von der Regierung über aktuelle Fragen zu erhalten. Unterscheidung zwischen kleiner A. (Fraktionsstärke) und großer A. (mind. 5% d. Abgeordneten) und mündlicher A. (jeder Abgeordnete).

Angebot
I. In der *Volkswirtschaft* diejenige Menge an Gütern und Dienstleistungen, die verkauft werden soll. In der Angebotskurve wird graphisch dargestellt, wie sich bei veränderten Preisen Angebotsverschiebungen ergeben. So unterstellt man, daß bei hohen Preisen viele Waren, bei niedrigen Preisen weniger Waren angeboten werden.
II. Im *wirtschaftsrechtlichen* Bereich bildet das A. eine rechtliche Bindung des Anbietenden, sofern dieser keine Einschränkungen macht: z.B. „freibleibend", „solange Vorrat reicht". Bestellt derjenige, der das A. erhalten hat, so ist ein Kaufvertrag zustande gekommen.

Anlagevermögen
die Summe der Werte aller Anlagen, die in der Bilanz ausgewiesen sind. Das A. vermindert sich planmäßig um die Abschreibung bei abnutzbaren Anlagen. Sie dürfen maximal zum Anschaffungs- oder Herstellungswert bewertet werden. So kommt es, daß z.B. bei Preissteigerungen im Grundstückssektor erhebliche stille Reserven gebildet werden.

Anleihe
langfristige, festverzinsliche Gläubigerpapiere. Gegensatz: Teilhaberpapiere, bei denen Kapitalsuchende wie Bund, Länder, Gemeinden, Industrie, sich durch Ausgabe von Schuldverschreibungen vom Kapitalmarkt Geld besorgen. Mindestnennbetrag 100 DM. Die Laufzeit ist i.d.R. nicht unter 6 Jahre. Häufig werden sie unter pari (unter Nennwert) ausgegeben, vor allem in der Industrie. Eine Kündigung seitens des Gläubigers ist unzulässig.

Annahmeverzug
eine Leistungsstörung in Kaufverträgen, bei der ein Käufer die ordnungsgemäß gelieferte Ware nicht annimmt. Der Lieferant wird üblicherweise auf der Annahme bestehen. Er teilt dem Kunden den Ort der Aufbewahrung mit und stellt eine angemessene Nachfrist zur Abnahme der Ware. Bei leicht verderblichen Waren ist dies nicht notwendig. Will er nach Ablauf der Nachfrist die Ware in Form eines Selbsthilfeverkaufs veräußern, muß er diese Maßnahme dem Kunden vorher androhen. Dies geschieht üblicherweise mit der Nachfristsetzung.

Annuität
(lat.: annus = Jahr); sie bedeutet eine regelmäßige Jahresleistung, um sowohl die Tilgung als auch die Verzinsung einer Schuld zu bewirken. Üblich ist die feste A. Während der gesamten Laufzeit bleibt der Jahresbetrag gleich. Zwar verringert sich die Zinsenquote, da die Schuldsumme kleiner wird, jedoch erhöht sich dadurch automatisch die Tilgungsrate.

Anschaffungskosten
Wert eingekaufter Güter (inkl. Nebenkosten ./. Preisabschläge). Die A. dienen als Abschreibungsgrundlage.

Anschlußkonkurs
Konkursverfahren, das sich an einen gescheiterten Vergleich anschließt.

antizipative Posten
(lat.: anticepere = vorher erfassen oder vorziehen); ein Ausdruck aus der Finanzbuchhaltung.
Aufwendungen oder Erträge, die erst im folgenden Geschäftsjahr bezahlt bzw. vereinnahmt werden, die jedoch wirtschaftlich in das abgelaufene Jahr gehören, werden über Sonstige Verbindlichkeiten oder Sonstige Forderungen erfaßt und in der Bilanz ausgewiesen; ↑ Jahresabgrenzung.

antizyklische Maßnahme
wirtschaftspolitische Aktivitäten, um der Wirtschaftslage entgegenzuwirken (gegen den Konjunkturzyklus). So kann der Staat bei abflauender Konjunktur Steuererleichterungen gewähren, mehr öffentliche Aufträge vergeben, mehr Subventionen gewähren, Abschreibungen verbessern, obwohl derzeitig durch die Konjunkturlage weniger Steuermittel eingehen.

Anzahlung
der geleistete Teil einer Gesamtsumme. In der Bilanz erscheint auf der Aktivseite die vom Unternehmen geleistete

Äquivalenzziffernkalkulation

A., unterteilt nach A. im Anlage- und Umlaufvermögen, auf der Passivseite die vom Kunden geleistete A. als quasi Verbindlichkeit des Betriebes.

Äquivalenzziffernkalkulation

eine Kalkulationsform der Divisionskalkulation, bei der die Kosten nach einem Schlüssel verteilt werden. Sie wird vor allem bei Sortenfertigungen angewendet (Brauereien, Ziegeleien). Beispiel: Kosten für Produkt A pro Einheit 1 DM, für Produkt B 1,50 für Produkt C 2 DM. Die Kosten stehen also im Verhältnis 1:1,5:2 untereinander. Berücksichtigt man hierbei auch noch die verschiedenen Ausstoßmengen, so lassen sich die Gesamtkosten über die Rechnungseinheiten (Ausstoßmenge × Äquivalentziffer) verteilen.

Arbeit

A. ist jede körperliche und geistige Tätigkeit im Dienste der Produktion und der eigenen Bedürfnisbefriedigung. Dies kann einmal durch die Erfüllung selbst geschehen (bei der Arbeit), als auch durch die sich daran anschließende Tätigkeit als Käufer mit dem verdienten Arbeitsentgelt. Sowohl Volkswirtschaft als auch Betriebswirtschaft zählen den Faktor A. zu den Produktionsfaktoren. Im Sinne der VWL verrichten A. sowohl die Arbeiter (vorwiegend körperlich Tätige) als auch Angestellte (vorwiegend geistig Tätige).

Arbeitgeber

Bezeichnung für eine Person, die abhängige Arbeitnehmer beschäftigt. Er hat die Fürsorgepflicht, d.h. die Pflicht, soziale und sittlich einwandfreie Arbeitsvoraussetzungen für den Arbeitnehmer zu schaffen. Durch Abschluß des Arbeitsvertrages verpflichtet er sich, die einbehaltenen Abzüge ans Finanzamt und an die Krankenkasse abzuführen, dem Arbeitnehmer nach Ausscheiden aus dem Betrieb ein Zeugnis auszustellen sowie berechtigte Ansprüche des Arbeitnehmers nach dem Gebot von Treu und Glauben zu erfüllen (evtl. durch den Betriebsrat).

Arbeitgebervereinigungen

Zusammenschluß von Unterneh-

Arbeitgebervereinigungen

Öffentlich-rechtliche Arbeitgebervereinigungen		Privatrechtliche Arbeitgebervereinigungen	
Industrie- und Handelskammern (IHK)	Handwerkskammern (HwK)	Beruflich-fachliche Zusammenschlüsse (z. B. BDI[1])	Tarifrechtliche Zusammenschlüsse (z. B. BDA[2])
Pflichtmitglieder sind alle		Über 80 % der Arbeitgeber sind hier freiwillig zusammengeschlossen. Ihre organisatorische Spitze ist die „Bundesvereinigung der Deutschen Arbeitgeberverbände" (BDA). Die BDA ist zugleich tarif-sozial- und gesellschaftspolitisches Sprachrohr der privaten deutschen Unternehmen.	
Industrie- und Handelsbetriebe	Handwerksbetriebe		
eines Bezirks			
ca. 1,5 Mio. Mitglieder	ca. 0,5 Mio. Mitglieder		
Aufgaben: ○ Beratung ihrer Mitglieder ○ Beratung von Behörden (z. B. Stadtverwaltung oder DB bei Verkehrsfragen) ○ Überwachung der Berufsausbildung und Durchführung der Prüfungen ○ Ausstellung einiger Exportpapiere (Zollfaktura, Certificate of Origin)	Damit übernehmen sie öffentlich-rechtliche Aufgaben, die eigentlich dem Staat zustehen	Aufgaben: ○ Abschluß von Tarifverträgen ○ Vertretung der Interessen der Arbeitgeber gegenüber Gewerkschaften und Gesetzgeber (Lobby)[3] ○ Öffentlichkeitsarbeit (oft als „Public Relations" PR bezeichnet)	

1 BDI = Bundesverband der Deutschen Industrie
2 BDA = Bundesverband der Deutschen Arbeitgeberverbände
3 Die „Lobbyisten" versuchen, Gesetze im Interesse ihrer Auftraggeber zu beeinflussen. Das geschieht oft durch Gespräche mit den Abgeordneten in den Vorräumen der Parlamente (Lobby = Wandelhalle)

Arbeitslosenhilfe

mern, die bestimmte Interessen verfolgen. Siehe Abbildung.

Arbeitnehmer
sind abhängig Beschäftigte; sie leisten innerhalb eines Betriebes ihre Arbeit für einen Arbeitgeber. Zu den A. gehören Arbeiter, Angestellte, Auszubildende. Sie unterliegen der Kontrolle durch den Arbeitgeber. A. haben die Treuepflicht, d.h. sie haben stets im Interesse des Arbeitgebers zu handeln. Dazu gehört, daß sie keine Schmiergelder annehmen und keine Geschäftsgeheimnisse verraten. Sie haben Anspruch auf Vergütung, auch wenn nichts Besonderes vereinbart worden ist.

Arbeitsdirektor
eine vom Aufsichtsrat gewählte Person, die als gleichberechtigtes Mitglied in der Geschäftsleitung (z.B. Vorstand, Geschäftsführung) mitarbeitet, aber in diesem Gremium Arbeitnehmerinteressen vorwiegend vertritt. Dies gilt für alle Betriebe, die unter das Mitbestimmungsgesetz fallen. Das Amt des A. wurde erstmalig im Montan-Mitbestimmungsgesetz von 1951 verankert.

Arbeitsentgelt
Entlohnung für geleistete Arbeit. Auf sie hat jeder Arbeitnehmer Anspruch, auch wenn nichts Besonderes vereinbart wurde. Diese Einkommen aus nichtselbständiger Tätigkeit lassen sich aber i.d.R. aus einem Arbeits- oder Dienstvertrag ableiten. Formen des A.:

I. *Lohn:* A. des Arbeiters.
II. *Gehalt:* A. des Angestellten.
III. *Besondere betriebliche A.* an Arbeitnehmer wie Prämien, Gratifikationen, Tantiemen, Arbeitnehmerbeteiligungen, Schmutzzulagen. Das A. ist grundsätzlich nachträglich zu zahlen (Ausnahme: Beamtengehälter).

Arbeitsförderungsgesetz (AFG)
vom 1. Juli 1969. Durch das Gesetz wird die Bundesanstalt für Arbeit beauftragt, wirtschafts- und sozialpolitische Maßnahmen durchzuführen, so daß eine dauernd verbesserte Arbeitsstruktur erzielt, Arbeitslosigkeit vermieden bzw. abgebaut und die berufliche Eingliederung von Behinderten garantiert wird.

Arbeitsgerichte
sind speziell für Streitigkeiten zwischen Arbeitnehmer u. Arbeitgeber sowie für Streitigkeiten aus dem Betriebsverfassungsgesetz zuständig. Eine Form der Sondergerichtsbarkeit. (Gegensatz: Ordentliche Gerichtsbarkeit). 1. Instanz: A., 2. Instanz: Landesarbeitsgericht, wenn der Streitwert mind. 300 DM beträgt, 3. Instanz: Bundesarbeitsgericht, Streitwert mind. 6 000 DM.

Arbeitskampf
Mittel von Arbeitnehmerverbänden durch † Streik und Arbeitgeberverbänden durch † Aussperrung ihren Forderungen nach gescheiterten Tarifverhandlungen Nachdruck zu verleihen.

Arbeitslose
A. sind Personen, die vorübergehend ohne Beschäftigung sind. Sie müssen der Arbeitsvermittlung zur Verfügung stehen, mehr als 20 Std. in der Woche arbeiten wollen und arbeitsfähig sein. Die Arbeitslosigkeit kann konjunkturelle, saisonelle, strukturelle, technologische und friktionelle Gründe haben. Friktionelle Arbeitslosigkeit kann z.B. durch Auflösung von Unternehmen entstehen. Sie ist meist vorübergehender Natur.

Arbeitslosenentgeld
eine Geldleistung der Arbeitslosenversicherung an vorübergehend Beschäftigungslose. Es wird auf Antrag gewährt. Voraussetzung des Empfanges von A. ist die Meldung der Arbeitslosigkeit, die Verfügbarkeit zur Arbeitsvermittlung und die Voraussetzung, A. beziehen zu können. Hierzu muß der Arbeitslose in den letzten 3 Jahren mind. 26 Wochen oder 6 Monate einer beitragspflichtigen Beschäftigung nachgegangen sein. Das A. wird max. 312 Tage gezahlt.

Arbeitslosenhilfe
eine Leistung der Bundesanstalt für Arbeit (Arbeitslosenversicherung) an

Arbeitslosenquote

Personen, die arbeitslos gemeldet sind, der Arbeitsvermittlung zur Verfügung stehen und keinen Anspruch auf Arbeitslosengeld haben. Die Höhe beträgt 58% des um die gesetzlichen Abzüge reduzierten letzten Arbeitsentgelts. Bezog der Arbeitslose vorher Arbeitslosengeld, so richtet sich der Betrag nach der Höhe, die er vor der Arbeitslosigkeit erzielt hat, bzw. die ihm nach Einschätzung seiner Leistungsfähigkeit zugestanden werden kann.

Arbeitslosenquote
Zahl der vorübergehend Beschäftigungslosen im Verhältnis zur Gesamtzahl der abhängigen Erwerbspersonen (Arbeiter, Angestellte, Beamte).

Arbeitslosenversicherung
↑Sozialversicherung.

Arbeitsproduktivität
eine Zahl, die Aussagen über die Leistungsfähigkeit eines Betriebes macht, indem man Arbeitseinsatz und Arbeitsertrag gegenüberstellt, z.B. Umsatz je Mitarbeiter oder produzierte Stückzahl je Stunde. Bestimmungsgründe der A. sind Leistungsfähigkeit, Leistungsbereitschaft und Kapitalausstattung.

Arbeitsschutzgesetze
sollen den Arbeitnehmer vor Ausbeutung, ungerechtfertigter Kündigung, unsozialer Behandlung, gesundheitlicher Gefährdung schützen. Die wichtigsten Gesetze im einzelnen:
I. *Sozialversicherungsgesetze* (Rentenvers., Unfallvers., Arbeitslosenvers., Krankenkasse).
II. *Allgemeine Arbeitsschutzgesetze,* um eine Mindestfreizeit zu gewähren und um gesundheitliche Mindestvoraussetzungen zu schaffen.
III. *Kündigungsschutzgesetze* für Arbeitnehmer, die die Mindestvoraussetzungen erfüllen, und für Arbeitnehmer, die längere Zeit dem Betrieb angehören.
IV. *Spezielle Schutzgesetze* für werdende Mütter (Mutterschutzgesetz), Jugendliche (Jugendschutzgesetz) und für Schwerbehinderte (Schwerbehindertengesetz).

Arbeitsteilung
Auflösung einer Arbeitsleistung in Teilverrrichtungen, die von verschiedenen Personen ausgeführt werden. *Merkmale* der A.: Erhöhung der Produktivität, Arbeitserleichterung, Arbeitszeitverkürzung; Spezialisierung; größere Abhängigkeit; z.T. sinkende Motivation, Monotonie. Formen:
I. *Innerbetriebliche* A. nach Abteilungen, wie z. B. Produktion, Verkauf, Rechnungswesen; weiter unterteilt in z.B. Kunden- u- Lieferantenbuchhaltung sowie Belegsortieren, Kontieren, Buchen und Ablegen.
II. *Volkswirtschaftliche* (auch internationale) A. nach Berufszweigen und Berufen, z.B. Großhändler, Einzelhändler.

Arbeitsunfähigkeit
Begriff aus der Krankenversicherung. A. bedeutet, daß der Erwerbstätige seiner Arbeit nicht nachgehen kann. Die Bescheinigung hierüber ist die Voraussetzung zur Zahlung von Krankengeld.

Arbeitsvermittlung
Durch Gesetz an die Bundesanstalt für Arbeit übertragene Aufgabe, freiwerdende Stellen an Arbeitsuchende nach ihren geistigen, körperlichen und charakterlichen Fähigkeiten zu vermitteln.

Arbeitsvertrag
Vertrag zweier Parteien, der die eine verpflichtet, im Rahmen der Treuepflicht gegen Entgelt für einen anderen, den Arbeitgeber, tätig zu werden. Der Arbeitgeber trägt die Fürsorgepflicht. Der Vertrag kann mündlich geschlossen werden. Die Vertragsfreiheit ist durch gesetzliche Reglementierungen erheblich zu Gunsten des Arbeitnehmers eingeschränkt worden; so durch das Kündigungsschutzgesetz, Schwerbehindertengesetz, Arbeitszeitordnung, das Jugendschutzgesetz.

Arbeitszeit
auf Stunden oder Tage festgelegte Beschäftigungsdauer; ↑Jugendarbeitsschutzgesetz. Für Jugendliche zwischen 15 und 18 Jahre höchstens 8 Stunden pro Tag und 40 Stunden in der Woche.

Arbitrage
A. ist das Ausnutzen von Kursdifferenzen an verschiedenen Börsenplätzen. In erster Linie kommen Wertpapiere in Frage, aber auch Geld, Devisen oder Gold. Die Arbitrageure versuchen, jeweils am billigsten Markt zu kaufen und gleichzeitig am teuersten Markt wieder zu verkaufen. Voraussetzung ist eine gute Nachrichtenverbindung zwischen den einzelnen Plätzen.

arglistige Täuschung
vorsätzliche Handlung eines Vertragspartners, um den anderen irrezuführen, da dieser bei Kenntnis der Tatsache den Vertrag nicht akzeptiert hätte. Die a.T. ist Grund zur Anfechtung des Rechtsgeschäfts und u.U. ein Grund, Schadenersatz wegen Nichterfüllung zu verlangen, z.B. bei der Mängelrüge.

Artvollmacht
↑Handlungsvollmacht

Assoziierung
(lat.: associare = vereinigen); auf vertraglicher Basis beruhendes Abkommen, das Drittländern das Recht einräumt, sich an einer Handels- oder Zollunion zu beteiligen, ohne daß sie dem Bündnis als Mitglieder beitreten brauchen.

Aufbauorganisation
betriebliche Organisation, die einzelne Kompetenzen der verschiedenen Instanzen einer Hierarchie regelt.

Aufbewahrungspflicht
nach Handelsrecht und Abgabeordnung die Verpflichtung eines Vollkaufmanns, seine Geschäftsbücher 10 Jahre und seine Geschäftsbriefe und Buchungsbelege 6 Jahre aufzubewahren. Letztere können in Form einer Mikroverfilmung ohne Veränderung abgelichtet werden.

Aufgeld
↑Agio.

Auflassung
ein Vertrag, durch den die Einigung der Vertragspartner über einen Grundstückskaufvertrag zum Ausdruck kommt. Sie muß notariell beurkundet sein. Anwesenheit beider Parteien ist vorgeschrieben, jedoch ist eine Vertretung möglich.

Aufschwung
↑Konjunkturphase.

Aufsichtsrat
↑Aktiengesellschaft.

Aufwendungen
unter A. bezeichnet man den Geldwert aller Güter und Leistungen, die in einem Unternehmen verbraucht werden. Vor allem zählen dazu: Verbrauch von Roh-, Hilfs-, Betriebsstoffen, Personalausgaben, Abschreibungen, Steuern, Mieten, Versicherungen. Nach dem Industriekontenrahmen werden die A. in den Klassen 6 u. 7 aufgenommen. Im Großhandel sind es die Klasse 5 (betriebl. A.) und die Klasse 2 (neutrale A.). Der Gemeinschaftskontenrahmen der Industrie (GKR) erfaßt die betrieblichen A. in der Klasse 4, die neutralen A. in der Klasse 2. Die Kostenrechnung erfaßt nur *betriebliche* A., zwecks Erstellung von Kalkulationsgrundlagen. Die Finanzbuchhaltung muß auch *betriebsfremde* A. erfassen, um einen ordnungsgemäßen Jahresabschluß machen zu können.

Aufwertung
Veränderung des Wechselkurses der inländischen zur ausländischen Währung. Durch die A. wird ausländisches Geld billiger. Für Ausländer wird inländisches Geld teurer. In der Handelsbilanz wirkt sich dies häufig negativ aus, da Exporte teurer, Importe billiger werden.

Ausbilder
eine Person, die persönlich und fachlich geeignet und beauftragt ist, Auszubildende zu unterweisen. In der Ausbilder-Eignungsverordnung ist vorgeschrieben, daß der A. vor der

Ausbildender

zuständigen Kammer seine Eignung in fachlicher Hinsicht durch eine Prüfung nachzuweisen hat.

Ausbildender
ein Unternehmen, das mit Hilfe eines Ausbilders und der vorhandenen Eignung der Ausbildungsstätte Auszubildende einstellen darf.

Ausbildungsdauer
Zeitraum der Ausbildung: Siehe Abbildungen.

Ausbildungsordnung
Vorschriften für staatlich geregelte Ausbildungen in anerkannten Ausbildungsberufen. Die A. ist ein Rahmenplan. Das Unternehmen erstellt daraus einen betrieblichen Ausbildungsplan. Im Berufsfeld Wirtschaft und Verwaltung gibt es etwa 30 A.

Ausbildungsplätze
Zahl der Lehrstellen (heute A. genannt). Siehe Abbildung Seite 19.

Ausbildungsdauer

Dauer	Mindestens 2 Jahre, höchstens 3 Jahre (Ausnahmen möglich)
Beginn	Die Berufsausbildung beginnt mit der Probezeit; diese dauert mindestens 1 Monat, höchstens 3 Monate
Ende	Ablauf der vertraglichen Ausbildungszeit. Bestehen der Abschlußprüfung vor Vertragsende. Kündigung
Kündigung	**Während der Probezeit** kann jeder ohne Angabe eines Grundes und ohne Einhaltung einer Frist kündigen (fristlose Kündigung) **Nach der Probezeit** nur noch ○ im gegenseitigen Einverständis ○ beim Tod des Ausbildenden ○ bei Aufgabe, Umzug oder Konkurs des Ausbildungsbetriebes ○ wenn der Auszubildende seine Berufsausbildung aufgibt oder wechselt (4 Wochen Kündigungsfrist) ○ fristlos aus wichtigem Grund, z. B. grobe Pflichtverletzung
Schadenersatzpflicht	Wer die vorzeitige Auflösung schuldhaft verursacht, ist dem anderen schadenersatzpflichtig. Aufgabe oder Wechsel der Berufsausbildung gilt nicht als schuldhaft. Die Vereinbarung einer Vertragsstrafe im Berufsausbildungsvertrag ist nichtig.
Weiterbeschäftigung (Übernahme)	Mit Bestehen der Abschlußprüfung endet das Ausbildungsverhältnis. Ein Arbeitsverhältnis kommt anschließend nur zustande, wenn ○ es innerhalb der letzten 3 Monate ausdrücklich vereinbart wurde, oder ○ der Auszubildende seine Tätigkeit im Ausbildungsbetrieb nach Bestehen der Prüfung fortsetzt, ohne daß der Ausbildende widerspricht. Der Auszubildende ist dann Angestellter mit Anspruch auf volles Gehalt ab dem Tag nach bestandener Prüfung.

	Verkürzung (§ 29 BBiG)	Verlängerung (§ 14 BBiG)
im allgemeinen	für bestimmte Berufe (Verkäufer, Bürogehilfin)	Bei Nichtbestehen der Abschlußprüfung verlängert sich der Ausbildungsvertrag auf Wunsch des Auszubildenden um höchstens 1 Jahr. In dieser Zeit darf die Abschlußprüfung zweimal wiederholt werden
	auf Grund der Vorbildung, z. B. kaufmännische Berufsfachschule	
im Einzelfall	bei guten Leistungen (Ausbilder und Berufsschule müssen gehört werden)	
	Berufserfahrung (in diesem oder in artverwandten Berufen)	

Außenfinanzierung

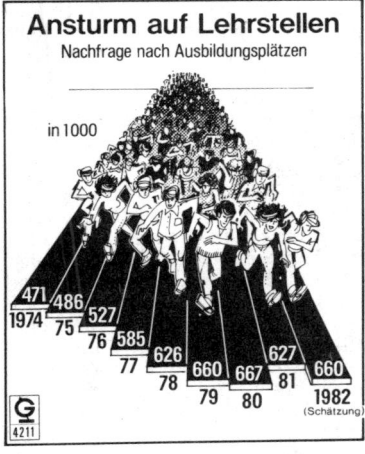

Ansturm auf Lehrstellen
Nachfrage nach Ausbildungsplätzen
in 1000
1974: 471 / 75: 486 / 76: 527 / 77: 585 / 78: 626 / 79: 660 / 80: 667 / 81: 627 / 1982: 660 (Schätzung)

Ausbildungsplatzförderungsgesetz
Regelung, nach der Unternehmen für zusätzlich angebotene Ausbildungsplätze Zuschüsse erhalten. Diese Maßnahme wird z. Zt. praktiziert. Erst wenn die Zahl der angebotenen Plätze nicht 12,5% über der Nachfrage nach Ausbildungsplätzen liegt, soll das Gesetz in diesem Punkt wirksam werden.

Ausbildungsvergütung
Entgeltzahlung an Auszubildende. Sie hängt ab vom Ausbildungsberuf, Alter, Ausbildungsjahr.

Ausfallbürgschaft
bei dieser Bürgschaft braucht der Bürge nur dann einzuspringen, wenn ihm der Gläubiger nachweist, daß eine fruchtlose Zwangsvollstreckung gegen den Hauptschuldner vorliegt.

Ausfuhr
(auch Export); das Verkaufen von Gütern und Dienstleistungen ins Ausland. Festgehalten werden diese Transaktionen in der Zahlungsbilanz einer Volkswirtschaft. Grundsätzlich bedarf die A. nach dem Außenwirtschaftsgesetz keiner Genehmigung. Von dieser Regelung kann abgegangen werden, wenn Güter im Inland benötigt werden. Einer Genehmigung bedürfen Güter, die mit Kernenergie oder Rüstungsmaterial zu tun haben.

Ausfuhrförderung
alle staatlichen und privaten Aktivitäten, um die Exporte zu fördern. Auf privater Basis sind hier u.a. Exportkartelle und Gemeinschaftswerbungen im Ausland zu nennen. Hauptakteur ist aber der Staat, der durch eine Reihe von Gesetzen und Bestimmungen eingreifen kann. So v.a. durch das Außenwirtschaftsgesetz (AWG) zur Stützung der deutschen Außenwirtschaft. Durch Gewährung von Exportsubventionen, Ausfuhrprämien, Übernahme von Bürgschaften, Steuerbefreiungen, Sonderabschreibungen auf Exportforderungen, Zinszuschüsse bei Exportkrediten u.v.m. gibt der Staat starke Anreize, Exporte durchzuführen. Dieses v.a., weil dadurch eine Arbeitsplatzsicherung betrieben wird.

Ausfuhrzoll
eine zwangsweise Erhebung von Abgaben, die dem Staat zufallen, wenn inländische Waren die Zollgrenze passieren.
Er kann dazu dienen, knappe inländische Güter so teuer zu machen, daß ein Kauf für die Kunden des Exporteurs uninteressant wird. Häufig im Rohstoffbereich anzutreffen. Eine Verarbeitung im Inland wäre dann die gewollte Folge, sofern dieses technisch möglich ist.

Ausgaben
geldlicher Begriff, der den Abfluß von Zahlungsmitteln und das Eingehen von Schulden umfaßt. Nicht zu verwechseln mit †Aufwendungen.

Ausgleichsanspruch
der Anspruch eines Handelsvertreters, nach Beendigung seines Vertragsverhältnisses, auf geldlichen Ausgleich für die im Rahmen seiner Tätigkeit neu geworbenen Kunden.

Außenfinanzierung
eine Finanzierungsform, bei der das Kapital nicht durch die eigene Leistungskraft, sondern von außen in die Firma eingebracht wird. Arten:

Außenhandel

I. *Beteiligungsfinanzierung* durch Aufnahme Dritter in die Firma oder durch Neueinlage der bisherigen Unternehmer.
II. *Fremdfinanzierung* durch Kreditaufnahme, bei der der Kreditgeber die Stellung eines Gläubigers erhält.

Außenhandel
alle Import- und Exportgeschäfte zwischen dem Inland und dem übrigen Ausland. Grundsätzlich versteht man hierunter den Austausch von Waren, Dienstleistungen und – im erweiterten Sinn – auch Kapital. Der A. der Bundesrepublik Deutschland wird in amtlichen Außenhandelsstatistiken nach Menge und Wert der Waren sowie nach Bezugs- und Abnehmerländern ausgewiesen.
Siehe auch Abbildung „Die größten Handelspartner".

schützen. Beispiele: Einfuhrbeschränkungen, Ausfuhrerleichterungen, Beitritt zu internationalen Zoll- und Handelsabkommen (Gatt, OECD, Europäische Gemeinschaft). Die A. bezieht sich ausschließlich auf die Leistungsbilanz.

Außenwert
Kaufkraft der inländischen Währung im Ausland nach Umrechnung über den Wechselkurs. Binnenwert und A. einer Währung weichen jedoch häufig voneinander ab, da der Wechselkurs abhängig von der Stabilität einer Währung ist. Herrscht im Inland eine hohe Inflationsrate (Geldwertverlust), so wirkt sich das auf den Außenwert aus – die Währung wird „weich". Will nun jemand aus diesem Land Geld in ausländischer Währung eintauschen, so muß er mehr eigenes Geld aufwenden,

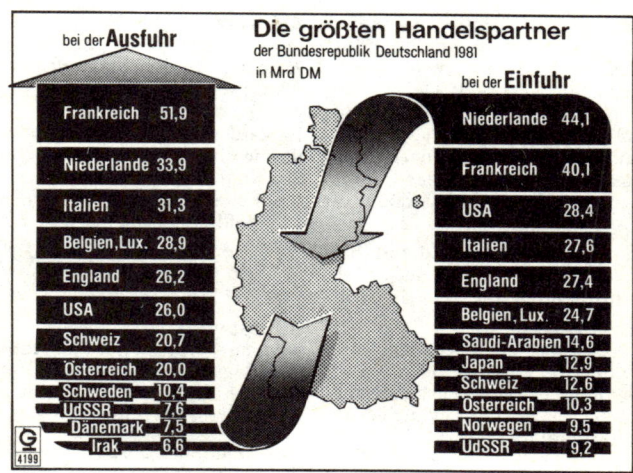

Außenhandelsdokumente
↑Dokumente.

Außenhandelspolitik
Aktivitäten eines Staates, den Außenhandel zu beeinflussen. Häufige Anwendung im Rahmen des Protektionismus, um die Binnenwirtschaft zu

als er kaufkraftmäßig fremdes Geld bekommt. Länder mit stabiler Volkswirtschaft und Währung, d.h. mit recht geringen Geldwertverlusten wie DM und Schweizer Franken, sind international gefragt und als recht „hart" anzusehen. Sie stehen aber immer in der Gefahr der Aufwertung, da die Nachfrage das Angebot übersteigt.

Außenwirtschaftliches Gleichgewicht
Zielsetzung von Bund und Ländern nach dem Stabilitätsgesetz (§ 1), für den Ausgleich der Zahlungsbilanz zu sorgen. Bei Störungen des A.G. durch Exportüberschüsse können Preissteigerungen, durch Einfuhrüberschüsse kann Arbeitslosigkeit die Folge sein.

außergerichtlicher Vergleich
eine private Einigung zwischen Schuldner und Gläubigern, ohne das Gericht zu bemühen, die den Zweck hat, durch Erlaß oder Stundung von Forderungen einen drohenden Konkurs abzuwenden.

außergewöhnliche Belastung
Begriff aus dem Steuerrecht. A. B. sind Aufwendungen Steuerpflichtiger, die aus rechtlichen oder tatsächlichen Gründen gemacht wurden und den Leistenden stärker beanspruchen als die übrigen Steuerzahler.
Beispiele: Krankheitskosten, die von keiner Krankenkasse getragen werden; Geburts- u. Heiratskosten; u.U. Ehescheidungskosten; Ausbildungskosten für Personen, für die kein Kindergeld beansprucht werden kann (bis 3 600 DM jährl.); Kinderbetreuungsgeld bis zu 600 DM jährl. je Kind; Aufwend. für Haushaltshilfen unter bestimmten Voraussetzungen.
A. B. müssen den Betrag der zumutbaren Eigenbelastung übersteigen. Geltend gemacht werden die a. B. im Lohnsteuerjahresausgleich, bzw. in der Einkommensteuererklärung.

Aussonderung
eine Feststellung des Konkursverwalters im Konkursverfahren, bei dem er Gegenstände, die nicht zum Eigentum des Schuldners gehören, aussortiert, z.B. geliehene und gemietete Gegenstände, Waren, die unter Eigentumsvorbehalt geliefert wurden.

Aussperrung
ein Kampfmittel der Arbeitgeber, das die Möglichkeit einer Entlassung der Arbeitnehmer während eines Streiks vorsieht. (Abwehraussperrung). Während der A. entfällt die Pflicht zur Lohnzahlung, dagegen nicht die Verpflichtung, nach Beendigung des Streiks die Arbeitnehmer wieder einzustellen. Ausnahme: Kündigung aus wichtigem Grunde (wilde Streiks). In seltenen Fällen wird die Angriffsaussperrung eingesetzt, um Forderungen der Arbeitgeberseite durchzusetzen oder zu erwartenden Streiks zuvorzukommen. In der hessischen Verfassung ist die A. verboten.

Ausstellung
öffentliche Veranstaltung, um wirtschaftliche, technische oder künstlerische Leistungen vorzustellen. Sie sollen sowohl informativ als auch werbend wirken.

Auszubildender
Person, die sich in der Berufsausbildung, in der beruflichen Fortbildung oder beruflichen Umschulung befindet, gilt nach dem Berufsbildungsgesetz als Auszubildende(r). Grundlage ist der Berufsausbildungsvertrag.
I. *Rechte des Auszubildenden:* Anspruch auf Vergütung, die sich nach Tarifvertrag, Ausbildungsjahr und Alter staffelt; Recht auf eine umfassende Ausbildung, die er für seinen späteren Beruf benötigt; Anspruch auf

Bald Nachwuchsmangel
Abgänger aus HAUPT- und REALSCHULEN
in 1000 | 1980 | 1985 | 1990 | 1995
← Prognose →
927 840 586 565

Automatisierung

Zeugniserteilung nach Beendigung des Berufsausbildungsverhältnisses; kostenloser Erhalt von Ausbildungsmitteln; Anspruch auf Berufsschulbesuch.

II. *Pflichten des Auszubildenden:* Anweisungen des Ausbildenden und des Ausbilders befolgen; Berufsschulpflicht; Stillschweigen über Geschäftsgeheimnisse; Berichtsheftführung; Betriebsordnung beachten; Material pfleglich behandeln; sorgfältige Ausführung übertragener Aufgaben. Siehe Abbildungen Seite 21 und 22.

Automatisierung
eine sich selbst steuernde Einrichtung macht in einem Produktionsprozeß den Einsatz von Arbeitskräften überflüssig. Tätige üben lediglich überwachende Funktionen aus. Steuerung, Kontrolle und Korrektur laufen nach einem festgelegten Plan ab. A. ist die derzeit höchste Form der Mechanisierung.

Avalkredit
Bürgschaftskredit einer Bank gegenüber einem guten Kunden. Die Bürgschaftserklärung kann selbstschuldnerisch oder als Wechselbürgschaft gegeben werden. Häufig anzutreffen bei Importen, bei denen hohe Zölle zu zahlen sind. Hier springt die Bank ein und garantiert für die Zollzahlung zu einem späteren Zeitpunkt, damit der Kunde die Ware erst einmal bekommt, um sie verkaufen zu können. Anderweitig oft bei Steuerstundungen, bei Auslandsgeschäften, bei sonst. Bürgschaften gegenüber der öffentlichen Hand anzutreffen.

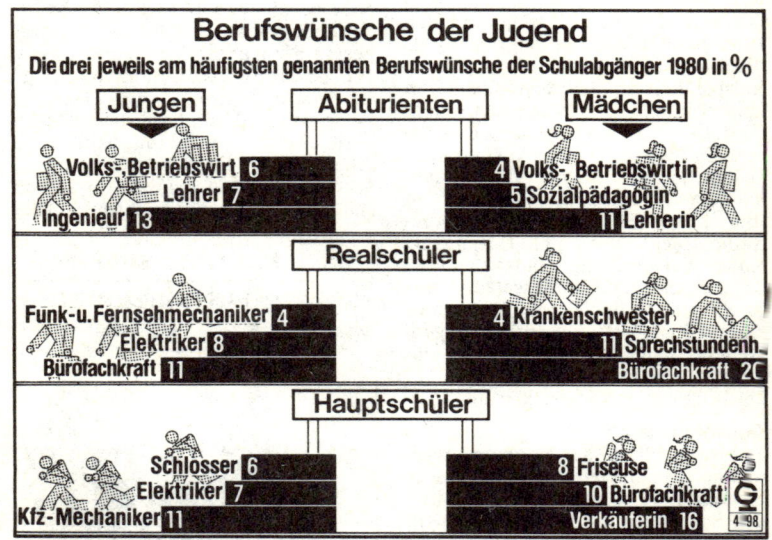

B

BAföG
Abkürzung für Bundesausbildungsförderungsgesetz von 1971. Nach dem BAföG können auf Antrag Personen, die das 16. Lebensjahr vollendet haben, finanzielle Hilfe bekommen, wenn sie allgemeinbildende-, weiterführende Schulen sowie Fach- oder Hochschulen besuchen. In der Umgangssprache wird auch die Leistung als solche BAföG genannt.

Baisse
Zustand sinkender Börsenkurse, sowohl bei Wertpapieren als auch auf Waren- und Frachtmärkten. Gegensatz: ↑ Hausse.

Bandbreite
zulässige Schwankungsbreite der ansonsten fest vereinbarten Wechselkurse zwischen den beteiligten Ländern. Wird die Spanne über- oder unterschritten, so sind die beteiligten Notenbanken verpflichtet, zu intervenieren. S. a. ↑ Interventionspunkt.

Bank
privates oder öffentlich-rechtliches Unternehmen, das die Wirtschaft mit Zahlungsmitteln versorgt, Einlegern die Möglichkeit zum zinsgünstigen Sparen gibt, mit Effekten handelt und andere Geldverkehrsgeschäfte betreibt, z.B. den bargeldlosen Zahlungsverkehr regelt. Betriebswirtschaftlich unterscheidet man zwischen ↑ Aktivgeschäft (Kreditgeschäft), ↑ Passivgeschäft (Einlagegeschäft) und »neutralem« Geschäft (Dienstleistungsgeschäft). Unterteilung:
I. *Universalbank* erledigt alle Bankgeschäfte, z.B. Großbanken, Volksbanken, Sparkassen.
II. *Spezialbank* erledigt besondere Bankgeschäfte, z.B. Hypothekenbanken, Lastenausgleichsbank, Hausbanken.

Bankakzept
↑ Akzeptkredit.

Bankenaufsicht
staatliche Aufsicht über das Kreditwesen. Wahrgenommen wird die B. vom Bundesaufsichtsamt für das Kreditwesen in Berlin in Zusammenarbeit mit der Bundesbank. Sowohl die Gründung als auch die laufenden Geschäfte werden von ihr überwacht. Die aufgestellten Grundsätze müssen streng beachtet werden. So besagt z.B. ein wichtiger Grundsatz, daß eine Bank höchstens das 18-fache des Eigenkapitals als Kredit vergeben darf.

Bankgeheimnis
die Verpflichtung der Banken, keine Auskunft über die Vermögenslage eines Bankkunden zu geben; grundsätzlich auch nicht einer Behörde gegenüber. Grenze: Wenn der begründete Verdacht einer Steuerhinterziehung besteht, muß die Bank im Rahmen der Strafverfolgung Auskunft erteilen.

Bankkredit
Vergabe eines Kredits durch die Bank. Er zählt zu den Aktivgeschäften. Gesichert werden kann durch Personensicherheiten wie Bürgschaften und durch Sachsicherheiten wie Sicherungsübereignung, Lombard und Pfand. Daneben werden Bankkredite ohne Hingabe von Geld gewährt, indem Bürgschaften für Bankkunden übernommen werden, z.B. Avalkredite, Akzeptkredite.

Banknote

Banknote
Papiergeld, das als gesetzliches Zahlungsmittel von einer dazu berechtigten Bank ausgegeben wird. In der Bundesrepublik ist nur die Bundesbank hierzu berechtigt.

Bankplatz
Ort, an dem die Bundesbank eine Zweigstelle unterhält (= Landeszentralbank).

Bankrott
(ital.: banca rotta = zerbrochene Bank); schuldhaftes Herbeiführen eines Konkurses durch Vorsatz oder grobe Fahrlässigkeit. Historisch abgeleitet aus dem frühen Mittelalter: Wenn Geldwechsler das in sie gesetzte Vertrauen mißbrauchten, wurde ihnen symbolisch der Arbeitstisch (banca) zerbrochen.

Banküberweisung
Form des bargeldlosen Zahlungsverkehrs; Auftrag eines Bankkunden an seine Bank, eine Geldüberweisung an eine andere Bank mittels eines Überweisungsformulars durchzuführen.

Bardepot
zinsloses Hinterlegen eines Teils des im Ausland aufgenommenen Kredits bei der Bundesbank. Eine Maßnahme, um ungewollte Devisenzuflüsse zu verhindern und um zinspolitische Maßnahmen der Bundesbank nicht unterwandern zu können.

Barrel
übliches Raummaß in der Ölwirtschaft; 1 b. = 159 Liter.

Barzahlung
Bezahlung einer eingegangenen Schuld in bar, bei der keiner der Partner ein Konto besitzen muß. Sie kann direkt, d. h. persönlich, oder durch einen Boten beim Kauf einer Sache erfolgen. Die Barzahlung wird gewöhnlich durch eine Quittung oder einen Kassenbon nachgewiesen.
B. kann auch durch eine Postanweisung erfolgen (Höchstbetrag bis 1 000 DM). Der Betrag wird am Postschalter bar ein- und dem Empfänger bar ausgezahlt. Zu verwenden ist ein rosarotes Formblatt.
Die B. durch Wertbrief ist möglich, aber unüblich, da sie sehr teuer und zeitraubend ist. Noten oder Münzen werden hierbei per Brief versandt. Die Wertangabe muß auf der Vorderseite vermerkt sein. Der Brief ist zu versiegeln.

Bargeldlose Zahlung
diese Zahlungsart vollzieht sich lediglich durch Gutschrifts- und Belastungsanzeigen. Schuldner und Gläubiger müssen ein Konto besitzen. *Formen:* Überweisung, Dauerauftrag, Lastschrifteinzug, Verrechnungsscheck, Wechsel.

Bargründung
Form der Gründung einer AG, bei der die Gründer das haftende Kapital bar erbringen - Gegensatz: ↑ Sachgründung.

Barreserve
Reserve an Bargeld, das sofort herangezogen werden kann. Für Handels- und Produktionsunternehmen ist die B. die Liquidität 1. Grades. Sie besteht aus dem Bargeld und den Guthaben bei Bank und Post. Für Kreditinstitute besteht die B. aus dem Bestand an Zentralbankgeld, d. h. dem Bargeld und den Einlagen bei der Landeszentralbank.

Barscheck
Form eines Schecks, der von dem jeweiligen Inhaber *bar* bei jeder Bank eingelöst werden kann. Gegensatz: ↑Verrechnungsscheck.

Bausparen
Sparen der mit einer Sparkasse zusammenarbeitenden Bausparer zum Zwecke der Finanzierung von Eigenheimen. Der Sparer schließt einen Bausparvertrag ab mit der Verpflichtung, einen bestimmten Anteil der Bausparsumme erst einmal anzusparen (z.B. 40%). Eine Wartezeit auf dieses Darlehen wird mitvereinbart, z.Zt. etwa 2 bis 3 Jahre. Ist die Zeit verstrichen und wurde die vereinbarte Summe angespart, so bekommt der Bausparer sein Guthaben sowie gleichzeitig die Differenz zwischen Guthaben und Bausparsumme als Dar-

lehen ausgezahlt. B. ist zinsgünstiger als ein Normaldarlehen und wird darüber hinaus häufig steuerlich begünstigt.

Bedarf
der Teil der Bedürfnisse, der auf dem Markt als tatsächliche Nachfrage nach Gütern erscheint. Entscheidet sich ein Konsument zum Kauf, so wandelt er sein Bedürfnis in Bedarf um.

bedingte Kapitalerhöhung
eine von der Hauptversammlung mit 3/4 Mehrheit verabschiedete Kapitalerhöhung, die aber noch nicht ihren Niederschlag im Grundkapital findet. Es werden auch nicht gleich junge Aktien ausgegeben.

Bedürfnis
Mangelempfinden eines Menschen. B. sind unbegrenzt. Nur ein Teil der B. kann vom Menschen befriedigt werden.
Unterscheidung: Existenzbedürfnisse (= Grundbedürfnisse); Luxusbedürfnisse; Kulturbedürfnisse.

Bedürfnisbefriedigung
das Beseitigen eines Mangelempfindens wie essen, schlafen, trinken. Die Volkswirtschaft hat die Aufgabe, durch Bereitstellen von Gütern eine möglichst große B. zu erzielen.

Beförderungsgeschäft
„Grundhandelsgewerbe" nach § 1 HGB. Sie betrifft alle Transporte von Waren und Personen zu Lande, zu Wasser und in der Luft. Daneben existieren eine Reihe von Gesetzen, die diese Geschäfte im einzelnen regeln: Im HGB über Frachtführer und Spediteure sowie Frachtgeschäft zur Beförderung von Reisenden; ferner in der Eisenbahn-Verkehrsordnung, im Güterkraftverkehrsgesetz u.a.

Beförderungskosten
Kosten für Transport von Gütern. Mögliche Vereinbarungen: „ab Werk" = Kosten trägt Käufer; „frei Haus" = Kosten trägt Verkäufer; „unfrei" = Kosten ab Versandbahnhof trägt Käufer; „frachtfrei" = Kosten bis Bestimmungsbahnhof trägt Verkäufer. ↑ Bezugskosten.

Beförderungsvertrag
auch Frachtvertrag genannt. In ihm sind die Verpflichtungen und Berechtigungen der Vertragspartner (Auftraggeber und Frachtführer) geregelt. Der Frachtführer hat die Ware ordnungsgemäß abzuliefern, der Absender hat die Fracht zu zahlen. Über den Inhalt der Sendung ist vom Absender ein Frachtbrief auszustellen. Der Frachtführer hat bei Nichtzahlung der Fracht durch den Absender ein gesetzliches Pfandrecht an der Ware.

Beglaubigung
eine gesetzlich vorgeschriebene Form zur Gültigkeit von Rechtsgeschäften. Das Schriftstück wird nicht auf die Rechtmäßigkeit hin überprüft, sondern es wird lediglich die Echtheit der Unterschrift von einem Notar beglaubigt.

Begleitpapiere
im Frachtbrief verzeichnete Papiere, die die Waren im Frachtgeschäft begleiten, um die vom Gesetz vorgeschriebenen Richtlinien einzuhalten. Sie dienen als Grundlage für Zoll-, Steuer- und sonstige Verwaltungsvorschriften.

Beherrschungsvertrag
vertraglicher Abschluß, bei dem eine AG oder KGaA die Leitung ihrer Gesellschaft einem anderen, dem beherrschenden Unternehmen unterstellt. Rechtsgrundlage ist das AktG, das auch über verbundene Unternehmen und die Folgen im Rahmen der Verantwortlichkeit und Leitungsmacht im B. Aussagen macht.

Beihilfen
finanzielle Förderung für Auszubildende und Erwachsene, die in einem anerkannten Ausbildungsberuf ausgebildet werden. Das Arbeitsamt zahlt Zuschüsse und Darlehen nach dem Arbeitsförderungsgesetz. Voraussetzungen: Fortbildung, Umschulung oder Ausbildung. Der Berechtigte muß in der Arbeitslosenversicherung pflichtversichert sein.

Beitragsbemessungsgrenze
Höchstgrenze, bis zu der das Einkom-

Bekanntmachung

men der Arbeitnehmer der Sozialversicherungszahlung unterliegt. Die B. ist in jedem Versicherungszweig gesetzlich festgelegt. B. in der Rentenversicherung und Arbeitslosenversicherung 1982 monatlich 4700 DM, in der Krankenversicherung jeweils 75% der B. der Rentenversicherung, also 1982 3525,- DM.

Bekanntmachung
Veröffentlichung von amtlichen Nachrichten in einem vom Gericht bestimmten Blatt. Vorgeschrieben sind solche B. bei Veränderungen, die die Eintragungen im Handelsregister betreffen, und bei Konkurs- und Vergleichseröffnungen. Bei Unterlassungsklagen im Rahmen des unlauteren Wettbewerbs kann die obsiegende Partei in der im Urteil bestimmten Art veröffentlichen.

Belastung
der Begriff B. wird verschieden verwendet:
I. In der *Buchführung*, bei der die Belastung der Aktivkonten im Haben erscheint;
II. im *Grundstücksrecht* durch Eintragung der Grundpfandrechte im Grundbuch wie Hypothek, Grundschuld, Rentenschuld sowie Nießbrauchrecht;
III. im *Verkehrsrecht,* das die zulässige Gesamtlast eines Fahrzeugs bestimmt.
IV. in der *Arbeitswissenschaft,* die die berufsmäßige B. des Arbeitnehmers festzustellen versucht.

Beleg
ein Schriftstück, das als Grundlage für eine Buchung dient. Grundsatz: Keine Buchung ohne Beleg. Unterteilung in Fremdbelege wie Rechnungen, Quittungen, Bankabrechnungen, Schecks, Wechsel, postalische Zahlungsanweisungen und in Eigenbelege bei innerbetrieblichen Vorgängen (Rohstoffentnahme). Die B. werden vorkontiert, d.h. die in der Buchhaltung anzusprechenden Konten werden auf dem Beleg vermerkt. Die Aufbewahrungspflicht beträgt 6 Jahre.

Belegschaftsaktie
ein Teilhaberpapier (Aktie), das den Arbeitnehmern vom Arbeitgeber zu einem Vorzugspreis angeboten wird. Zu diesem Zweck darf die AG eigene Aktien bis zu einer Höhe von 10% des Grundkapitals ankaufen. Man versucht dadurch, den Arbeitnehmer als Miteigentümer enger an das Unternehmen zu binden. Die Ausgabe ist häufig mit einem mehrjährigen Verkaufsverbot verbunden.

Benachrichtigungspflicht
die Verpflichtung von Personen, andere Beteiligte zu benachrichtigen, wenn im Bereich des Wechsel- oder Scheckverkehrs Störungen aufgetreten sind. Beim Wechsel spricht man von Notifikation. Wird der Wechsel am Verfalltag nicht eingelöst, so besteht die Verpflichtung des letzten Wechselinhabers, den Vormann auf dem Wechsel sowie den Aussteller binnen 4 Tagen zu informieren, daß der Wechsel zu Protest gegangen (geplatzt) ist. Indossanten untereinander müssen diese Benachrichtigung binnen 2 Tagen weitergeben. Im Scheckrecht wird die B. von den Banken übernommen.

bergrechtliche Gewerkschaft
Gesellschaftsform ohne festes Grundkapital. Die b.G. kann Bergwerkseigentum erwerben und ausbeuten. Das vorhandene Kapital ist in Kuxe aufgeteilt. Das sind Anteilscheine, die keinen bestimmten Nennbetrag wie die Aktie haben, sondern eine quotenmäßige Beteiligung bieten, z.B. 1/10000stel vom Gewerkschaftskapital. Organe der b.G.: Grubenvorstand, Gewerkenversammlung. Ein Aufsichtsrat ist wie bei der GmbH von 500 Arbeitnehmern an üblich.

Beruf
Tätigkeit eines Menschen, im Rahmen seiner Fähigkeiten Dienste zu leisten, um dadurch seine wirtschaftliche Existenzgrundlage zu sichern. Ursprünglich wurde unter B. eine Tätigkeit verstanden, die den Begabungen und Neigungen des einzelnen entsprach. Durch die starke Arbeitsteilung, durch fehlende Vorbildung, durch unentdeckte Fähigkei-

Berufsausbildungsvertrag

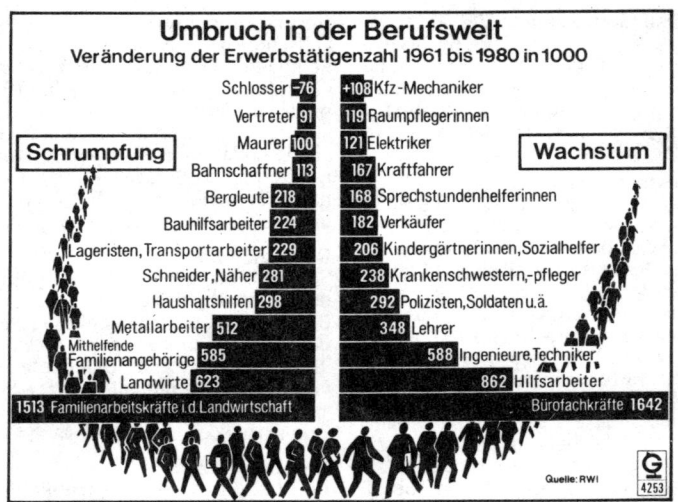

ten, durch Umwelteinflüsse und den Zwang, Geld verdienen zu müssen, verlor aber die „Berufung" zu einer Tätigkeit immer mehr an Bedeutung. Siehe Abbildungen.

berufliche Bildung
die b.B. ist der Inbegriff aller Maßnahmen, die darauf ausgerichtet sind, die Berufsausbildung, die berufliche Fortbildung und die berufliche Umschulung zu regeln (Rechtsgrundlage ist das Berufsbildungsgesetz). Fortbildung und Umschulung geben dem Arbeitnehmer die Möglichkeit, durch Besuch von Lehrgängen den Anschluß in seinem Beruf nicht zu verlieren, bzw. einen neuen Beruf zu ergreifen. Zentrale Zielrichtung der b.B. ist allerdings die Berufsausbildung.

Berufsaufbauschule
Schule mit dem Abschluß der Fachschulreife (etwa gleich der Mittleren Reife), die von Jugendlichen neben oder nach der Berufsschule gewählt werden kann; Vollzeitform 1 Jahr.

Berufsausbildungsvertrag
Vertrag zwischen Auszubildendem und dem Ausbildenden (Unternehmen). Inhalt: Berufsbenennung; Dauer, Beginn und Ende der Ausbildung; Probezeit; Vergütung; Arbeitszeit; Urlaub; Kündigung; sachliche und zeitliche Gliederung der Berufsausbildung.

Berufsbildungsgesetz (BBiG)
Gesetz v. 1969, das die Berufsausbildung, Berufsfortbildung und Umschulung im betrieblichen Bereich regelt. Eine Reihe von Verordnungen haben dieses Gesetz in der Zwischenzeit spezifiziert.

Berufsfachschule
Schulform mit mindestens einem, oft zwei Jahren Vollzeitunterricht. Der Schulbesuch setzt keine Berufsausbildung oder berufliche Tätigkeit voraus. Es werden allgemeine und fachliche Lerninhalte vermittelt, also eine Mischung aus beruflicher Grundbildung und erweiterter Allgemeinbildung. Aufnahmevoraussetzung i.d.R. Hauptschulabschluß. Nach erfolgreicher Absolvierung der B. ist eine Verkürzung der Ausbildung im Beruf die Regel (oft 1 Jahr); ein Übergang auf die Höhere Handelsschule, ein berufliches Gymnasium oder Fach(ober)schule ist – je nach Bundesland – möglich.

Berufsfeld
Bezeichnung für eine Gruppe ähnlicher Berufe, z.B. alle Berufe des Bereichs Wirtschaft und Verwaltung.

Berufsförderung
Unterstützungszahlungen der Sozialversicherungsträger oder der Bundesanstalt für Arbeit an Arbeitnehmer bei Umschulungen oder Ausbildungen, um verlorengegangene Erwerbsfähigkeit wieder zu gewinnen bzw. neue Fähigkeiten zu erlangen.

Berufsfreiheit
das im Grundgesetz verankerte Recht eines jeden Bundesbürgers, Arbeitsplatz und Beruf frei zu wählen. Reglementierungen können durch Gesetz geschaffen werden, so u.a. bei öffentlichen Dienstverpflichtungen (Bundeswehr).

Berufsgenossenschaft
gesetzlich vorgeschriebener Zwangszusammenschluß der Unternehmungen einer Branche als Träger der † Unfallversicherung ihrer Arbeitnehmer; s. a. † Sozialversicherung.

Berufsgrundschuljahr
vollschulische Ausbildung im 11. Schuljahr, die eine breite berufliche Grundbildung vermitteln soll. Das B. wird voll auf die Berufsausbildung angerechnet, wenn mindestens 24 Wochenstunden fachbezogener Unterricht erteilt wird. Der Unterricht wird nach Berufsfeldern, z.B. Wirtschaft und Verwaltung, erteilt.

Berufsschule
Schule, die fachliche und allgemeinbildende Inhalte für Personen, die sich in der beruflichen Erstausbildung befinden, vermittelt. Der Unterricht wird in Teilzeitform oder als Blockunterricht erteilt. Die Schulpflicht beträgt 3 Jahre und kann verkürzt werden.; † Ausbildungsdauer.

Berufsschulzeiten
Freistellung von Auszubildenden während des Unterrichts in der Berufsschule. Gesetzliche Grundlage § 9 Jugendarbeitsschutzgesetz. Bei Unterrichtsbeginn vor 9 Uhr darf der Jugendliche nicht beschäftigt werden, ebenso bei mehr als 5 Zeitstunden Unterricht einschließlich Pausen, die wie 8 Arbeitsstunden gerechnet werden. Ein Blockunterricht von mindestens 25 Zeitstunden an 5 Tagen der Woche zählt wie eine volle Arbeitswoche. Die B. werden grundsätzlich auf die Arbeitszeit angerechnet.

Berufsunfähigkeit
Ein Begriff aus der gesetzl. Rentenversicherung. Jeder Arbeitnehmer, der infolge eines körperlichen oder geistigen Leidens seinen Beruf weniger als zur Hälfte der vergleichsweisen übrigen Arbeitnehmer ausüben kann, fällt unter die B. und hat Anspruch auf B.-rente aus der Angestelltenversicherung bzw. Arbeiterrentenversicherung.

Berufung
Rechtsmittel gegen Urteile der ersten Instanz, zwecks Neuverhandlung in der nächsthöheren Instanz. Im Zivilprozeß und Strafprozeß folgt nach Entscheidungen des Amtsgerichts, das Landgericht, in Familiensachen das

Oberlandesgericht. In Verwaltungsgerichtsverfahren folgt nach den Verwaltungsgerichten das Oberverwaltungsgericht. Die Berufungsfrist im Zivilprozeß beträgt 1 Monat nach Zustellung des Urteils, in Strafsachen 1 Woche nach Verkündigung des Urteils.

Beschaffung
betriebsnotwendige Aktivität der Besorgung von Maschinen, Werkstoffen, Waren- und Geldmitteln. Die B. dient damit der Bereitstellung zum Zwecke der Weiterverwendung, z.B. im Produktionsbereich. Das Problem der B. liegt darin, zum rechten Zeitpunkt die richtigen Mengen in der besten Qualität zu günstigen Bezugspreisen zu erhalten. Die B. von geeigneten Arbeitskräften ist ein Bereich der Personalpolitik.

Beschaffungskosten
Geldbeträge, die bei der Beschaffung von Waren oder Stoffen anfallen. Dazu zählen u.a. Rollgeld, Versicherungen, Frachtkosten, Wiegegebühren. Im Finanzbereich werden sie auch als aktivierungspflichtige Anschaffungsnebenkosten geführt. Sie erhöhen den reinen Rechnungspreis und führen in der Addition zum Einstandspreis eines Gutes.

Beschäftigungsbeschränkung
nach § 22 Jugendarbeitsschutzgesetz Verbot der Tätigkeit Jugendlicher bei gefährlicher, gesundheitsschädlicher, sittengefährdender, leistungs- und tempoabhängiger Beschäftigung. Nacht- und Untertagearbeit ist nur in Ausnahmefällen möglich.

Beschäftigungsgrad
Prozentuale Auslastung einer Kapazität. *Beispiel:* Mögliche Produktion einer Maschine 100 Einh./ Std. Tatsächlicher Ausstoß 80 E./Std. = Beschäftigungsgrad 80 %.

beschränkte Geschäftsfähigkeit
↑ Geschäftsfähigkeit.

beschränkt Steuerpflichtige
natürliche und juristische Personen, die weder ihren Wohn- oder Geschäftssitz noch ihren gewöhnl. Aufenthalt in der Bundesrepublik oder Berlin (West) haben. Sie werden lediglich mit ihren inländischen Einkünften besteuert. Abzugsfähig sind somit nur die Werbungskosten und Betriebsausgaben, die direkt im Zusammenhang mit den inländischen Einkünften stehen. Pauschbeträge gelten für sie nicht.

Besitz
B. bedeutet die tatsächliche Herrschaft über eine Sache; die Person, die einen Gegenstand tatsächlich innehat, wird als Besitzer bezeichnet. Unmittelbarer Besitzer ist derjenige, der die Sachherrschaft ausübt, mittelbarer Besitzer ist derjenige, der vorübergehend den Besitz an einen anderen übertragen hat.

Besitzsteuer
Abgabe, die an den Steuergegenstand anknüpft. Man unterteilt B. in Personensteuern (Einkommensteuer, Körperschaftsteuer, Vermögensteuer, Erbschaftsteuer) und Realsteuern (Grundsteuern, Gewerbesteuern).

Besitzwechsel
ein Wechsel, der dem Gläubiger statt einer Barzahlung gegeben wird, ist für diesen ein B. Er kann ihn als Zahlungsmittel weitergeben, an die Bank verkaufen oder bis zum Verfalltag liegen lassen. In jedem Fall stellt er dem Kunden den in der Zwischenzeit verlorenen Zins in Rechnung.

Bestandskonto
Vermögens- oder Kapitalkonto, das Anfangsbestand, Zu- und Abgänge sowie den Endbestand enthält und auf die Schlußbilanz abgeschlossen wird.

Bestandsveränderung
Vermehrung oder Verminderung der Vorratsvermögensmengen, v.a. B. an Fertigerzeugnissen und unfertigen Erzeugnissen innerhalb einer Rechnungsperiode. Die B. erscheint als Bestandsminderung auf der Aufwandsseite der G + V-Rechnung, als Bestandserhöhung auf der Ertragsseite, da eine Leistung erbracht wurde, für die die Aufwandsseite mit verschiedenen Kosten belastet wurde.

Bestellmenge
↑ optimale Bestellmenge.

Bestellung
Willenserklärung eines Kunden an seinen Lieferanten, ihm zu bestimmten Konditionen Güter zu liefern. Ist ein unbeschränktes Angebot vorausgegangen und bestellt der Kunde hierauf rechtzeitig, so ist ein Kaufvertrag zustandegekommen. Einer Bestätigung durch den Lieferanten bedarf es nicht. Wurde die B. ohne vorheriges Angebot abgegeben, so handelt es sich um eine Anfrage des Kunden, die einer Bestätigung bedarf. Die B. wird meistens von der Einkaufsabteilung eines Unternehmens getätigt und überwacht.

Bestimmungskauf
Kaufvertrag, bei dem sich der Kunde die nähere Bestimmung des Grundstoffes zu einem späteren Zeitpunkt vorbehält (Spezifikationskauf). Durch den derzeitigen Abschluß will sich der Kunde lediglich den Preis sichern, der dann für die gesamte Lieferzeit gilt. Kommt der Kunde seiner Verpflichtung zur Spezifizierung der Ware nicht nach, befindet er sich in Schuldnerverzug. In diesem Fall setzt der Lieferant dem Kunden eine Nachfrist zur eigenen Bestimmung, danach übernimmt er ggf. selbst die Bestimmung.

Beteiligung
das Erwerben von Gesellschaftsrechten durch kapitalmäßige Bindung an Personen- oder Kapitalgesellschaften. Ausschlaggebend ist die Beteiligungsabsicht, die man bei einer mind. 25 %igen B. an einer Aktiengesellschaft unterstellt. Von B. spricht man, wenn sich das haftende Kapital durch die B. erhöht und die Einleger zu Mitunternehmern werden. Bei der Aufnahme von Darlehen entfällt diese Voraussetzung. Der Darlehensgeber erscheint in der Bilanz unter Verbindlichkeiten, während z.B. die B. des Stillen Gesellschafters in das Unternehmenskapital eingeht, obwohl dieser ebenfalls eine Art Kreditgeber ist.

Beteiligungsfinanzierung
eine Form der Außenfinanzierung, bei der sich entweder bisher fremde Personen in eine Gesellschaft einkaufen oder vorhandene Gesellschafter ihre bisherige Beteiligung erhöhen. Klassische Form bei der AG ist die Neuausgabe von Aktien, bei der GmbH die Neuaufnahme von Gesellschaftern, bei Personengesellschaften die Erhöhung der Kommanditeinlagen oder Aufnahme zusätzlicher Vollhafter. Die bisherigen Beteiligten verlieren einen Teil ihrer Entscheidungsfreiheit und einen Teil der zu erwartenden Gewinne. Daher lohnt sich eine B. nur dann, wenn eine allgemeine Haftungsverteilung angestrebt wird oder eine Aufnahme von Fremdkapital zu teuer ist, weil die Belastung durch Zins und Tilgung höher ist als die zusätzlich zu erwartende Rentabilität.

Betrieb
der Teil einer Unternehmung, in dem planvoll organisiert Sachgüter produziert oder Dienstleistungen bereitgestellt werden; ↑Betriebstypen.

betriebliche Altersversorgung
freiwillige Leistung eines Arbeitgebers, um die Alters-, Invaliditäts- und Hinterbliebenenversorgung des Arbeitnehmers zu verbessern, häufig über Lebensversicherungen. Sie ist steuerbegünstigt, da sie der Renten- und Pensionszahlung des Staates gleicht.

betriebliche Aufwendungen
↑ Aufwendungen.

betrieblicher Ertrag
↑ Ertrag.

Betriebsabrechnung
in der Kostenrechnung Verfahren um die Wirtschaftlichkeit der Leistungserstellung festzustellen. Hilfsmittel ist der *Betriebsabrechnungsbogen* (BAB). *Aufbau:* In der ersten senkrechten Spalte werden die Kostenarten aufgenommen. Unterteilt werden die Kosten in *Einzelkosten* (Materialverbrauch, Löhne) und *Gemeinkosten*. Der BAB verteilt die Gemeinkosten-

arten in der Waagerechten auf die *Kostenstellen* anhand eines Schlüssels. Hauptkostenstellen sind Material-, Fertigungs-, Verwaltungs- und Vertriebsbereich. Hilfsstellen fallen im Bereich der Fertigung an (z.B.: Arbeitsvorbereitung); ihre Kosten sind auf die Fertigungshauptstellen umzulegen. Im BAB werden nun die Gemeinkostenzuschlagsätze errechnet, die als Grundlage für spätere Kalkulationen dienen.
Berechnung: Den Materialgemeinkosten wird der Materialverbrauch, den Fertigungsgemeinkosten werden die Löhne, den Verwaltungs- und Vertriebsgemeinkosten die Herstellungskosten des Umsatzes (Materialkosten + Fertigungskosten +/- Bestandsveränderungen) gegenübergestellt und ein Prozentsatz errechnet.
Neben der Kostenarten- und Kostenstellenrechnung wird die Kostenträgerrechnung durchgeführt, bei der die Gemeinkosten auf die Verursacher (Träger) dieser Kosten umgerechnet werden.

Betriebsausgaben
steuerlicher Ausdruck für Aufwendungen, die durch den Betrieb verursacht wurden und im Rahmen der Gewinnermittlung abzugsfähig sind.

Betriebsbuchhaltung
Buchhaltung, die sich ausschließlich mit den Vorgängen des betrieblichen Leistungsprozesses beschäftigt. Sie erfaßt die Kosten und Leistungen und führt deren Berechnung durch (Kosten- und Leistungsrechnung). Das Betriebsergebnis wird von der B. mehrmals im Jahr ermittelt, um durch diese kurzfristige Betrachtungsweise auf Veränderungen reagieren zu können. Außerdem versucht sie durch Vorgabe von Sollkosten den Kostenanfall zu beeinflussen. Darüber hinaus liefert die B. Daten für Statistik und Vorkalkulation.

Betriebsergebnis
Differenz zwischen Kosten und Erlösen eines Betriebes, zu trennen vom Unternehmensergebnis, das auch nicht mit der Leistungserstellung entstehende Kosten und Erlöse einbeziehet.

betriebsfremde Aufwendungen
Aufwendungen, die unternehmensbezogen, nicht betriebsbezogen sind (z.B. Verluste bei Anlageverkäufen). Sie zählen zu den neutralen Aufwendungen. ↑ Aufwendungen.

betriebsfremde Erträge
Erträge, die nicht durch Verkäufe der betrieblichen Leistungen zustande gekommen sind, z.B. Erträge aus dem Verkauf von Wertpapieren, Zinserträge.

Betriebsgeheimnis
betriebliche Daten, die einen erheblichen Wert für die Produktion und Konstruktion, für das Finanzgebaren oder den Absatz des Unternehmens haben, dürfen von Arbeitnehmern nicht weitergegeben werden (Schweigepflicht).

betriebsgewöhnliche Nutzungsdauer
die b.N. ist der Zeitraum der Nutzbarkeit eines abnutzbaren Gegenstandes in einem Betrieb. Während des Zeitraums wird der Gegenstand abgeschrieben. Die Abschreibungshöhe wird also von der Nutzungszeit bestimmt. Damit der Zeitraum nicht willkürlich gewählt werden kann, geben die Finanzämter sogenannte AfA-Tabellen heraus (Absetzung für Abnutzung), die innerhalb einer Bandbreite gewöhnliche Nutzungszeiträume angeben, z.B. ein LKW 5-8 Jahre.

Betriebsmittel
neben Arbeitskraft und Werkstoff der dritte betriebswirtschaftliche Produktionsfaktor, der zur Leistungserstellung notwendig ist. B. sind Maschinen, Gebäude, Werkzeuge und sonstige technische Anlagen.

betriebsnotwendiges Kapital
der Teil des Vermögens (Aktivseite der Bilanz), der dazu bestimmt ist, eine betriebliche Leistung zu erzielen.

Betriebsrat

Betriebsratsaufgaben

Aufgaben im allgemeinen Bereich	Aufgaben im sozialen Bereich	Aufgaben im personellen Bereich	Aufgaben im wirtschaftlichen Bereich
o Interessenvertretung der Belegschaft o Überwachung der Einhaltung der Gesetze und Vereinbarungen, die dem Schutz der Arbeitnehmer dienen o Weiterleitung berechtigter Beschwerden an den Arbeitgeber o Eingliederung Schwerbehinderter und sonstiger schutzbedürftiger Arbeitnehmer o Vorbereitung der Wahl der Jugendvertretung o Abhalten von Betriebsversammlungen	o Abschluß von Arbeitsordnungen (Tragen von Schutzkleidung, Rauchverbot, Torkontrollen, usw.) o Beginn und Ende der täglichen Arbeitszeit sowie der Pausen o Gleitende Arbeitszeit, Überstunden, Sonderschichten o Aufstellen von Entlohnungsgrundsätzen (Zeitlohn, Prämien, Akkord) o Zeit, Ort und Art der Lohn- und Gehaltszahlung o Aufstellung eines Urlaubsplans o Überwachung der Arbeitnehmer durch Stechuhren, Filmkameras, usw. o Verwaltung der betrieblichen Sozialeinrichtungen o Unfallverhütung o Betriebliches Vorschlagswesen o Vermögenswirksame Leistungen	o Personalplanung (Auswahlrichtlinien, Formulierung von Einstellungs- und Personalfragebogen, ...) o Förderung der beruflichen Aus- und Weiterbildung o Entfernung betriebsstörender Arbeitnehmer o In Unternehmen mit mehr als 20 Arbeitnehmern ist der Betriebsrat von jeder ... — Einstellung — Entlassung — Ein- und Umgruppierung — Versetzung zu unterrichten. Verweigert er innerhalb einer Woche seine Zustimmung, so kann diese auf Antrag des Arbeitgebers durch das Urteil des Arbeitsgerichtes ersetzt werden	o Mitbestimmungsrecht bei geplanten Betriebsänderungen, wenn dadurch wesentliche Nachteile für die Arbeitnehmer zu erwarten sind, z. B.: o Stillegung des Betriebes oder wesentlicher Teile o Verlegung des Betriebes oder wesentlicher Teile o Zusammenschluß mit anderen Betrieben o Grundlegende Änderung der Betriebsorganisation o Einführung neuer Arbeitsmethoden und Fertigungsverfahren o Aufstellung eines Sozialplanes zur Milderung der Folgen einer Betriebsänderung

Betriebsrat
lt. Betriebsverfassungsgesetz von 1972 vorgesehene, auf 3 Jahre gewählte Interessenvertretung der Arbeitnehmer. Voraussetzung sind mindestens 5 Arbeitnehmer ohne Auszubildende. Betriebsratsmitglieder genießen einen weitergehenden Kündigungsschutz.
Wahl: Wahlberechtigt sind alle Arbeitnehmer und Auszubildende über 18 Jahre, ausgenommen leitende Angestellte. Wählbar sind alle Wahlberechtigten, die mindestens 6 Monate dem Unternehmen angehören. Die Wahl ist geheim, gleich, frei und unmittelbar. Es kann nach Gruppen (Arbeiter/Angestellte) oder gemeinsam gewählt werden. *Aufgaben:* siehe Abbildung.

Betriebstoff
Stoff, der nicht in das Produkt eingeht, sondern zur Aufrechterhaltung des betrieblichen Leistungsprozesses dient, z.B. Schmierstoff, Reparaturmaterial.

Betriebstypen
Unterteilung der Betriebe nach verschiedenen Gesichtspunkten; siehe Abbildung.

Betriebsübersicht
tabellarische Übersicht aller erfolgs- und bestandsverändernden Geschäftsvorfälle einer Periode, auch *Hauptabschlußübersicht* genannt. Aufgabe der B. ist das Feststellen möglicher Fehler-

Betriebsvereinbarung

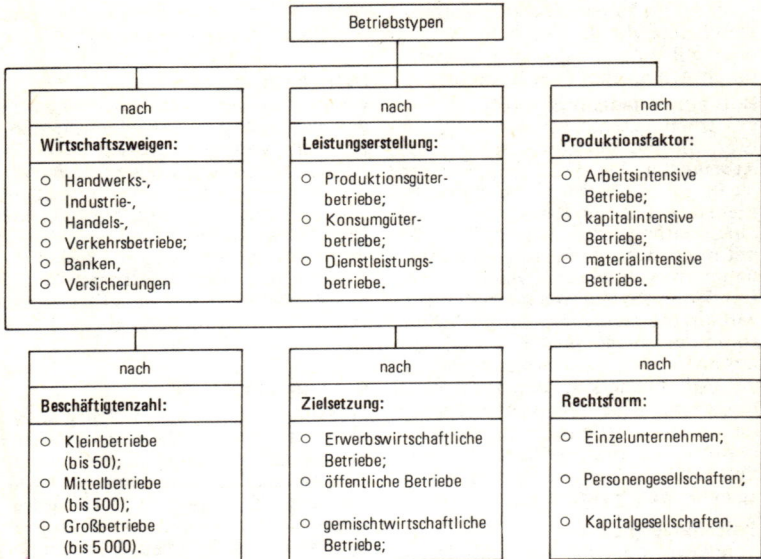

quellen und die Möglichkeit, Zwischenabschlüsse durchzuführen. Teile der B.:

I. *Die Summenbilanz:* Ausgehend vom Anfangsbestand, werden die sich ergebenden Veränderungen durch Geschäftsvorfälle auf den jeweiligen Konten festgehalten. Da in der doppelten Buchführung sowohl Soll- als auch Habenbuchungen bei jedem Vorfall mit gleichen Summen durchgeführt werden, muß die Summenbilanz in der Addition in Soll und Haben übereinstimmen.

II. *Die Saldenbilanz I* ist das Ergebnis des Saldierens zwischen Soll und Haben in der Summenbilanz.

III. *In der Umbuchungsbilanz* werden die vorbereitenden Jahresabschlußbuchungen aufgenommen. So die Abschreibungen, Umbuchung der Bezugskosten über das Wareneinkaufskonto, Verbuchung der neutralen Klasse 2 (Ausnahme nach Industriekontenrahmen) über das neutrale Konto, Privat über Kapital, Umsatzsteuer an Vorsteuer. Saldenbilanz I und Umbuchungsbilanz ergeben die

IV. *Saldenbilanz II:* Das sind dann die Werte, die lt. Inventur vorhanden sein müßten. Ausnahme nach Großhandelskontenrahmen: Der Inventurwert der Waren wird in die Inventurbilanz (V) übertragen. Danach stellt man den Warenwert aus der Saldenbilanz II dem Inventurwert gegenüber und erhält den Wareneinsatz, der in die Erfolgsbilanz (VI) eingeht.

V. *Inventurbilanz:* Sie entsteht durch Übertragen der Bestandskonten aus der Saldenbilanz II.

VI. *Erfolgsbilanz:* Sie entsteht durch übertragen der Erfolgskonten aus der Saldenbilanz II.

Betriebsvereinbarung
eine schriftliche Abmachung über Regelungen der betrieblichen Ordnung (z.B. Arbeitsbedingungen) zwischen Betriebsrat und Arbeitgeber.

Betriebsverfassungsgesetz

Sind über solche Vereinbarungen bereits tarifvertragliche Aussagen gemacht, so haben diese den Vorrang. Kündigung der B. durch Fristablauf oder mit einer Frist von 3 Monaten durch Arbeitgeber oder Betriebsrat.

Betriebsverfassungsgesetz
gesetzlich geschaffene Grundlage v. 1972, die die Beziehungen zwischen Arbeitgeber und Arbeitnehmern regelt, so u.a. die Einrichtung des Betriebsrats und der Betriebsversammlung. Geltungsbereich für alle Betriebe mit mind. 5 wahlberechtigten Arbeitnehmern, von denen 3 wählbar sind. Das B. regelt hauptsächlich die Mitwirkungsberechtigung und Mitbestimmungsmöglichkeit des Betriebsrats im Betrieb, die Informationspflicht des Arbeitgebers an den Betriebsrat bei betrieblichen Vorgängen, wenn hierdurch Arbeitnehmerinteressen berührt werden sowie die Strafbestimmungen bei Verletzungen der festgelegten Verpflichtungen.

Betriebsvergleich
Vergleich von Zahlen und Daten zwischen Betrieben mit etwa gleicher Struktur, da nur dann aussagefähige Resultate möglich sind. Jegliche Größenordnung eines Betriebes, sei es im Gesamtvolumen (z.B. die Kennziffer Gewinn zum eingesetzten Kapital) oder im Detail (z.B. Verhältnis Anlagevermögen zum Umlaufvermögen, Umsatz pro Arbeitnehmer, Eigenkapital zum Fremdkapital, Umsatzgewinnrate) kann nur dann mit gut oder schlecht bewertet werden, wenn vergleichbare Betriebe danebengestellt werden. Dieser zwischenbetriebliche Vergleich wird umso aussagefähiger, je mehr Betriebe ihre Daten vergleichen.

Betriebsversammlung
durch den Betriebsrat vierteljährlich einzuberufende Versammlung der Belegschaftsmitglieder, um Rechenschaft über die Betriebsratstätigkeit abzulegen. Sie wird vom Betriebsratvorsitzenden geleitet. Der Arbeitgeber ist zu laden. Die B. findet in der Regel während der Arbeitszeit statt, bzw. ohne Lohnausfall außerhalb der Arbeitszeit. Im Betrieb vertretene Gewerkschaften und Beauftragte des Arbeitgebers können teilnehmen.

Betriebswirtschaftlehre
wirtschaftswissenschaftliche Lehre, die sich mit dem einzelnen Unternehmen und dessen betrieblichen Ablauf befaßt. Die *allgemeine B.* hat ihre Schwerpunkte in den Bereichen Einkauf und Lagerung, Produktion, Investition und Finanzierung, Absatz und Personal. Die *spezielle B.* befaßt sich mit den einzelnen Branchen der am Wirtschaftsleben Beteiligten wie Industrie, Handwerk, Banken und Versicherungen, Handel.

Beurkundung
ein vom Notar abgefaßtes Schriftstück in Form einer öffentlichen Urkunde. Der Inhalt sagt das aus, worüber sich die anwesenden Parteien einigen wollen, z.B. Kauf oder Verkauf eines Grundstücks. Nach der Abfassung ist der Inhalt den Parteien noch einmal vorzulesen. Die B. ist bei Rechtsgeschäften vorgeschrieben, die vom Gesetzgeber als besonders wichtig angesehen werden. Dazu zählen neben der Veräußerung oder Belastung von Grundstücken auch Schenkungsversprechen und Beschlüsse der Hauptversammlung. Wird die vom Gesetz verlangte Form nicht eingehalten, liegt ein nicht ges Rechtsgeschäft vor.

Bevölkerungsstatistik
Erfassung und Aufbereitung von Zahlen über Stand und Entwicklung der Bevölkerung. Man unterscheidet wachsende, stationäre (gleichbleibende) und schrumpfende Bevölkerung.

Bevollmächtigter
eine Person, die zur Übernahme von Tätigkeiten für eine andere berechtigt ist. Dazu gehören Prokuristen und Handlungsbevollmächtigte im Rahmen ihrer gesetzlichen Zuständigkeiten.

bevorrechtigte Gläubiger
Gläubiger, die in einem Konkursverfahren eine bevorrechtigte Befriedigung aus der Konkursmasse verlangen können.
Reihenfolge: Löhne, Gehälter und soziale Abgaben; Steuern und öffentliche Abgaben; Forderungen der Kirche und öffentlicher Verbände; Verbindlichkeiten gegenüber Ärzten, Apotheken sowie Kurkosten; Forderungen der Kinder und Mündel. Alle genannten Ansprüche gelten für den Zeitraum von einem Jahr vor der Konkurseröffnung.

Bewertung
Zuordnung einer Geldgröße auf einen bestimmten Vermögensgegenstand bzw. auf eine Verbindlichkeit. Der Gesetzgeber hat verschiedene Bewertungsrichtlinien zugelassen, so u.a. nach Handelsrecht (v.a. Aktiengesetz) und nach Steuerrecht (Einkommensteuer). B. nach *Handels- und Steuerrecht:*
I. Das abnutzbare Anlagevermögen ist zu fortgeführten Anschaffungs- oder Herstellkosten anzusetzen. Die Abschreibung ist nach einem festgelegten Plan vorzunehmen. Außerplanmäßige Abschreibungen können vorgenommen werden. Sollte sich aber die „Außerplanmäßigkeit" hinterher als nicht mehr notwendig herausstellen, so muß sie rückgängig gemacht werden.
II. Das nicht abnutzbare Anlagevermögen ist zu Anschaffungskosten zu bewerten. Sollte hierbei einmal eine Abschreibung vorgenommen werden, die sich hinterher als nicht notwendig herausstellt, so kann der letzte Bilanzansatz überschritten und eine Zuschreibung durchgeführt werden, jedoch maximal bis zum Anschaffungspreis.
III. Vorräte im Umlaufvermögen werden nach dem Niederstwertprinzip bewertet, das eine B. zum niedrigeren Tageswert (Börsen- oder Marktpreis) verlangt.
IV. Forderungen sind mit dem wahrscheinlichen Wert anzusetzen. Es sind Einzel- und Pauschalwertberichtigungen möglich.

V. Besitzwechsel sind zum Bilanzstichtag mit dem Barwert (Wechselbetrag abzüglich Diskont) anzusetzen.
VI. Rückstellungen sind in Höhe des Betrages anzusetzen, der nach vernünftiger kaufmännischer Beurteilung notwendig ist.
VII. Verbindlichkeiten sind mit dem Rückzahlungsbetrag anzusetzen.
VIII. Privatentnahmen und Privateinlagen sind mit dem Tageswert zu bewerten.

Bezogener
die Person, die durch Annahme (Akzept) eines Wechsel sich bereit erklärt, am Verfalltag den Wechsel einzulösen.

Bezugskalkulation
Kalkulationsart zur Berechnung des ↑ Einstandspreises.

Bezugskosten
Kosten, die bei Erhalt von Waren neben dem Warenwert entstehen. Buchhalterisch gehören auch Verpackungskosten dazu. Hauptsächlich anfallende B. sind Frachtkosten, Rollgelder, Versicherungen, Wiegegebühren, Zoll.

Bezugsrecht
das Recht eines Aktionärs, im Verhältnis seines Anteils am alten Grundkapital, neue Aktien zu beziehen. Das B. gilt auch für die Ausgabe von Schuldverschreibungen. Es besteht jedoch die Möglichkeit, dieses Recht mit qualifizierter Mehrheit der Hauptversammlung auszuschließen. Im allgemeinen wird das B. in Geld ausgedrückt und an der Börse gehandelt. Möchte ein Aktionär sein Recht nicht in Anspruch nehmen, so verkauft er es an der Börse.

BfA
↑ Bundesversicherungsanstalt für Angestellte.

BGB
Abkürzung für Bürgerliches Gesetzbuch. Das BGB, am 1.1.1900 in Kraft getreten, regelt die rechtlichen Verhältnisse der Bürger untereinander. Es ist in 5 Bücher eingeteilt.
1. Buch: Allgemeiner Teil, z.B. die Definition über Personen und deren

BGB-Gesellschaft

Rechts- und Geschäftsfähigkeit, Vertragsschluß durch Willenserklärungen, Vollmachterteilung.
2. Buch: Recht der *Schuldverhältnisse* (Schuldrecht). Es enthält die wichtigsten Regeln über Schuldverhältnisse aus Verträgen, z.b. Annahme- und Schuldnerverzug, Rücktritt, Erfüllung, Hinterlegung sowie über Schuldverhältnisse im einzelnen, wie Kaufvertrag, Miete, Pacht, Darlehen, Dienst- und Werkvertrag, Auftrag, Bürgschaft, unerlaubte Handlung.
3. Buch: Sachenrecht. Das Buch regelt das Verhältnis einer Person zu einer Sache, z.B. Eigentum, Besitz, Erwerb durch Übertragung und Ersitzung, Miteigentum, Nießbrauchrechte, Grundpfandrechte.
4. Buch: Regelt das *Familienrecht* über Ehe, Verlöbnis, Güterrecht, Scheidung, Unterhaltspflicht, Vormundschaft.
5. Buch: In diesem wird das *Erbrecht* behandelt.

BGB-Gesellschaft
† Gesellschaft des Bürgerlichen Rechts.

BGH
Bundesgerichtshof. Der BGH ist die oberste Instanz für Zivil- und Strafsachen mit Sitz in Karlsruhe. Entschieden wird in Zivil- und Strafsenaten, die mit jeweils 5 Richtern besetzt sind. Sie sind letztinstanzlich für Revisionen gegen Urteile der Oberlandesgerichte zuständig, wobei beim BGH zugelassene Rechtsanwälte die Parteien vertreten müssen. Weitere Zuständigkeiten: Bei Berufungen gegen Entscheidungen des Bundespatentamtes, Revision gegen Urteile der Schwurgerichte und der großen Strafkammern der Landgerichte, in der Berufsgerichtsbarkeit für Steuerberater und Wirtschaftsprüfer.

Biersteuer
eine Abgabe an das Land für die Produktion von Bier. Die Steuerschuld entsteht im Zeitpunkt der Auslieferung oder beim Verzehr innerhalb der Brauerei, mit Ausnahme für Haustrunk oder Proben. B. ist eine Verbrauchsteuer, sie knüpft an die Einkommensverwendung an. Steuerschuldner ist, wer auf seine Rechnung Bier bestellt.

Bilanz
(ital.: bilancia = Waage); B. ist eine kurzgefaßte Gegenüberstellung aller Vermögenswerte und Schuldenteile am Bilanzstichtag zum Zweck der Erfolgsermittlung oder als Vermögensübersicht. Die Aufstellung mit ihren Bewertungsrichtlinien ist allgemein im HGB geregelt (§ 39, 40). Gliederung und Einzelbewertungsvorschriften finden sich in der Aktiengesetzgebung (§§ 152-156) und im Einkommensteuergesetz (§§ 6 und 7).

Bilanzanalyse
das Zusammenfassen und Gegenüberstellen der Bilanzzahlen, um Aussagen über Rentabilität, Wirtschaftlichkeit, Finanzierungsverhalten und Investitionsfreudigkeit zu erhalten.
Wichtigste Kennziffern zwecks B. und nachfolgender Bilanzkritik:
Vermögensaufbau (Anlagevermögen zu Umlaufvermögen), *Investition* (Eigenkapital + langfristiges Fremdkapital zu Anlagevermögen), *Finanzierung* (Eigenkapital zu Fremdkapital), *Liquiditätsgrad I* (Geldmittel zu kurzfristige Verb.) Rentabilität des Eigenkapitals: (Reingewinn zu Eigenkapital).

Bilanzbuch
Buchführungsbuch, das Eröffnungs- und Schlußbilanz eines Geschäftsjahres enthält.

Bilanz der unentgeltlichen Übertragungen
Teilbilanz der † Zahlungsbilanz.

Bilanzgewinn
B. ist in der Bilanz der Überschuß der Vermögensseite über die Schuldenseite, ausgewiesen auf der Passivseite in der G+V-Rechnung der Mehrerlös der Habenseite über die Aufwendungen auf der Sollseite. In der Konterform erscheint der B. auf der Sollseite. Zu berücksichtigen sind jeweils vorab die Einstellungen bzw. Entnahmen aus offenen Rücklagen.

Bilanzgleichung
aus dem Prinzip der Doppik ableitbare Regel, nach der Aktiva = Passiva bzw. Soll = Haben sein müssen.

Bilanzgliederung
Systematisierung der Bilanzposten. Bei der Aktivseite erfolgt eine Gliederung nach der Dauer der Bindung an das Unternehmen, beginnend mit der langfristigen Bindung (Gebäude). Zunächst werden die Konten des Anlagevermögens erfaßt, dann die des Umlaufvermögens, die nach dem Grundsatz der steigenden Liquidität zu gliedern sind. Die Passivposten sind – abgesehen vom Eigenkapital – nach der Dauer der Verfügbarkeit geordnet, beginnend mit den langfristigen Verbindlichkeiten.

Bilanzierungsgrundsätze
Richtlinien, nach denen sich ehrenwerte und ordentliche Kaufleute bei der Bilanzaufstellung richten. Die Bilanz soll nach vorsichtigen Einschätzungen der Vermögenslage aufgestellt, nach Handels- und Steuerrecht klar und wahr und nach gleichen Kriterien abgefaßt und bewertet worden sein wie die vorhergehende Bilanz. ↑ Grundsätze ordnungsmäßiger Buchführung.

Bilanzklarheit
Grundsatz einer ordnungsgemässen und einwandfreien Darstellung der Bilanz. Es darf nichts unter farblosen Oberbegriffen zusammengefaßt werden oder durch Saldierungen verschwinden.

Bilanzkritik
kritische Betrachtung der aufbereiteten Zahlen einer Bilanz. Die Kritik richtet sich sowohl auf die Vermögensseite (Mittelverwendung) als auch auf die Schuldenseite (Mittelherkunft).

Bilanzstichtag
der Tag, auf den die Rechnungslegung eines Unternehmens (1. Inventur, 2. Inventar, 3. Bilanzerstellung, 4. G+V-Rechnung) für das abgelaufene Geschäftsjahr abgestimmt sein muß (gewöhnlich 31. Dezember).

Bilanzsumme
Summe der Aktivseite (Vermögensseite) und Passivseite (Kapitalherkunft) einer Bilanz. Die Bilanzsummen der linken und der rechten Seite müssen gleich sein.

Bilanzwahrheit
die B. ist wie die Bilanzklarheit ein Ordnungsprinzip. Sie verlangt vor allem die Richtigkeit und Vollständigkeit der Bilanzansätze, wobei betont werden muß, daß die Steuerbilanz einen anderen Wahrheitsgehalt vorschreibt als die Handelsbilanz, ohne daß sich der Bilanzierende gesetzwidrig verhält. Die verschiedenen Bewertungsrichtlinien lassen das zu.

Bildungsurlaub
Freistellung von der Arbeit/Ausbildung zum Besuch von Veranstaltungen, die der politischen oder beruflichen Weiterbildung dienen. Träger solcher Veranstaltungen sind z.B. Kirchen, Gewerkschaften, Arbeitgeberverbände. Berechtigt ist jeder Arbeitnehmer und Auszubildende bis 25 Jahre. Dauer 5-10 Tage, je nach gesetzlicher Regelung in den einzelnen Bundesländern.

Binnenhandel
der Bereich des Waren- und Dienstleistungsverkehrs, der sich innerhalb der nationalen Grenzen abspielt. Dazu gehören Güter, die sowohl im Inland hergestellt sind als auch solche, die durch Import dem Inland zur Verfügung stehen.

Binnenschiffahrt
die Beförderung von Gütern auf Flüssen, Seen und Kanälen innerhalb der nationalen Grenzen. Die Personenbeförderung nimmt einen geringen Raum ein. Gesetzliche Grundlage ist das Gesetz über die gewerbliche Binnenschiffahrt von 1969.

Biogas
Gas, das bei tierischen bzw. pflanzlichen Verbrennungsprozessen entsteht und als Energieträger zur direkten Beheizung von Räumen oder zur Erzeugung von elektrischem Strom benutzt wird.

Bit
kleinste Informationseinheit zur Speicherung von Daten im Binär-Code, das

Blankoakzept

ist ein Code für die Verschlüsselung von Zeichen (Ziffern, Buchstaben, Sonderzeichen) mit dem Zeichenvorrat (0 und 1) und dem Stellenwert des dualen Zahlensystems. Ein Bit kann (wechselweise) die Bedeutung von binär Null oder binär Eins haben.

Blankoakzept
ein bereits akzeptierter Wechsel, dessen endgültiger Betrag noch nicht feststeht. B. wird naturgemäß nur ausgesprochen guten Geschäftspartnern gewährt.

Blankoindossament
Übertragungsvermerk auf der Rückseite des Wechsels ohne den Namen des Adressaten.

Blankokredit
von der Bank gewährter Personalkredit, der ohne Sicherheiten gegeben wird. Üblich im Rahmen des Überziehungskredits. Schon durch die Ausgabe von Euro-Schecks gewährt die Bank den meisten Kontoinhabern einen B. Als Sicherheit gilt lediglich die Bonität des Kunden.

Boden
gehört zu den volkswirtschaftlichen Produktionsfaktoren. Als Standort, als Bebauungsobjekt und in der Landwirtschaft spielt der B. eine wichtige volksw. Rolle. Der B. ist knapp, nicht vermehrbar und daher ein Spekulationsobjekt. Turgot, ein franz. Nationalökonom, formulierte das „Gesetz vom abnehmenden Bodenertrag": Bei zusätzlichem Einsatz von Arbeit lassen sich auf einer bestimmten Bodenfläche mit gleichen technischen Geräten zu Beginn Mehrerträge erwirtschaften. Je mehr man aber an Arbeitern einsetzt, desto geringer werden die Mehrerträge.

Bogen
Bestandteil eines Wertpapiers. Dividendenscheine, die der Wertpapierinhaber einreichen muß, um die Erträge aus dem Wertpapier zu erhalten; ↑ Mantel.

Bonität
(lat.: bonus = gut); hervorragende Aussage über den Ruf und die Zahlungsfähigkeit einer Person. Auch bei Waren und Wechseln wird der Begriff B. verwendet.

Boom
↑ Konjunkturphase.

Börse
Bezeichnung für einen „Marktplatz", auf dem gehandelte Ware oder Geld nicht direkt in Erscheinung tritt, weil ihre Beschaffenheit allgemein bekannt und austauschbar ist. Arten:
I. *Devisenbörsen* für den Handel mit ausländischen Geldmünzen und Banknoten.
II. *Waren- oder Produktenbörsen* für den Handel mit börsengängigen Waren (z. B. Baumwolle, Zucker, Weizen).
III. *Effektenbörse* für den Handel mit Teilhaberpapieren (Aktien) und Schuldverschreibungen.
IV. *Frachtbörse* im Bereich von Schiffs- und Frachtgeschäften im grenzüberschreitenden Verkehr.
V. *Versicherungsbörse*.

Börsenaufsicht
Aufsichtsorgan zur Überwachung des Börsenwesens nach dem Börsengesetz. Träger ist die jeweilige Landesregierung, die Börseneinrichtungen genehmigt und aufheben kann. Die Aufsicht kann der zuständigen Industrie- und Handelskammer übertragen werden. Direkte Kontrolle übernimmt der Börsenkommissar als Organ der Regierung. Eigene Kontrollorgane der Börse sind der Börsenvorstand, die Zulassungsstelle, die Maklerkammer und das Börsengericht.

Börsenumsatzsteuer
B. wird von allen erhoben, die Wertpapiere im Inland kaufen. Als Wertpapiere gelten Schuldverschreibungen (z.B. Pfandbriefe, Industrieobligationen), Dividendenwerte (Aktien) und vergleichbare Urkunden des Auslands. Befreit von der B. sind Ersterwerber von Wertpapieren, Händlergeschäfte mit Wertpapieren, Anschaffungsgeschäfte über Schatzanweisungen des Bundes, wenn die Schatzanweisung innerhalb von 4 Jahren nach Anschaffung fällig ist. Fällig auch bei Tauschgeschäften mit Wertpapieren Zug um Zug, bei dem sonst keine zusätzliche Leistung entsteht. Höhe der

Steuer zwischen 1%c und 2,5%c je nach Wertpapierart.

break-even-point
(amerik.: Gewinnschwelle, Nutzschwelle); gemeint ist der Punkt, bei dem die Erlöse die Gesamtkosten (Fixkosten und proportionale Kosten) übersteigen.

Bretton-Woods-Abkommen
am 23.7.1944 in Bretton-Woods (New Hampshire, USA) geschlossene Vereinbarung von 44 Ländern. Man errichtete den internationalen Weltwährungsfonds (IMF = international monetary fund) und die Weltbank. Die Übereinkunft war notwendig geworden, nachdem das Kriegsende absehbar war und der weltwirtschaftliche Zustand einer Neuorientierung bedurfte. Bis 1973 galten die Richtlinien des B.W.A., die Geschäfte auf der Basis fester Wechselkurse vorsahen. Der Dollar und damit alle anderen angeschlossenen Währungen, orientierte sich 1944 in einem festen Verhältnis an der Feinunze Gold. Durch unterschiedliche Entwicklungen der einzelnen Volkswirtschaften und der damit zusammenhängenden Handelsbilanzungleichgewichte konnte das Prinzip nicht aufrechterhalten werden. Außerdem fiel 1971 die Golddeckung der amerikanischen Währung weg, die 1944 noch 25% betrug.

Bringschuld
Schuld, die am Wohnsitz des Gläubigers zu erfüllen ist. Die B. ist üblich bei Platzgeschäften, bei denen der Verkäufer die Ware dem Kunden ins Haus bringt. Die B. beruht meist auf Vereinbarungen oder Verkehrssitte.

brutto
(ital.: gesamt); im kaufmännischen Sprachgebrauch verwendeter Begriff. Gewichtsangabe einschließlich Verpackung. Preisangabe vor Abzug von Rabatt oder Skonto. In der Buchhaltung die Angabe eines Preises einschl. Mehrwertsteuer. In der Buchhaltung das Buchen des Skontoabzugs, ohne die Mehrwertsteuer zu berichtigen. In der Buchhaltung, wenn das Wareneinkaufs- und Warenverkaufskonto getrennt zum G+V-Konto abgeschlossen werden (übliche Form). In der Lohnabrechnung der Betrag, bei dem noch keine gesetzlichen Abzüge berücksichtigt wurden.

Bruttoeinkommen
Gesamtverdienst je Zeiteinheit (z.B. Monat) eines Erwerbstätigen oder Transferempfängers (z.B. Rentners). Siehe Abbildung Seite 40.

brutto für netto
Preisangabe, bei der die Verpackung mit der Ware berechnet wird. Diese Handelsklausel wird dann angewandt, wenn sich das Herausrechnen der Verpackung gewichtsmäßig nicht lohnt, z.B. bei Südfrüchten (Zitronen, Apfelsinen), da die Verpackung am Gesamtgewicht nur einen sehr geringen Anteil hat.

Bruttogewinn
Gewinn, der sich aus der Gegenüberstellung des Wareneinsatzes (zu Einstandspreisen) und der Verkaufserlöse ergibt. Andere Aufwendungen werden noch nicht berücksichtigt. In der Kostenrechnung wird der Deckungsbetrag (Verkaufserlöse ./. variable Kosten) als B. ausgewiesen.

Bruttoinlandsprodukt
erzieltes Ergebnis einer Volkswirtschaft durch Erstellung von Gütern und Dienstleistungen innerhalb der inländischen Grenzen, gleichgültig ob Inländer oder Ausländer am Prozeß beteiligt waren.

Bruttoinvestition
volkswirtschaftlich die Summe aller Investitionen (Erweiterungsinvestitionen, Ersatzinvestitionen, Vorratsinvestitionen), die in einer Periode durchgeführt werden. Bereinigt man die B. um die Abschreibungen, erhält man die Nettoinvestition, d.h. den Wert, um den das Realkapital der Wirtschaft gestiegen ist (Erweiterungsinvestition).

Bruttosozialprodukt
die in DM ausgedrückte Leistungserstellung (zu Marktpreisen) von Gütern und Dienstleistungen einer

Buchbestände

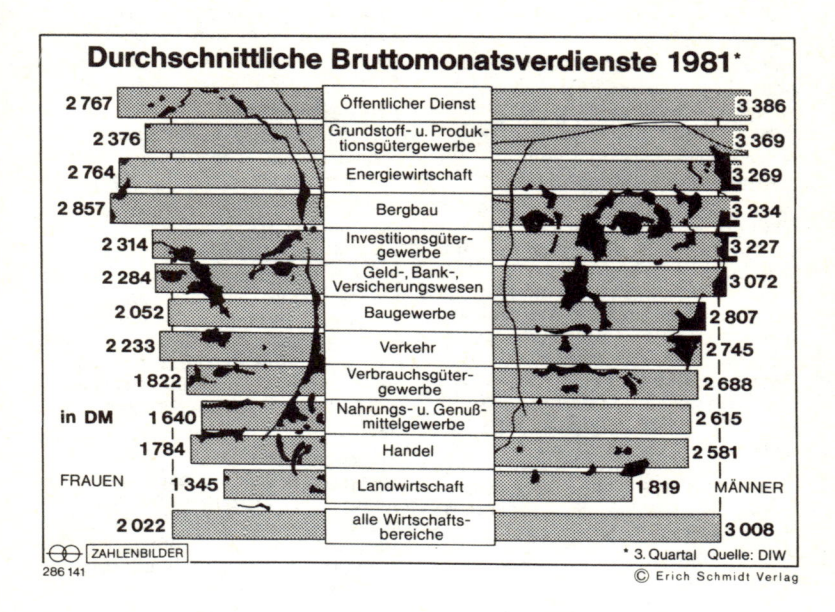

Durchschnittliche Bruttomonatsverdienste 1981*

FRAUEN (in DM)	Bereich	MÄNNER
2 767	Öffentlicher Dienst	3 386
2 376	Grundstoff- u. Produktionsgütergewerbe	3 369
2 764	Energiewirtschaft	3 269
2 857	Bergbau	3 234
2 314	Investitionsgütergewerbe	3 227
2 284	Geld-, Bank-, Versicherungswesen	3 072
2 052	Baugewerbe	2 807
2 233	Verkehr	2 745
1 822	Verbrauchsgütergewerbe	2 688
1 640	Nahrungs- u. Genußmittelgewerbe	2 615
1 784	Handel	2 581
1 345	Landwirtschaft	1 819
2 022	alle Wirtschaftsbereiche	3 008

ZAHLENBILDER 286 141 * 3. Quartal Quelle: DIW
© Erich Schmidt Verlag

Volkswirtschaft innerhalb eines gewissen Zeitraumes; ↑ Sozialprodukt.

Buchbestände
die sich auf den einzelnen Bestandskonten (aktiv oder passiv) ergebenden Werte. Sie verändern sich fortlaufend durch Geschäftsvorgänge. Mindestens einmal im Jahr werden die B. mit den tatsächlichen Beständen abgestimmt. Normalerweise geschieht das im Jahresabschluß durch Inventur am Bilanzstichtag.

Buchführung
B. ist die planmäßige, lückenlose und ordnungsgemäße Aufzeichnung aller Geschäftsvorfälle in zeitlicher und wertmäßiger Art in einer Unternehmung. Sie ist ein unentbehrliches und aufschlußreiches Instrument der Unternehmensleitung. Die B. erfüllt im wesentlichen folgende Punkte:
I. Sie gibt jederzeit einen *Überblick* über die Vermögenslage und den Schuldenstand. Zusammenfassend vollzieht sich dies einmal im Jahr in der Bilanz.
II. Die B. hält alle *Veränderungen* der Vermögenswerte und Schulden fest.
III. Die *Erfolgsermittlung* durch Gegenüberstellung von Aufwand und Ertrag zeigt sich in der G+V-Rechnung.
IV. Die B. bildet die Grundlage für die *Kalkulation,* um Preisangebote machen zu können, die kostendeckend sind.
V. Durch Berechnen von betrieblichen *Kennziffern,* wie z.B. Vermögensaufbau, Wirtschaftlichkeit, Rentabilität, können im Betriebsvergleich Rückschlüsse auf die eigene Effektivität gezogen werden.
VI. B. ist ein *gesetzlich* vorgeschriebenes Instrumentarium, um bei beweispflichtigen innerbetrieblichen Vorgängen gültige Aussagen vor Gerichten machen zu können und um dem Finanzamt eine Grundlage zur Besteuerung des Unternehmens an die Hand zu geben.

Buchführungssystem
Art der Buchführungsaufzeichnung auf der Basis verschiedener Voraussetzungen, die z. T. von der Kaufmannseigenschaft abhängen.

I. Der Vollkaufmann muß die doppelte *Buchführung* anwenden. Der Erfolg wird sowohl in der Bilanz als auch in der Erfolgsrechnung ausgewiesen. Jeder Geschäftsvorfall wird im Soll und Haben mit gleichen Werten verbucht. Zum Wesen der doppelten Buchführung gehört das Führen eines Inventar- und Bilanzbuches, das alljährlich die Vermögensaufstellungen und Bilanzen aufnimmt.

II. Die *einfache Buchführung* kennt nur Zu- und Abgänge in chronologischer Reihenfolge. Voraussetzung dieses Systems ist das Führen des Kassenbuchs, des Tagebuchs für unbare Geschäftsvorfälle, des Wareneingangsbuchs, des Kontokorrentbuchs, das alle Veränderungen der Forderungen und Verbindlichkeiten aufnimmt und des Inventar- und Bilanzbuchs für die jährliche Bestandsaufnahme. Nachteilig ist, daß der Erfolg nicht durch die Gegenüberstellung von Aufwand und Ertrag überprüft werden kann, sondern sich nur aus der Vermögensveränderung zwischen Anfang und Ende des Jahres ergibt.

Buchgeld
auch Giralgeld genannt. Geld, daß für den bargeldlosen Zahlungsverkehr oder durch Umtausch in Bargeld jederzeit verfügbar ist. Außer durch Bareinlagen kann eine Buchgeldschöpfung, d.h. eine Vermehrung des Geldes, durch Kredite im Rahmen des bargeldlosen Zahlungsverkehrs erreicht werden, indem sich Banken untereinander Kredit gewähren und sich der Geschäftsverkehr lediglich durch gegenseitige Gutschriften und Belastungen vollzieht.

Buchgrundschuld (-hypothek)
Grundpfandrechte, deren schriftliche Fixierung nur im Grundbuch, nicht in Form eines Briefes, festgehalten wurde.

Buchungssatz
Kurzbezeichnung, die die Verbuchungsweise von Geschäftsvorfällen wiedergibt. Jeder B. enthält mind. den Kontenanruf für 2 Konten und lautet grundsätzlich immer: Soll an Haben.

Buchwert
Wertangabe eines Vermögensgegenstands oder eines Schuldenteils in den kaufmännischen Büchern oder in der Bilanz. *Berechnung:* Anschaffungs- oder Herstellungswert bereinigt um die Abschreibungen.

Buchwertabschreibung
Abschreibungsart, die als Grundlage den Restbuchwert des Gegenstandes hat; ↑ Degressive Abschreibung.

Budget
I. Im Sprachgebrauch der Gebietskörperschaften der *Haushalt* eines Zeitabschnitts, der über alle zu erwartende öffentliche Einnahmen und Ausgaben Auskunft gibt. Gebräuchlich ist auch der Ausdruck Haushaltsetat.

II. In der *Betriebswirtschaft* bestimmt das B. in einer Einnahmen- und Ausgabenrechnung für einen bestimmten Zeitraum den Kapital- und Geldbedarf, unterteilt nach Absatz-, Produktions- und Investitionsplan. Durch Überprüfen der Soll- und Istzahlen können Fehlentwicklungen zwischenzeitlich korrigiert werden.

Bundesanleihe
Anleihe des Bundes am Kapitalmarkt durch Ausgabe von festverzinslichen Wertpapieren; ↑ Anleihe.

Bundesanstalt für Arbeit
Körperschaft des öffentlichen Rechts mit Selbstverwaltungsrechten, d.h. mit eigenen, selbstgewählten Organen, die keiner Weisung staatlicher Stellen unterworfen sind. Sie stehen jedoch unter staatlicher Aufsicht (Bundesminister für Arbeit und Sozialordnung). Sitz der B.f.A. ist Nürnberg. *Aufgaben:* Arbeitslosenversicherungsleistungen gewähren, Arbeitsvermittlung, Berufsberatung, Förderung der beruflichen Bildung und Umschulung,

Gewährung von Wintergeld, Kurzarbeitergeld und Leistungen zur Rehabilitation. „Zweigstellen" der B.f.A. sind die Arbeitsämter und Landesarbeitsämter. Organe: Vorstand, Verwaltungsrat und Verwaltungsausschüsse. Die Vertreter in diesen Organen setzen sich aus Arbeitgebern, Arbeitnehmern (Gewerkschaftsvorschläge) und öffentlichen Körperschaften zusammen.

Bundesbank
Zentralbank der Bundesrepublik Deutschland und Berlin (West) mit Sitz in Frankfurt, die durch Gesetz vom 1.8.1957 zur Notenbank ernannt wurde. Ihre Hauptaufgabe ist es, für eine stabile Währung zu sorgen. Zusammen mit der Bundesregierung arbeitet sie an der optimalen Steuerung des „magischen Vierecks". Sie unterhält in jedem Bundesland eine Hauptverwaltung, die Landeszentralbanken (LZB).
Organe der B.: Der *Zentralbankrat*, bestehend aus dem Direktorium (Bundesbankpräsident, Bundesbankvizepräsident und bis zu 8 weiteren Mitgliedern) und den 11 LZB-Präsidenten. Er ist das Entscheidungsorgan. Das *Direktorium* arbeitet als ausführendes Organ. Es wird von der Bundesregierung unter Anhörung des Zentralbankrats vom Bundespräsidenten auf 8 Jahre bestellt. Die Vorstände der LZB sind als Organe innerhalb der Landesgrenzen tätig.

Bundesgerichtshof
↑ BGH.

Bundeskanzler
Chef der Bundesregierung. Er wird auf Vorschlag des Bundespräsidenten vom Bundestag gewählt und anschließend vom Bundespräsidenten ernannt. Der B. besitzt die sog. Richtlinienkompetenz, d.h. er bestimmt die Richtlinien der Politik. Die Minister werden von ihm vorgeschlagen und vom Bundespräsidenten ernannt. Zur Durchführung seiner Aufgaben steht ihm das Bundeskanzleramt zur Verfügung. Seine Dienstzeit endet durch Rücktritt, durch Wahl eines neuen Bundestages oder durch Entlassung durch den Bundespräsidenten nach einem konstruktiven Mißtrauensvotum des Bundestages.

Bundespräsident
Staatsoberhaupt der Bundesrepublik. Der B. wird von der Bundesversammlung auf 5 Jahre gewählt. Wiederwahl ist einmal möglich. Seine Aufgaben sind in erster Linie repräsentativer Art. Innerstaatlich ernennt und verpflichtet er u.a. den Bundeskanzler und die Bundesminister, er prüft Gesetze, ehe er sie gegenzeichnet und ernennt und entläßt Bundesrichter.

Bundesrat
Ländervertretung, die an der Gesetzgebung und Verwaltung des Bundes mitwirkt. Der B. besteht aus Mitgliedern der jeweiligen Regierungen der Länder. Die Anzahl der B.-Mitglieder richtet sich nach der Einwohnerzahl des Landes (3-5 Stimmen). B.-Mitglieder sind bei Abstimmungen an die Weisungen ihrer Regierung gebunden (imperatives Mandat). Der B. kann dem Bundestag über die Bundesregierung eigene Gesetze vorlegen; bei zustimmungspflichtigen Gesetzen muß er mehrheitlich für die Vorlage sein.

Bundessozialgericht
↑ Sozialgerichtsbarkeit

Bundessteuer
Steuern, die dem Bund zustehen, vor allem sämtliche Verbrauchsteuern und Zölle (außer Biersteuer), 67,5 % der Mehrwertsteuer, die Hälfte der Körperschaft- und Kapitalertragsteuer sowie derzeitig 43 % der Lohn- und Einkommensteuer. Zusätzlich fließen dem Bund 20 % der Gewerbesteuer-Einnahmen der Gemeinden zu.

Bundestag
Volksvertretung der Bundesrepublik Deutschland, die in allgemeiner, unmittelbarer, geheimer freier und gleicher Wahl gewählt wird. Der B. besitzt Gesetzgebungskompetenz. Er hat die Möglichkeit, den Bundeskanzler durch ein konstruktives Mißtrauensvotum zu stürzen. Die Arbeit vollzieht

Bürgschaft

sich vornehmlich in den Ausschüssen, die sich nach der Stärke der Parteien im Bundestag zusammensetzen. Sie haben zwischen 13-33 Mitglieder.

Bundesverfassungsgericht
höchstes Bundesgericht mit Sitz in Karlsruhe und zugleich oberstes Verfassungsorgan. Zuständig für *Verfassungsstreitigkeiten* zwischen Bund und Ländern und zwischen verschiedenen Ländern; innerhalb des *Normenkontrollverfahrens* zuständig für die Überprüfung eines Gesetzes auf die Vereinbarkeit mit der Verfassung; außerdem verantwortlich in allen anderen im Grundgesetz vorgesehenen Fällen wie Richterklagen, Verfassungswidrigkeiten von Parteien, Verfassungsbeschwerden.
Zusammensetzung: Das B. besteht aus dem Präsidenten, seinem Stellvertreter und Bundesrichtern, die jeweils zur Hälfte vom Bundesrat und Bundestag auf 12 Jahre gewählt werden. Entschieden wird in 2 Senaten, die jeweils mit 8 Richtern besetzt sind.

Bundesversammlung
Verfassungsorgan, das den Bundespräsidenten wählt. Es besteht aus den Abgeordneten des Bundestages und der gleichen Anzahl von Ländervertretern.

Bundesversicherungsanstalt für Angestellte (BfA)
ein sich selbst verwaltender Versicherungsträger, dem die Durchführung der Angestelltenversicherung obliegt. Wahlen finden alle 6 Jahre statt. Wählen dürfen alle Mitglieder über 16 Jahre. Gewählt wird die Vertreterversammlung, die 60 Personen (30 Arbeitgebervertreter und 30 Arbeitnehmervertreter) umfaßt. Arbeitgeber und Arbeitnehmer, hier v.a. die Gewerkschaften, stellen Kandidaten auf. Aus der Vertreterversammlung wird der Vorstand gewählt, der sich ebenfalls paritätisch zusammensetzt (6 Arbeitgeber, 6 Arbeitnehmer).

bürgerlicher Kauf
Kaufvertrag nach BGB §§ 433 ff, bei dem für keine der Parteien ein Handelsgeschäft vorliegt.

Bürgerliches Gesetzbuch
↑ BGB.

Bürgschaft
eine in Schriftform abgefaßte Erklärung, die den Bürgen verpflichtet, bei Nichterfüllung einer Verbindlichkeit durch den Hauptschuldner einzuspringen. Ausnahmsweise bedarf es nicht der Schriftform, wenn der Bürge Vollkaufmann ist und der Vorgang für ihn im Rahmen seines Handelsgeschäfts abgeschlossen wurde. Grundsätzlich hat der Bürge die Einrede der Vorausklage, d.h. der Gläubiger muß zuerst beim Hauptschuldner das Geld einzutreiben versuchen. Diese Verpflichtung des Gläubigers entfällt bei der selbstschuldnerischen Bürgschaft. Wichtig ist die Feststellung, daß für Volkaufleute eine Bürgschaft im Zweifel immer selbstschuldnerisch ist, wenn sie im Rahmen seines Handelsgewerbes abgegeben wurde.
Rechtsgrundlage ist das BGB. Eine B. ist immer akzessorisch, d.h. abhängig von einer bestimmten Verbindlichkeit. Wird die Verbindlichkeit getilgt, so erlischt die B. automatisch.

C

Cash and carry
(engl.: Zahle und trage weg); ein im Groß- und Einzelhandel entwickeltes Prinzip des Verkaufs, bei dem der Kunde selbst aussucht und auch den Transport (speziell im C & C-Großhandel) übernimmt. Durch Personaleinsparungen und Großeinkauf können preisliche Zugeständnisse gemacht werden. Allerding wird keine Serviceleistung angeboten.

Cash-flow
Der Betrag, der einem Unternehmen nach Abzug aller Kosten als finanzieller Zuwachs verbleibt. Man spricht auch von der Ertragsgröße eines Unternehmens. Berechnung: Jahresgewinn + Rücklagen + Abschreibung + Erhöhung der langfristigen Rückstellungen (Pensionsrückstellungen).

Cif
engl. Abkürzung für cost, insurance, freight. Bei dieser Vertragsformulierung verpflichtet sich der Verkäufer, alle Kosten (Verladekosten, Entladekosten, Wiegegebühren), Versicherungen (insurance) und Frachtkosten (freight) bis zum Empfangshafen des Kunden zu zahlen. Außerdem ist er für alle darüber hinausgehenden Kosten, wie z.B. Verpackung, Qualitätsprüfung, Besorgung der Formalitäten, Abgaben, Gebühren, zuständig. Die Gefahr geht zu dem Zeitpunkt auf den Käufer über, wenn die Ware die Reling des Schiffes überschritten hat.

Clearing
(engl.: Abrechnung);
I. *Binnenländisches C.* Banken verrechnen auf Grund einer Vereinbarung untereinander gegenseitige Forderungen. Ausgeglichen wird dann lediglich der Verrechnungssaldo. Dadurch wird eine sehr geringe Bargeldbewegung erreicht.
II. *Zwischenstaatliches C.* Zentralbanken führen periodische Aufrechnungen von Forderungen im Bereich des Waren- und Dienstleistungsverkehrs durch. Der Saldo kann kreditiert oder durch Devisen bzw. Gold ausgeglichen werden.

Cobol
(Common Business Oriented Language); C. ist eine problemorientierte Programmiersprache für die kommerzielle elektronische Datenverarbeitung.

Comecon
(Council for Mutual Economic Assistance); Wirtschaftlicher Zusammenschluß der Ostblockstaaten vom 25.1.1949, auch Rat für gegenseitige Wirtschaftshilfe (RGW) genannt mit Sitz in Moskau. Dem C. sind Bulgarien, die DDR, Kuba, Polen, Rumänien, Sowjetunion, Ungarn, Mongolische VR, Tschechoslowakei als Mitglieder angeschlossen. Seit 1964 ist Jugoslawien assoziiert. Ziel des C. ist die wirtschaftliche Zusammenarbeit untereinander und damit ein engeres Zusammenrücken auch auf politischer Ebene. *Entstehung:* Das C. wird allgemein als Reaktion auf den Marshall Plan verstanden (1947), der dem zerstörten West-Europa Wirtschaftshilfe in Form von Sachlieferungen und Krediten einräumte.

Compiler
Übersetzungsprogramm in der elektronischen Datenverarbeitung für die maschinelle Umwandlung der in einer problemorientierten Programmiersprache formulierten Programme, z. B.

COBOL, FORTRAN, in Maschinensprache.

Computer
Sammelbegriff für elektronisch rechnende Maschinen. Ursprünglich für speicherprogrammierte elektronische Datenverarbeitungsanlagen gedacht, heute auch für Tischrechner gebraucht.

Coupon
↑ Bogen.

Courtage
Gebühr des Börsenmaklers für die Vermittlung von Börsengeschäften. Sie ist für alle Makler einheitlich festgesetzt, wobei die Höhe sich nach den verschiedenen Wertpapiergattungen richtet (Staatspapiere, sonstige Obligationen, Dividendenpapiere). Läuft das Wertpapiergeschäft über eine Bank, so stellt die Bank dem Kunden die an den Makler entrichtete C. in Rechnung.

D

Damnum
(lat.: Schaden); D. bezeichnet im Hypothekenverkehr die Summe, die als Differenz zwischen dem Verfügungsbetrag (ausgezahlter Betrag) und dem Rückzahlungsbetrag ausgewiesen wird. Die Höhe schwankt je nach Kapitalmarktlage und Kreditinstitut. Betrieblich kann nach Aktiengesetz das D. aktiviert und während der Laufzeit des Darlehens abgeschrieben werden. Außerbetrieblich kann das D. grundsätzlich im Jahr der Darlehensaufnahme als Werbungskosten bei der Einkommensteuerermittlung geltend gemacht werden.

Darlehen
Gewährung eines verzinslichen oder zinslosen Kredits durch Hingabe von Geld oder anderen vertretbaren Sachen mit der Maßgabe, Sachen gleicher Art, Güte und Menge zurückzugeben, u.U. zuzüglich Zinsen. Im Sprachgebrauch wird unter D. in der Regel ein langfristig gewährter Kredit verstanden. Der Darlehensvertrag ist formlos und wird durch die hingegebene Sache realisiert. Verspricht die Bank einem Bankkunden die Gewährung eines D., so hat der Kunde eine einklagbare Berechtigung hierauf.

Datenschutz
Verhinderung einer mißbräuchlichen Verwendung von gesammelten Angaben über Personen. Gesetzliche Grundlage ist das Bundesdatenschutzgesetz vom 1.1.1978. Geschützt werden vor allem Daten über Einkommen, Straftaten, politische Betätigung, Krankheit (= personenbezogene Daten), die keinem Dritten zugänglich gemacht werden dürfen. Ob sie überhaupt erfaßt werden müssen, z.B. durch eine Behörde, hängt vom Verwendungszweck und dem Nachweis des berechtigten Interesses ab. Als Kontrollinstanz dienen Datenschutzbeauftragte.

Datensicherung
alle Maßnahmen und Einrichtungen zur Sicherung von DV-Anlagen, Abläufen und Datenbeständen vor Diebstahl, Zerstörung oder mißbräuchlicher Verwendung.

Datenverarbeitung
jegliche Art der Zuordnung, Sortierung, Aufbereitung, Verknüpfung von Daten durch manuelle oder maschinelle (elektronische oder automatische) Verfahren. Bei der einfachen manuellen Form steuert der Mensch den maschinellen Verarbeitungsprozeß (Tischrechner). Übernimmt die Maschine durch gespeicherte Programme die Durchführung, spricht man von automatisierter Datenverarbeitung; ↑Elektronische Datenverarbeitung.

Datenverschlüsselung
Verfahren der Datensicherung mit spezieller ↑Hard- und ↑Software. Die Verschlüsselungsgeräte werden an beiden Enden der Übertragungsleitungen eingesetzt.

Datowechsel
Wechsel mit Angaben des Fälligkeitsdatums, z.B. »Zahlen sie heute in 3 Monaten«. Mit »heute« ist dann der Ausstellungstag des Wechsels gemeint.

Dauerauftrag
eine Anweisung an eine Bank, Sparkasse oder das Postscheckamt, wiederkehrende Zahlungen in gleichen Beträgen und an den gleichen Empfänger zu leisten. Die Anweisung wird auf einem besonderen Formblatt gegeben.

Die Institute haften für die termingerechte Erfüllung.

Dauer der Berufsausbildung
↑ Ausbildungsdauer.

Debitoren
(lat.: Schuldner); Bezeichnung für Kunden, die Waren auf Ziel bezogen, d.h. auf Kredit gekauft haben. In der Buchhaltung werden sie unter Forderungen auf Grund von Warenlieferungen und Leistungen ausgewiesen und in der Bilanz unter dem Oberbegriff Umlaufvermögen aktiviert. Debitorenbuchhaltung ist eine Abteilung im finanzbuchhalterischen Bereich, die sich ausschließlich mit Kundenlieferungen beschäftigt.

Deckungsbeitrag
Betrag, der die fixen Kosten eines Erzeugnisses decken und darüber hinaus einem Gewinn abwerfen soll. Er wird auch Bruttogewinn oder marginal income genannt. Errechnet wird der D. als Differenz aus den Verkaufserlösen und den direkt zurechenbaren Kosten (variable Kosten).

Deckungsbeitragsrechnung
Kalkulationsverfahren zur Feststellung des Erfolges. Aufgegliedert nach Produktarten, werden die einzelnen Erlöse den variablen Kosten gegenübergestellt. Der sich ergebende Deckungsbeitrag I wird verfeinert, indem man die erzeugnisfixen Kosten, das sind die diesem Produkt direkt zurechenbaren Fixkosten, abzieht. Das Resultat ist der Deckungsbeitrag II. Addiert man sämtliche Deckungsbeiträge II und zieht von der Gesamtsumme die unternehmensfixen Kosten ab, so erhält man das Betriebsergebnis.

Deckungskauf
Handelskauf, der infolge eines Lieferungsverzuges durchgeführt wird. Die vom Lieferanten nicht gelieferte Ware wird damit für den Kunden überflüssig und abgelehnt, wenn sie verspätet doch noch eingehen sollte. Einen eventuellen Mehrkostenbetrag wird der Kunde i.d.R. dem Lieferanten in Rechnung stellen. Die Maßnahme (Ablehnung der Lieferung) muß dem Lieferanten vorher mitgeteilt werden (gewöhnlich bei der Nachfristsetzung). Beim Fixgeschäft kann der D. ohne Nachfristsetzung und Androhung durchgeführt werden.

Deckungsrückstellung
Ausdruck aus dem Versicherungssektor. D. dient als Geldpolster, das zur Deckung künftiger Versicherungsleistungen herangezogen wird. Zu seiner Bildung wird ein Teil der Prämien verzinslich angesammelt. Die Höhe richtet sich nach dem Geschäftsplan und den Anordnungen der Aufsichtsbehörde.

Deficit spending
Finanzmaßnahmen des Staates, um einer stagnierenden Wirtschaft Impulse zu geben. Der Staat gibt dabei mehr Geld aus, als er im laufenden Haushaltsjahr einnimmt.

Defizit
(lat.: Fehlbetrag); Ausgabenüberschuß gegenüber den Einnahmen. Im öffentlichen Haushalt spricht man von Haushaltsdefizit, im kaufmännischen Rechnungswesen von einem Kassendefizit, wenn Fehlbeträge festgestellt werden.

Deflation
volkswirtschaftlicher Zustand, bei dem es durch ein Güterüberangebot zu einem Preisverfall kommt. Binnenländische D. kann durch allgemeinen oder teilweisen Konsumverzicht auf Grund erhöhten Sparwillens hervorgerufen werden. Außenwirtschaftlich kann D. durch Billigimporte entstehen, die das Güterangebot im Inland erhöhen und somit preissenkend wirken.

degressive Abschreibung
Abschreibungsmethode, bei der der Prozentsatz jährlich zwar konstant bleibt, die Berechnung aber wird jeweils vom Restbuchwert eines abnutzbaren Anlagegegenstandes vorgenommen und fällt dadurch von Jahr zu Jahr.

deklaratorische Wirkung
(lat.: erklärend); Wirkung von Ereignissen, die nach deutschem Recht lediglich verlautbarenden Charakter

Deliktfähigkeit

haben, d.h. deren Rechtmäßigkeit schon vorher entstanden ist.
Beispiel: Kaufleute nach § 1 HGB (Mußkaufmann) müssen sich zwar ins Handelsregister eingetragen lassen, haben aber den Rechtsstatus eines Vollkaufmanns bereits vor der Eintragung.

Deliktfähigkeit
die Fähigkeit, sich bei einer unerlaubten Handlung schadenersatzpflichtig zu machen. D. ist also die Voraussetzung für ein verantwortliches Handeln. Im Zivilrecht ist man bis zum 7. Lebensjahr deliktunfähig. Bis zum 18. Lebensjahr ist man es insoweit, als man die Folgen des Handelns nicht klar ersehen konnte. Über 18 Jahre ist man voll deliktfähig.

Delkredere
I. *Haftungsübernahme* für den Eingang einer Forderung. Üblich beim Verkaufskommissionär, der dem Auftraggeber (Kommittent) den Forderungseingang garantiert, ebenso beim Handelsvertreter, der die Haftung seinem Geschäftsherren gegenüber abzugeben hat. Die Haftung wird durch eine zusätzliche Provision (D. provision) honoriert.
II. D. im *Rechnungswesen* ist das Berichtigen von Forderungen. Nach § 40 HGB sind am Jahresende uneinbringliche Forderungen abzuschreiben, zweifelhafte Forderungen mit ihrem wahrscheinlichen Wert anzusetzen und die »guten« Forderungen pauschal aufgrund des Vorsichtsprinzips zu berichtigen. Die Höhe der Pauschalwertberichtigung richtet sich nach den Erfahrungswerten der letzten Jahre.

Demoskopie
(griech.: Beobachtung des Volkes); Untersuchung, bei der versucht wird, die öffentliche Meinung zu ergründen. Parteien und Privatunternehmen beauftragen Marktforschungsinstitute, um Auskünfte vom Wähler bzw. Konsumenten zu erhalten, an denen man dann seine Handlungsweise ausrichtet.

Depositeneinlage
(lat.: depositum = das Hinterlegte); vom Bankkunden beim Kreditinstitut gegen Verzinsung eingelegte kurz- und mittelfristige Geldeinlage, die nicht Spareinlage ist. Für die Bank ist diese Einlage eine der wichtigsten Quellen für ihre Kreditfinanzierung. Zu den D. zählen neben den täglich fälligen Geldern auch befristete Gelder, die nach ihrer Fälligkeit gestaffelt sind und verschiedene Zinssätze haben.

Depot
Ort, an dem Sachen aufbewahrt werden. In der Banksprache der Platz in der Bank, an dem die Kunden Wertgegenstände, speziell Wertpapiere, aufbewahren.

Depotgeschäft
gewerbsmäßiges Aufbewahren und Verwalten von Wertgegenständen, insbesondere von Wertpapieren. Rechtgrundlage für Effekten ist das Depotgesetz v. 4.2.1937. Ansonsten gilt der Verwahrungsvertrag nach BGB. Das D. ist ein Bankgeschäft nach dem Kreditwesengesetz (KWG).

Depotstimmrecht
Recht der Bank zur Stimmabgabe in der Hauptversammlung einer Aktiengesellschaft. Dieses Recht wird vielfach von den Bankkunden auf die Bank übertragen, weil es eine Vielzahl von Kleinaktionären gibt, die wegen weniger Aktien den oft weiten Weg zum Ort der Gesellschaft scheuen, um das Recht der Stimmabgabe auszuüben. Die erteilte Vollmacht bedarf der Schriftform und ist für längstens 15 Monate gültig. Das Kreditinstitut darf nur nach den Weisungen des Aktionärs stimmen. Ergeben sich während der Hauptversammlung neue Tatsachen, so ist in dem Sinne abzustimmen, wie der Aktionär bei Kenntnis der Sachlage abgestimmt hätte.

Depression
↑ Konjunkturphasen.

derivativer Firmenwert
(abgeleiteter Firmenwert). Nur beim Kauf eines Unternehmens im Ganzen kann ein d.F. anfallen. Er ist die Diffe-

renz zwischen Substanzwert der Firma (Maschinen, Gebäude, Vorräte) und dem tatsächlich gezahlten Preis. Dieser erhöhte Betrag soll den eingeführten Namen der Firma, den übernommenen Kundenstamm, die eingespielte Organisation abgelten. Nach Handelsrecht ist der Wert zu aktivieren und innerhalb von 5 Jahren abzuschreiben. Steuerrechtlich ist der d.F. nicht abschreibungsfähig und zählt auf der Aktivseite zu den nicht abnutzbaren Gegenständen des Anlagevermögens.

Deutsche Angestellten-Gewerkschaft (DAG)
↑ Gewerkschaften.

Deutscher Beamtenbund (DBB)
↑ Gewerkschaften.

Deutscher Gewerkschaftsbund (DGB)
Dachorganisation von 17 Einzelgewerkschaften. Die Eigenständigkeit, v.a. bei Tarifverhandlungen, bleibt den Einzelgewerkschaften erhalten. Regional gliedert sich der DGB in 9 Landesbezirke, die wiederum in Kreise unterteilt sind. ↑ Gewerkschaften.

Deutscher Industrie- und Handeltag (DIHT)
Spitzenorganisation aller Industrie- und Handelskammern des Bundesgebietes und Berlin (West) mit Sitz in Bonn. Hauptaufgaben sind die Förderung und Sicherheit der Zusammenarbeit der Kammern untereinander, Vertretung der Belange der gewerblichen Wirtschaft innerhalb Deutschlands sowie im Ausland (durch Zusammenarbeit mit Auslandshandelskammern).

Devisen
Guthaben (auch Forderungen) an ausländischen Plätzen in ausländischer Währung (= Auslandsguthaben). Insbesondere zählen hierzu in fremder Währung ausgestellte Schecks und Wechsel. Ausländische Geldscheine sind zwar auch D., sie werden aber zwecks Abgrenzung zum Auslandsguthaben Sorten genannt.

Devisenbewirtschaftung
staatliche Maßnahme, die teilweise oder völlig den Zahlungsverkehr mit dem Ausland beeinflußt. Voraussetzung ist eine staatliche Lenkung der Außenwirtschaft. Durch die Maßnahme sollen v.a. ungewollte Devisenabflüsse, aber auch -zuflüsse, verhindert werden. Bei chronischen Devisenbilanzdefiziten können Verpflichtungen wie Anmeldung von Devisenbeständen, Ablieferungspflicht, Verwendung von Devisen ausgesprochen werden. Gegensatz: freie Konvertierbarkeit, die in der Bundesrepublik vorherrscht.

Devisenbilanz
Teilbilanz der ↑ Zahlungsbilanz. In ihr werden alle Gold- und Devisenabflüsse und -zuflüsse innerhalb einer Periode festgehalten.

Devisenkurs
der durch Angebot und Nachfrage erzielte Preis, den man für eine fremde Währung an der Devisenbörse zahlt oder erhält.

Diagramm
graphische Darstellung zahlenmäßiger Werte.

Diäten
Aufwandsentschädigungen, die den Abgeordneten des Bundestages und der Länderparlamente gewährt werden.

Dienstleistungen
wirtschaftliche Leistungen, die nicht zur Güterproduktion gehören, z.B. Bankdienste, Versicherungsleistungen, Fremdenverkehr, Rechtsberatung. Im Außenhandel werden die D. in der Dienstleistungsbilanz erfaßt.

Dienstleistungsbilanz
Teilbilanz der ↑ Zahlungsbilanz.

Dienstvertrag
Vertrag, bei dem die Arbeitsleistung als solche, nicht ihr Erfolg vereinbart wird. Dienstverträge mit Arbeitnehmern werden im Arbeitsvertrag geregelt. Im Sprachgebrauch wird der D. für Verträge mit Selbständigen angewendet, z.B. mit Rechtsanwälten,

Ärzten, Steuerberatern. Im Gegensatz zum Werkvertrag, in dem ein Erfolg garantiert wird, kann z.B. ein Arzt nicht für die Heilung einer Krankheit garantieren.

dingliches Rechtsgeschäft
vertragliche Vereinbarung über Sachen (Dinge), die z.B. das Eigentum an der Sache betreffen. Ein d.R. wirkt gegen jedermann.

Direct costing
(engl.) Kalkulationsform, bei der mit direkt zurechenbaren (direct costs) Kosten, im Gegensatz zur Zuschlagskalkulation, gearbeitet wird. Als direkt zurechenbar gelten die variablen Kosten wie Materialverbrauch und Löhne. – Gegensatz: ↑ Fixkosten; vgl. ↑ Deckungsbeitragsrechnung.

direkte Abschreibung
Verfahren der Verbuchung von Abschreibungen, bei dem das Bestandskonto, z.B. Geschäftsausstattung, um den Abschreibungsbetrag vermindert wird und der Restbuchwert in der Bilanz erscheint. *Buchungssatz:* Abschreibung an Geschäftsausstattung.

direkter Vertrieb
Vertriebsform, bei dem der Verbraucher direkt vom Hersteller beliefert wird, d.h. ohne Einschaltung von Handelsunternehmen (Groß- und Einzelhandel). Voraussetzung ist gewöhnlich ein enger räumlicher Kontakt zwischen Produktion und Absatz sowie ein verkaufsreifer Zustand der Ware.

direkte Steuern
Abgaben, die unmittelbar vom Steuerschuldner zu zahlen sind und nicht auf andere Personen oder Institutionen überwälzt werden können. *Beispiele:* Einkommensteuer, Lohnsteuer, Erbschaftsteuer.

Disagio
(ital.: Abgeld); Differenz zwischen Ausgabebetrag und Rücknahmebetrag, v.a. im Anleihesektor (Schuldverschreibung), bei dem z.B. Anleihen zu 98% verkauft (Geldeingang) und zu 103% (Rückzahlungsbetrag) eingelöst werden. D. bei der Ausgabe von Aktien ist verboten. Handelsrechtlich ist eine Aktivierung möglich und während der Rückzahlungszeit gleichmäßig abzuschreiben. Vgl. ↑ Agio.

Diskont
Zinsabzug im Wechselverkehr. Der D. wird beim Ankauf von Wechseln durch die Bank bzw. vom Gläubiger bei der Übertragung von Wechseln erhoben. Zugrunde gelegt wird der von der Bundesbank festgesetzte Diskontsatz zuzüglich banküblicher Spanne.

Diskontgeschäft
Bankgeschäft, das sich mit dem Ankauf von noch nicht fälligen Wechseln, unter Abzug von Diskont und Provisionen befaßt.

Diskontkredit
kurzfristige Kreditform, da sofort Geld gezahlt wird bzw. sofort Gutschrift durch den Gläubiger erfolgt. Der Kreditzeitraum erstreckt sich bei der Bank vom Einreichtag bis zum Fälligkeitstag des Wechsels, beim Gläubiger von der Fälligkeit der Schuld bis zum Fälligkeitstag des Wechsels.

Diskontpolitik
geldmengenpolitische »Aktivität der Bundesbank«. Die D. umfaßt die Festsetzung des Diskontsatzes (Zinssatz zu dem die Bundesbank Wechsel von den Geschäftsbanken aufkauft), der Rediskontkontingente (diejenige wertmäßige Größe an Wechseln, die die Bundesbank von den Geschäftsbanken aufzukaufen bereit ist) und der Festlegung der Rediskontfähigkeit von Wechseln. Ziel der D. ist die Stabilität von Preisniveau und Konjunktur.

Display-Werbung
(engl.: Schaustellung); durch Aufstellen von Werbematerialien wie Bodenaufsteller (Schüttauslade), Plakate, Regalnasen, Zahlteller, Versuch der Schaffung attraktiven Blickfanges. Das Display-Material soll begleitende Werbeeffekte haben.

Distribution
Verteilung der hergestellten Güter. In engerem Sinn: die Verteilung der Waren an den Handel.

Diversifikation
amerikanischer Begriff für eine gezielte Ausdehnung des Leistungsprogramms. Bei der D. möchte das Unternehmen auf mehreren »Absatzfüßen« stehen, um die Anfälligkeit durch Umsatzeinbrüche in den einzelnen Bereichen zu mindern. Die Ausdehnung kann neue Produkte umfassen, die nicht im Zusammenhang mit der bisherigen Produktpalette des Unternehmens steht.

Dividende
dem Aktionär auszuzahlender Anteil vom Reingewinn. Die Ausschüttungshöhe wird meist in Prozent angegeben. Sie wird vom Vorstand und Aufsichtsrat der Hauptversammlung vorgeschlagen. Die Hauptversammlung beschließt dann endgültig. Gegen Vorlage des Dividendenscheins wird dem Aktionär die D. ausgezahlt.

Dividendenpapier
↑ Aktie.

Divisionskalkulation
Kalkulationsmethode zur Ermittlung der Selbstkosten pro Einheit, bei der die Gesamtkosten durch die Ausstoßmengen dividiert werden. Arten:
I. *Einstufige* D: Durch einfaches Dividieren der Gesamtkosten durch die Gesamtausstoßmenge erhält man die Selbstkosten pro Stück. Nur anzuwenden bei Einproduktunternehmen, z.B. der Produktion von Ziegelsteinen in einer Ziegelei. Bei mehreren Sorten Ziegelsteinen nur, wenn eine getrennte Kostenerfassung pro Sorte möglich ist.

II. *Mehrstufige* D: Werden mehrere Produktionsstufen durchlaufen, die miteinander nicht zu vergleichen sind, aber jeweils verkaufsfähige Produkte anbieten, ist die mehrstufige D. anzuwenden. Beispiel: Verarbeitung von Baumwolle zu Stoff. Rohmaterial Stoff wird angeboten und verkauft. Ein Teil wird aber selbst weiterverarbeitet. Fertigprodukt Anzug wird angeboten und verkauft. Die einzelnen Stufen haben je nach dem Grad der erbrachten Leistung verschiedene Preise, wobei in dem obigen Beispiel der Anzug alle Kosten aufnimmt, die bisher angefallen sind (Kalkulation = Gesamtkosten: Stück), das vorher hergestellte und teilweise verkaufte Rohmaterial nur den Einstandspreis der Baumwolle und die Umwandlungskosten zur Stoffherstellung (Kalkulation = Einstands- und Umwandlungskosten: Menge).
III. ↑ *Äquivalenzziffernkalkulation*

Dokumente
Urkunden, die beim Versand einer Ware ausgestellt werden. Der Inhaber dieser Papiere ist zum Empfang der Ware berechtigt. Insbesondere gehören zu den Dokumenten das Konnossement (Frachtbrief bei Überseeverschiffungen), der Ladeschein (auf Binnengewässern), die Rechnung, Versicherungsschein, Ausfuhrschein, Konsulatspapiere.

Dokumentenakkreditiv
ein Akkreditiv, bei dem die Bank des Importeurs gegenüber dem Begünstigten (Exporteur) angewiesen wird, gegen Vorlage der Dokumente zu zahlen. Diese Anweisung an die Bank kann unwiderruflich oder widerruflich gegeben werden. Informiert die Bank den Exporteur (oder häufig dessen Bank), daß ein unwiderrufliches D. eröffnet wurde, so ist ohne Zustimmung des Exporteurs diese Zusage nicht rückgängig zu machen. Durch ein D. erhält der Exporteur eine größtmögliche Sicherheit für den Eingang des Geldes, während der Importeur über die Sendung bei Vorlage der Dokumente bereits verfügen kann; ↑ Rembourskredit.

Domizilwechsel
Einlösung des Wechsels an einer besonderen Zahlstelle. Das ist in der Praxis regelmäßig ein Ort, an dem die Landeszentralbanken Zweigstellen unterhalten (Bankplatz), da Landeszentralbanken nur Wechsel rediskontieren, die an einem solchen Bankplatz zahlbar gestellt sind.

Doppelbesteuerung
liegt vor, wenn mehrere Staaten einen Steuerzahler aufgrund des gleichen Steuertatbestandes (z.B. Einkom-

Doppelte Buchführung

menserzielung) in einer Zeitperiode zur Zahlung auffordern.

Doppelte Buchführung
Abkürzung: Doppik. Gebräuchliche Form der Buchführung, bei der jeder Geschäftsvorfall immer mind. 2 Konten berührt. Es erfolgt stets eine Soll- und eine Habenbuchung.

drahtgebundener Verkehr
Nachrichtenübermittlung durch Telegramm, Fernschreibdienst, Telefon oder Datexdienst. – Gegensatz: drahtloser Verkehr durch Rundfunk und Fernsehen.

Drittwiderspruchsklage
Einspruch einer Person (des „Dritten") gegen zwangsweisen Zugriff in sein Vermögen, das er anderen nur vorübergehend (als Besitzer) überlassen hatte.

Drohung
widerrechtliche Beeinflussung von Personen in physischer oder psychischer Art, um eine gewünschte Handlungsweise zu erzwingen. Durch D. zustande gekommene Rechtsgeschäfte sind anfechtbar.

Drucksache
Briefverkehrsform, die sich für den Versand von gleichlautenden Nachrichten an zahlreiche Empfänger eignet. D. müssen bei der Post offen angeliefert werden. Bei *Briefdrucksachen* können bis zu 10 Wörter handschriftlich zu dem Maschinentext hinzugefügt werden. *Massendrucksachen* eignen sich für Werbeaktionen. Die Gebühr vermindert sich ab 1000 Sendungen.

Dualzahlensystem
Methode, bei der alle Zahlen aus den beiden Ziffern 0 und 1 gebildet werden. Notwendig in der elektronischen Datenverarbeitung, da es bei solchen Anlagen nur zwei Darstellungsmöglichkeiten gibt, nämlich Strom und kein Strom.

Dumping
(engl.: to dump = verschleudern, unterbieten); Verkauf von Gütern im Ausland zu niedrigeren Preisen als im Inland, um die Konkurrenz zu verdrängen. Eine solche räumliche Preisdifferenzierung ist möglich durch Subventionierung (z.B. die EWG bezuschußt ihre Agrarprodukte beim Verkauf in Drittländer) oder durch vorübergehende Belastung der Erzeugnisse nur mit den variablen Kosten, da die Fixkosten durch die Verkaufserlöse im Inland gedeckt sind.

Durchgriffshaftung
Haftung des gesetzlichen Vertreters, z.B. einer GmbH, für vorsätzliches Handeln, das gegen Treu und Glauben geschieht und der Auffassung aller billig und gerecht denkenden Kaufleute widerspricht. Beispiel:
Die GmbH ist eine juristische Person mit eigener Rechtspersönlichkeit und eigenem Kapital (Sondervermögen) und haftet somit normalerweise selbst, nicht der Geschäftsführer. In der Rechtslehre hat sich aber die D. entwickelt, wenn offensichtlich der gesetzliche Vertreter Mißbrauch mit dieser Haftungsbeschränkung treibt.

durchschnittlicher Lagerbestand
↑ Lagerkennziffern.

Durchschnittsbewertung
nach Steuerrecht üblich anwendbare Bewertung des Vorratsvermögens. Da die Preise im Laufe des Jahres sich dauernd ändern, wird ein Durchschnittspreis in der Bilanz angesetzt, der mit der eingekauften Menge gewichtet wird, da sich u.U. Mengenrabatte auf den Preis auswirken können.
Beispiel:

Einkauf 1000 St. zu 2000 DM = 2,00 DM p. St.
Einkauf 800 St. zu 1760 DM = 2,20 DM p. St.
Einkauf 2000 St. zu 3800 DM = 1,90 DM p. St.
6,10 : 3 = 2,0
Bewertung zur Inventur: Lagermenge × ∅- Preis von 2,03 DM

Dynamische Rente
die Rente soll sich automatisch der Entwicklung des Lohnniveaus anpassen, um die jährlichen Preissteigerungen aufzufangen. Zu diesem Zweck wird die Rente i.d.R. jährlich per Gesetz um einen bestimmten Prozentsatz erhöht (dynamisiert).

E

Ecklohn
durch Tarifvertrag festgesetzter Lohn eines 21jährigen Facharbeiters, an dem sich andere Lohngruppen durch prozentuale Zu- oder Abschläge ausrichten. Der Schlüssel für die gegenseitigen Verhältnisse ist ebenfalls tariflich festgelegt. Bei Tariflohnverhandlungen geht es häufig lediglich um die Veränderung des E.

Effekten
vertretbare Wertpapiere, die vorwiegend börsenmäßig handelbar sind. Dazu zählen v.a. Aktien, Obligationen, Pfandbriefe, Kuxe. Gläubigerpapiere wie Obligationen und Pfandbriefe, dienen in erster Linie der Kapitalanlage. Aktien hingegen werden darüber hinaus zu Spekulationszwecken verwendet. Dienen Aktien im Geschäftsbereich der langfristigen Kapitalanlage, so werden sie buchhalterisch als Finanzanlagen im Anlagevermögen behandelt.

Effektengeschäft
geschäftsmäßiger Handel der Banken mit Wertpapieren im Sinne des Kreditwesengesetzes. Die Effektenabteilung der Bank übernimmt den kommissionsweisen An- und Verkauf von Effekten, wickelt den Eigenhandel mit Wertpapieren ab, übernimmt die Verwaltungs- und Verwahrungsaufgaben im Auftrag des Kunden und ist im eigentlichen Emissionsgeschäft tätig, d.h., die Bank übernimmt die Einführung eines Wertpapiers an der Börse.

Effektivverzinsung
I. E. im *Wertpapiergeschäft*. Der tatsächliche Ertrag von Effekten in Prozenten. – Gegensatz: Nominalverzinsung. Zu berücksichtigende Punkte bei Aktien: Dividende, Kurs beim Kauf bzw. Verkauf; bei Anleihen: Abschlag (Disagio) bei der Ausgabe, Aufschlag (Agio) bei der Rückzahlung, Laufzeit, Zinsertrag, Zeitpunkt und Form der Tilgung, Zinstermine.
II. E. im *Ratengeschäft*. Der Verkäufer ist beim Abzahlungsgeschäft verpflichtet, im Vertrag die E. anzugeben.
Berechnung:

$$\frac{24 \times (\text{Zinssatz p.M.} \times \text{Laufzeit p.M.} + \text{Bearb.-geb.})}{\text{Laufzeit in M.} + 1}$$

EFTA
(engl.: European Free Trade Association); europäische Freihandelszone v. 4.1.1960, mit Sitz in Genf. Ursprünglich gegründet als Vereinigung von Nicht-EWG-Mitgliedern in Europa, um ein Gegengewicht zur EWG zu bilden. Die Ziele, Abbau der Zölle und der Einfuhrbeschränkungen, waren der EWG gleich. Als Dänemark und der eigentliche Intitiator der EFTA, Großbritannien, am 1.1.1973, der EG beitraten, wurde die EFTA entscheidend geschwächt.
Die übrigen EFTA-Mitglieder Island, Norwegen, Österreich, Portugal, Schweden, Schweiz und Finnland haben mit der EG bilaterale Freihandelsabkommen abgeschlossen.

EG
Abkürzung für Europäische Gemeinschaft. Gegründet von ehemals 6 Mitgliedern (Belgien, Niederlande, Luxemburg, Bundesrepublik, Frankreich und Italien). Durch Beitrittserklärungen von Großbritannien, Irland und Dänemark erhöhte sich die Gemeinschaft 1973 auf 9 Mitglieder: Griechenland wurde 1981 10. Mitglied, Spanien und Portugal haben Aufnahmeanträge gestellt; ↑ EWG.

53

eidesstattliche Versicherung

Organe der EG:
I. Das *Europäische Parlament*. Seit Inkrafttreten der Römischen Verträge 1958 eines der Organe der EG. Durch Direktwahl 1979 und Beitritt Griechenlands erhöhte sich die Ursprungszahl von 198 auf 434, wobei die vier großen Staaten je 81 Abgeordnete wählen. Hauptaufgaben: Mitspracherecht in Haushaltsfragen und die Kontrolle der Kommission, die durch Mißtrauensantrag zum Rücktritt gezwungen werden kann.
II. Der *EG-Ministerrat*. Zusammenkunft der jeweiligen Fachminister zur Erörterung allgemeiner Fragen oder zum Erlaß rechtswirksamer Verordnungen innerhalb ihres Kompetenzbereichs.
III. Die *Kommission*. Die K. besteht aus 13 Mitgliedern. Sie ist das überstaatliche Organ der EG. Der Rat kann nur auf Vorschlag der K. Entscheidungen treffen. Die K. kann auch selbst Verordnungen erlassen und verfügt über Rechtsprechungsbefugnisse (z.B. Entscheidung über Kartellverbote).
IV. Der *Europäische Rat*. Er besteht aus den jeweiligen Regierungschefs, die sich dreimal im Jahr treffen, um über übergreifende fachliche Probleme zu sprechen. Kritiker sprechen auch von einer Unterwanderung der Aufgabenerfüllung des EG-Ministerrats.
V. *Ausschüsse* mit beratender Tätigkeit (z.B. Haushaltspolitik, Konjunkturpolitik). Als wichtigster ist wohl der „Ausschuß der Ständigen Vertreter" der Mitgliedsstaaten anzusehen, der sämtliche Ratsentscheidungen vorbereitet.
VI. Der *Europäische Gerichtshof*. Er sichert die Wahrung des Rechts bei der Auslegung und Anwendung von Verträgen. Die Entscheidungen sind in der gesamten EG zu respektieren.

eidesstattliche Versicherung
Bestätigung, daß eine abgegebene Erklärung richtig sei. Sie wird in vielen Fällen vom Gesetz vorgeschrieben; überwiegend in der Zwangsvollstreckung wegen Geldforderungen. Bei fruchtloser Pfändung durch den Gläubiger muß der Schuldner vor dem zuständigen Amtsgericht eine Vermögensaufstellung vorlegen und die Richtigkeit eidesstattlich versichern. Der Gläubiger muß hierzu den Antrag stellen. Das Gericht trägt den säumigen Schuldner dann in das Schuldnerverzeichnis ein, in das jeder Einsicht nehmen kann.

eigener Wechsel
der Aussteller eines Wechsels ist gleichzeitig der Bezogene (der am Fälligkeitstag zu zahlen verpflichtet ist.) Der eigene Wechsel wird auch Solawechsel genannt.

Eigenfinanzierung
Einbringung von Geld-, Sach- oder Rechtswerten der Eigentümer entweder als Einzelunternehmer oder Teilhaber (Gesellschafter), auch durch Selbstfinanzierung in Form von nicht ausgeschütteten Gewinnen bzw. aus Abschreibungen. Im Gegensatz zur Fremdfinanzierung besteht nicht der Zwang der Tilgung und der Zinszahlung. Die E. ist dann als sinnvoll anzusehen, wenn entweder der Ertragserwartung sehr gut ist oder wenn derzeitig zu hohe Zinsen auf dem Kapitalmarkt verlangt werden und die Belastung die Rentabilität der Anlage erheblich schwächt. Die E. wird hauptsächlich bei langfristigen Anlagefinanzierungen angestrebt. Außerdem steigt die Kreditwürdigkeit. Allerdings müssen bei Beteiligungen die bisherigen Gesellschafter einen Teil ihres Gewinns und Geschäftsführungsanspruchs aufgeben.

Eigenkapital
Kapital einer Gesellschaft, das den Eigentümern gehört. In der *Bilanz* ist es die Differenz zwischen dem Vermögen der Aktivseite und den Verbindlichkeiten der Passivseite.
Bei *Personengesellschaften* erscheint der Ausweis des E. auf den Kapitalkonten der persönlich haftenden Gesellschafter und verändert sich jährlich durch Gewinn oder Verlust.
Bei *Kapitalgesellschaften* (GmbH, AG, KGaA) erscheint unverändert das Nominalkapital zuzüglich der offenen Rücklagen. Stille Rücklagen, die durch

Eigenverbrauch

Unterbewertung von Anlagegegenständen entstehen, können erst beim Verkauf festgestellt werden und zählen bis dahin nicht zum E. im engeren Sinne.

Eigentum
E. bedeutet die rechtliche Herrschaft über eine Sache. Siehe Abbildung.

nicht untergeht, kann vereinbart werden:
I. Der *erweiterte E.* Er erstreckt sich nicht nur auf die derzeitige Warenforderung, sondern der Verkäufer behält sich das Eigentum solange vor, bis alle Forderungen eingegangen sind.
II. Der *verlängerte* E. Beim Weiterverkauf fällt die entstehende Forderung

Eigentum

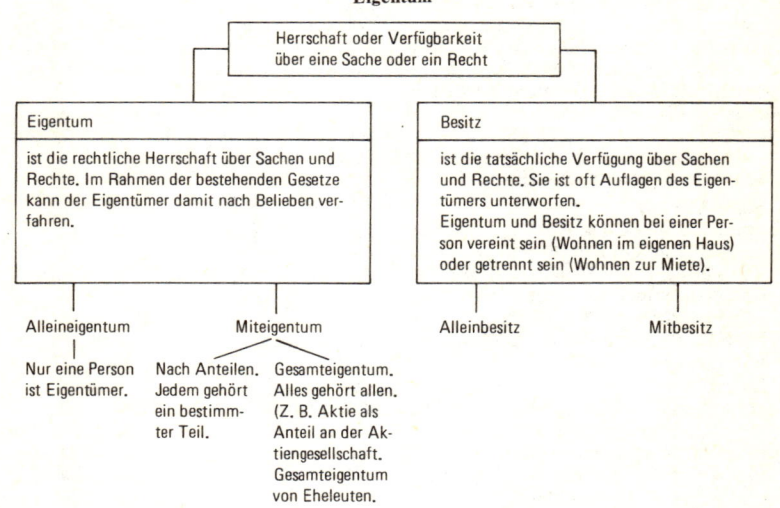

Herrschaft oder Verfügbarkeit über eine Sache oder ein Recht	
Eigentum ist die rechtliche Herrschaft über Sachen und Rechte. Im Rahmen der bestehenden Gesetze kann der Eigentümer damit nach Belieben verfahren.	**Besitz** ist die tatsächliche Verfügung über Sachen und Rechte. Sie ist oft Auflagen des Eigentümers unterworfen. Eigentum und Besitz können bei einer Person vereint sein (Wohnen im eigenen Haus) oder getrennt sein (Wohnen zur Miete).

- Alleineigentum: Nur eine Person ist Eigentümer.
- Miteigentum:
  - Nach Anteilen. Jedem gehört ein bestimmter Teil.
  - Gesamteigentum. Alles gehört allen. (Z. B. Aktie als Anteil an der Aktiengesellschaft. Gesamteigentum von Eheleuten.
- Alleinbesitz
- Mitbesitz

Eigentumsübertragung
Übergang des Eigentums auf andere Peson(en). Siehe Abbildung.

automatisch dem Erstverkäufer zu. Wird die Ware verarbeitet, so erhält der Verkäufer Miteigentum.

Eigentumsübertragung

Übertragung	von beweglichen Sachen	von unbeweglichen Sachen
von Eigentum	durch Übergabe	durch Auflassung und Eintragung ins Grundbuch
von Besitz	durch Übergabe	durch Überlassung

Eigentumsvorbehalt
Begriff beim Kaufvertrag: Der Veräußerer einer Sache bleibt so lange Eigentümer, bis die Ware vollständig bezahlt ist. Damit das Eigentum bei Weiterveräußerung oder Verarbeitung

III. Der *weitergeleitete* E. Anweisung an den Kunden, im Falle des Weiterverkaufs nur unter E. zu verkaufen.

Eigenverbrauch
ein umsatzsteuerrechtlicher Begriff, der besagt, daß Unternehmer, die im

Eilüberweisung

Inland für eigene Zwecke (privat oder unternehmensfremd) Waren oder sonstige Leistungen entnehmen, von der Umsatzsteuer erfaßt werden. Das gilt im übrigen auch für den Eigengebrauch (z.B. Privatnutzung eines Firmen-PKW). Ob gemeiner Wert oder Teilwert anzusetzen ist, entscheidet im einzelnen das Umsatzsteuergesetz.

Eilüberweisung
Eine Überweisung von einem Konto zum anderen, die nicht den üblichen längeren Weg über die Girozentralen geht, sondern gleich dem angesprochenen Konto gutgeschrieben wird. Die spätere Abrechnung läuft dann normal mit einem zweiten Beleg über die Zentrale. Anzutreffen v.a. im Gironetz der Sparkassen und der Bundesbank.

Eilzustellung
durch Vermerk des Absenders auf einem amtlichen Klebezettel wird die Zustellung von Postsachen durch Eilboten durchgeführt. Mit dem Zusatz „auch nachts" wird der Brief oder das Päckchen auch zwischen 22^{00} und 6^{00} Uhr zugestellt.

Einfuhr
auch *Import*. Jeglicher Bezug von Waren und Dienstleistungen aus einem fremden in das eigene Wirtschaftsgebiet. Die E. ist Teil des Außenhandels und wird statistisch auf der Passivseite der Zahlungsbilanz festgehalten. Gelangt die E. sofort an den Verbraucher, so spricht man von direkter E., wird ein Händler dazwischengeschaltet, ist die E. indirekt. Einfuhren können darüber hinaus in sichtbare (Waren) und unsichtbare (Dienstleistungen) unterteilt werden. Jegliche Lieferung in das Zollgebiet wird zum Zollgut und somit zollpflichtig. Der Übergang in den freien Verkehr hängt von der Erfüllung dieser Verpflichtung ab.

Einfuhrbeschränkung
Aufbau von Hemmnissen im Importbereich. Die E. kann sich punktuell auf bestimmte Länder oder bestimmte Produkte oder allgemein auf alle Waren und Dienstleistungen beziehen. Häufiger Zweck ist der Schutz der Binnenwirtschaft vor Billigimporten; dient somit der Erhaltung oder Erzielung einer ausgeglichenen Handelsbilanz. Beschränkungen können z.B. durch Erhebung von Importzöllen und Einfuhrkontingentierungen erzielt werden.

Einfuhrerklärung
vom Importeur dem Bundesamt für Ernährung und Forstwirtschaft bzw. von der gewerblichen Wirtschaft abzugebende Erklärung, daß eine Einfuhr von genehmigungsfreien Waren vorgenommen werden soll. Die Behörde will festhalten, welche Mengen von Waren im genehmigungsfreien Handel importiert werden. Das Bundesamt setzt die Einfuhrfrist fest und gibt die abgestempelte E. dem Antragsteller zurück, der sie bei der zuständigen Zollstelle bei der Einfuhr vorlegen muß.

Einfuhrumsatzsteuer
eine Sonderform der Umsatzsteuer, die bei Importen anfällt. Sie unterliegt den gleichen Vorschriften wie die inländische Umsatzsteuer, kann also als Vorsteuer geltend gemacht werden und ist auch in der Höhe gleich. Für einige Einfuhren sind Ausnahmen von der Besteuerung vorgesehen, so z.B. bei der Einfuhr von Wasserfahrzeugen für die gewerbliche Seeschiffahrt, von Wertpapieren, gesetzlichen Zahlungsmitteln. Grundlage ist der Zollwert zuzüglich Zoll und Beförderungskosten im Inland.

Einfuhrzoll
Abgabe für eingeführte Waren nach zolltariflichen Vorschriften.

Einheitskurs
einheitlicher Börsenkurs für Börsenaufträge während eines Tages. Es soll der Kurs ermittelt werden, zu dem möglichst viele Aufträge ausgeführt werden können.

Einheitswert
steuerrechtlicher Begriff nach dem Bewertungsgesetz, der einheitliche Besteuerungsgrundlagen für die Vermögen-, Gewerbe-, Grund-, Erbschaft- und Grunderwerbsteuer sowie das forstwirtschaftliche und sonstige Grund- und Betriebsvermögen ge-

währleistet. Festgestellt wird der E. für Betriebe der Land- und Forstwirtschaft, für Grundvermögen, Betriebsgrundstücke und für Gewerbebetriebe. Der Wert kann ein Teilwert, gemeiner Wert oder Ertragswert sein und ist nach dem Bewertungsrecht dem einzelnen zu bewertenden Gut genau zugeordnet. Ein Wahlrecht besteht nur selten. Einheitswerte werden von Zeit zu Zeit neu festgestellt, so z.B. bei land- und forstwirtschaftlichem Vermögen alle 6 Jahre und bei wirtschaftlichen Einheiten des Betriebsvermögens alle 3 Jahre.

Einigung
Zustimmung der Vertragspartner, den Rechtszustand einer Sache zu verändern, z.B. Eigentumsübertragung. Bei beweglichen Sachen sind E. und Übergabe einer Sache Voraussetzung einer Vertragserfüllung. Bei Rechtsgeschäften, die Grundstücke betreffen, ist die E. (Auflassung) notariell zu beurkunden und ins Grundbuch einzutragen.

Einkauf
Beschaffung von Waren und Dienstleistungen; Tätigkeit gleichnamiger Abteilungen in Industrie und Handel. Der Einkauf übt zwei Hauptfunktionen aus:
I. Im *Produktionsprozeß:* nach Abstimmung mit dem Produktionsplan das rechtzeitige Bereitstellen von Materialien. Im Handel die Lagerung notwendiger Mengen von Waren, um die Hauptfunktionen der Raum- und Zeitüberbrückung zu gewährleisten.
II. Sowohl in der Industrie als auch im Handel muß ständig nach Preisvorteilen durch *Angebotsvergleiche* gesucht werden, da im günstigen Einkauf der „halbe Gewinn" liegt. Der E. wird seine Bestellung aber nicht nur vom Preis abhängig machen. Er muß auch die notwendige Menge berücksichtigen, damit der günstige Preis bei einem Großeinkauf nicht durch zusätzliche Lagerkosten und Kapitalbindungskosten aufgehoben wird. Bei geringen Preisvorteilen wird ein E. langjährige Verbindungen zu Lieferanten nicht lösen, da man durch die langfristige Zusammenarbeit das Geschäftsgebaren gut kennt.

Einkaufsgenossenschaften
Zusammenschluß kleinerer und mittlerer Unternehmen zu Genossenschaften, um durch einen einheitlichen Großeinkauf günstigere Bedingungen zu erzielen (EDEKA). Je nach Größe der Genossenschaft gehört dazu auch die wirtschaftliche Beratung wie Finanzierungsmöglichkeiten, gemeinsame Werbung, Ladenaufbau nach psychologischen Erkenntnissen usw.

Einkaufskontor
kooperativer Zusammenschluß mehrerer Großhändler. Die georderten Waren werden im Namen der angeschlossenen Großhändler bestellt und meistens direkt an sie gesandt.

Einkommen
I. *Volkswirtschaftlich:* einer Person oder Gesellschaft in einer Zeitperiode zufließendes Geld auf Grund von Arbeitsleistung (Arbeitseinkommen) und/oder Vermögensbesitz (Besitzeinkommen). Im Volkseinkommen (Nettosozialprodukt zu Faktorkosten) werden die Einkommen der an der Erzeugung beteiligten Produktionsfaktoren festgehalten, wobei Arbeit mit Lohn, Boden mit der Grundrente und Kapital mit Zins und Gewinn entlohnt wird.
II. E. im *steuerrechtlichen* Sinn ist der Überschußbetrag, der einer Person in einer Zeit regelmäßig zufließt. Hierzu zählen auch Naturalien.

Einkommensteuer
Abgaben auf die Gesamtheit der sieben †Einkunftsarten. Steuerpflichtige, die ihren gewöhnlichen Wohnsitz im Inland haben, sind unbeschränkt steuerpflichtig, d.h. sie unterliegen auch mit ausländischen Einkünften der inländischen Steuer. Ausländer hingegen werden nur mit ihren inländischen Einkünften versteuert.

Einkommensverteilung
Bezeichnung dafür, wieviel Einkommen auf ein Wirtschaftssubjekt oder eine Gruppe entfällt. Man unterscheidet die *personelle* E. (= Aufteilung des Einkommens auf Einzelpersonen) und die *funktionelle* E. (= Aufteilung auf die Produktionsfaktoren Arbeit, Kapital, Boden). Die Verwirklichung der

Einkünfte

„gerechten E." zählt zu den Hauptaufgaben der Wirtschafts- und Gesellschaftspolitik. Mögliche Maßstäbe sind Leistung (jeder wird danach bezahlt, wie sehr der Arbeitsmarkt sein Können nachfragt und wieviel er leistet), Bedürfnis (jeder wird nach sozialen Gesichtspunkten bezahlt) und Gleichheit (alle erhalten ein gleichhohes Einkommen).

Einkünfte
nach Einkommensteuergesetz werden 7 Einkunftsarten unterschieden, unterteilt in: Gewinneinkunftsarten und Überschußeinkunftsarten.
I. *Gewinneinkunftsarten:* Einkünfte aus Gewerbebetrieb, aus Land- und Forstwirtschaft und aus selbständiger Tätigkeit.
Der Gewinn wird durch die Gegenüberstellung der Betriebsausgaben mit den Erträgen ermittelt, wobei vor der Besteuerung die festgelegten Freibeträge abgezogen werden.
II. *Überschußeinkünfte:*
Gegenüberstellung von Einnahmen und Werbungskosten, um den Überschuß festzustellen. Die Steuerfreigrenzen sind zu beachten.
Bei den Einkünften aus unselbständiger Tätigkeit wird der Arbeitnehmerfreibetrag (480 DM) und der Weihnachtsfreibetrag (600,- DM), bei Einkünften aus Kapitalvermögen wird der Sparerfreibetrag von 300 DM zusätzlich in Abrechnung gebracht. Die übrigen Überschußeinkünfte sind Einkünfte aus Vermietung und Verpachtung und die sonstigen Einkünfte (Ertragsanteil der Renten, Unterhaltsleistungen von geschiedenen Ehegatten, Spekulationsgewinne).

Einlagen
I. *Handelsrecht.* Alle Bar- und Sachleistungen, die ein Gesellschafter in eine Handelsgesellschaft einbringt mit der Absicht, sich zu beteiligen. Bei Kapitalgesellschaften vollzieht sich das durch den Kauf von Aktien, bzw. durch den Kauf von GmbH-Gesellschaftsanteilen, bei Personengesellschaften in erster Linie durch den vertraglichen Gesellschaftsbeitrag (Voll- oder Teilhaftung).

II. *Steuerrecht.* Bar- oder Sacheinlagen, die nicht notwendiges Privatvermögen oder persönliche Arbeitskraft sind. Die Bewertung erfolgt mit dem Teilwert, höchstens mit den Anschaffungs- oder Herstellungskosten.
III. *Bankbereich.* Geldbeträge, die Kunden auf ihr Konto einzahlen und den Banken kurz-, mittel- oder langfristig zur Verfügung stellen. Unterscheidung in Sichteinlagen: können täglich abgehoben werden und befristete Einlagen in Form von Spar- und Termineinlagen.

Einnahmen
Gegenwert für den Verkauf von betrieblichen Leistungen. Dazu gehören die Zahlungseingänge und Forderungszugänge. – Gegensatz: Ausgaben.

Einrede
Äußerung einer Person die einem Anspruch eines Dritten entgegensteht. Wichtigste Arten:
I. E. der *Arglist*, bei der jemand einen geltend gemachten Anspruch nicht anerkennt, da er auf arglistige Weise erworben wurde.
II. E. der *Vorausklage*. Das einem Bürgen zustehende Recht, das den Gläubiger verpflichtet, zuerst durch den Versuch der Zwangsvollstreckung beim Hauptschuldner das Geld einzutreiben. Die E. der Vorausklage entfällt bei der selbstschuldnerischen Bürgschaft sowie für einen Vollkaufmann, wenn die Bürgschaft für ihn ein Handelsgeschäft war.

Einschreiben
eine Versandform im Postverkehr, bei der die Sendung nachweislich den Empfänger erreichen soll. Die Aufschrift „Einschreiben" gehört ebenso dazu, wie die Einlieferungsbestätigung bei der Abgabe und Empfangsbestätigung durch den Empfänger.

einseitige Rechtsgeschäfte
Rechtsgeschäfte, die nur aus einer Willenserklärung bestehen. Empfangsbedürftige e.R. bedürfen zu ihrer Rechtswirksamkeit den Zugang beim Erklärungsgegner. Er braucht ihr aber nicht zuzustimmen (Kündigung).

Einspruch
E. ist ein Rechtsbehelf gegen eine behördliche Verfügung oder einen gerichtlichen Bescheid.
I. E. im *Zivilprozeß*. 1. Gegen Vollstreckungsbescheide im Mahnverfahren. 2. Gegen Versäumnisurteile von Amtsgerichten und Landgerichten binnen zwei Wochen, bzw. von Arbeitsgerichtsbarkeiten binnen einer Woche nach Zugang des Urteils.
II. E. im *Steuerrecht*. Gegen behördliche Verfügungen, z.B. eines Steuerbescheids, Steuermeßbescheids, Feststellungsbescheids oder gegen Ablehnung eines Verwaltungsakts kann der Betroffene binnen eines Monats nach Bekanntgabe des Verwaltungsakts schriftlich E. erheben.
III. E. im *Arbeitsrecht* richtet sich nach dem Kündigungsschutzgesetz.

Einstandspreis
Begriff aus der Kalkulation. E. ist der Preis, der alle Kosten bis zum Lager einschließt. *Berechnung:*

    Listeneinkaufspreis
./. Rabatt
    Zieleinkaufspreis
./. Skonto
    Bareinkaufspreis
\+ Bezugskosten (Fracht, Rollgeld, Versicherung)
    Einstandspreis

Einwilligung
eine vor Abschluß eines Rechtsgeschäftes notwendige Einverständniserklärung. – Gegensatz: Genehmigung, die nachträglich erteilt werden kann.

Einzelbewertung
steuerrechtlicher Begriff, nach dem jeder Gegenstand am Jahresende in der Bilanz einzeln bewertet werden muß. In Ausnahmefällen sind Gruppenbewertungen, Festwertbewertungen oder Pauschalbewertungen zugelassen.

Einzelfertigung
† Fertigungsverfahren.

Einzelhandel
Handel mit dem Endverbraucher. Der E. kauft seine Waren vom Großhandel oder direkt vom Produzenten. Funktion des E.: Mengenumgruppierung, indem er verkaufsfähige kleine Mengen bereitstellt. Im Bereich des Vorratswesens, indem ausreichende und qualifizierte Vorratshaltung gewährleistet wird.
Einzelhändler kann sowohl ein Einzelunternehmen als auch eine Personengesellschaft (OHG, KG) sein. Zum E. zählen auch Warenhäuser und Versandunternehmen.

Einzelkosten
Begriff aus der Kosten- und Leistungsrechnung. E. sind direkt zurechenbare, d.h. dem zu produzierenden Stück verursachungsgerecht zuzuordnende Kosten. Im wesentlichen gibt es 3 Gruppen:
Materialien = Rohstoffverbrauch, Fertigungslöhne, Sondereinzelkosten der Fertigung und des Vertriebs.
Im Gegensatz zu den E. sind die Gemeinkosten nicht direkt zurechenbar.

Einzelunternehmen
von einer geschäftsfähigen Person, dem Inhaber, gegründetes Unternehmen. Der Namen des Inhabers ist gleichzeitig Firma. Er haftet mit seinem gesamten Vermögen, ist Geschäftsführer und kann Prokura erteilen. Der Gewinn steht ihm allein zu; Verluste trägt er ebenfalls selbst. Eine Auflösung des E. ist durch freiwillige Aufgabe, Konkurs oder Tod des Inhabers möglich.

Einzelwerbung
Werbemaßnahme eines einzelnen Unternehmens für seine eigenen Produkte. – Gegensatz: † Gemeinschaftswerbung.

Einzugsverfahren
Verfahren zur Begleichung von Rechnungen. Die Bank wird vom Kontoinhaber beauftragt, Rechnungen vom Berechtigten zu begleichen (rückläufige Überweisung). Die Initiative geht vom Zahlungsempfänger aus, der vom Zahler informiert wird, die Rechnungen unmittelbar an die Bank zu schikken.

eiserner Bestand
Lagerbestand, der nach Möglichkeit unverändert vorhanden sein sollte. Er dient als Pufferzone beim Lieferungsverzug, damit die eigene Produktion bzw. der Absatz nicht zum Stillstand kommt. Ebenfalls zum Ausgleich von kurzfristig erhöhter Nachfrage zu gebrauchen.

Elastizität
wirtschaftstheoretischer Begriff, der das Verhältnis der relativen Änderung einer Größe zu der relativen Änderung einer anderen Größe bezeichnet.

$$= \frac{\text{prozentuale Mengenänderung}}{\text{prozentuale Preisänderung}}$$

1. Nachfragee.: Bei Preissteigerungen von z.B. 4% nimmt die nachgefragte Menge z.B. um 5% ab = 5:4 = 1,25 = über 1 = elastisch.
Würde die Menge nur um 2% abnehmen, so würde die Nachfrage unelastisch. 2:4 = 0,5 = unter 1 = unelastisch.
2. Angebotse: Steigt der Preis, wird mehr Menge angeboten. Ist das Ergebnis über 1, so steigt die Angebotsmenge überproportional, unter 1 unterproportional.

Elektronische Datenverarbeitung (EDV)
maschinelle Verarbeitung von Daten (Massendaten) mit Hilfe von Eingabegeräten (Lochkartenleser, Belegleser). Die Daten werden in anlagengerechte Computersprachen (Assembler, COBOL, FORTRAN u.a.) verschlüsselt und dann in elektronischen Rechenmaschinen (Computer) entsprechend den dort gespeicherten Programmen verarbeitet. Mit Hilfe von Schnelldruckern werden die Informationen wieder lesbar aufbereitet. Computer, Ein- und Ausgabegeräte (= materieller Teil der Anlagen) nennt man Hardware. Die Verarbeitungsprogramme (= immaterieller Teil der Anlagen) bezeichnet man als Software.

Embargo
(span.: anhalten, Sperre); im übertragenen Sinn das Verbot der Aus- und Einfuhr bestimmter Güter oder Kapitalien in bzw. aus bestimmten Ländern. E. dient als Druckmittel und Erzwingung eines Tuns oder Unterlassens gegenüber diesem Staat.

Emission
I. Ausgabe von *Wertpapieren*. Übernimmt die Aktiengesellschaft die Ausgabe selbst, so liegt eine Eigenemission vor. Bei der Fremdemission wird eine Bank oder ein Bankenkonsortium dazwischengeschaltet. Häufig übernimmt die Bank lediglich die Wertpapiere kommissionsweise, d.h. für Rechnung der Aktiengesellschaft. Dafür erhält sie eine Vergütung.
II. Ausstoß freiwerdender *Chemikalien* aus Kraftwerken. Gefährlich ist z.B. die E. von Kohlendioxyd (CO_2) aus Kohlekraftwerken.

Endlager
letzter Aufbewahrungsort für atomaren Müll. Problem ist eine für die Bevölkerung schadlose Lagerung (siehe Abbildung).

Energiepolitik
alle Maßnahmen von verantwortlicher Seite (Regierung, Versorgungsunternehmen), die Energieversorgung kurz- u. langfristig zu sichern. Die dabei zum Einsatz kommenden Primärenergieträger sind v.a. Erdöl, Stein- u. Braunkohle, Erdgas u. Kernenergie. Die derzeitigen Bestrebungen zielen auf verstärkten Einsatz von Kernenergie und Erdgas, um vom teuren und in einigen Jahrzehnten knappen Öl wegzukommen.

Enteignung
Eingriff in das private Eigentum durch rechtmäßigen Hoheitsakt. Es muß immer das Gemeinwohl betroffen sein. E. ist nur gegen eine angemessene Entschädigung zulässig.

entgangener Gewinn
Anspruch eines Kaufmanns an den Lieferanten, bei Nichtlieferung nicht nur einen eventuellen Mehrpreis durch Kauf bei einem anderen Lieferanten einzuklagen (konkrete Schadensberechnung), sondern darüber

hinaus einen entgangenen Gewinn zu verlangen (abstrakte Schadensberechnung). Ist die Ware auch anderweitig nicht mehr zu besorgen, so ist die Differenz zwischen Einkaufspreis und Marktpreis der e.G.

Entlassung
↑ Kündigung.

Entlastung
I. nach *Aktienrecht* die Aufgabe der Hauptversammlung, die Geschäfte des Vorstands und des Aufsichtsrats zu billigen. Die E. muß in den ersten 8 Monaten eines Geschäftsjahrs erfolgen.
II. In der *Buchführung* bezeichnet man auch eine Gutschrift als E.

Entlohnung
Vergütung für geleistete Arbeit in Form von Gehalt für Angestellte und Lohn für Arbeiter. Die Höhe der E. hängt ab vom Tarifvertrag, dem Einzelarbeitsvertrag oder dem Gesetz (Beamte). Auszahlungstag für Angestellten- und Arbeiterentlohnung ist i.d.R. der letzte Werktag der Woche bzw. des Monats.

Entsorgung
Beseitigung von Abfällen und Müll aus Kernkraftwerken. Siehe Abbildung.

Entwicklungshilfe
Unterstützung in Form von Geld, Sachgütern oder wissenvermittelnden Personen an Länder, die Entwicklungsland sind. Ziel ist die Beseitigung und Milderung von Armut, Krankheit, Bildungsnotstand. Im Rahmen des Nord-Süd-Dialogs sollen u.a. die reichen Industriestaaten auf ihr Versprechen hingewiesen werden, 0,7% des jeweiligen Bruttosozialproduktes an E. zu leisten. Die Bundesrepublik liegt z. Z. bei etwa 0,3%.

Entwicklungsland
Bezeichnung für ein Land, das ein niedriges Pro-Kopf-Einkommen, eine unzureichende medizinische Versorgung, eine hohe Analphabetenquote, eine geringe Arbeitsproduktivität, vor-

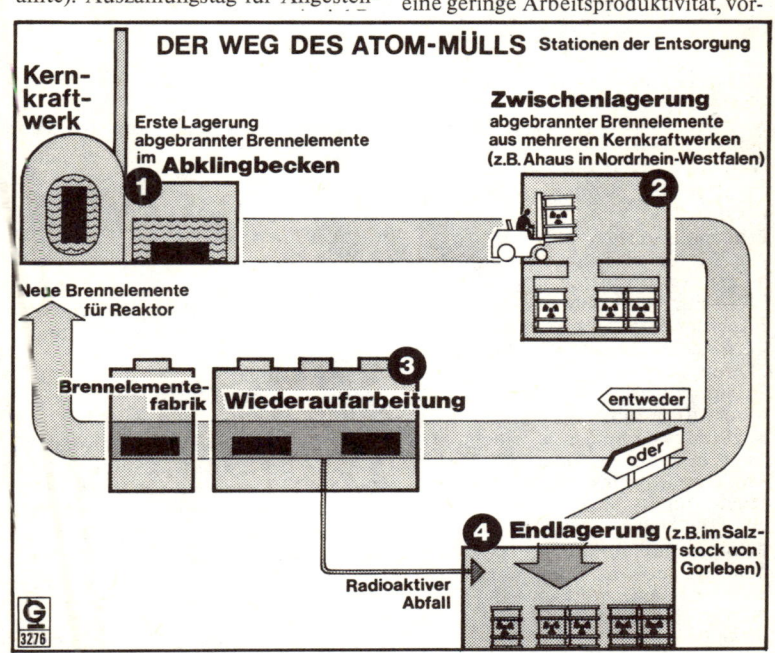

DER WEG DES ATOM-MÜLLS Stationen der Entsorgung

Kernkraftwerk — ① Erste Lagerung abgebrannter Brennelemente im **Abklingbecken**

② **Zwischenlagerung** abgebrannter Brennelemente aus mehreren Kernkraftwerken (z.B. Ahaus in Nordrhein-Westfalen)

Neue Brennelemente für Reaktor

Brennelementefabrik — ③ **Wiederaufarbeitung** — entweder / oder

④ **Endlagerung** (z.B. im Salzstock von Gorleben)

Radioaktiver Abfall

Erbschaftsteuer

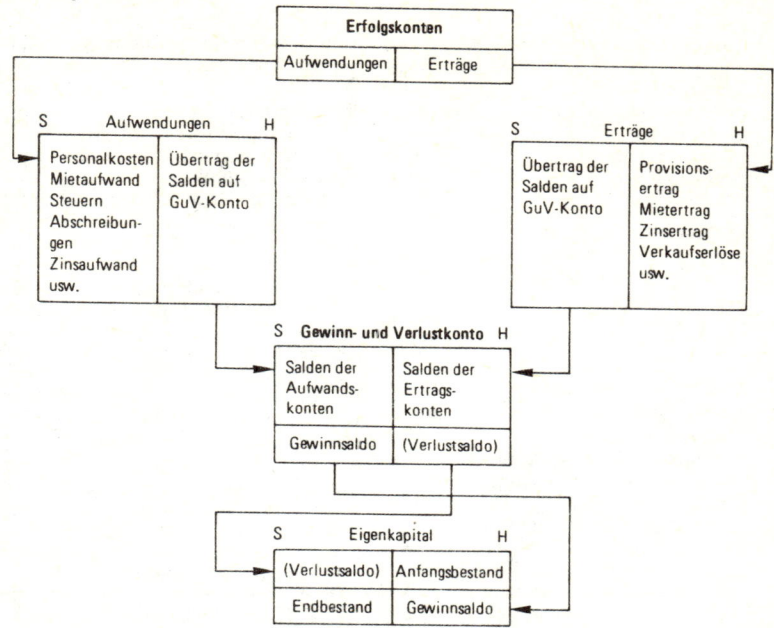

	Erfolgskonten	
	Aufwendungen	Erträge

S	Aufwendungen	H
	Personalkosten, Mietaufwand, Steuern, Abschreibungen, Zinsaufwand usw.	Übertrag der Salden auf GuV-Konto

S	Erträge	H
	Übertrag der Salden auf GuV-Konto	Provisionsertrag, Mietertrag, Zinsertrag, Verkaufserlöse usw.

S	Gewinn- und Verlustkonto	H
	Salden der Aufwandskonten	Salden der Ertragskonten
	Gewinnsaldo	(Verlustsaldo)

S	Eigenkapital	H
	(Verlustsaldo)	Anfangsbestand
	Endbestand	Gewinnsaldo

wiegend Landwirtschaft und eine einseitige gewerbliche Ausrichtung hat. Vorwiegend treffen diese Kriterien auf Staaten Afrikas, Asiens und Südamerikas zu. In einem E. ist zusätzlich das Problem der Bevölkerungsexplosion festzustellen.

Erbschaftsteuer
Abgabe an das Land, wenn Vermögenswerte durch Erbfall, durch Schenkung unter Lebenden und durch Zweckzuwendungen (z.B. Überweisungen an Obdachlosenasyle) übertragen werden. Die Steuerpflicht gilt für natürliche und juristische Personen. Eine Steuerbefreiung ist möglich für Zuwendungen zu gemeinnützigen, mildtätigen oder kirchlichen Zwecken. Je nach Verwandtschaftsgrad gelten unterschiedliche Steuersätze und Freibeträge.

Erfolgsbeteiligung
Teilhabe der Mitarbeiter eines Unternehmens am Wertzuwachs. *Ziele:* Anreiz der Mitarbeiter zu kostenbewußtem Verhalten, Interesse am Unternehmen und an der Tätigkeit, weniger Personalwechsel. *Formen:* Gewinnbeteiligung und Kapitalbeteiligung.

Erfolgskonto
jedes Konto, das Aufwendungen oder Erträge erfaßt. Abschluß der E. siehe Abbildung.

Erfolgsrechnung
Darstellung des Erfolges einer Unternehmung innerhalb eines Zeitabschnitts. Arten:
I. Durch einfaches Gegenüberstellen des *Anfangs- und Endkapitals*.
II. Durch die *Gewinn- und Verlustrechnung,* die die Quellen der Aufwendungen und Erträge darlegt. Das Ergebnis der G + V- Rechnung sagt im IKR (Industrie-Kontenrahmen) nicht aus, woher der Unternehmenserfolg kommt. Zu diesem Zweck ist im GKR (Gemeinschaftskontenrahmen der Industrie) und im Großhandelskontenrahmen die Klasse 2 eingerichtet, die alle betriebsfremden und außerordent-

Eröffnungsbilanz

lichen Aufwendungen und Erträge festhält. Das Ergebnis der Klasse 2 ist das neutrale Ergebnis, das zusammen mit dem Betriebsergebnis das Unternehmensergebnis bildet.

Erfüllungsgehilfe
eine Person, deren sich der Schuldner zur Begleichung seiner Verbindlichkeit bedient, z.B. die Bank, durch die er zahlt. Der Auftraggeber haftet für den E. genauso wie für eigenes Verschulden, wenn die Tätigkeit in den Auftragsrahmen fällt. Der Grad der Erfüllungsmacht wird durch die Vollmacht oder den Arbeitsvertrag geregelt (z.B. Prokura, Handlungsvollmacht).

Erfüllungsgeschäft
neben dem † Verpflichtungsgeschäft aus einem Vertrag abgeleitete Notwendigkeit, eine eingegangene Schuld zu erfüllen. Der Lieferer muß pünktlich die Ware zusenden; der Käufer zahlen. Das E. ist losgelöst vom Verpflichtungsgeschäft, d.h. ist dieses nichtig, muß trotzdem erfüllt werden.

Erfüllungsort
Ort, an dem die Vertragspartner ihre Leistung erbringen. Siehe Abbildungen.

Ergonomie
Lehre von der Anpassung der Arbeit an den Menschen, unter Berücksichtigung neuer psychologischer und physiologischer Erkenntnisse.

Erhaltung des Unternehmens
† Sanierung; † Vergleich.

Erhebung
Begriff aus der Statistik. Er bedeutet die Durchführung einer Umfrage bzw. der Beobachtung von bestimmten Untersuchungseinheiten, z.B. Wählern eines Landes.

Erinnerungswert
Angabe in der Bilanz für einen auf 1 DM abgeschriebenen Gegenstand. Solange ein Gegenstand in der Inventur als gebrauchsfähig behandelt wird, muß er auch in der Bilanz erscheinen.

Erlös
Gegenwert aus der Veräußerung von Wirtschaftsgütern. In der G + V- Rechnung werden Verkaufserlöse auf der Habenseite festgehalten und ergeben mit dem Wareneinsatz im Großhandel, bzw. mit dem Verbrauch an Roh- und Hilfsstoffen im Industriebereich, den Warenrohgewinn. Erlöse werden korrigiert (Erlösschmälerungen), wenn Kunden Waren zurückschicken oder sich Skonto abziehen. Ein Bonus führt ebenfalls zur Korrektur.

Eröffnungsbilanz
von jedem Vollkaufmann zu Beginn seines Handelsgewerbes und danach zu Beginn eines jeden Jahres aufzustellende Übersicht seiner Vermögens- und Schuldenwerte. Der Grundsatz der

	Mögliche Erfüllungsorte	
Gesetzlicher Erfüllungsort	Vertraglicher Erfüllungsort	Natürlicher Erfüllungsort
o Wohn- oder Geschäftssitz des Verkäufers für die Lieferung der Ware (BGB § 169) o Wohn- oder Geschäftssitz des Käufers für die Zahlung des Kaufpreises (BGB § 269, 270)	o Für beide Leistungen der Wohn- oder Geschäftssitz des Lieferers o Für beide Leistungen der Wohn- oder Geschäftssitz des Käufers	**Beispiele** o Reparatur einer ortsfesten Maschine o Instandsetzung eines Wohnhauses
Gilt immer dann, wenn weder ein vertraglicher noch natürlicher Erfüllungsort vorhanden ist.	Gilt nur bei besonderer vertraglicher Vereinbarung (für beide Vertragspartner).	Gilt immer dann, wenn die Leistung ihrer Natur nach nur an einem festen Ort erbracht werden kann.

Bedeutung des Erfüllungsortes

Kostenübergang	Gefahrenübergang	Gerichtsstand	Vertragserfüllung
(1) Warenschuld Gesetzlicher Grundsatz: WARENSCHULDEN = HOLSCHULDEN (auch wenn der Verkäufer die Versandkosten vertraglich übernimmt). **Folgerung** **Verkäufer trägt die Kosten** des Messens, Wiegens, Zählens und die Übergabekosten (§ 448 BGB) **Käufer trägt die Kosten** der Abnahme und die Kosten der Versendung der Ware nach einem anderen als dem Erfüllungsort.	**(1) Warenschuld** Bei verschuldetem Schaden an der Ware haftet (unabhängig vom Erfüllungsort) der Schuldige. Unverschuldet = zufällig entstandene Schäden trägt der Verkäufer bis zum Erfüllungsort, danach der Käufer (§ 446 BGB). Ist das Gefahrenrisiko (zufälliger Untergang oder Verschlechterung der Ware) versichert, so trägt bei fehlender vertraglicher Regelung derjenige die Kosten, der die Gefahr trägt.	**Waren- und Geldschuld** Gerichtsstand ist der Ort, an dem der Schuldner verklagt werden kann. Bei Streitigkeiten ist das Gericht zuständig, in dessen Bezirk der vertragliche oder gesetzliche Erfüllungsort liegt. Ausschließlicher Gerichtsstand bedeutet, daß für beide Leistungen nur dort Klage erhoben werden kann. Ausschließlicher Gerichtsstand wird i. a. vereinbart. Bei Abzahlungsgeschäften ist ausschließlicher Gerichtsstand der Wohnsitz des Käufers.	**Waren- und Geldschuld** Der Erfüllungsort ist auch der Ort der termingerechten Vertragserfüllung
(2) Geldschuld Gesetzlicher Grundsatz: GELDSCHULDEN = SCHICKSCHULDEN, d. h. Käufer trägt die Kosten des Geldversandes bis zum Ort des Verkäufers (Zahlungsort).	**(2) Geldschuld** Käufer trägt die Gefahr bis zum Zahlungsort.		

Bilanzkontinuität besagt, daß die letztjährige Schlußbilanz mit der E. identisch sein muß.

ERP
(engl.: Abkürzung für European Recovery **P**rogram = Europäisches Wiederaufbauprogramm); nach dem zweiten Weltkrieg vom damaligen amerikanischen Außenminister Marshall (daher auch Marshallplan) ins Leben gerufene Wirtschaftshilfe, um dem zerstörten Europa zu helfen. Die Lieferungen, v.a. auch Rohstoffe, wurden zum großen Teil geschenkt. Die Importeure zahlten in heimischer Währung diese Gelder in den sog. ERP-Fonds, über dessen Verteilung für Aufbauzwecke und Förderung der deutschen Wirtschaft eine Kommission entschied.

Ersatzlieferung
das Recht eines Kunden, bei einer berechtigten Mängelrüge Umtausch zu verlangen. Nur möglich bei Gattungswaren.

Ersitzung
das Recht, Eigentum zu erwerben, wenn ein Gegenstand über einen gewissen Zeitraum gutgläubig jemandem gehörte. Bei beweglichen Sachen beträgt der Zeitraum 10 Jahre, bei Grundstücken 30 Jahre, wobei ein Ausschlußurteil ergangen sein muß, d.h. die Aufforderung an diejenigen, sich zu melden, die einen Anspruch geltend machen wollen. Meldet sich niemand, wird das Ausschlußurteil gesprochen, und das Grundstück geht rechtmäßig an den Ersitzer über.

Erstuntersuchung
ärztliche Untersuchung des Auszubildenden innerhalb der letzten 5 Monate vor Beginn der Ausbildung. Ohne E. ist keine Beschäftigung möglich. Im 1. Ausbildungsjahr ist außerdem eine

ärztliche *Nachuntersuchung* vorgeschrieben.

Ertrag
der von einem Unternehmen erwirtschaftete Bruttowertzuwachs; unterteilt in Betriebsertrag und neutralen E. Die Buchung erfolgt auf Ertragskonten und zwar als Zunahme im Haben. Abschluß: ↑ Erfolgskonto.

Ertragsteuer
steuerrechtlicher Begriff für Abgaben, deren Steuergegenstand Erträge sind. U.a. zählen dazu: Körperschaftsteuer, Kapitalertragsteuer (Einkommen), Gewerbeertragsteuer (Ertrag). Gegensatz: Substanzsteuer.

Ertragswert
aus dem Ertrag von Vermögenswerten errechneter Betrag, der sich durch Abzinsung der über die Nutzungsdauer des Objekts zu erwartender Reinerträge ergibt. Problematisch schon deswegen, weil die Anwendung des Zinsfußes und die zu erwartenden Reingewinne spekulativ sind.

Erwerbsquote
in der Berufszählung der Anteil der ermittelten Erwerbspersonen (Erwerbstätige und vorübergehend Arbeitslose) an der Wohnbevölkerung.

Erwerbsunfähigkeit
erwerbsunfähig ist, wer auf nicht absehbare Zeit eine regelmäßige Erwerbstätigkeit nicht mehr ausüben oder nur geringfügige Einkünfte erzielen kann. Anspruch auf Erwerbsunfähigkeitsrente hat jeder, der die kleine (60 Beitragsmonate) oder die besondere Wartezeit (240 Monate) erfüllt hat.

EURATOM
(Europäische Atomgemeinschaft). Zusammenschluß europäischer Staaten durch Vertrag vom 25. 3. 1957 in Rom. Das Ziel dieser Gemeinschaft ist die friedliche Nutzung der Kernenergie. Inzwischen gibt es 4 Forschungszentren, die speziell die Sicherungsnormen verbessern, die technischen Kenntnisse verbreitern und die Zusammenarbeit mit anderen Ländern vertiefen sollen. Zusammen mit diesem Vertragswerk wurde der EWG-Vertrag geschlossen.

Eurocheque
Scheck, der in großen Teilen Europas als verbindliches Zahlungsmittel anerkannt wird. Gegen Vorlage der Scheckkarte können Beträge bis 300 DM, z. Z. in der jeweiligen Landeswährung, eingelöst werden. Die bezogene Bank haftet in der festgelegten Höhe für die Einlösung. Scheckkarte und Scheckvordruck sollten getrennt voneinander aufbewahrt werden.

Euro-Dollar-Markt
Ursprünglich in Europa betriebener Geldmarkt, auf dem Dollarguthaben von Nichtamerikanern befristet verliehen wurden. Inzwischen wurden auch die Märkte Kanada und Japan hinzugerechnet. Durch die Tiefzinspolitik in Amerika (bis 1979) suchten die Dollarinhaber nach besseren Geldanlagen. Hier boten sich dann v.a. europäische Importeure an, die mit diesem Geld ihre Einfuhren bezahlten. Die ursprünglich auf den Dollar fixierte Auslegung umfaßt heute auch andere Währungen wie DM, Schweizer Franken, Holländische Gulden. Deshalb spricht man auch vom Euro-Geldmarkt. Der zu erzielende Zins richtet sich nach Angebot und Nachfrage. In der Regel werden nur Geschäfte über 500 000 US-Dollar abgeschlossen.

Europäisches Währungssystem (EWS)
der währungspolitische Zusammenschluß der EWG-Mitglieder, um auf der Basis von festen Wechselkursen ein währungsstabiles System innerhalb der Gemeinschaft zu schaffen. Die Vereinbarung läuft darauf hinaus, daß der Wert jeder Währung in einer Europäischen Währungseinheit (ECU) festgelegt wird, z.B. per 13. 3. 1979: 1 ECU = 2,51064 DM. Zwischen den beteiligten Währungen werden »Bandbreiten von $\pm$ 2,25% = Schwankungsbreite 4,5% (Italien $\pm$ 3% = 6%) vereinbart. Sobald zwei Währungen die »Bandbreite« ausgeschöpft haben,

Europarat

müssen die beteiligten Notenbanken intervenieren, d. h. durch Ankäufe oder Verkäufe der betreffenden Währung eine künstliche Reaktion auf dem Markt erzeugen. Hat nun ein in Abwertungsgefahr geratenes Land nicht genügend Devisenreserven, um die eigene Währung zu stützen, kann sie kurzfristige Währungskredite aufnehmen. Zu diesem Zweck ist ein gemeinsamer Fonds gegründet worden, in dem die Partnerstaaten 20% ihrer Gold- und Devisenreserven (25 Mrd. ECU = 62 Mrd. DM) zur Verfügung gestellt haben. Der Kredit ist sehr kurzfristig (45 Tage). Zuzüglich zur Tilgung muß das Land auch die eigene Währung von den Ländern zurückkaufen, die den Kurs durch Aufkäufe gestützt haben.

Europarat
Gründung am 5. 5. 1949. Zusammenschluß der wichtigsten westeuropäischen Länder, um auf sozialer und kultureller Ebene eine Abstimmung und Förderung untereinander zu erreichen. Bekannt geworden durch die Konvention zum Schutze der Menschenrechte (Sitz Straßburg).

EWG, Europäische Wirtschaftsgemeinschaft
durch Vertrag vom 25. 3. 1957 in Rom am 1. 1. 1958 in Kraft getretene Gemeinschaft von ehemals 6 Mitgliederstaaten (Bundesrepublik, Benelux-Staaten, Frankreich und Italien) mit dem Ziel, einen gemeinsamen Markt zu schaffen, auf dem es keine Zollschranken mehr gibt, gemeinsame Agrarpolitik betrieben wird, durch einheitliche Rechtsvorschriften bestehende Handelshemmnisse beseitigt werden, durch Steuerharmonisierung wettbewerbsverzerrende Zustände ausgeräumt werden, die völlige Freizügigkeit der Arbeitnehmer im Bereich der Arbeitsplatzwahl innerhalb der EWG erreicht wird.

Bis auf die Steuerharmonisierung und die Beseitigung aller rechtlichen Handelshemmnisse sind die übrigen Ziele bereits verwirklicht.

Durch den Beitritt Großbritanniens, Dänemarks, Irlands und Griechenlands erhöhte sich die 6er-Gemeinschaft auf 10 Mitglieder. Mit einer Reihe von überseeischen Staaten wurden Assoziierungsabkommen geschlossen, so im Vertragswerk von Lomé, in dem 54 Entwicklungs-Staaten *Afrikas*, der *Karibik* und des *Pazifiks (AKP-Staaten)* freie Einfuhren in die Gemeinschaft garantiert wurden. Ansonsten besteht ein einheitlicher Zolltarif gegenüber Nicht-EG-Staaten. Die EWG ist bei weitem die größte Handelsmacht der Welt. Sie ist zu etwa 40% am Welthandel beteiligt (USA 15%). Für die Bundesrepublik ist der EWG-Markt ebenfalls ein nicht mehr wegzudenkender Wirtschaftsfaktor. Der Export in EG-Staaten am Gesamtexport betrug 1977 etwa 45%. Am Export der EG nach außen (Drittländer) betrug der Anteil der Bundesrepublik 1976 etwa 32%. Durch hohe Subventionierungen der Landwirtschaft, indem man den Bauern feste Abnahmepreise zusagte, ist die Gemeinschaft häufig ins Kreuzfeuer der Kritik geraten, da die EG-Agrarpreise häufig höher sind als die Weltmarktpreise; †EG.

Exekutive
im Rahmen der †Gewaltenteilung der Bereich, der die von der Legislative beschlossenen Gesetze durchführt (Regierung).

Expedient
abhängiger Beschäftigter, der bei der Beförderung von Versandgütern die jeweils günstigsten Verkehrsmittel und Beförderungswege ermittelt.

Export
†Ausfuhr.

Exportquote
prozentualer Wert der Warenexporte im Vergleich zum Bruttosozialprodukt zu Marktpreisen in einer Periode

Expreßgut
Stückgutbeförderung im Gepäckwagen in Schnellzügen. Es ist eine Expreßgutkarte auszufüllen. Das Gut muß ordnungsgemäß verpackt (transportabel) und als E. gekennzeichnet sein.

F

Fabrik
F. ist eine Betriebsstätte, bei der es die Arbeitsteilung zwischen Angestellten und Arbeitern gibt, Arbeitsgänge halb- oder vollautomatisch durchgeführt werden, in der der Produktionsablauf geplant wird und die eine kaufmännische und technische Leitung hat.

Fachgeschäft
Einzelhandelsgeschäft, das sich durch ein besonders sortiertes Lager unter einer fachlich geschulten Leitung auszeichnet. Fehlt der Fachmann, wird häufig der Ausdruck Spezialgeschäft gewählt. Bei ungerechtfertigter Führung oder Bezeichnung liegt ein Verstoß gegen das UWG (Gesetz gegen den unlauteren Wettbewerb) vor.

Fachoberschule
i.d.R. zweijährige Schulform, die zur Fachhochschulreife führt. Unterricht wird in Fachtheorie, Fachpraxis und allg. Fächern erteilt. Aufnahmevoraussetzung ist der Realschul- oder ein gleichwertiger Abschluß.

Fachschule
Schulform, bei deren Aufnahme eine Berufsausbildung vorausgesetzt wird. F. führen zu vertiefter beruflicher Fachbildung. Dauer in Vollzeitform oft 2 Jahre.

Factoring
ein Finanzierungsgeschäft, bei dem ein Finanzierungsinstitut (der Factor) die Forderungen, die bei seinem Vertragspartner aus dem Verkauf von Waren angefallen sind, ankauft und das Ausfallrisiko übernimmt. Die Forderung erscheint also nicht mehr in der Bilanz des Factornehmers. Er bekommt sofort Geld und kann somit seinen Kunden Zahlungsziele einräumen, ohne selbst in Liquiditätsengpässe zu kommen.
In der *offenen* Form wird der Kunde informiert, daß die Forderung verkauft ist.
In *stiller* Form erfährt der Kunde nichts von der Forderungsabtretung, und er bezahlt mit befreiender Wirkung die Rechnung an den Lieferanten, der dann die Zahlung sofort an das Factorinstitut weiterleitet.

Fahrlässigkeit
Außerachtlassen der erforderlichen Sorgfalt. Der daraus entstandene Schaden war zwar ungewollt, wäre aber vermeidbar gewesen, wenn die Sorgfalt eines ordentlichen Kaufmanns angewendet worden wäre. Nur bei diesem Tatbestand tritt Haftung ein. In vielen Fällen muß allerdings eine grobe F. vorliegen, um Schadenersatzansprüche geltend machen zu können.

Faktoreinsatz
Menge des zur Herstellung benötigten Produktionsfaktors. Bei manueller Fertigung wird nur der Faktor Arbeit zum Einsatz kommen. Bei der vollständigen Automation ist es umgekehrt. Mit zunehmender Technisierung nimmt der Einsatz des Faktors Arbeit ab.

Faktorkosten
Entlohnung der am Produktionsprozeß beteiligten Produktionsfaktoren Boden (Mieten, Pachten), Arbeit (Löhne, Gehälter), Kapital (Zinsen, Unternehmergewinn). Die Addition ergibt das Nettosozialprodukt zu Faktorkosten, auch Volkseinkommen genannt.

Faustpfand
im unmittelbaren Besitz des Gläubigers befindlicher, zur Pfandbestellung geeigneter Gegenstand. Beispiel: Der Gerichtsvollzieher nimmt im Rahmen seiner Amtshandlung einen Diamantring an sich.

Fernwärme
zentrale Versorgung mit Wärme – durch heißes Wasser oder Gas – für Raumbeheizung und Warmwasserbereitung ganzer Stadtviertel.

Fertigerzeugnis
verkaufsfähiges Endprodukt einer Unternehmung. Der Bestand an F. wird jeweils am Anfang und am Ende eines Geschäftsjahres festgestellt. Die Differenz wird als Bestandsveränderung ausgewiesen.

Fertigung
auch Herstellungsprozeß oder ↑Produktion genannt.

Fertigungsbetrieb
Produktionseinheit, die Sachgüter und Energien gewinnt oder umformt. Grundfunktionen des F. sind: Beschaffung (Input), Produktion und Absatz (Output). F. können Industrie- oder Handwerksbetriebe sein.

Fertigungskontrolle
Überprüfung des hergestellten Gutes in technischer und wirtschaftlicher Hinsicht (Nachkalkulation). Die technische F. ist eine Gütekontrolle. Geprüft wird die Gebrauchsfähigkeit, die physikalisch-technisch-biologische Eigenschaft (z.B. Keimfreiheit von Lebensmitteln) und der Vorschriftsmäßigkeit (z.B. VDI-Vorschrift). Die F. erfolgt während und nach Abschluß der Herstellung.

Fertigungskosten
die im Bereich der Fertigung entstandenen Kosten zur Herstellung eines Produkts. Zu den F. zählen die Fertigungseinzelkosten (Löhne) und die Fertigungsgemeinkosten (Abschreibungen, Hilfslöhne, Stromkosten, Gehälter im Fertigungsbereich). Zusammen mit den Materialkosten bilden die F. die Herstellkosten.

Fertigungslöhne
der Teil der Fertigungskosten, der dem Produkt direkt zurechenbar ist (Einzelkosten).

Fertigungsmaterialkosten
auch Materialeinzelkosten genannt. Es ist der Teil der Materialkosten, der dem zu produzierenden Stück direkt zurechenbar ist. Zusammen mit den Materialgemeinkosten bildet das F. die Materialkosten.

Fertigungsplanung
Vorbereitung des Herstellungsablaufs. Sie umfaßt das Erstellen von Konstruktionszeichnungen, Stücklisten (benötigte Einzelteile), die mengen- und qualitätsmäßige Ermittlung der benötigten Produktionsfaktoren (= Bereitstellungsplanung) und den Ablaufplan.

Fertigungssteuerung
während der Produktion auszuführende Tätigkeit, die sich auf Überwachung, Terminplanung, Erstellen von Maschinen- und Stellenbesetzungsplänen und die Einhaltung der optimalen Auslastung der Kapazität erstreckt.

Fertigungsverfahren
Art der Herstellung von Gütern. Siehe Abbildung Seite 69.

fester Wechselkurs
Preis für eine Einheit ausländischen Geldes, bei dem sich die Handelspartner auf ein festes Austauschverhältnis (Parität) der Währung einigen. Die Bundesbank legt Tiefst- und Höchstkurs fest. Verläßt der Wechselkurs den Schwankungsbereich (Bandbreite), dann greift die Bundesbank ein (interveniert), um den Wechselkurs in der Bandbreite zu halten.

Festgelder
Gelder, die den Banken von ihren Kunden für einen bestimmten Zeitraum, mind. 1 Monat, zur Verfügung gestellt werden. Zusammen mit den Kündigungsgeldern zählen sie zu den befristeten Einlagen.

Finanzhoheit

Fertigungsverfahren

	Arten:
Nach dem Grad des menschlichen Arbeitseinsatzes:	1. Handarbeit, 2. Maschinenarbeit, 3. Automatisierung.
Nach der Ausstoßmenge:	1. Einzelfertigung, 2. Sortenfertigung, 3. Serienfertigung, 4. Massenproduktion
Nach der Organisation:	1. Werkstattfertigung, 2. Gruppenfertigung, 3. Reihenfertigung, 4. Fließbandfertigung

Festwertverfahren
Bewertungsverfahren von Bilanzpositionen mit gleichbleibenden Mengen und Werten. Voraussetzung ist, daß sich die Art, Zusammensetzung und der Wert von einem zum anderen Geschäftsjahr nicht wesentlich verändern.

Fifo-Methode
(engl.: Abkürzung für *First in first out*); Verfahren zur Bewertung von Gegenständen im Vorratsvermögen. Durch unterschiedliche Einkaufszeiten und mit häufig verschiedenen Preisen unterstellt man bei der Fifo-Methode, daß die zuerst angeschafften Güter auch zuerst verbraucht wurden. Dadurch wird auch der festgestellte Lagerbestand mit den zuletzt gezahlten Preisen bewertet. Bei sinkenden Preisen ermöglicht dies eine Legung von stillen Reserven im Vorratsvermögen.

Filialprokura
auf eine oder mehrere Filialen beschränkte Prokura, die im Handelsregister als F. kenntlich gemacht werden muß. Die Filialen müssen außerdem durch einen Zusatz als Zweigniederlassung erkenntlich sein.

Finanzamt
↑ Finanzverwaltung.

Finanzausgleich
Zahlungen von einer Gebietskörperschaft an eine andere, um innerhalb eines Landes keine zu großen Wohlstandsunterschiede entstehen zu lassen. Arten: *Vertikaler* F. (Bund, Land, Gemeinde) und *horizontaler* F. (Länder untereinander).

Finanzbuchhaltung
Geschäftsbuchhaltung, in der außerbetriebliche geldliche Beziehungen zu Kunden und Lieferanten, zu Schuldnern und Gläubigern, festgehalten werden. Die F. wird auch als »pagatorische Buchhaltung« bezeichnet. (pagatorische von lat.: pacare = befriedigen, später abgewandelt in pagare = zahlen); unter »bezahlen« wird in diesem Zusammenhang auch jegliche Belastung und Gutschrift verstanden. Zusammen mit der Betriebsbuchhaltung bildet die F. das betriebliche Rechnungswesen. Am Jahresende stellt die F. das Zahlenmaterial für die Aufstellung der Bilanz und der Gewinn- und Verlustrechnung.

Finanzgerichtsbarkeit
die F. ist eine besondere Form der Verwaltungsgerichtsbarkeit, die sich mit öffentlich-rechtlichen Streitigkeiten im Bereich der Abgaben und in anderen in der Finanzgerichtsordnung geregelten Fälle beschäftigt sowie bei Berufsrechtsstreitigkeiten der Steuerberater. Im Länderbereich werden anhängige Verfahren vor den Finanzgerichten, in der höheren Instanz vor dem Bundesfinanzhof durchgeführt.

Finanzhoheit
Befugnis zur selbständigen Regelung in Finanzfragen. Träger der F. ist der Staat, der z.B. die Höhe der Steuern festlegt.

Finanzierung

Finanzierung
Maßnahmen zur Beschaffung von Geldmitteln, um unternehmerische Vorhaben realisieren zu können. Siehe Abbildung.

Finanzplan
Aufstellung aller zu erwartenden Ein- und Ausgaben innerhalb einer Unternehmung für einen künftigen Zeitraum.

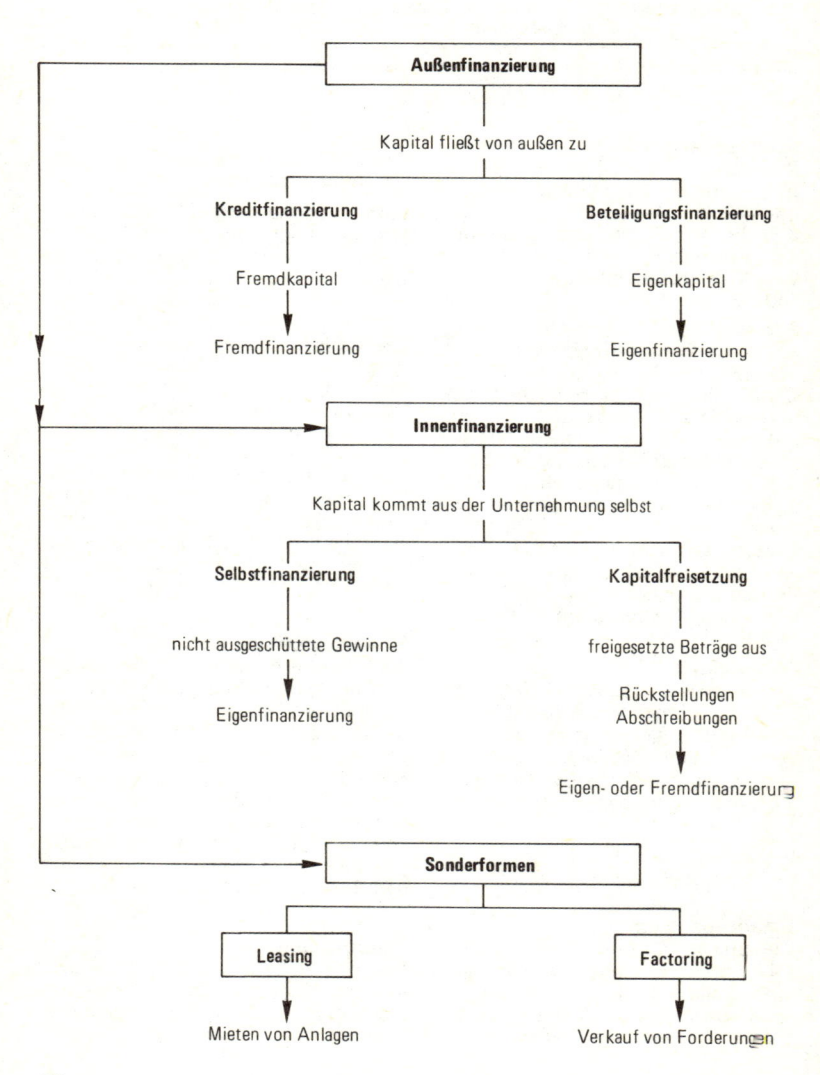

Außenfinanzierung

Kapital fließt von außen zu

Kreditfinanzierung	Beteiligungsfinanzierung
Fremdkapital	Eigenkapital
Fremdfinanzierung	Eigenfinanzierung

Innenfinanzierung

Kapital kommt aus der Unternehmung selbst

Selbstfinanzierung	Kapitalfreisetzung
nicht ausgeschüttete Gewinne	freigesetzte Beträge aus Rückstellungen Abschreibungen
Eigenfinanzierung	Eigen- oder Fremdfinanzierung

Sonderformen

Leasing	Factoring
Mieten von Anlagen	Verkauf von Forderungen

Firmenfortführung

In dem langfristigen Ein- und Ausgabenplan werden Geldbedarfs- und Geldüberschußbeträge errechnet. Die Zahlungsgrundlage kann natürlich nur geschätzt sein, da sowohl im Bereich der zu erwartenden Erträge das Käuferverhalten nicht genau planbar ist, als auch im Ausgabenplan die Preisentwicklung, v.a. im Rohstoffsektor und Lohnbereich, nur nach derzeitigen Überlegungen geschätzt werden kann. Trotzdem ist der F. Grundlage für Investitionsvorhaben, für die Aktivitäten des Absatzes oder etwa für die Personalpolitik (Neueinstellung von Mitarbeitern).

Finanzverwaltung
Gesamtheit aller Behörden, die sich mit der Festsetzung, Erhebung und Ausgabe von öffentlichen Geldern beschäftigt. Nach Grundgesetz und Finanzverwaltungsgesetz ist eine Aufgabenteilung zwischen Bund und Ländern vorgesehen.
I. Die *Bundesfinanzbehörden*, mit dem Bundesminister der Finanzen als oberster Behörde, der Oberfinanzdirektion als Mittelbehörde und den Hauptzollämtern als örtlichen Behörden, sind ausschließlich für Zölle, für Finanzmonopole (Branntwein, Zündhölzer), für Verbrauchsteuern (Ausnahme: Biersteuer) einschl. Einfuhrumsatzsteuern und für Abgaben im Rahmen der EG zuständig.
II. Die übrigen Steuern werden durch die *Landesfinanzämter* verwaltet; oberste Behörde ist das Landesfinanzministerium, Mittelbehörde die Oberfinanzdirektion, örtliche Behörden sind die Finanzämter.
Sowohl im Bundes- als auch im Landesbereich ist also die Oberfinanzdirektion die Mittelbehörde. Der Leiter der Behörde ist damit gleichzeitig Bundes- und Landesbeamter.

Finanzwechsel
Wechselzahlung, der kein Warengeschäft zugrunde liegt, sondern die der Geldbeschaffung dient. F. sind nicht rediskontfähig, d.h. sie werden von der Bundesbank nicht aufgekauft.

Firma
der Name unter dem der Vollkaufmann seine Geschäfte betreibt, mit dem er unterschreibt, klagen und verklagt werden kann. Der Firmenname braucht nicht mit dem Familiennamen übereinzustimmen. Arten:
I. *Personenfirma*. Name des Inhabers bei Einzelfirmen, OHG, KG; zulässig auch bei der GmbH, ausnahmsweise bei der AG, wenn sie aus einer Personenfirma entstanden ist.
II. *Sachfirma*. Sie ist vom Gegenstand des Unternehmens abgeleitet, z.B. Vereinigte Webereien AG. Bei Genossenschaften ist die Sachfirma vorgeschrieben. Bei AG's und KG a.A's. wird sie in der Regel verlangt.
III. *Gemischte Firma*. Eine Mischung zwischen Personen- und Sachfirma, z.B. Vereinigte Stahlwerke Fritz Müller AG.

Firmenanmeldung
vorgeschriebene Bekanntmachung des Namens der Unternehmung beim Amtsgericht zur Eintragung in Handelsregister, beim Gewerbeamt, bei der Berufsgenossenschaft, der Sozialversicherung und der IHK;
† Gewerbeanmeldung.

Firmenausschließlichkeit
jede Firma muß sich klar von anderen abgrenzen, evtl. sind Zusätze angebracht, z.B. Emil Meyer, Töpferei.

Firmenbeständigkeit
Weiterbestehen der Firma, auch wenn sich an den inneren Verhältnissen etwas ändern sollte, z.B. Verkauf des Unternehmens, Heirat der Inhaberin und dadurch Namensänderung.
Grundsatz: Firmenbeständigkeit geht vor Firmenwahrheit.

Firmenfortführung
Fortführung der Firma beim Übergang auf andere Personen.
I. F. durch die *Erben*. Eine besondere Bewilligung ist nicht notwendig. Die Erben übernehmen alle Vermögens- und Schuldteile. Eingeschränkt werden kann die Haftung nur:
1. Wenn die Erben die Erbschaft ausschlagen.

Firmenwahrheit

2. Wenn sie durch öffentliche Bekanntgabe nur mit dem Nachlaß haften wollen.
3. Durch Einstellung des Geschäftsbetriebes innerhalb von 3 Monaten nach Kenntnis der Erbschaft.
II. bei *Veräußerungen* des Unternehmens mit der Firma (HGB § 22).
III. Wird ein Unternehmen mit Firma *verpachtet*, gelten für die Dauer der Pacht die unter II. genannten gesetzlichen Regelungen.
IV. Beim *Ausscheiden eines Gesellschafters*, dessen Name im Firmenname enthalten ist, ist dessen Zustimmung zur F. notwendig. Tritt ein Vollhafter in eine bestehende OHG oder KG ein, ist eine F. möglich.

Firmenwahrheit
die Firma soll ihren Inhaber und die rechtliche Natur des Unternehmens erkennen lassen (Firmenkern muß wahr sein). Firmenzusätze dürfen nicht über den tatsächlichen Umfang des Unternehmens täuschen, z.B. »Fabrik« nur dann, wenn fabrikationstechnische Einrichtungen dies rechtfertigen.
I. Bei *Einzelhandelskaufleuten* muß die Firma den Familiennamen und mindestens einen ausgeschriebenen Vornamen des Inhabers enthalten.
II. Bei *Personengesellschaften* muß der Familienname mindestens eines Gesellschafters (der persönlich haftende Ges.) und ein das Gesellschaftsverhältnis andeutender Zusatz enthalten sein.
III. Bei *Kapitalgesellschaften* ist der Zusatz AG bzw. GmbH vorgeschrieben.

Firmenwert
Wert eines Unternehmens, der nicht in erster Linie nach der Bilanz, sondern nach immateriellen Gesichtspunkten festgestellt wird. F. wird auch *Geschäftswert* oder *Goodwill* genannt. Ein Käufer, der mehr als den materiellen Wert eines Unternehmens bezahlt, berücksichtigt die in Zukunft zu erwartenden Erträge, das eingespielte Management, den Kundenstamm, die Organisation. Unternehmen, die sich die Voraussetzungen im Laufe der Jahre erarbeitet haben, dürfen diesen selbstgeschaffenen Wert nicht aktivieren (originärer F.). Käufer des Firmenwerts (derivativer F.) dürfen nach Handelsrecht den Wert aktivieren und müssen ihn dann in längstens 5 Jahren abschreiben. Nach dem Steuerrecht ist der Wert zu aktivieren, aber nicht abschreibungsfähig (nicht abnutzbarer Gegenstand). Zu einem späteren Zeitpunkt kann eine Herabsetzung durch Abschreibung möglich sein, wenn der Teilwert gesunken ist. Bei freien Berufen (Ärzte, Rechtsanwälte, Apotheker usw.) macht das Steuerrecht eine Ausnahme, indem es Abschreibungen auf den derivativen Firmenwert zuläßt.

Firmenzusatz
dem Firmenkern beigefügter Zusatz. Häufig nach dem Grundsatz der Firmenausschließlichkeit notwendiger Zusatz, um unterscheidungsfähig zu sein. Gesellschaften müssen einen das Gesellschaftsverhältnis andeutenden Zusatz führen, z.B. Meyer KG, Deutsche Stahlwerke AG, Meyer & Schulz, Tacho GmbH. Unternehmen, die sich in Auflösung befinden, benutzen den Zusatz i.L. (in Liquidation).

Fiskalpolitik
Summe aller steuer- und ausgabenpolitischen Maßnahmen des Staates zur Stabilisierung des Wirtschaftablaufs. Siehe Abbildung Seite 73.

Fixgeschäft
ein zu einem fest bestimmten Zeitpunkt zu erfüllendes Rechtsgeschäft. Verstreicht der Zeitpunkt ohne Leistungserfüllung, so hat der Anspruchsteller mit sofortiger Wirkung alle Rechte aus einem Schuldnerverzug u.z. ohne Mahnung, Nachfristsetzung, Androhung gewisser Maßnahmen.

Fixkosten
von der Produktionsmenge grundsätzlich unabhängiger Teil der Gesamtkosten. Zu unterscheiden sind:
I. *Absolut fixe Kosten,* auch Kosten der Betriebsbereitschaft genannt. Dieser Teil der Kosten fällt auch bei einem Stillstand der Produktion an.

flexible Wechselkurse

Fiskalpolitik

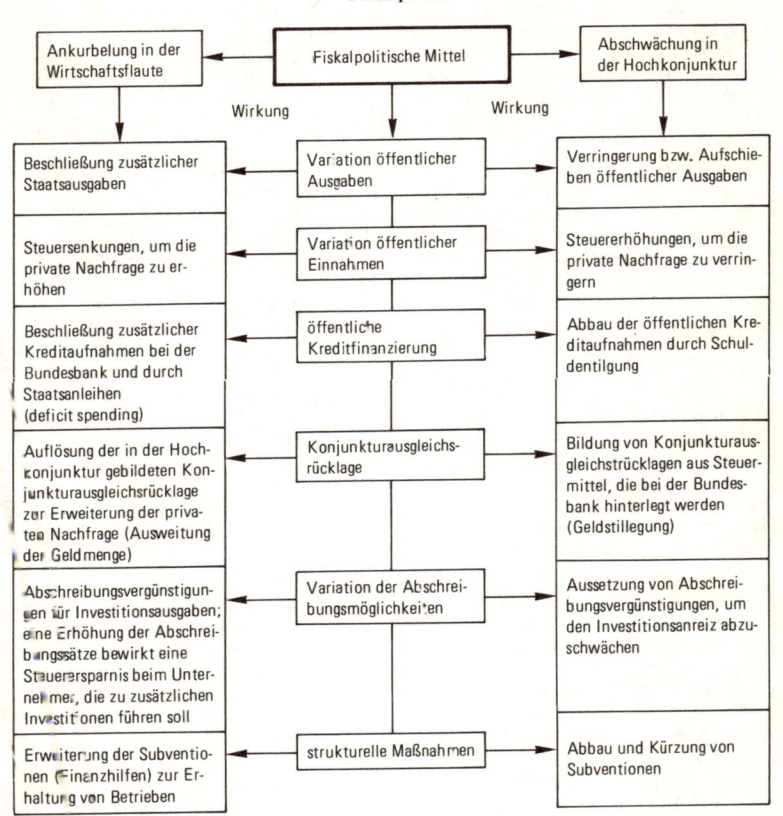

Ankurbelung in der Wirtschaftsflaute	←	Fiskalpolitische Mittel	→	Abschwächung in der Hochkonjunktur
	Wirkung		Wirkung	
Beschließung zusätzlicher Staatsausgaben	←	Variation öffentlicher Ausgaben	→	Verringerung bzw. Aufschieben öffentlicher Ausgaben
Steuersenkungen, um die private Nachfrage zu erhöhen	←	Variation öffentlicher Einnahmen	→	Steuererhöhungen, um die private Nachfrage zu verringern
Beschließung zusätzlicher Kreditaufnahmen bei der Bundesbank und durch Staatsanleihen (deficit spending)	←	öffentliche Kreditfinanzierung	→	Abbau der öffentlichen Kreditaufnahmen durch Schuldentilgung
Auflösung der in der Hochkonjunktur gebildeten Konjunkturausgleichsrücklage zur Erweiterung der privaten Nachfrage (Ausweitung der Geldmenge)	←	Konjunkturausgleichsrücklage	→	Bildung von Konjunkturausgleichsrücklagen aus Steuermittel, die bei der Bundesbank hinterlegt werden (Geldstillegung)
Abschreibungsvergünstigungen für Investitionsausgaben; eine Erhöhung der Abschreibungssätze bewirkt eine Steuerersparnis beim Unternehmer, die zu zusätzlichen Investitionen führen soll	←	Variation der Abschreibungsmöglichkeiten	→	Aussetzung von Abschreibungsvergünstigungen, um den Investitionsanreiz abzuschwächen
Erweiterung der Subventionen (Finanzhilfen) zur Erhaltung von Betrieben	←	strukturelle Maßnahmen	→	Abbau und Kürzung von Subventionen

II. *Intervall - fixe Kosten*. Gemeint ist der Teil der F., der bei sprunghaft verändertem Produktionsausstoß steigt oder fällt, aber dann für einen gewissen Zeitraum wieder fix bleibt. Man nennt sie *sprungfixe* Kosten, wenn sie bei Erreichung eines maximalen Beschäftigungsgrades (Kapazität 100%) sprunghaft ansteigen, weil neue Maschinen, neue Arbeitnehmer usw. zusätzliche Fixkosten verursachen.

Fixkostendegression
Bei erhöhter Ausstoßmenge verteilen sich die Fixkosten auf eine größere Anzahl von Einheiten. Dadurch sinkt der Fixkostenanteil pro Stück (degressiv). Beispiel: Fixkosten 10 000 DM, Produktion 1 000 Stück = 10 DM Fixkosten pro Stück, Produktion 2 000 Stück = 5 DM Fixkosten pro Stück.

Fixum
ein fest zugesagter Teil des Entgelts. Üblich bei festangestellten Außendienstmitarbeitern, um ein Existenzminimum zu gewährleisten. Als Leistungsanreiz wird darüber hinaus Umsatzprovision vereinbart.

flexible Wechselkurse
↑freie Wechselkurse

Fließband
Transportband bei der Reihenfertigung und Fließbandfertigung, um das zu produzierende Stück schnell zur nächsten Bearbeitung zu befördern. Üblich bei Massenfertigung oder zumindest bei der Produktion großer Stückzahlen.

Fließfertigung
organisatorischer Begriff für Fertigungsverfahren bei großen Produktionsmengen zur Verkürzung der Durchlaufzeiten. F. setzt immer die Möglichkeit eines zeitlich abgestimmten Durchlaufs des Werkstücks voraus.

Floating
(engl.: to float = fließen); das freie Einpendeln von Wechselkursen nach Angebot und Nachfrage. Die vormals der Währungsschlange (Vorläufer des EWS) angeschlossenen Staaten (Bundesrepublik, Benelux-Staaten, Dänemark, Frankreich, Norwegen und Schweden) vereinbarten 1973 das *Blockfloating*, d.h. untereinander blieben die vereinbarten Umtauschverhältnisse konstant ($\pm 2,25\%$), gegenüber dem Dollar schwankten sie frei.

Fluktuation
(lat.: fluctuare = schwanken); in der Personalwirtschaft angewandte Bezeichnung für den Belegschaftswechsel in einer Unternehmung. F. kann teuer sein, denn während der letzten Wochen arbeitet der Entlassene oft mit weniger Engagement und der Neueingestellte muß meistens erst eingearbeitet werden. Der Betrieb sollte also versuchen, die F. aus Kostengründen so gering wie möglich zu halten; F. aus Altersgründen, Krankheit und Wohnungswechsel wird allerdings immer anfallen. Fluktuationsbegrenzungen sind eine der wichtigsten Aufgaben der Betriebssoziologen.

fob
(engl.: Abkürzung für *f*ree *o*n *b*oard); internationale Handelsklausel († Incoterms), die den Verkäufer verpflichtet, auf eigene Kosten und Gefahr die zu verschiffende Ware an Bord des vom Käufer zu benennenden Schiffes zu bringen und dem Käufer die üblichen Dokumente sowie auf Wunsch das Ursprungszeugnis zu beschaffen (dies allerdings auf Kosten des Käufers). Der Käufer hat den nötigen Schiffsraum zu beschaffen, den Namen des Schiffes und den Hafen dem Verkäufer mitzuteilen. Nachdem die Ware die Reling passiert hat, gehen Gefahr und zukünftig entstehende Kosten auf ihn über.

Föderalismus
Staatsaufbau, bei dem die zu einem Bund zusammengeschlossenen Länder eine möglichst große Selbständigkeit behalten. Die Bundesrepublik ist föderalistisch aufgebaut. Die dem Bund zufallenden Aufgaben und Kompetenzen sind im Grundgesetz festgelegt.

Food-Bereich
Bezeichnung des Lebens- und Genußmittelmarktes in der Absatzwirtschaft. Gegensatz: Non-Food-Bereich.

Forderung
in der Buchhaltung drückt sie einen Anspruch gegen eine Person, Gesellschaft oder Institution aus. Im Kontenrahmen werden die Ansprüche (Forderungen) unterteilt in solche aus Warenlieferungen und Leistungen, gegenüber Banken, in Form von geleisteten Anzahlungen, gegenüber staatlichen Einrichtungen und in Form der sonstigen F. in der Jahresabgrenzung.

Forfaitierung
(franz.: à forfait = in Bausch und Bogen) Finanzierungsform im Exportbereich. Eine Bank kauft v.a. Forderungen, auch Wechsel, von ihren Kunden auf. Bei dieser Finanzierungsform entfällt der Regreßanspruch gegenüber dem Verkäufer, also des Bankkunden. Dafür verlangt die Bank üblicherweise, daß eine international bekannte Bank für die Zahlungsfähigkeit des Käufers garantiert.
Im Wechselgeschäft ist es üblich, daß der auf einen im Ausland befindlichen Kunden gezogene Wechsel von einer erstklassigen Bank mit einer Einlösungsgarantie versehen wird.
Der Exporteur braucht seine Bilanz nicht mit Forderungen zu belasten, sondern er erhält sofort den Gegenwert

abzüglich Forfaitierungskosten. Die Mindestlaufzeit sollte 90 Tage betragen und der Betrag nicht unter 50 000 DM liegen.

Formkaufmann
eine nach dem HGB vorgesehene Kaufmannseigenschaft für Gesellschaften, die durch ihre Gesellschaftsform im Augenblick der Eintragung ins Handels-/Genossenschaftsregister zum Vollkaufmann werden (AG, GmbH, KGaA, Genossenschaften und Versicherungsvereine a. Gegen.).

Formvorschriften
gesetzlich vorgeschriebene Vertragsform bei Rechtsgeschäften. Die grundsätzliche Formfreiheit im deutschen Vertragsrecht wird bei gewissen Geschäften eingeschränkt. Siehe Abbildung.

ge. Typisch die Skontration in der Lagerbuchführung.
II. F. im *Steuerrecht*. Die Neubewertung des Einheitswertes für Grund-, Gewerbe- und Vermögensteuer. Veränderte Wertvorstellungen können sich durch den gestiegenen Wert (Wertfortschreibung), durch Änderung des Gegenstandes (Artfortschreibung), durch Zurechnungsfortschreibung (z.B. Eigentumswechsel) und durch Fehler der letzten F. ergeben.

Frachtbrief
Begleitpapier einer Sendung, die über das zu transportierende Gut und den Empfänger Auskunft gibt. Der F. ist vom Versender auszufüllen, der auch für den Wahrheitsgehalt haftet. Der F. ist Grundlage des Frachtvertrags und vom Frachtführer dem Empfänger der

Formvorschriften

Formen	Gestaltung	wird zwingend verlangt bei
einfache Schriftform	Die Willenserklärung wird als Schriftstück mit eigenhändiger Unterschrift abgefaßt.	Miet- und Pachtverträge von mehr als 1 Jahr Laufzeit, Bürgschaft von natürlichen Personen oder Minderkaufleuten, Schuldversprechen.
Schriftform mit öffentlicher Beglaubigung	Die eigenhändige Unterschrift unter das entsprechende Schriftstück wird vom Notar oder der zuständigen Behörde beglaubigt.	Anmeldungen und Anträge auf Eintragung in öffentliche Register (Grundbuch, Handelsregister, Vereinsregister, Güterrechtsregister).
Schriftform als notarielle Beurkundung	Die Willenserklärung wird vom Notar als öffentliche Urkunde abgefaßt. Für den Inhalt ist der Notar mit verantwortlich.	Kauf und Verkauf von Grundstücken, Belastung von Grundstücken, Beschlüssen der Hauptversammlung einer Aktiengesellschaft, Eheverträgen.

Formzwang
zwingend vorgeschriebene Form bei Rechtsgeschäften. Die Nichtbeachtung führt grundsätzlich zur Nichtigkeit des Rechtsgeschäfts.

Fortran
(Abkürz. aus *FOR*mula *TRAN*slation); F. ist eine problemorientierte Programmiersprache in der EDV für mathematische Aufgaben aus Technik und Wissenschaft.

Fortschreibung
I. F. in der *Statistik* ist die laufende Ergänzung und Anpassung von Bestandsmassen durch Zu- oder Abgän-

Ware auszuhändigen. Das beim Eisenbahnverkehr vorkommende Frachtbriefdoppel dient dem Absender als Beweisurkunde für den geschlossenen Frachtvertrag und für eine evtl. nachträgliche Verfügung über die Sendung. Wer das Doppel besitzt, kann über die Ware verfügen. So vereinbart man häufig: »Zahlung gegen Frachtbriefdoppel«.

frachtfrei
Lieferungsbedingungen, bei der der Verkäufer die Kosten bis zur Empfangsstation trägt.

Frachtführer
wer gewerbsmäßig die Beförderung von Gütern zu Lande, Wasser (= Meer, Flüsse oder sonstige Binnengewässer) und Luft ausführt, ist nach HGB F. und somit stets Kaufmann.

Frachtvertrag
ein zwischen Absender und Frachtführer geschlossener Werksvertrag über die Beförderung von Gütern. Die Beförderungsart bleibt dem Frachtführer überlassen. Der Frachtbrief ist die Urkunde über den Abschluß und Inhalt des Frachtvertrags.

Fraktion
Lt. § 10 der Geschäftsordnung des Deutschen Bundestages sind Fraktionen »Vereinigungen von mindestens fünf vom Hundert der Mitglieder des Bundestages, die derselben Partei oder solchen Parteien angehören, die auf Grund gleichgerichteter politischer Ziele in keinem Land miteinander im Wettbeweb stehen«. Eine kleinere Anzahl von Abgeordneten kann nur dann eine F. bilden, wenn der Bundestag dem zustimmt.

Fraktionsdisziplin
Verhaltensweise von Abgeordneten zum Wohle ihrer Fraktion aber ggf. gegen die eigene Überzeugung.

Franchise
(frz.: Abgabenfreiheit);
I. *Vertriebs-* und *Lizenzsystem,* bei dem der Gründer seinen Partnern eine Lizenz verkauft, die die Lizenznehmer verpflichtet, rechtlich selbständig fremde Artikel original zu produzieren. Der Lizenzgeber stellt seine Erfahrungen und Kenntnisse zur Verfügung, hilft beim Aufbau und unterstützt durch Werbemaßnahmen. Er hat außerdem ein Kontrollrecht, v.a. ob der Franchisenehmer nach seinen Richtlinien produziert.
Der Franchisegeber hat den Vorteil, daß ihm neue Vertriebskanäle eröffnet werden.
II. Im *Versicherungsgeschäft* bedeutet F. eine Versicherungsleistung, die nur bei Schäden über eine vereinbarte Schadenshöhe hinaus gezahlt wird. So soll die Verfolgung von Bagatellschäden vermieden und der Versicherte angehalten werden, die Sendung sorgfältig frachtfertig vorzunehmen.

Freibeträge
dem Steuerzahler vom Staat zugestandener Geldbetrag, der nicht der Steuer unterliegt.

freie Güter
Bezeichnung für im Überfluß vorhandene und ohne Kosten zu beschaffende Güter (Luft, Wasser im Meer, Sand in der Wüste).

freies Mandat
ein Abgeordneter ist bei seinen Entscheidungen nur seinem Gewissen verantwortlich. Gegensatz: ↑ imperatives Mandat.

freie Rücklagen
Bildung von zusätzlichem Eigenkapital durch Nichtausschüttung von Gewinnen. F. R. gehören neben den gesetzlichen zu den offenen Rücklagen. Grundsätzlich dürfen die f. R. die Hälfte des Grundkapitals nicht übersteigen.

freie Wechselkurse
der Umtauschkurs in fremde Währungen richtet sich ausschließlich nach Angebot und Nachfrage der betreffenden Währung an der Börse. Die Notenbanken sind nicht verpflichtet, bei Erreichen eines Tief- bzw. Höchststandes zu intervenieren.

Freihandelszone
Absprache zwischen Staaten, daß beim Handelsverkehr im zwischenstaatlichen Bereich keine Zollschranken oder Einfuhrbeschränkungen (Kontingentierung) auferlegt werden. Drittländern gegenüber betreibt aber jedes Land eine eigene Zollpolitik. In Europa existiert als F. die EFTA (European Free Trade Association = Europäische Freihandelszone), in Übersee die Lateinamerikanische F.

Freistellung
Jugendliche müssen vom Arbeitgeber die Erlaubnis zum Fernbleiben vom Ausbildungsplatz bei Teilnahme am Berufsschulunterricht, an Prüfungen oder Ausbildungsmaßnahmen sowie

am Tag vor der schriftlichen Abschlußprüfung erhalten.

freiwillige Gerichtsbarkeit
regelt als ordentliches Gericht (Amtsgericht) Vormundschafts- und Erbschaftsangelegenheiten und umfaßt die Registergerichte. Beschwerdekammer ist das Landgericht, letzte Instanz das Oberlandesgericht.

freiwillige Ketten
vertraglicher Zusammenschluß von rechtlich selbständigen Groß- oder Einzelhandelsunternehmen. Hauptziel sind die Verbesserung und Straffung der Verkaufsorganisation, eine verbesserte gemeinsame Werbung, die Gestaltung eigener Marken und Verpackungen sowie als Erkennungsmerkmal häufig ein vereinheitlichter Ladenaufbau (EDEKA, SPAR u.a.) Der Einkauf wird zentral geleitet, ohne Verpflichtung des einzelnen, sich daran zu beteiligen.

Freizeichnungsklausel
Klausel, die die rechtliche Bindung eines Angebots von einem Zusatz abhängig macht, z.B. »solange Vorrat reicht«, »freibleibend«, »gültig bis…«.

Fremdfinanzierung
Kapitalzuführung für ein Unternehmen durch fremde Personen oder Institutionen.
Formen: nach der Laufzeit unterscheidet man kurzfristige (bis 1 Jahr), mittelfristige (bis 4 Jahre) und langfristige F.
Vorteile: der Geldgebende (z.B. die Bank) nimmt oft wenig Einfluß auf die Geschäftsführung, eine Gewinnteilung entfällt, Liquiditätsengpässe können überwunden werden und bei hoher Inflationsrate sinkt die Verbindlichkeit real.
Nachteile: hohe Kapitalbeschaffungskosten, geringere Sicherheit, sinkende Kreditwürdigkeit.

Fremdkapital
die einem Unternehmen als Schulden in der Bilanz ausgewiesenen Beträge. F. steht auf der Passivseite der Bilanz. Untergliederung in langfristiges (mehr als 4 Jahre: Anleihen, Darlehen) und kurzfristiges (z.B. Lieferantenkredite, Wechselkredite) F.

Friedenspflicht
die Verpflichtung der Sozialpartner (Gewerkschaften u. Arbeitgeberbände), während der Dauer des Tarifvertrages und während der Tarifverhandlungen nicht zu streiken oder auszusperren, um Forderungen durchzusetzen.

fristlose Kündigung
(heute: außerordentliche Kündigung); die Beendigung eines Arbeitsverhältnisses aus wichtigem Grund, »wenn dem kündigenden Teil nach Treu und Glauben die Fortsetzung des Vertrages nicht mehr zugemutet werden kann«. Der Kündigungsgrund muß auf Verlangen schriftlich mitgeteilt werden. Eine evtl. Klage ist binnen 3 Wochen nach Zugang der Kündigung beim Arbeitsgericht zu erheben.

Fruchtgenuß
das Recht des Eigentümers, aus einer Sache die Erträge zu verwerten. So steht z.B. dem Vermieter der Mietzins, den Aktionären die Dividende und dem Sparer der Zins zu.

Fuhrpark
Sammelbegriff für die Transportmittel eines Unternehmens. Dazu gehören in erster Linie Lkw und Pkw, darüber hinaus aber auch Kranwagen, Schlepper, Gabelstapler. In der Bilanz erscheinen sie auf der Aktivseite und gehören dort zum abnutzbaren Anlagevermögen.

Führungsprinzip
Grundform der »Lenkung« unterstellter Mitarbeiter. Siehe Abbildung Seite 78.

Fusion
Zusammenschluß zweier oder mehrerer Unternehmen zu einer wirtschaftlichen und rechtlichen Einheit. Dabei können alle beteiligten Unternehmen zu einem neuen Unternehmen verschmelzen (selten), oder ein Unternehmen bleibt bestehen und nimmt das/die andere(n) auf. Mit der Eintragung ins Handelsregister erlischt die übertragene Gesellschaft, und ihr Vermögen geht als Ganzes auf die übernehmende Gesellschaft über.

Führungsprinzip

	Führungsprinzipien (Grundformen)	
	Dirigistisch (autoritär)	Demokratisch (kooperativ)
Typische Merkmale	Vorgesetzter ... ○ trifft alle Entscheidungen allein und gibt sie als Anweisungen an seine Mitarbeiter weiter ○ erzwingt durch Belohnung oder Strafandrohung die Durchführung seiner Anweisungen ○ kontrolliert ständig die genaue Befolgung seiner Anweisungen	Vorgesetzter ... ○ informiert seine Mitarbeiter über die gemeinsam zu erreichenden betrieblichen Ziele ○ sucht gemeinsam mit seinen Mitarbeitern nach dem günstigsten Weg zur Erreichung der Ziele ○ überläßt den Mitarbeitern weitgehend freie Hand ○ greift grundsätzlich nur in außergewöhnlichen Situationen ein
Folgen	Mitarbeiter ... ○ übernehmen keine Verantwortung ○ müssen ständig überwacht werden um sicherzustellen, daß sie die Anweisungen des Vorgesetzten befolgen ○ können ihre Persönlichkeit am Arbeitsplatz kaum entfalten; dadurch sinkt ihre Freude an der Arbeit ○ haben keine besondere Bindung zu ihrer Arbeit / ihrem Arbeitsplatz; sie fehlen häufiger und kündigen öfter	Mitarbeiter ... ○ übernehmen Verantwortung und entlasten dadurch den Vorgesetzten ○ haben ein besseres Verhältnis zu ihrem Vorgesetzten; für ihn entfällt der Zwang zur Überwachung weitgehend ○ können ihre Persönlichkeit stärker entfalten; dadurch steigt ihre Freude an der Arbeit ○ fühlen sich mit ihrer Arbeit / ihrem Betrieb verbunden; Fehlquote (,,Krankfeiern'') und Arbeitsplatzwechsel (Fluktuation) sind gering
	Vorgesetzter kann Entscheidungen ...	
	sehr rasch treffen	oft erst nach zeitraubenden Beratungen mit seinen Mitarbeitern treffen

G

GATT
(engl.: Abkürzung für *G*eneral *A*greement on *T*ariffs and *T*rade = Allgemeines Zoll- und Handelsabkommen); am 1. 1. 1948 in Kraft getretenes Vertragswerk, das als Zielsetzung den Abbau der Zollschranken und der Einfuhrbeschränkungen festlegt. Vereinbart wurde auch die Meistbegünstigungsklausel, d.h. Vergünstigungen, die die einzelnen Länder Dritten gewähren, müssen auch den Vertragspartnern im GATT-Bereich gewährt werden (bes. bei Zöllen). Dem Abkommen sind bisher 83 Vollmitglieder und assoziierte Mitglieder beigetreten.

Gattungskauf
Kauf einer lediglich der Gattung nach bestimmten Sache, z.B. Kauf von 5 Fässern Wein, 10 t Getreide. Der Gegenstand ist also nicht spezifiziert.

Gebietskartell
Kartellbildung, bei der Absprachen der Marktteilnehmer über Absatzgebiete getroffen werden. Der Markt wird räumlich aufgeteilt. Keiner der Beteiligten geht über seine abgesprochenen Grenzen hinaus. Die Teilnehmer sind somit in ihrem Gebiet konkurrenzlos.

Gebietskörperschaft
juristische Person des öffentlichen Rechts, die vom Bestehen eines Staatsgebietes abhängt, in dem sie ihre Hoheitsgewalt ausüben kann (Bund, Länder, Gemeinden).

Gebrauchsmuster
dem Patent ähnelnde Erfindung, die ebenfalls neu sein muß, aber sich in technischen Neuerungen an Arbeitsgerätschaften erschöpft (z.B. neue Griffe, neue Halterungen usw.). Schutzdauer 3 Jahre, die einmal verlängert werden kann. Eintragung beim Patentamt in die Rolle f.G.

Gebühren
↑Abgaben.

Gefahrenübergang
bezeichnet den Erfüllungsort, an dem die Gefahr des zufälligen Untergangs einer Sache auf den Vertragspartner übergeht. Grundsätzlich ist es bei zweiseitigen Handelsgeschäften der Ort des Lieferanten, da Warenschulden Holschulden sind. Der Kunde haftet also sowohl für die Waren als auch für die Geldüberweisung. Eine Besonderheit existiert beim Versendungsverkauf. Die Klausel »frei Haus« regelt nur die Bezahlung des Transports, nicht den G.

Gehalt
eine Arbeitsvergütung, die insbesondere an Angestellte gezahlt wird. Die Zahlung ist rückwirkend jeweils am Ende des Monats zu leisten. Im Krankheitsfall besteht die Verpflichtung, das G. 6 Wochen weiterzuzahlen. Bei Beamten spricht man von Besoldung, die im Gegensatz zum G. im voraus entrichtet wird.

Geld
G. ist für alle Güter als Tauschmittel anerkannt. *Merkmale* des G.: teilbar, also in kleinste Beträge zerlegbar; transportierbar, übertragbar, knapp und begehrt. *Aufgaben* des G.: Tauschmittel, da es als Zahlungsmittel für Waren und Dienstleistungen an-

erkannt wird; Wertaufbewahrungsmittel zum späteren Tausch gegen Güter; Wertvergleichsmittel, da die Preise in G. ausgedrückt und so vergleichbar gemacht werden. *Arten* des G.: Metallgeld (Münzen), Papiergeld (Banknoten) und Buchgeld (Giralgeld), das nicht körperlich greifbar ist, sondern auf den Konten der Geldinstitute verbucht ist.

Geldakkord
auch Stückgeldakkord genannt. G. sagt aus, wieviel Geld der einzelne Arbeitnehmer pro geleistetes Stück erhält. Der Nachteil beim G. ist die Neufestsetzung, wenn Lohnänderungen durchgeführt werden. Einfacher ist die Berechnung nach dem Stückzeitakkord; s. ↑ Akkordlohn.

Geldanlage
Form der Rücklagenbildung durch Geldbeträge. *Gesichtspunkte* bei der G. sind: Ertrag, Sicherheit, Verfügbarkeit, Anlagedauer, Nebenkosten und Steuervorteil. *Faustregel:* hohe Sicherheit bringt geringen Ertrag (Sparbuch); hoher Ertrag bei hohem Risiko (Aktie); hohe Liquidität bei wenig Ertrag (sofort kündbare Einlage).

Geldentwertung
↑ Inflation.

Geldersatz
verkehrsübliche Zahlungsmittel wie Scheck und Wechsel. Für den Empfänger besteht keine Annahmepflicht.

Geldinstitute
Unternehmen, die Geldgeschäfte erledigen wie Banken, Sparkassen, Postscheckämter.

Geldlohn
Vergütung für Arbeitsleistung in Form von Geld. – Gegensatz: Naturallohn.

Geldmarkt
zwischen Banken betriebener Austausch von Zentralbankgeld oder An- und Verkauf von Geldmarktpapieren. Die Banken können somit kurzfristige Geldüberschüsse oder Fehlbeträge ausgleichen. Beim Handel mit Zentralbankgeld unterscheidet man zwischen *Tagesgeld* (innerhalb von 24 Std. ohne Kündigung fällig), *täglichem Geld* (kann täglich gekündigt werden), *Monats-, Dreimonats-, Halbjahres-* und *Jahresgeld*. Je länger die Festlegungsfrist ist, um so höher werden die Zinsen.

Geldmarktpapiere
zwischen Banken oder mit der Notenbank handelbare Papiere, die rediskontfähig sind, d.h. die Bundesbank kauft diese Papiere jederzeit auf und stellt dafür den Banken die benötigten Geldmittel zur Verfügung. Es handelt sich dabei um Wechsel von besonderer Qualität, z.B. Schatzwechsel des Bundes, Bankakzepte sowie um unverzinsliche Schatzanweisungen des Bundes, der Bundesbahn und der -post bis zu einer Laufzeit von 2 Jahren.

Geldmengenpolitik
Zusammenfassung aller Maßnahmen, die von der Bundesbank ergriffen werden, um die Wirtschaft mit der optimalen Geldmenge zu versorgen, d.h. ohne inflatorisch, deflatorisch oder stabilitäts- und wachstumspolitisch unerwünscht zu wirken. *Mittel* der G.: Diskontpolitik, Mindestreservepolitik und Offenmarktpolitik.

Geldschöpfung
Schaffung zusätzlichen Geldes durch das Bankensystem. Beispiel: Verkauf von Gold gegen Sichtguthaben (primäre G.), steht der G. eine Kreditaufnahme gegenüber, spricht man von sekundärer G. Der Umfang der G. hängt von den Überschußreserven der Banken und von der Geldpolitik ab.

Geldstrom
Begriff des Wirtschaftskreislaufs, der Geldbewegungen zwischen Wirtschaftssektoren beschreibt, z.B. Lohnzahlung vom Unternehmen an den privaten Haushalt. – Gegensatz: Güterstrom.

Geldüberhang
Überschuß der nachfragewirksamer Geldmenge über das Güterangebot mit der Folge der Inflation. Die nachfragewirksame Geldmenge setzt sich aus der Geldmenge und Umlaufgeschwindigkeit zusammen. Ein Über-

hang kann sowohl durch erhöhte Ausgabe von Zentralbankgeld (Geldmenge) als auch durch ein schnelles Umschlagen des Geldes z.B. durch billige Kredite (schnelles Aufnehmen und Ausgeben) und durch Angstkäufe (lieber heute als morgen kaufen) entstehen. In diesen Fällen muß die Bundesbank im Rahmen ihrer Geldmengenpolitik eingreifen.

Geldvolumen
das in der gesamten Volkswirtschaft umlaufende Bargeld sowie die Sichteinlagen, die vom Kunden täglich abgehoben werden können.

Geldwert
Kaufkraft des Geldes, gemessen an der Gütermenge, die mit einer Geldeinheit gekauft werden kann. Kann man z.B. für 1 DM weniger kaufen, sinkt der G. Es herrscht dann ein steigendes Preisniveau.

Gemeindesteuer
Abgabe, die ganz oder teilweise der Gemeinde zusteht. Ursprünglich war die Gewerbesteuer neben der Grundsteuer, den Zuschlägen zur Grunderwerbssteuer und einigen wenigen anderen Steuerarten, die regional verschieden erhoben werden (Gemeindegetränkesteuer), alleinige G. Nach einem später vereinbarten Umlageverfahren wurde diese Realsteuer zu je 20% auf Bund und Länder verteilt. Dafür erhielten die Gemeinden 14% der Lohn- und veranlagten Einkommensteuer von Bund und Ländern.

gemeiner Wert
der Wert, der unter Berücksichtigung aller Faktoren als Marktpreis angesehen werden kann (Verkehrswert). Er wird steuerlich immer dann angesetzt, wenn kein anderer Wert nicht vorliegt (z.B. Börsenpreis, Ertragswert).

Gemeinkosten
Kostenart, die dem Produkt nicht direkt zugerechnet werden kann. G. werden in der Kosten- und Leistungsrechnung auf die einzelnen Kostenstellen verteilt (Betriebsabrechnungsbogen). Der hierfür verwendete Schlüssel ist für die einzelne Gemeinkostenart verschieden, z.B. für Stromkosten die Zählerangaben der Kostenstellen, für Betriebsstoffe die Materialentnahmescheine, für Raumkosten die qm – Zahlen; für Reparaturkosten werden die geleisteten Stunden in den einzelnen Bereichen abgerechnet. Nach der Verteilung werden die Gemeinkostenzuschläge errechnet, die für zukünftige Kalkulationen als Normalgemeinkostenzuschläge dienen.

Gemeinschaftsteuern
Steuern, die Bund und Ländern gemeinsam zustehen. Im wesentlichen gehören dazu:
Umsatzsteuer
Bund 67,5%, Länder 32,5%;
Körperschaftsteuer
Bund und Länder je 50%;
Kapitalertragsteuer
Bund und Länder je 50%;
Lohn- und veranlagte Einkommensteuer Bund und Länder je 43%; 14% an die Gemeinden. Dafür erhalten Bund und Länder je 20% der Gewerbesteuer von den Gemeinden.

Gemeinschaftswerbung
Werbemaßnahmen mehrerer gleichartiger Unternehmen, ohne daß das einzelne namentlich genannt wird, z.B. »Zwei Worte, ein Bier« als G. von mehreren Brauereien. G. ist kostengünstiger und oft wirkungsvoller als die Einzelwerbung.

Gemeinschaft zur gesamten Hand
auch Gesamthandsgemeinschaft. Gemeinschaft von Personen, bei der 1. alle zusammen handeln müssen und 2. das Vermögen der gesamten Hand, also allen, gehört. Keiner kann über seinen Anteil frei verfügen. Als reine Form der G.z.g.H. ist die Gesellschaft des bürgerlichen Rechts anzusehen; sie ist als solche rechtsunfähig, weil die Beteiligten nur unter ihrem Namen Geschäfte tätigen, klagen oder verklagt werden können.

Gemeinschuldner
Schuldner, über dessen Vermögen das Konkursverfahren eröffnet wurde.

gemeinwirtschaftlich-öffentliche Unternehmen
Wirtschaftsbetriebe, die ein allgemein vorhandenes Bedürfnis decken und durch staatliche Absicherung kein volles Unternehmerrisiko tragen, z.B. städtische Verkehrsbetriebe.

gemischte Firma
eine Mischung zwischen Personen- und Sachfirma, z.B.: Lübecker Stahlwerke Fritz Meyer AG.

genehmigtes Kapital
von der Hauptversammlung dem Vorstand einer AG übertragene Berechtigung, bis zu einer festgelegten Höhe eine Kapitalaufstockung durchzuführen, wenn der Markt günstige Voraussetzungen zeigt. Die Genehmigung läuft längstens 5 Jahre und muß in der Satzung verankert sein. Die Höhe darf 50% des Grundkapitals nicht übersteigen. Der Aufsichtsrat soll in der Regel der Neuausgabe zustimmen.

Genehmigung
nachträgliche Zustimmung zu Rechtsgeschäften, die von anderen Personen geschlossen wurden. Solange die G. nicht erteilt wurde, ist das Rechtsgeschäft schwebend unwirksam. Wird die G. erteilt, ist das Rechtsgeschäft von Anfang an gültig.

genehmigungspflichtige Kartelle
Absprachen zwischen Unternehmen, die von der Kartellbehörde zu ihrer Wirksamkeit zugelassen werden müssen. Nach dem Mißbrauchsprinzip untersucht die Kartellbehörde, ob nicht versteckt ein Verbotskartell (z.B. Preisabsprachen) vorliegt. G.K. sind u.a. Strukturkrisen-, Rabatt-, Normen- und reine Exportkartelle.

Generalversammlung
Versammlung der an einer Genossenschaft beteiligten Personen, die eine wesentlich stärkere Position als die Mitglieder der Hauptversammlung der AG haben. *Aufgaben:* Wahl und Abberufung des Vorstandes und des Aufsichtsrates. – Lenkung der Geschäftsordnung und der Geschäftsführung. – Genehmigung des Jahresabschlusses und Verteilung des Reingewinns.– Entlastung des Vorstandes und des Aufsichtsrates auf ihrer mindestens einmal jährlichen Versammlung. Jeder Genosse hat nur eine Stimme in der G.

Generalvollmacht
Vollmacht an eine Person, die sich auf alle Geschäftsbereiche erstreckt. Üblich ist die Erteilung einer unbeschränkten Prokura (ins Handelsregister eintragungspflichtige Tatsache).

Generationsvertrag
Zusicherung der arbeitenden Generation, die aus dem Erwerbsleben ausgeschiedenen Personen durch Beiträge an die Rentenversicherung zu unterhalten.

Genossenschaft
Zusammenschluß zur wirtschaftlichen Förderung ihrer Mitglieder. Die G. stellt ein Statut auf und wählt ihre Organe Vorstand und Aufsichtsrat. Die Generalversammlung ist die Versammlung aller Genossen. Jede G. hat sich einem Prüfungsverband anzuschließen, der für eine qualifizierte Rechnungslegung garantiert. Die G. ist eine juristische Person. Sie erhält durch die Eintragung ins Genossenschaftsregister eigene Rechtspersönlichkeit. Im Gegensatz zur AG steht die persönliche Bindung im Vordergrund. Daher sind die Anteile auch grundsätzlich nicht wie Aktien übertragbar. Rechtsgrundlage ist das Genossenschaftsgesetz und das HGB.

Genußscheine
in Form von Inhaber-, Namens- oder Orderpapieren ausgegebene Urkunden von Aktiengesellschaften, die verschiedene Rechte verbriefen können, z.B. einen bestimmten prozentualen Anteil am Gewinn.

Gerichte
unabhängige Institutionen, in denen Richter, ohne an Weisungen gebunden zu sein, Urteile fällen, nach denen sich die betreffenden Parteien mit dem Recht der Berufung und Revision zu richten haben. Unterteilung in: Ordentliche Gerichtsbarkeit und Sondergerichtsbarkeit.

Gerichtlicher Vergleich
↑ Vergleich.

Gerichtsstand
der Ort, in dem in einem Rechtsstreit verhandelt werden soll. *Allgemeiner G.*: Grundsätzlich ist es der Ort des Beklagten. – *G. unter Kaufleuten*: Sofern der G. nicht vertraglich festgelegt wurde (selten), richtet er sich nach dem Erfüllungsort, also nach dem Wohnsitz des Schuldners. G. bei Klagen aus einem *Abzahlungsgeschäft*: Ausschließlich der Ort des Käufers. G. in *arbeitsrechtlichen* Angelegenheiten: Der Sitz der Firma. G. im *Mahnwesen*: Das zuständige Amtsgericht des Antragstellers. Im Widerspruch geht das streitige Verfahren auf das Amtsgericht des Antragsgegners über.

geringwertige Wirtschaftsgüter
steuerlicher Begriff für Gegenstände des Anlagevermögens, deren Anschaffungswert 800 DM ohne Mehrwertsteuer nicht übersteigt. Für sie besteht ein Wahlrecht der völligen Abschreibung am Jahresende. Gegenstände bis 100 DM werden gewöhnlich direkt über ein Aufwandskonto verbucht.

Gesamtprokura
Prokuraerteilung mit der Beschränkung, daß nur mehrere Prokuristen zusammen rechtswirksam handeln dürfen. Die Beschränkung ist im Handelsregister einzutragen.

gesamtschuldnerisch
Rechtszustand, bei dem jeder einzelne Schuldner verpflichtet ist, die gesamte Schuld zu leisten, wenn er vom Gläubiger dazu aufgefordert wird. Der Gläubiger ist aber nur einmal berechtigt, die Forderung zu verlangen. Untereinander ist man zu gleichen Teilen verpflichtet. Hat ein Schuldner die gesamte Schuld zu zahlen, so hat er einen schuldrechtlichen Anspruch gegenüber den anderen. Typisch für die Gesamtschuldnerschaft ist die OHG.

Geschäftsbedingung
↑ Allgemeine Geschäftsbedingungen.

Geschäftsbericht
neben Bilanz und G +V-Rechnung notwendiger Bericht über die wirtschaftliche Situation des Unternehmens, der vom Vorstand einer AG der Hauptversammlung mit dem Bestätigungsvermerk des Abschlußprüfers vorgelegt werden muß. Im wesentlichen umfaßt der G. folgende Punkte:

I. Der *Lagebericht* soll Aussagen über das abgelaufene Geschäftsjahr und über zu erwartende Entwicklungen machen.

II. Der *Jahresabschluß* ist im einzelnen zu erläutern, v.a. ist über Abschreibungsmethoden, Bewertungen des Anlage-und Umlaufvermögens, Änderungen der Bewertungsrichtlinien zum Vorjahr, Erwerb eigener Aktien, Beteiligungen, Auskunft zu geben.

III. Im *Sozialbericht* werden die freiwilligen Sozialleistungen des Unternehmens aufgeführt. Das geht vom Bau neuer sanitärer Einrichtungen, über Gewinnbeteiligungen, bis zu Zuschüssen an Alters- und Pensionseinrichtungen.

IV. Im abschließenden Teil folgt der Bericht über die Zusammensetzung der Verwaltung, mit namentlicher Nennung aller Vorstands- und Aufsichtsratsmitglieder.

Geschäftsfähigkeit
Die Fähigkeit von Personen, selbständig Rechtsgeschäfte, z.B. Verträge, abzuschließen und Verbindlichkeiten einzugehen. Juristische Personen sind stets voll geschäftsfähig. Bei natürlichen Personen unterscheidet man 3 Stufen: *Geschäftsunfähigkeit* gilt für Kinder unter 7 Jahre und dauernd Geisteskranke oder Geistesschwache. *Beschränkte G.* gilt für Minderjährige zwischen 7 und 18 Jahre und Entmündigte. Für Minderjährige ist die beschränkte G. aufgehoben beim Kauf von Gütern mit dem eigenen Taschengeld und bei der Erledigung von Geschäften, die sich aus einem vom gesetzlichen Vertreter erlaubten eigenen Arbeitsverhältnis ergeben. *Volle G.* bedeutet uneingeschränkte Möglichkeit des Geschäftsabschlusses, verbunden mit den sich daraus ergebenden Rechten und Pflichten.

Geschäftsführer

Geschäftsführer
gesetzlicher Vertreter der GmbH. Er braucht kein Gesellschafter zu sein. Er vertritt die Firma nach außen in allen Rechtsangelegenheiten. Eine Gesamtgeschäftsführung ist möglich, d.h. mehrere G. müssen dann zusammen handeln. Der G. wird von der Gesellschafterversammlung, dem eigentlichen beschließenden Organ der ↑GmbH, bestellt. Eine Kündigung ist jederzeit möglich und nicht ausschließbar, jedoch müssen gewichtige Gründe vorliegen. G. im weiteren Sinne sind auch Personen, die eigenverantwortlich Betriebe leiten. Bei Filialen spricht man von Filialleitern; ihre Aufgabenstellung ist ähnlich.

Geschäftsführungsbefugnis
das Recht, die Geschäfte einer Gesellschaft zu führen. Dieses Recht kann allen Gesellschaftern gemeinsam zustehen (Gesellschaft des bürgerlichen Rechts), es kann einem Einzelnen zustehen (Vollhafter bei OHG und KG), und es kann übertragen werden (AG-Vorstand, KGaA-persönlich haftender Gesellschafter, GmbH-Geschäftsführer, Genossenschaftsvorstand). Durch Vertrag kann bei Personengesellschaften eine besondere Regelung getroffen werden.

Geschäftsunfähigkeit
↑Geschäftsfähigkeit.

Geschäftsjahr
Zeitraum von höchstens 12 Monaten, zu dessen Schluß jeder Vollkaufmann Inventar, Bilanz, Gewinn- und Verlustrechnung und evtl. einen Geschäftsbericht aufzustellen hat.

Geschmacksmuster
für gewerbliche Erzeugnisse erstelltes Muster über Formen oder Modelle. Voraussetzung ist, daß sie neu und eigenartig sind. Die Schutzdauer kann bis zu 15 Jahren betragen. Solange kann der geistige Urheber das Muster gewerblich nutzen. Eintragung erfolgt beim zuständigen Amtsgericht in die Musterrolle durch Hinterlegung eines Exemplares.

Gesellschaft des bürgerl. Rechts
keine Gesellschaft im handelsrechtlichen Sinn, sondern ein Zusammenschluß von Personen zur Erreichung eines gemeinsamen Zwecks, Rechtsgrundlage ist das BGB. Die G.d.b.R. führt keine Firma, sondern nennt die Namen aller Beteiligten. Sie ist eine Gesamthandsgemeinschaft in reiner Form, d.h. die Beteiligten müssen einstimmig zusammen handeln (vertraglich anders regelbar), und keiner kann über seinen Anteil frei verfügen. Das eingebrachte Vermögen steht allen gemeinschaftlich zu. Gewinn- und Verlustteilung im Zweifel nach Köpfen; üblicherweise werden aber die Kapitaleinlagen als Grundlage genommen. Aufgelöst wird die Gesellschaft durch Zweckerreichung, durch Kündigung oder durch Tod eines Gesellschafters.

Gesellschafterversammlung
beschließendes Organ der GmbH. Sie setzt z.B. die Höhe des Stammkapitals fest, ernennt Prokuristen, beschließt Satzungsänderungen. Sie wird eine Woche vorher vom Geschäftsführer durch eingeschriebenen Brief an die Gesellschafter angekündigt.

Gesellschaft mit beschränkter Haftung (GmbH)
Die GmbH zählt zur Gruppe der Kapitalgesellschaften.

Das Stammkapital muß mindestens 50.000,- DM betragen, wovon mind. 25.000,- DM eingezahlt sein müssen. Der Gesellschaftsvertrag bedarf der notariellen Form. Jeder Gesellschafter kann bei der Gründung nur eine Stammeinlage mit einer Mindesthöhe von 500 DM übernehmen (Einzahlung aber mind. 1/2 = 250 DM). Gewöhnlich liegen die einzelnen Anteile aber wesentlich höher. Nach Einzahlung

der Mindesteinlagen kann die Gesellschaft zum Handelsregister angemeldet werden und erlangt damit die Rechtsfähigkeit (Formkaufmann).
I. Die *Haftung* ist auf die Geschäftsanteile beschränkt.
II. Die *Firma* kann Personen-, Sachfirma oder beides mit dem Zusatz GmbH sein.
III. *Organe* der GmbH: 1. Der *Geschäftsführer* als gesetzlicher Vertreter der GmbH. Er hat jährlich eine Liste der Gesellschafter und ihrer Stammeinlagen zum Handelsregister einzureichen. Der Geschäftsführer selbst braucht kein Gesellschafter zu sein.
2. Ein *Aufsichtsrat* ist ab einer Arbeitnehmerzahl von 501 Personen vorgeschrieben. 3. Die *Gesellschafterversammlung* als beschließendes Organ stellt u.a. den Jahresabschluß fest, entscheidet über Prokuraerteilung, über die Gewinnverteilung, prüft und überwacht den Geschäftsführer, beschließt das Einziehen von Nachschüssen, führt Satzungsänderungen durch und entscheidet über die Auflösung der GmbH. Jeder Gesellschafter hat in dieser Versammlung für je 100 DM eine Stimme. Die Rechnungslegung hat in den ersten 3 Monaten zu erfolgen (Bilanz G+V-Rechnung). Zahlt ein Gesellschafter nicht die volle Einlage, so haften die übrigen für die Einzahlung (= kollektive Deckungspflicht). Dies ist insofern wichtig, als eine Haftung des einzelnen über die Einlage hinaus vorliegen kann. Dem säumigen Gesellschafter wird im Rahmen des †Kaduzierungsverfahrens der Ausschluß angedroht. In Verlustjahren können sich Gesellschafter durch das †Abandonrecht von ihrer Verpflichtung des Nachschießens befreien.

Gesellschaftsformen
rechtliches Kleid von Personenzusammenschlüssen, mit denen sie im Geschäftsverkehr auftreten. †Unternehmensform.

Gesellschaftssystem
Rahmen, in dem der einzelne Mensch Orientierung und Sinn für sein Handeln finden kann; †Industriegesellschaft.

Gesellschaftsvertrag
ein Vertrag, der die Rechtsverhältnisse der Gesellschafter untereinander regelt.
I. Bei der *Gesellschaft des bürgerlichen Rechts* ist der G. nach den Vorschriften über Verträge abzufassen. Er ist grundsätzlich formfrei.
II. Bei *Personengesellschaften* (OHG und KG) ist der G. Voraussetzung für die Entstehung. Auch er ist formfrei. Ausnahme der Formfreiheit beim Einbringen eines Grundstücks in die Gesellschaft. Der G. regelt das Innen- und Außenverhältnis der Gesellschafter, sofern von gesetzlichen Vorschriften abgegangen werden soll.
III. Der G. der *GmbH* bedarf der notariellen Form. Er ist von allen Gesellschaftern zu unterschreiben und enthält alle wesentlichen Punkte über Firma, Gegenstand, Stammkapital, Bestimmungen der Geschäftsordnung und Behandlung der Geschäftsanteile.
IV. Der G. mit einem *Stillen Gesellschafter* berührt grundsätzlich nicht das Gesellschaftsrecht, da er ein Darlehensvertrag ist. Bei atypischen Verträgen, die Mitgesellschaftsrechte begründen, gilt das unter II. Gesagte.
V. Bei *Aktiengesellschaften* und *Genossenschaften* wird der G. durch die Satzung ersetzt.

Gesetzgebungskompetenz
Befugnis von Bund und Ländern, Gesetze zu verabschieden. Arten:
I. Alleinige G. des *Bundes*. Dazu zählen v.a., daß Paßwesen, das Münzwesen, die Verteidigung, die Außenpolitik, Post und Fernmeldewesen.
II. Alleinige G. der *Länder*. V.a. ist hier die Kulturhoheit zu nennen (Schulen, Kunst) und das Länder-Polizeiwesen.
III. *Konkurrierende* G. Solange der Bund von seiner G. keinen Gebrauch gemacht hat, können die Länder Gesetze erlassen. Darunter fallen u.a. das Strafrecht, Zivilrecht, Wirtschaftsrecht, Straßenverkehrsrecht. Das Grundgesetz zählt 23 Gebiete der konkurrierenden Gesetze auf. Erläßt der Bund innerhalb dieses Bereichs Gesetze, sind die Gesetze der Länder

überholt: »Bundesrecht bricht Landesrecht«.
IV. *Rahmengesetze* des Bundes. Die Länder sind verpflichtet, bei der Durchführung der von den Rahmengesetzen betroffenen Bereiche die Grundsätze des jeweiligen Gesetzes zu beachten.

Gesetz gegen unlauteren Wettbewerb
↑Unlauterer Wettbewerb.

gesetzliche Rücklage
der Aktiengesellschaft vorgeschriebene Rücklagenbildung, die besagt, daß 5% des um einen evtl. Verlustvortrag aus dem vergangenen Jahr geminderten Jahresüberschusses so lange der g.R. zuzuführen sind, bis diese 10% des Grundkapitals erreicht hat. Die Satzung kann auch einen höheren Betrag als 10% vorsehen. In die g.R. ist ebenfalls das Agio aufgrund von Überpari-Emissionen einzustellen. Wenn Aktien mit einem Nennwert von 100 DM für 120 DM an der Börse verkauft werden (Überpari-Emission), so sind 20 DM in die g.R. zu stellen.
Die g.R. kann nur dann zur Deckung von Verlusten verwendet werden, wenn die freien Rücklagen vorher aufgelöst wurden.

gesetzliche Vertreter
Personen, die durch Gesetz und nicht durch Vollmacht andere vertreten, z.B. die Eltern ihre minderjährigen Kinder, der Vorstand die Aktiengesellschaft, der Geschäftsführer die GmbH.

Gewährleistung
die Verpflichtung des Verkäufers, ohne Rücksicht auf Verschulden für Mängel an einer Sache einzustehen.

Gewaltenteilung
Teilung der Staatsgewalt in drei unabhängig voneinander bestehende Bereiche (erstmalig von dem Franzosen Montesquieu 1689–1755 gefordert). Arten: 1. Die *horizontale* G. zeigt die gesetzgebende (Legislative), die rechtsprechende (Judikative) und die ausführende (Exekutive) Staatsgewalt.
2. Die *vertikale* G. beruht auf dem Prinzip der Autonomie von Bund und Ländern (konkurrierende Gesetzgebung).

Gewerbe
jede selbständige Tätigkeit, die nicht unter Land- oder Forstwirtschaft oder freie Berufe fällt. Gewerbetreibende haben das Ziel, dauernd tätig zu sein und unter eigenem Namen und unter eigener Verantwortung zu arbeiten. Insbesondere zählen dazu die verarbeitende Industrie und das Handwerk sowie der Handel und die Dienstleistungsbetriebe wie Banken und Versicherungen.

Gewerbeanmeldung
die Pflicht des Kaufmanns, sein Gewerbe bei öffentlichen Stellen anzumelden:
I. bei der *Industrie- und Handelskammer;*
II. bei der *Berufsgenossenschaft* für die Unfallversicherung
III. beim örtlichen *Gewerbeamt*, das die Gewerbeaufsicht übernimmt;
IV. bei der *Krankenkasse*, wenn Arbeitnehmer beschäftigt werden;
V. unter gewissen Voraussetzungen beim zuständigen *Amtsgericht*, um sich ins Handelsregister eintragen zu lassen.

Gewerbeaufsicht
staatliche Überwachung der Einhaltung von Arbeitsschutzbestimmungen durch das Gewerbeaufsichtsamt in Zusammenarbeit mit der Berufsgenossenschaft. Wichtigste und älteste Grundlage ist die Gewerbeordnung, mit einer Reihe von Ergänzungsgesetzen, z.B. Arbeitszeitordnung, Jugendschutzgesetz.

Gewerbeertrag
neben dem ↑Gewerbekapital die zweite Größe zur Berechnung der Gewerbesteuer. Der G. errechnet sich aus dem gewerblichen Gewinn unter Hinzurechnung einiger Posten, die bei der Gewinnermittlung vorher abgezogen wurden, aber vom Steuerrecht nicht als abzugsfähig anerkannt werden, z.B. Dauerschuldzinsen, Renten und dauernde Lasten, Verlustanteile an einer Personengesellschaft. Darüber hinaus werden aber auch eine Reihe von Kürzungen zugelassen, z.B. für Spenden, Gewinn für ausländische

Betriebe, angesetzter Gewinn an einer Personengesellschaft.

Gewerbefreiheit
das grundsätzliche Recht für jedermann, ein Gewerbe zu eröffnen, soweit nicht gesetzliche Reglementierungen dagegenstehen. Erlaubnisse (Konzessionen) zur Führung eines Gewerbes gibt es kaum noch. Ausnahme: z.B. eine Güterfernverkehrs-Genehmigung. Das Recht ist gleichzusetzen mit dem Recht eines jeden Deutschen, seinen Beruf, seinen Arbeitsplatz und seine Ausbildungsstätte frei zu wählen. In der freien Berufswahl gelten Beschränkungen zum Wohle der Allgemeinheit. So bedarf das Führen einer Apotheke, einer Anwaltskanzlei, einer Schule, einer Arztpraxis einer gesetzlich vorgeschriebenen Voraussetzung (Ausbildung) desjenigen, der diesen Beruf ergreifen will.

Gewerbekapital
neben dem ↑ Gewerbeertrag dient das G. zur Berechnung der Gewerbesteuer. Es ist der Substanzwert des gewerblichen Betriebes, bewertet zum Einheitswert. Wie beim Gewerbeertrag werden zur endgültigen Feststellung des Wertes einige Hinzurechnungen und Kürzungen vorgenommen.

Gewerbesteuer
Abgabe, die ein Gewerbebetrieb aufgrund seines Gewerbeertrages und Gewerbekapitals zu leisten hat. Steuergrundlage ist das Gewerbesteuergesetz mit einigen Änderungen. ↑ Wertschöpfungssteuer.

Gewerkschaften
Zusammenschluß von Arbeitnehmern in einer Vereinigung, die ihre Interessen Nachdruck verhelfen soll. Von rund 22 Millionen Arbeitnehmern in der Bundesrepublik Deutschland gehören etwa 9 Millionen (40%) einer G. an Siehe Abb. S. 87, 88.

Gewichtsspesen
in der Kalkulation die Berechnung des Teils der Bezugskosten, die nach Gewicht berechnet werden (z.B. Fracht, Rollgeld, Wiegegebühren). Beim Bezug von mehreren Artikeln durch den Frachtführer erhält man in der Regel nur eine Rechnung. Um den einzelnen Artikeln den exakten Anteil zurechnen zu können, wird in Form einer Verteilungsrechnung der Rechnungsbetrag auf die bezogenen Artikel nach ihrem Gewicht verteilt. – Gegensatz: Wertspesen.

Gewichtzoll
Zollerhebung nach dem Gewicht der Ware. G. ist unüblich (meistens ↑ Wertzoll) und wird nur noch für wenige Waren erhoben.

Aufgaben der Gewerkschaften

Allgemeine Aufgaben	Rechtliche Aufgaben	Wirtschaftspolitische Aufgaben
○ Verbesserung der wirtschaftlichen und sozialen Lage ihrer Mitglieder durch . . . 　– Lohn- und Gehaltserhöhungen 　– Arbeitszeitverringerung 　– Urlaubsverlängerung ○ Erhöhung des Schutzes vor . . . 　– Arbeitslosigkeit 　– Konkurs des Arbeitgebers 　– Arbeitsunfällen ○ Verbesserung der beruflichen Aus- und Weiterbildung	○ Abschluß von Tarifverträgen ○ Vorbereitung und Durchführung von Arbeitskämpfen ○ Vertretung ihrer Mitglieder vor dem Arbeitsgericht	○ Umverteilung des Einkommens und Vermögens in der Bundesrepublik Deutschland ○ Erweiterung der Mitbestimmung in den Unternehmen ○ Mitwirkung bei wirtschaftspolitischen Entscheidungen des Gesetzgebers, z. B. bei Steuergesetzen

Gewinn

Gewerkschaften als Unternehmer

Verwendung der Mitgliedsbeiträge	≈ 1 Mrd. Mitgliedsbeiträge pro Jahre werden verwendet: ○ Deckung der Kosten (Personal, Miete, usw.) ○ Zuführung zu einem Streikfond[1] ○ Gewinnbringende Anlage, z. B. in Unternehmen
Gewerkschaftseigene Unternehmen	○ Bank für Gemeinwirtschaft (BfG) ○ Neue Heimat ○ Co-op ○ GEG ○ Volksfürsorge
Mitarbeiter	Über 100 000 Mitarbeiter sind zur Zeit in gewerkschaftseigenen Unternehmen beschäftigt

1 Bei einem legitimen Streik zahlen die Gewerkschaften daraus das Streikgeld für ihre Mitglieder.

Die Organisierten — Gewerkschaftsmitglieder Ende 1981 in 1000

Deutscher Gewerkschaftsbund
- IG Metall 2 622
- Polizei 168
- ÖTV 1181
- Druck, Papier 146
- Chemie, Papier, Keramik 655
- Erziehung, Wissenschaft 187
- Post 458
- Leder 55
- Bau, Steine, Erden 538
- Kunst 45
- Handel, Banken, Versicherungen 365
- Gartenbau, Landwirtschaft 43
- Holz, Kunststoff 160
- Bergbau, Energie 372
- Nahrung, Genuß, Gaststätten 263
- Textil, Bekleidung 289
- Eisenbahner 408

Deutscher Beamtenbund 820

Deutsche Angestellten-Gewerkschaft 499

Christlicher Gewerkschaftsbund 288 (Ende 1980)

G 4222

Gewinn
Der Ausdruck G. wird mehrfach verwendet:

I. *Betriebsgewinn* ist die positive Differenz zwischen betrieblichen Aufwendungen (Kosten) und Betriebserträgen (Umsatzerlöse und Bestandserhöhungen). Ausgewiesen im Betriebsergebniskonto.

II. *Neutraler Gewinn* ist die positive Differenz zwischen unternehmensfremden und außerordentlichen Aufwendungen und Erträgen. Ausgewiesen im Abgrenzungssammelkonto/Neutralen Ergebniskonto.

III. *Unternehmensgewinn* ist die Addition des Betriebs- und neutralen Gewinns, ausgewiesen in der Gewinn- und Verlustrechnung.

Gewinnbeteiligung
für Arbeitnehmer, Vorstands- und Aufsichtsratsmitglieder vorgesehene Beteiligung am Unternehmenserfolg.

Für die Arbeitnehmer ist sie eine Zuwendung über den normalen Verdienst hinaus und soll den Gedanken der Vermögensbildung und verbesserten Umverteilung realisieren. Die Auszahlung kann in bar oder als ↑ Investivlohn in Form der Belegschaftsaktien erfolgen.

Gewinnmaximierung
ökonomisches Hauptziel privater Unternehmen, z.B. erreichbar über Produktivitätssteigerung, technischen Fortschritt. G. kann sowohl kurz- als auch langfristiges Unternehmensziel sein und muß zusammen mit weiteren Zielen wie Firmenerhaltung, Liquidität, Macht, Marktausdehnung gesehen werden. Der *Gewinn* ist dann am größten, wenn die Differenz aus Erlös ./. Kosten am höchsten ist. Gewinn ist eine der Voraussetzungen für die Finanzierung von Investitionen.

Gewinn- und Verlustrechnung
In der G. werden alle Aufwendungen und Erträge einer Rechnungsperiode gegenübergestellt, um die Quellen eines Gewinns oder Verlustes erkennen zu können.
Im Rahmen der Rechnungslegungs-Vorschriften ist sie für eine Reihe von Unternehmen vorgeschrieben, z.B. bei Kapitalgesellschaften, Personengesellschaften, Genossenschaften. Seit der Aktienrechtsreform von 1965 ist die G. für AG's nur noch in Staffelform möglich. Andere Gesellschaftsformen haben sich dem angeglichen. Genossenschaften und Banken haben eigene Gliederungsvorschriften. Die in T-Kontenform erstellte G. ist im klein- und mittelständischen Bereich noch häufig anzutreffen.

Gewinnthesaurierung
Selbstfinanzierung durch Nichtausschütten von Gewinnen.

gezogener Wechsel
Wechsel mit der Anweisung an den Bezogenen, an den Wechselinhaber (Remittent) am Verfalltag eine bestimmte Geldsumme zu zahlen. Solange der Wechsel noch nicht akzeptiert wurde, wird er ↑ Tratte genannt.

Giralgeld
(Buchgeld, Sichteinlage); Guthaben der Bankkundschaft, über das sie jederzeit in bar verfügen kann. Gebildet wird es durch Einzahlungen und eingeräumte Kredite. G. wird v.a. für den bargeldlosen Zahlungsverkehr (Schecks, Überweisungen) verwendet. Für evtl. Barabhebungen haben die Banken ausreichende Liquiditätsreserven zu halten.

Giroeinlage
auf Kontokorrentkonten (Girokonten) befindliches Guthaben von Bankkunden, über das mittels Überweisung oder Scheck verfügt werden kann.

Girokonto
Guthabenkonto bei Geldinstituten.

Gironetz
kontenmäßige Verbindung gleichartiger Geldinstitute. Mittelpunkt aller G. ist die Landeszentralbank.

Gläubiger
eine Person, die von einer anderen etwas zu fordern hat. Bei Kaufverträgen ist der Lieferant G. der Zahlung, der Kunde G. der Lieferung. In der Buchhaltung wird der G. unter Kreditoren eingereiht.

Gläubigerausschuß
soll den Konkursverwalter unterstützen; ↑ Konkursverfahren.

Gläubigerpapiere
Wertpapiere, die den Inhabern Gläubigerrechte einräumen, wie Obligationen und Schuldverschreibungen. G. sind gewöhnlich festverzinslich und zeitlich begrenzt.

Gläubigerversammlung
im ↑ Konkursverfahren oberstes Selbstverwaltungsorgan, das durch das Konkursgericht einberufen wird. Abstimmung erfolgt mit absoluter Mehrheit der Erschienenen, wobei die Höhe der in der Konkurstabelle angemeldeten Forderung maßgebend ist. Die nicht erschienenen Gläubiger haben sich an die Beschlüsse zu halten. Die G. kann den vom Gericht eingesetzten Konkursverwalter abwählen und einen anderen bestimmen. Sie wählt die Personen, die den Gläubigerausschuß bil-

Gleichgewichtspreis

den, und beschließt über den Zwangsvergleich und über die evtl. Fortführung des Geschäftes.

Gleichgewichtspreis
Preis, bei dem ein dauernder Ausgleich zwischen Angebot und Nachfrage zu erzielen ist. Er bildet sich im Schnittpunkt der Angebots- und Nachfragekurve; ↑Marktpreis.

Globalsteuerung
wirtschaftspolitischer Ausdruck für gesamtwirtschaftliche Eingriffe, um eine stabile Wirtschaftslage zu erreichen. Maßnahmen der G. sind z.B. die konzertierte Aktion und die mittelfristige Finanzplanung.

GmbH & Co. KG
Gesellschaftsform, die handelsrechtlich zu den Personengesellschaften zählt. Die GmbH, als Kapitalgesellschaft mit eigener Rechtspersönlichkeit, wird Komplementär der KG, d.h. sie haftet nur in Höhe ihres Stammkapitals. Als Kommanditisten fungieren dann meist die Gesellschafter der GmbH. Dadurch wird insgesamt eine Haftungsbeschränkung erreicht.

goldene Finanzregel
die g.F. besagt, daß langfristiges Anlagevermögen auch langfristig finanziert (Eigenkapital und langfristiges Fremdkapital), kurzfristiges Umlaufvermögen kurzfristig finanziert werden muß.

Gossensche Gesetze
vom Ökonom Gossen (1810-1858) aufgestellte Gesetzmäßigkeiten. *1. Gossensches Gesetz:* Der Grenznutzen nimmt im Laufe der Bedürfnisbefriedigung ständig ab. Beispiel: Bei dem hungrigen Wanderer, der sich etwas zu essen bestellt, nimmt das Bedürfnis – das Essen – ständig ab, bis er satt ist. Ißt er darüber hinaus noch mehr, vielleicht bis ihm »schlecht« wird, ist sein Nutzen vielleicht sogar negativ. *2. Gossensches Gesetz:* Es vergleicht mehrere Bedürfnisse nebeneinander. Jeder Mensch strebt danach, alle Bedürfnisse bis zum gleichen Sättigungsgrad zu befriedigen. Obiges Beispiel: Der Wanderer hat nur 10 DM. Würde er nur essen wollen, so könnte er alles dafür ausgeben. Möchte er aber noch trinken und hinterher vielleicht eine Zigarre rauchen, so muß er sich diese 10 DM so einteilen, daß er beim Konsum der letzten Einheit seines Essens, Trinkens und Rauchens die gleiche Befriedigung verspürt.

Gratifikation
eine freiwillige Zuwendung (keine Schenkung) an den Arbeitnehmer als Anerkennung für getane Arbeit und Anreiz für weitere Leistungen. Am häufigsten ist die Weihnachtsgratifikation, die oft in Zusammenhang mit dem 13. Monatsgehalt gezahlt wird. Sind im Arbeitsvertrag 13 Monatsgehälter vereinbart, kann diese 13. Zahlung nicht gestrichen werden. Viele Unternehmen gewähren ihren Arbeitnehmern aber Zahlungen zwischen 300 DM und 1 000 DM je nach Betriebszugehörigkeit und weisen immer wieder auf die Einmaligkeit der Zahlung hin, damit in schlechten Geschäftsjahren kein Rechtsanspruch darauf besteht.
Weihnachtsgratifikationen sind bis 400 DM steuerfrei und 100 DM sozialversicherungsfrei.

Gratisaktien
kostenlose Aktienausgabe an Altaktionäre im Verhältnis ihres Anteils am bisherigen Grundkapital. Man spricht auch von Kapitalverwässerung, da lediglich durch Rücklagenauflösung und nicht durch Geldzahlung das Grundkapital erhöht wird. Es findet also ein Passivtausch zwischen den Konten Rücklagen und Grundkapital statt. Da Rücklagen durch nicht ausgeschüttete Gewinne gebildet wurden, ist deren Auflösung und Einstellung in das Grundkapital eine Form der Selbstfinanzierung.

Grenzkosten
zusätzliche Kosten, die bei der Produktion einer weiteren Einheit entstehen.

Grenznutzen
↑Nutzen, ↑Gossensche Gesetze.

Großhandelskontenrahmen
Kontenrahmen, der als einheitliche Grundlage für Betriebe des Großhandels angewendet wird.

Großhändler
Bezeichnung für einen i.d.R. Vollkaufmann, der normalerweise vom Hersteller Waren in größeren Mengen kauft und sie an Wiederverkäufer in veränderten Mengen weiterverkauft.
Funktionen:
I. Mengengruppierung. Der G. verändert die Abpackungen auf kundengerechte Größen.
II. Raumüberbrückung. Durch seine Lagerung größerer Mengen übernimmt er die Lagerhaltung für den Einzelhändler. Dieser kann dadurch Lagerkosten sparen und die Ware trotzdem jederzeit zur Verfügung haben.
III. Zeitüberbrückung. Durch größeren Einkauf und Lagerung kann der G. dem Wiederverkäufer das ganze Jahr hindurch Waren anbieten, die saisonal gebunden sind (z.B. Südfrüchte).
IV. Sortimentsbildung. Der G. stellt verkaufsattraktive Warengruppen zusammen, z.B. eine Tragetasche mit 5 verschiedenen Spirituosen.
V. Werbeunterstützung des Einzelhandels

Grundbuch
I. G. im *buchhalterischen* Sinn: enthält alle Geschäftsvorfälle lückenlos in zeitlicher Reihenfolge. Das G. - auch Journal, Tagebuch, Memorial genannt - bildet die Grundlage der gesamten Buchführung und bereitet die Buchungen auf den Hauptbuchkonten vor.
II. G. im *Grundstücksrecht:* In diesem beim Grundbuchamt (Amtsgericht) geführten öffentlichen Register werden die Eigentumsverhältnisse an einem Grundstück offengelegt. Jegliche Beschränkung des Eigentümers wird festgehalten.
In Abteilung 1 steht der Eigentümer mit vollem Namen oder der Firma.
Abteilung 2 führt alle Belastungen und Rechte Dritter auf, die nicht Grundpfandrechte sind, z.B. Nießbrauch.
Abteilung 3 weist die Grundpfandrechte aus wie Hypothek, Grundschuld und Rentenschuld.

Grunddienstbarkeit
Recht eines Grundstücksbesitzers, ein anderes Grundstück beschränkt unmittelbar zu nutzen. Eintragungspflicht in Abteilung 2 des Grundbuches. Der Eigentümer des belasteten Grundstücks hat die G. zu dulden, z.B. Wegerecht durch Begehen oder Befahren seines Grundstücks, Einwirkungen durch Rauch.

Grunderwerbsteuer
eine Steuer, die bei der Veräußerung eines Grundstücks vom Erwerber zu entrichten ist. Sie beträgt gewöhnlich 7% des Kaufpreises. Die G. unterliegt der Gesetzgebung der einzelnen Länder und ist deshalb verschieden. So kann z.B. das Land bei gewollter Ansiedlung von Industriebetrieben die G. erlassen. Keine G. fällt an, wenn Grundstücke durch Erbschaft erworben werden, ebenso beim Erwerb von selbstgenutzten Eigentumswohnungen oder Einfamilienhäusern bis 250 000 DM, von Zweifamilienhäusern bis 300 000 DM.

Grundgesetz
die am 24. Mai 1949 in Kraft getretene Verfassung für die Bundesrepublik Deutschland. Die Einhaltung der im GG verankerten Grundrechte der Bürger sowie die Rechte des Bundes, der Parteien und der Länder werden vom Bundesverfassungsgericht garantiert. Im sog. Normenkontrollverfahren überprüft auf Antrag das Bundesverfassungsgericht die Rechtmäßigkeit von verabschiedeten Gesetzen.

Grundhandelsgewerbe
jeder Kaufmann, der ein in § 1 HGB aufgeführtes Grundhandelsgeschäft betreibt, übt ein G. aus. Die Zugehörigkeit führt zwangsläufig zur Vollkaufmannseigenschaft.

Grundkapital
die Addition aller Aktien zum Nennwert entspricht dem G. Mindestgrundkapital in deutschen Aktiengesellschaften ist 100 000 DM. Die Höhe des G. ist in der Satzung festgelegt und kann nur durch eine Satzungsänderung, die einer 3/4 Mehrheit der Aktionäre bedarf, verändert werden.

Grundlohn
tariflich festgelegter Mindestlohn, bei dem eine Normalleistung zugrunde

Grundpfandrechte

gelegt wird. Der G. wird aus dem †Ecklohn abgeleitet.

Grundpfandrechte
Sammelbegriff für die in Abteilung 3 des Grundbuchs eingetragenen Belastungen des Grundstücks wie Grundschuld, Rentenschuld und Hypothek.

Grundrechte
dem einzelnen deutschen Staatsbürger zugestandenen Rechte, die von keinem Staatsorgan angetastet werden dürfen. Sie sind im Grundgesetz §§ 1-17 verankert.

Grundsätze ordnungsgemäßer Buchführung (GoB)
Grundsätze, die sich durch Gesetzgebung (AktG, HGB), durch Rechtsprechung der Gerichte, aus herrschenden Meinungen in der Fachliteratur, aus gesicherten Erkenntnissen der Betriebswirtschaftslehre, Stellungnahmen des Instituts der Wirtschaftsprüfer in Deutschland sowie aus der betrieblichen Praxis entwickelt haben.
Im einzelnen gehören dazu: Die Buchführung muß klar und übersichtlich sein. Die Beträge sind in Inlandswährung anzugeben. Die Eintragungen sind in einer lebenden Sprache vorzunehmen. Sämtliche Geschäftsvorgänge sind fortlaufend, vollständig und richtig aufzuzeichnen. Keine Buchung ohne Beleg. Keine Radierungen oder durchgestrichenen Zahlen. Freiräume sind durch Buchhalternasen zu entwerten. Das Kassenbuch ist täglich zu führen. Üblich ist das Führen eines Kontokorrentbuches. Am Jahresschluß sind eine Inventur und eine Bilanz aufzustellen. Bücher, Inventuren und Bilanzen sind 10 Jahre, Belege und Geschäftspapiere 6 Jahre aufzubewahren.

Grundschuld
Belastung eines Grundstücks in der Weise, daß der Begünstigte sich aus dem Grundstück befriedigen kann, wenn der Eigentümer des Grundstücks seinen Verpflichtungen nicht nachkommen kann, z.B. Kreditrückzahlung. Allerdings ist die G. nicht wie die Hypothek an das Bestehen einer Schuld gebunden. Wird die G. als Sicherheit für einen Kredit gegeben, so erlischt sie nicht bei Tilgung des Kredites, sondern bleibt für den Eigentümer weiterhin bestehen, um evtl. in späteren Fällen die Position im Grundbuch (z.B. 1. Stelle) zu sichern. Die G. kann auch als Sicherheit für in Zukunft auftretende Verpflichtungen eingetragen werden. Die G. kann als Brief- oder als †Buchgrundschuld bestehen.

Grundsteuer
bundeseinheitlich geregelte Gemeindesteuer, die landwirtschaftliche, gewerbliche und Wohngrundstücke erfaßt. Zu zahlen ist die G. vierteljährlich vom jeweiligen Eigentümer. Die G. zählt zu den Realsteuern (Ertragsteuern). Die Höhe der G. richtet sich nach dem Einheitswert, der vom Finanzamt mit Hilfe der Steuermeßzahl festgesetzt wird. Berechnungsformel: Einheitswert × Steuermeßzahl × Hebesatz = Jahresbetrag der G.

Gruppenakkord
Zahlung eines Leistungslohnes an eine im Akkord arbeitende Personengruppe. Der Vorteil ist, daß auch schwächere durch den von allen angestrebten G. mitgezogen werden. Die spätere Verteilung bemißt sich meistens nach den einzelnen Grundlohnzahlungen.

Gruppenbewertung
handelsrechtlich anerkannte Bewertung unterschiedlicher Vermögensgegenstände, die sich aber von der Art her ähneln, z.B. im Kurzwareneinzelhandel Knöpfe, Bänder, u.ä. Eine Mengenfestlegung ist allerdings unerläßlich. Die G. steht im Widerspruch zum grundsätzlichen Prinzip der Einzelbewertung.

Gruppenfertigung
Fertigungsverfahren, das zwischen Werkstätten- und Fließfertigung steht. Gleichartige Verrichtungen (z.B. alle Dreh- und Fräsarbeiten) werden von verschiedenen Gruppen erledigt. Die Arbeitnehmer in diesen Gruppen verrichten alle Arbeiten und sind daher vielseitiger. Die Maschinen sind ähnlich der Fließfertigung hintereinander aufgestellt, z.B. erst bohren, dann fräsen, dann drehen. Sie errei-

chen aber nicht den Produktionsausstoß von Fließfertigungen. Die Transportwege sind wesentlich kürzer als bei der Werkstattfertigung.

Güter
Begriff aus der Wirtschaftstheorie, der Waren und Dienstleistungen umfaßt. G. sind Mittel, die zum Zwecke der Bedürfnisbefriedigung bereitgestellt werden. Arten:
I. *Freie* und *knappe* G. Diese Unterteilung zielt auf die Feststellung, ob ein Gut unbegrenzt zur Verfügung steht (z.B. Luft, Wasser, Sand in der Wüste), oder ob mit ihm sparsam umgegangen werden muß und ob es daher Gegenstand wirtschaftlicher Betrachtung ist.
II. *Materielle* und *immaterielle* G. Man trennt zwischen Sachen und nichtkörperlichen (immateriellen) Gegenständen wie Rechte, Lizenzen.
III. *Konsum-* und *Investitionsgüter*: Erstere dienen der direkten und unmittelbaren Bedürfnisbefriedigung. Investitionsgüter (Maschinen, Produktionsanlagen) dienen zur weiteren Produktion von Gebrauchs- oder Verbrauchsgütern.

Güterfernverkehr
von einem Kaufmann ausgeführter Transport mit dem Lkw, der die Grenze von 50 km Umkreis überschreitet. Bei einem Umkreis von 150 km spricht man von Bezirksfernverkehr. Der G. bedarf der ausdrücklichen Genehmigung (Güterfernverkehrsgenehmigung). Durch die Genehmigungspflicht soll die Zahl der Unternehmen klein (Lebensfähigkeit der Deutschen Bundesbahn) und qualitativ leistungsfähig gehalten werden. Gleichzeitig unterwirft sich der Unternehmer einem Festtarif, dessen Einhaltung durch die Bundesanstalt für den G. überwacht wird.

Güternahverkehr
eine bei der Verkehrsbehörde anzumeldende, gewerbsmäßige Transporttätigkeit mit Lkw im Umkreis von 50 km.
Die Genehmigung ist auf mindestens 8 Jahre befristet und kann verschiedene verkehrsbedingte Auflagen und Beschränkungen enthalten.

Güterstrom
Begriff des Wirtschaftskreislaufs, der Güterbewegungen zwischen Wirtschaftssektoren beschreibt, z.B. Warenkauf privater Haushalte bei den Unternehmen.

gute Sitten
in der Rechtsprechung entwickelte Definition: »Was dem Anstandsgefühl aller billig und gerecht Denkenden widerspricht, verstößt gegen die g.S.« Vor allem im Bereich des unlauteren Wettbewerbs (UWG) ist das Prinzip der g.S. entwickelt, da unter Kaufleuten anständige Umgangsformen in dem Sinne herrschen sollen, daß keiner über den anderen unwahre, ehrverletzende, kreditgefährdende und irreführende Aussagen macht.

gutgläubiger Erwerb
Eigentumserwerb von einem Nichtberechtigten. Grundsätzlich kann man Eigentum nur von einem Eigentümer erwerben. In gewissen Fällen ersetzt jedoch der gute Glaube das mangelnde Veräußerungsbefugnis des Abgebers. An gestohlenen Sachen kann niemals Eigentum erworben werden (Ausnahme: Geld und Inhaberpapiere). *Arten:* I. Wird eine Ware durch Übergabe übereignet, so liegt für den Erwerber ein g.E. vor, wenn er das fehlende Eigentum des Veräußerers nicht kannte.
II. Wird eine Ware verkauft, die derzeitig bei einer anderen Person lagert, also nicht direkt übergeben wird, so liegt g.E. vor, wenn der Käufer mittelbarer Besitzer war. Dem Käufer wird dann das Recht übertragen, die Ware vom unmittelbaren Besitzer zu erlangen.
III. Im Handelsrecht ist es üblich, von einem Kommissionär zu kaufen, von dem bekannt ist, daß er nicht Eigentümer der Ware ist, sondern im Auftrag des Kommittenten handelt.
IV. Bei Grundstücken besteht g.E., wenn man sich an Tatsachen hält, die im Grundbuch eingetragen sind, da das Recht unterstellt, daß alles im Grundbuch Eingetragene richtig sei.

H

Haben
in der *Buchhaltung* ist damit die rechte Seite eines Kontos gemeint. Bei Aktivkonten bedeuten Habenbuchungen Abgänge, bei Passivkonten Zugänge. Bei Buchungen auf Erfolgskonten sind Habenbuchungen grundsätzlich Erträge, es sei denn, daß Aufwandskonten korrigiert werden müssen.
Im *Bankbereich* sind Habensalden, die den Kunden mitgeteilt werden, Guthaben der Kunden, d.h. aus der Sicht der Bank Verbindlichkeiten gegenüber dem Kunden, ähnlich den Verbindlichkeiten im Geschäftsbereich, die ebenfalls im Haben ausgewiesen werden.

Haftung
das Einstehen für den Schaden, den ein anderer durch vorsätzliches oder fahrlässiges Verhalten erlitten hat.

halbbare Zahlung
Zahlungsvorgang, bei dem einer der Beteiligten ein Konto bei einem Kreditinstitut oder der Post besitzen muß. Formen: Zahlkarte, Zahlungsanweisung, Zahlschein, Barscheck und Postbarscheck.

Halberzeugnisse
Güter, die im Produktionsprozeß zwischen Rohstoffen und Fertigprodukten stehen. Sie sind entweder innerhalb des Unternehmens zur Weiterverarbeitung vorgesehen, oder sie verlassen das Unternehmen als verkaufsfähiges Gut, um in anderen Unternehmen zum Fertigprodukt veredelt zu werden.

Handel
Der *Einzelhandel* beschäftigt sich mit der Verteilung der Waren an den Endverbraucher, der *Großhandel* mit dem Verkauf an Wiederverkäufer.
Im *Außenhandel* werden grundsätzlich unterschieden: Importgroßhandel, Exportgroßhandel und Transitgroßhandel.

Handelsbetrieb
Betrieb, dessen Hauptfunktion in der Verteilung von Waren liegt (Einzelhandel, Großhandel, Außenhandel).

Handelsbilanz
I. H. im *Rechnungswesen*. Eine Bilanz, die nach handelsrechtlichen Bewertungsgrundsätzen aufgestellt wurde (HGB § 39). Die Steuerbilanz richtet sich nach der H., sofern keine steuerrechtlichen Bewertungsrichtlinien den handelsrechtlichen entgegenstehen.
II. H. im *Außenhandel*. Die H. ist eine Gegenüberstellung der Exporte (Aktiva) und der Importe (Passiva). Ist die Handelsbilanz aktiv, so besteht ein Exportüberhang. Umgekehrt verhält es sich bei Importüberschüssen (Passive Handelsbilanz).

Handelsbrauch
gesetzlich nicht festgelegte Weisung, wie man sich im Geschäftsleben verhalten soll.

Handelsfirma
↑Firma.

Handelsgeschäft
Rechtsgeschäft eines Kaufmanns, das im Rahmen seines Handelsgewerbes entsteht. Dazu zählen auch Geschäfte, die indirekt zum Geschäftszweig gehören wie Übernahme von ↑Bürgschaften für Geschäftsfreunde.

Man unterscheidet das *einseitige* H., bei dem nur eine Person Kaufmann ist, und *zweiseitige* H., bei dem beide Vertragspartner Kaufleute sind.

Handelsgesellschaften
Personenvereinigungen mit dem Ziel, unter einheitlicher Firma Handelsgeschäfte zu betreiben. H. sind ins Handelsregister einzutragen. Für sie gilt das HGB. Arten:
I. *Personengesellschaften*. Die Person steht als bindendes Glied im Vordergrund. Als Folge tritt dann die kapitalmäßige Beteiligung hinzu. (OHG und KG.)
II. *Kapitalgesellschaften*. Hier steht die kapitalmäßige Beteiligungsabsicht im Vordergrund (AG und GmbH). Die tert. Im 3. Buch sind Handelsgeschäfte im allgemeinen und im speziellen für Kommissionäre, Spediteure, Lagerhalter und Frachtführer behandelt.

Handelsgewerbe
kaufmännische Betätigung in Form des Grundhandelsgeschäfts (§ 1 HGB) oder als Sollkaufmann mit eingerichtetem Geschäftsbetrieb und Handelsregistereintragung oder als Formkaufmann in einer bestimmten Rechtsform.

Handelskalkulation
Kalkulationsform in Handelsbetrieben zur Feststellung von Verkaufspreisen bzw. Ermittlung der gerade noch zahlbaren Einkaufspreise. Siehe Abbildung.

Handelskalkulation

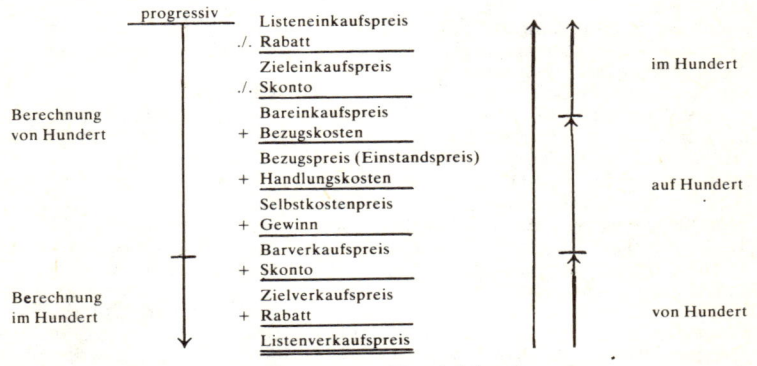

Berechnung von Hundert	progressiv → Listeneinkaufspreis ./. Rabatt	
	Zieleinkaufspreis ./. Skonto	im Hundert
	Bareinkaufspreis + Bezugskosten	
	Bezugspreis (Einstandspreis) + Handlungskosten	auf Hundert
	Selbstkostenpreis + Gewinn	
	Barverkaufspreis + Skonto	
Berechnung im Hundert	Zielverkaufspreis + Rabatt	von Hundert
	Listenverkaufspreis	

Mitarbeit der Gesellschafter ist nur bei der GmbH des öfteren anzutreffen. Genossenschaften sind in Aufgabenstellung und Auftreten im Handelsverkehr den H. gleichzustellen.

Handelsgesetzbuch (HGB)
das HGB stellt vom bürgerlichen Recht abweichende Sonderregeln für Kaufleute auf. Es gliedert sich in 3 Büchern: Im 1. Buch werden allgemeine Aussagen über den Handelsstand (Kaufmannseigenschaften, Handelsregister, Prokura, Firma, Handlungshilfe, Handelsmakler) gemacht. Im 2. Buch werden die Personenvereinigungen der OHG und KG von der Entstehung bis zur Liquidation erläu-

Handelskauf
Kauf, bei dem entweder ein Beteiligter Kaufmann und der andere Privatmann ist (einseitiger H.) oder beide Teile Kaufleute sind (zweiseitiger H.). Beim H. werden Waren oder Wertpapiere gehandelt. Sondervorschriften für zweiseitige Handelsgeschäfte schreibt das HGB vor, wie z.B. die sofortige Rügepflicht des Kaufmanns bei offenen Mängeln, die Aufbewahrungspflicht von Waren, die beanstandet wurden, das Recht des Lieferers, im Annahmeverzug die Ware öffentlich einzulagern oder das Recht des Kunden, im Lieferungsverzug nach Androhung Schadenersatz zu verlangen.

Handelsklausel

kurze vertragliche Abrede in Kaufverträgen, die dem zugrunde liegenden Geschäft im In- und Ausland einen bestimmten Inhalt geben soll, z.B.: Lieferung frei Haus, Zahlung netto Kasse. Bei Geschäften mit dem Ausland haben sich Abkürzungen internationaler Art eingebürgert. ↑ Incoterms.

Handelsmakler

eine Person, die gewerbsmäßig die Vermittlung von Handelsgeschäften, insbesondere von Waren, Wertpapieren oder Dienstleistungen übernimmt. Der H. betreibt ein Grundhandelsgeschäft nach § 1 HGB und ist daher Voll- oder Minderkaufmann, je nach Größe seiner kaufmännischen Organisation. Er ist nicht ständig für einen Auftraggeber tätig.
Durch die Verpflichtung zur Führung eines Tagebuchs, in dem alle den Vertragsverhandlungen zugrunde liegenden wichtigen Punkte aufgezeichnet werden, kann und muß der H. den beteiligten Personen jederzeit Auskunft über den Stand der Vertragsverhandlungen geben. Die vom H. vertretenen Parteien sind gleichmäßig zu behandeln. Nach Abschluß des Vertrages hat der H. den Parteien eine Schlußnote zuzusenden, in der alle wichtigen Vereinbarungen aufgezeichnet sind. Der H. hat Anspruch auf Vergütung bei Vertragsabschluß. In der Regel wird der Maklerlohn zu gleichen Teilen von den Vertragspartnern getragen.

Handelsrecht

Sondergesetze für Kaufleute. Das H. regelt im HGB und in einer Reihe von anderen Gesetzen (Aktiengesetz, GmbH-Gesetz, Wechselrecht, gewerbliche Schutzrechte, Gesetz gegen den unlauteren Wettbewerb) die Tätigkeit des Kaufmanns. In vielen Fällen ist es als Ergänzung zum bürgerlichen Recht anzusehen. Das H. sagt, wer Kaufmann ist, wie er sich zu verhalten hat, welche gesetzlichen Vorschriften für ihn bindend sind und welche er unter Beachtung der Verkehrssitte in beiderseitigem Einverständnis abändern kann.

Handelsregister

das H. ist ein öffentliches Verzeichnis beim Amtsgericht mit Angaben über Vollkaufleute, z.B. über Firma, Geschäftsinhaber, evtl. Kommanditisten, Prokuristen, Geschäftssitz, Art und Gegenstand des Geschäftsbetriebes; siehe Abbildung Seite 97.

Handelsspanne

Differenz zwischen Einstandspreis und Verkaufspreis, ausgedrückt in Prozent des Verkaufspreises.
Beispiel:

Einstandspreis	100 DM
+ 25% Geschäftskosten	25 DM
Selbstkostenpreis	125 DM
+ Gewinn	25 DM
Verkaufspreis	150 DM

(Bezugsgrundlage)
Berechnung: ?% = 50 DM
150 DM = 100%

$= \frac{50 \times 100}{150} = 33\ 1/3\%$ Handelsspanne

Handelsvertreter

Mußkaufmann nach § 1 HGB, der ständig damit betraut ist, für einen anderen Unternehmer Geschäfte abzuschließen (Abschlußvertreter) oder zu vermitteln (Vermittlungsvertreter). Der H. arbeitet im fremden Namen und auf fremde Rechnung. Er hat die Sorgfaltspflicht eines ordentlichen Kaufmanns, die sofortige Benachrichtigungspflicht an den Unternehmer über Vertragsabschlüsse, die Schweige- und Treuepflicht sowie die allgemeine Verpflichtung, sich um Geschäfte zu bemühen und die Interessen des Unternehmens wahrzunehmen. Die Vergütung besteht in der Zahlung der vereinbarten Provision, Auslagenersatz und einer evtl. Delkredere-Provision. Der Unternehmer hat seinerseits die erforderlichen Unterlagen dem H. bereitzustellen und ihm jegliche Unterstützung zu gewähren, z.B. Werbematerialien, Preislisten, Muster, Verkaufshilfen.

Handelswechsel

Wechsel, dem ein Warengeschäft zugrunde liegt, daher auch Warenwechsel genannt. H. können, im Gegensatz zum Finanzwechsel, von den Ge-

Handlungsvollmacht

Handelsregister	Abteilung A	Abteilung B
Die Anmeldung muß durch den Inhaber vorgenommen werden, entweder ○ mündlich zu Protokoll beim Gericht, oder ○ schriftlich in öffentlich beglaubigter Form	für Einzelunternehmungen und Personengesellschaften	für Kapitalgesellschaften

Alle Eintragungen werden nur **auf Antrag** vorgenommen, deswegen kann man sich nicht unbedingt auf das HR verlassen. Unterlassene Eintragungen können erzwungen werden.

Eingetragen werden u. a.: ○ Firma, ○ Name des Inhabers, ○ Art des Geschäftes, ○ Sitz der Firma, ○ Errichtung von Filialen, ○ Bestellung und Widerruf von Prokuristen, ○ Vergleichsverfahren, ○ Löschung durch Liquidation oder Konkurs.

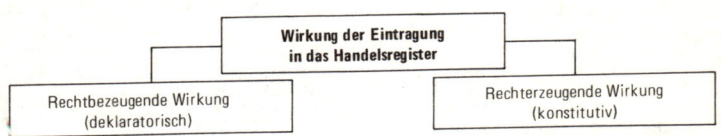

Wirkung der Eintragung in das Handelsregister

Rechtbezeugende Wirkung (deklaratorisch)

Eine bereits eingetretene Rechtswirkung wird nachträglich bestätigt. Z. B.:
○ Bestellung und Abberufung von Prokuristen
○ Änderung der Rechtsform von Personengesellschaften.
○ Wechsel des Inhabers.

Rechterzeugende Wirkung (konstitutiv)

Eine Tatsache wird erst durch die Eintragung wirksam. Z. B.:
○ Eine Kapitalgesellschaft erlangt Rechtsfähigkeit.
○ Soll- und Kannkaufleute erlangen Kaufmannseigenschaften.

schäftsbanken bei der Bundesbank rediskontiert werden.

Handlungsbevollmächtigter
eine Person, die, ohne Prokurist zu sein, zu Tätigkeiten für einen anderen im Rahmen eines Handelsgeschäftes ermächtigt wird. Der H. braucht nicht im Dienste der Firma zu stehen (Ehefrau, Freund). Bei der Zeichnung setzt der H. vor seinen Namen i.V. = in Vollmacht.

Handlungsgehilfe
kaufmännischer Angestellter, der durch einen Arbeitsvertrag verpflichtet wird, Dienste in einem Handelsgewerbe zu leisten. Die sich aus dem Arbeitsvertrag ergebenden Verpflichtungen werden aus der Sicht des Arbeitnehmers Treuepflicht und aus der Sicht des Arbeitgebers Fürsorgepflicht genannt. Als Angestellter hat der Handlungsgehilfe grundsätzlich eine Kündigungspflicht nach der Probezeit von 6 Wochen zum Quartal. Ausnahmen regelt das Kündigungsschutzgesetz.

Handlungskosten
H. sind Gemeinkosten der Klasse 5 im Großhandelskontenrahmen (z.B. Löhne, Gehälter, Mieten, Abschreibungen). Bei der Berechnung eines Verkaufspreises in der Kalkulation sind diese indirekt zurechenbaren Kosten nur in Form eines Prozentsatzes zu berücksichtigen.

Handlungsreisender
Der H. ist im Gegensatz zum Handelsvertreter Angestellter der Firma. Er tätigt Kundenbesuche und versucht, Verträge abzuschließen.

Handlungsvollmacht
H. ist die durch den Unternehmer oder Prokuristen vorgenommene Ermächtigung einer Person, im Rahmen eines Handelsgewerbes Rechtshandlungen durchzuführen, die ein derartiges Handelsgeschäft gewöhnlich mit sich bringt (§ 54 HGB). Arten:

Handwerk

I. *Generalvollmacht* (Gesamtv.) umfaßt alle Bereiche des Betriebes, z.B. Geschäftsleiter.
II. *Artvollmacht* (Teilv.) berechtigt zur Vornahme von Rechtsgeschäften, die sich auf einen Teil des Betriebes konzentrieren, z.B. für den Leiter der Finanzbuchhaltung oder des Einkaufs.
III. Bei der *Spezialvollmacht* (Einzelv.) wird die Erlaubnis auf eine spezielle, bzw. auf eine einmalige Aufgabe eingegrenzt (z.B. Inkassovollmacht für den Verkaufsfahrer).
Die H. erlischt durch Widerruf, Kündigung, Konkurs oder Tod des Handlungsbevollmächtigten.

Handwerk
Gewerbe, das sich mit Be- und Verarbeitung von Stoffen sowie mit Reparaturen jeglicher Art beschäftigt. Gewöhnlich wird hierunter ein kleinerer oder mittlerer Betrieb verstanden, in dem noch individuell gearbeitet werden kann und der Inhaber selbst häufig mitarbeitet. Die selbständige Führung eines Betriebes ist nur erlaubt, wenn sich der Unternehmer in die Handwerksrolle eingetragen hat und eine Meisterprüfung abgelegt hat. Die Handwerksordnung regelt das Recht des Handwerks und zählt auch die verschiedenen Gewerbe auf, die als H. betrieben werden können; siehe Abbildung.

Handwerkskammer
Interessenvertretung aller selbständigen Handwerksunternehmen. Z.Zt. gibt es 45 Vertretungen innerhalb der Bundesrepublik.

Handwerksrolle
Verzeichnis der selbständigen Handwerker im Bezirk der jeweilig zuständigen Handwerkskammer. Die Eintragung in die H. ist Voraussetzung zur Führung eines Handwerkbetriebes. Einzutragen sind u.a. Art und Umfang des Betriebes, Staatsangehörigkeit, Geburtsdatum, Anschrift und abgelegte Befähigungsnachweise des Inhabers und des evtl. Betriebsleiters.

Hardware
Bezeichnung für alle Geräte einer EDV-Anlage. Dazu gehören sowohl die Zentraleinheit als auch externe Speicher und Ein- und Ausgabegeräte. Erst unter Hinzuziehung der ↑Software (Programme) ist die Datenverarbeitung ein funktionsfähiges System.

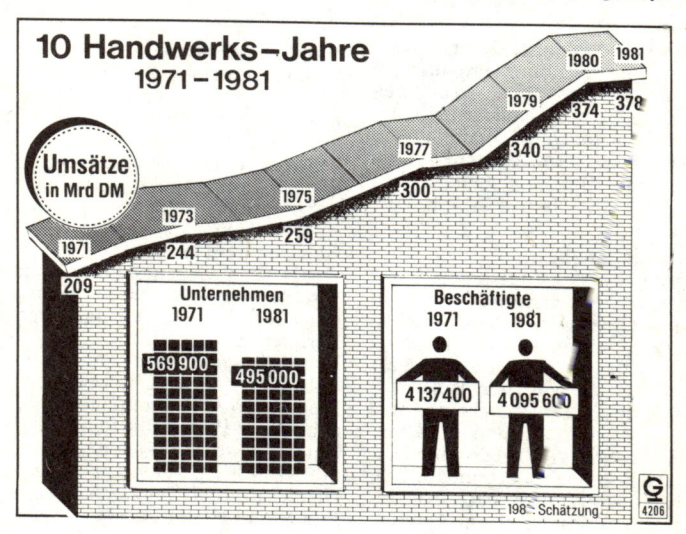

10 Handwerks–Jahre 1971–1981

Umsätze in Mrd DM

Jahr	1971	1973	1975	1977	1979	1980	1981
	209	244	259	300	340	374	378

(1977: 300; zusätzlich ausgewiesen)

Unternehmen
1971: 569 900
1981: 495 000

Beschäftigte
1971: 4 137 400
1981: 4 095 600

1981: Schätzung

Hauptabschlußübersicht
↑Betriebsübersicht.

Hauptbuch
in der doppelten Buchführung das Buch, das alle Geschäftsvorfälle zusammenfaßt und sämtliche Konten in sachlicher Ordnung hält. Die Sachkonten des Hauptbuches werden am Jahresende zur Bilanz abgeschlossen und am Jahresanfang wieder eröffnet. In der Durchschreibebuchführung wird das Sachkonto mit einem Blaupapier versehen auf das Grundbuch (Journal) gelegt. Somit erscheint die Buchführung sowohl auf dem Sachkonto, als auch im Journal.

Hauptversammlung
beschlußfassendes Organ der↑Aktiengesellschaft, neben Vorstand und Aufsichtsrat. Die H. besteht aus der Versammlung aller Aktionäre oder ihrer Bevollmächtigten.

Haushalt
ein verschieden verwendeter Begriff:
I. *Privater Haushalt.* Zusammen wohnende Personengruppe, meistens Familien, aber auch Einzelpersonen.
II. *Staatshaushalt.* Einnahmen- und Ausgabenaufstellung von Bund, Ländern oder Gemeinden. ↑Budget; siehe Abbildung.

Bundeshaushalt 1982
PLAN

Einnahmen 240,5 Milliarden DM | Ausgaben 240,5 Milliarden DM

Einnahmen		Ausgaben	
Lohn- u. Einkommensteuer	68,2	53,8	Arbeit und Soziales
		44,3	Verteidigung
Umsatzsteuer	60,2	26,0	Schuldendienst
		24,8	Verkehr
Mineralölsteuer	22,8	18,7	Jugend, Familie
Tabaksteuer	13,0	10,2	Pensionen
Ertrag- u. Körperschaftst.	12,7	6,6	Forschung
Branntweinabgabe	4,6	6,1	Landwirtschaft
Gewerbesteueruml.	3,1	6,0	Entwicklungshilfe
Bundesbankgewinn	10,5	5,0	Wohnungsbau
		4,6	Wirtschaft
sonstiges	18,6	4,4	Bildung
Netto-Kreditaufnahme	26,8	30,0	sonstiges

Hauptkostenstellen
Begriff aus der Kosten- und Leistungsrechnung. Grundsätzlich werden hierunter die Bereiche Material, Fertigung, Verwaltung und Vertrieb verstanden. Der Bereich der Fertigung kann je nach Bedarf erweitert werden, z.B. in die H. Fräserei, Dreherei, Bohrerei.

Hauptspeicher
Bestandteil der Zentraleinheit einer EDV-Anlage, der Arbeitsanweisungen (Programme) sowie eingegebene und verarbeitete Daten speichert.

Hausse
(frz.: Ansteigen); Bezeichnung für Perioden steigender Kurse von Wertpapieren oder Waren. – Gegensatz: ↑Baisse.

Hebesatz
Prozentsatz, der als Multiplikator für die Berechnung der Grund- und Gewerbesteuer von den Gemeinden festgesetzt wird. In der Bundesrepublik schwankt er derzeit zwischen 80% und 500%.

Hemmung der Verjährung
Zeitraum, in dem der Schuldner nicht zu zahlen braucht und der Lieferer nicht eintreiben kann. Dieser Zeitraum wird der normalen Verjährungsdauer hinzugerechnet. Gründe der Hemmung: Stundung der Schuld durch den Gläubiger; berechtigter Einspruch des Schuldners oder Konkurs- oder Vergleichsverfahren des Schuldners.

Hermes Kreditversicherung
Versicherungsgesellschaft, die im Auftrage des Bundes Kreditversicherungen betreibt. Die H.K. wickelt als federführende Versicherung staatliche Ausfuhrgarantien und -bürgschaften ab. Sie übernimmt dadurch die politischen und wirtschaftlichen Risiken der Exporteure.

Herstellkosten
kalkulatorischer Begriff für die bei der Produktion entstandenen Kosten.
Berechnung: Materialeinzelkosten + Materialgemeinkosten = Materialkosten (MK); Fertigungseinzelkosten + Fertigungsgemeinkosten + evtl. Sondereinzelkosten der Fertigung = Fertigungskosten (FK). MK + FK = Herstellkosten der Produktion +/- Bestandsveränderung = Herstellkosten des Umsatzes. Die H. des Umsatzes dienen als Berechnungsgrundlage zur Feststellung der Gemeinkostenzuschläge für Verwaltung und Vertrieb.

Herstellungskosten
Ermittlung des Wertes von Gütern, die im eigenen Betrieb erstellt worden sind und nach aktienrechtlichen Gesichtspunkten zu bewerten sind. Zu den H. gehören mindestens die Einzelkosten (Rohstoffverbrauch und Fertigungslöhne) und die Gemeinkosten für den Material- und Fertigungsbereich. Nach Aktiengesetz können in die H. auch noch anteilige Verwaltungsgemeinkosten eingerechnet werden.

Hifo-Methode
Abkürzung für: *h*ighest-*i*n-*f*irst-*o*ut, Bewertungsregel für Vorräte. Es wird dabei davon ausgegangen, daß die am teuersten eingekauften Waren zuerst verbraucht werden. Nach deutschem Steuerrecht nicht zulässig.

Hilfsbücher
ergänzende Bücher zum Hauptbuch. Die H. spezifizieren das Hauptbuch; z.B. wird das Konto Forderungen im Hauptbuch durch das Kontokorrentbuch (Hilfsbuch) verdeutlicht, da die Kunden im einzelnen in diesem Geschäftsfreundebuch aufgeführt sind. Weitere H. sind das Wechselbuch, das Akzeptbuch, das Wareneingangs- und Warenausgangsbuch.

Hilfskostenstelle
organisatorischer Ausdruck für solche Kostenbereiche, die nicht direkt an der Herstellung beteiligt sind, z.B. die Konstruktionsabteilung.

Hilfslöhne
Lohnkosten, die nicht direkt mit der Fertigung zusammenhängen, z.B Lohn des Gabelstaplerfahrers, der Reinigungskolonnen, der Lagerverwaltung. H. werden als Gemeinkosten im Betriebsabrechnungsbogen verteilt.

Hilfsstoffe
Bezeichnung der Stoffe in produzierenden Industrien, die zwar, ebenso wie die Rohstoffe, in das Produkt eingehen, aber im Gegensatz zu diesen nur Nebenbestandteile sind (z.B. Rostschutzfarbe, Lacke, Leim). H. sind Gemeinkosten und werden im Betriebsabrechnungsbogen verteilt.

Hochkonjunktur
eine Phase im Konjunkturverlauf; ↑Konjunkturphase.

Höchstbeiträge
↑Beitragsbemessungsgrenzen.

höhere Gewalt
ein Ereignis, das nicht vorhersehbar und von niemanden zu vertreten ist, z.B. Blitzschlag, Überschwemmung. Der Schuldner haftet in diesem Fall nicht. Ausnahmen: Befindet sich der Kunde im Annahmeverzug oder der Lieferant im Lieferungsverzug, so haftet der Betreffende auch für den zufälligen, unverschuldeten Untergang der Ware, also auch bei h.G.

Holding-Gesellschaft
Sonderform im Konzernbereich, bei der die Beherrschung der Konzernmitglieder von einer Dachgesellschaft (der Holding) aus erfolgt, die lediglich die angeschlossenen Betriebe verwaltet, ohne selbst Produktions- oder Handelsaufgaben zu übernehmen. Die H.-G. hält die Mehrheit der Aktien der angeschlossenen Gesellschaften und gibt dafür ihrerseits Aktien der H.-G. an die angeschlossenen Unternehmen als Ausgleich zurück, jedoch nie so viel, daß eine Beherrschung von seiten der untergeordneten Gesellschaften möglich wäre. Die angeschlossenen Gesellschaften bleiben rechtlich selbständig, d.h. der Firmenname bleibt nach außen hin bestehen.

Holschuld
eine Schuld, die am Wohnsitz des Schuldners zu erfüllen ist. Bei zweiseitigen Handelsgeschäften sind Warenschulden grundsätzlich Holschulden, d.h. der Kunde ist verpflichtet, die Ware vom Wohnsitz des Lieferers abzuholen. – Gegensatz: †Bringschuld, Schickschuld.

horizontaler Konzern
Unternehmenszusammenschluß, der Betriebe der gleichen Produktionsstufe umfaßt. – Gegensatz: vertikaler Konzern.

Humanisierung der Arbeit
sämtliche Maßnahmen, um die Tätigkeit der Mitarbeiter menschlicher (menschenwürdiger) zu machen. Einsatzbereiche: Betriebsklima, Arbeitsmittel, Arbeitszeit, Arbeitsraum, Sicherheit am Arbeitsplatz, Organisation, Führung. Beispiel *Arbeitsraum:* Im Büro sollten jedem Mitarbeiter 15–20 m² zur Verfügung stehen. Belüftung, Beleuchtung und Temperatur haben zum gesundheitlichen Wohlbefinden beizutragen, ein bestimmter Geräuschpegel ist nicht zu überschreiten.

Human Relations
anglo-amerikanischer Begriff, der die Pflege zwischenmenschlicher Beziehungen im Betrieb zum Gegenstand hat. Z.B. versucht man, durch Verbesserung des Betriebsklima, v.a. zwischen Vorgesetzten und Untergebenen, den Pesonalwechsel in einem Unternehmen so gering wie möglich zu halten, da durch Entlassungen und Einarbeitungen von neuen Mitarbeitern erhebliche Kosten entstehen.

Hypothek
(griech.: Unterpfand); H. ist ein Grundpfandrecht, mit dem ein Grundstück belastet wird. Die H. wird zur Sicherheit einer Forderung gegeben und erlischt bei Tilgung der Schuld. Die H. wird ins Grundbuch eingetragen. Solange die H. im Grundbuch steht, gilt sie als gewährt, da sich ein Dritter auf Eintragungen im Grundbuch verlassen kann. Der Hypothekeninhaber kann sich bei Nichtrückzahlung des gewährten Kredits aus dem Grundstück befriedigen. †Zwangsvollstreckung. Ist die H. in Briefform ausgestellt, so genügt für ihn die Vorlage des Briefes (Briefhypothek). Wird über die H. kein Brief ausgestellt, spricht man von Buchhypothek. Eine Sonderrolle spielt die Sicherungshypothek, bei der im Zweifel der Gläubiger das Bestehen der Forderung beweisen muß.

I

IHK
↑Industrie- und Handelskammer.

Illiquidität
Zustand eines Unternehmens, in dem die kurzfristigen Verbindlichkeiten nicht mehr durch flüssige Mittel gedeckt sind. Das führt zwangsläufig dazu, daß das Anlagevermögen »flüssig« gemacht wird, z.B. durch Sicherungsübereignung des Maschinenparks oder durch Hypothekenkredite. Daher die Forderung, langfristiges Vermögen (Anlagevermögen) langfristig und kurzfristiges Vermögen (Umlaufvermögen) kurzfristig zu finanzieren (Goldene Finanzregel).

Image
umfassender Ausdruck über das Erscheinungsbild einer Firma, wie Werbestil, Geschäftsgebaren, Geschäftsmarke und -ausstattung.

IMF, International Monetary Fund
(engl.: Internationaler Währungsfonds = IWF); gegründet 1944 in Bretton Woods. Der IMF sollte zur Neuordnung der internat. Wirtschaftsbeziehungen beitragen. Hauptziele:
I. *Förderung der Zusammenarbeit* in der Währungspolitik und des zwischenstaatlichen Zahlungsverkehrs, v.a. bei der Behebung von Ungleichgewichten der Zahlungsbilanzen.
II. *Förderung der Währungsstabilität;* Verhinderung von Abwertungen aus Wettbewerbsgründen.
III. *Erleichterung* eines ausgeglichenen *Wachstums* im Welthandel.
IV. *Einrichtung* eines weltweiten *Zahlungssystems* zwischen den Mitgliedern und Beseitigung von Devisenbeschränkungen.
Um diese Aufgaben durchführen zu können, wurde vereinbart, daß jedes Mitglied eine bestimmte Quote in den Fonds zu zahlen hat, die von seiner Wirtschaftskraft abhängt. 25% sind in Gold, 75% in der jeweiligen Landeswährung zu leisten. Aus diesem, von allen 139 beteiligten Ländern getragenen Fonds gewährt der IMF den Mitgliedern bei Bedarf Kredite zwischen 3-5 Jahre, wenn deren Devisenbestände für notwendige Importe aufgebraucht sind. Das devisensuchende Land gibt dafür eigene Währung hin. Durch die international immer größer werdende Nachfrage nach Devisen und die sich stark verschieden entwickelnden Volkswirtschaften, wurde 1962 zwischen dem IMF und den 10 größten Industriestaaten (Zehnerclub) eine Vereinbarung getroffen, daß im Notfall bis zu 6 Milliarden amerikanische Dollar zusätzlich zur Verfügung gestellt werden. Der Anteil der Bundesrepublik beträgt 1 Milliarde. Seit 1970 werden den Mitgliedstaaten entsprechend ihrer Quoten, also nicht unbeschränkt, Kredite in Form von Sonderziehungsrechten eingeräumt. Diese Rechte versetzen das begünstigte Land in die Lage, von einem anderen Land Devisen zu erhalten.

immaterielle Wirtschaftsgüter
sind nichtkörperliche Gegenstände des Anlagevermögens, z.B. Lizenzen, Patente, Firmenwert. Sie können nur dann aktiviert werden, wenn sie entgeltlich erworben werden. Selbstgeschaffene (orginäre) i.W. dürfen nicht in die Bilanz gebracht werden.

Immissionsschutz
im Bundesimmissionsschutzgesetz verankerter, gegen rechtswidrige Einwirkung auf Personen durch Dämpfe,

indirekte Steuern

Gase und andere gefährliche Luftverschmutzung gerichteter Schutz. Betriebe, die zur Luftverschmutzung beitragen, bedürfen bei der Errichtung, Herstellung und Ausrüstung ihrer Anlagen einer Genehmigung. Unter den I. fallen auch Lärmbelästigungen und Abfallbeseitigungen. Zur Wahrung und Einhaltung bestehender Immissionsgesetze ist ein Immissionsschutzbeauftragter vom Betreiber zu bestellen.

Immobilien
Bezeichnung für Gegenstände, die nicht beweglicher Natur sind, z.B. Grundstücke.

Immunität
(lat.: immunis = frei); vorwiegend im politischen und diplomatischen Bereich verwendeter Ausdruck für Personen, die nicht strafverfolgungsfähig sind, z.B. diplomatischer Vertreter im Ausland. Im parlamentarischen Rahmen sind Abgeordnete nur dann strafverfolgungsfähig, wenn der Bundestag die I. aufhebt.

Imparitätsprinzip
bilanzieller Bewertungsgrundsatz. I. bedeutet, daß noch nicht durch Verkauf realisierte Gewinne nicht berücksichtigt werden dürfen, nicht realisierte Verluste aber Berücksichtigung finden müssen.
Beispiel: Anschaffungswert von Wertpapieren 10 000 DM. Am Bilanzstichtag haben die Wertpapiere einen Wert von 15 000 DM. Der Gewinn von 5 000 DM ist aber durch Verkauf noch nicht zu Geld geworden, also noch nicht realisiert. Bilanzbewertung: 10 000 DM.
Hätten die Wertpapiere am Bilanzstichtag einen Wert von 7 000 DM, so müßten diese angesetzt werden, obwohl der Verlust von 3 000 DM noch nicht realisiert wurde (Vorsichtsprinzip).

imperatives Mandat
Auftrag z.B. an einen Abgeordneten, der den Weisungen seiner Partei od. Gruppe unterworfen ist. – Gegensatz: ↑ freies Mandat.

Import
↑ Einfuhr.

Importeur
Kaufmann, der Waren aus dem Ausland ins zollpflichtige Inland einführt. Der Zustand der Ware spielt dabei keine Rolle.

Importierte Inflation
Inflation im Inland, ausgelöst durch Preisniveausteigerungen im Ausland. Dadurch verstärkte Nachfrage nach inländischen Gütern. Folge: Güterabfluß-Devisenzufluß = binnenIand. Ungleichgewicht zwischen Gütern u. Geldmenge. Auch durch verstärkte Kapitalanlagen des Auslands im Inland möglich.

Incoterms
(engl. Abkürzung für: *I*nternational *C*ommercial *Terms* = internationale Handelsbedingungen); die I. legen verbindlich internationale Lieferungsbedingungen fest, insbesondere welcher der Vertragspartner die Fracht- und Versicherungskosten zu tragen hat, wer das Risiko zu tragen hat, wo die Gefahr des Untergangs der Ware auf den Käufer übergeht. Die internationale Handelskammer in Paris ist für Kompetenzstreitigkeiten zuständig.

indirekte Abschreibung
Begriff aus der Buchhaltung. Bei der i.A. wird der Anschaffungswert eines Gegenstandes auf dem Anlagenkonto belassen und ein Konto ↑ Wertberichtigung eingerichtet, auf dem die Abschreibungsbeträge gesammelt werden. In der Bilanz erscheint auf der Aktivseite das Anlagegut somit mit dem Anschaffungswert und auf der Passivseite das Korrekturkonto Wertberichtigungen mit den bisher angefallenen Abschreibungsbeträgen.
Buchungssatz: Abschreibungen auf Anlagen an Wertberichtigungen auf Anlagen.

indirekter Vertrieb
Vertriebsweg vom Hersteller zum Endverbraucher unter Zuhilfenahme von selbständigen Handelsstufen (Großhandel, Einzelhandel).

indirekte Steuern
Bezeichnung für die Gruppe der

individuelle Vereinbarung

Steuern (Verbrauchsteuern, Verkehrsteuern), die direkt auf die Preise von Gebrauchs- oder Verbrauchsgütern überwälzt werden, z.B. Mineralölsteuern, Tabaksteuer, Mehrwertsteuer, Biersteuer. Die Steuer knüpft an die Verwendung des Einkommens an.

individuelle Vereinbarung
im Arbeitsvertrag zwischen dem einzelnen Arbeitgeber und dem einzelnen Arbeitnehmer geschlossene Abmachung, z.b. über die Dauer der Probezeit, Urlaubsregelung, Entlohnung.

Indossament
(ital.: in dosso = auf dem Rücken); I. ist ein Übertragungsvermerk auf der Rückseite von Orderpapieren (z.B. Wechsel, Namensschecks, Namensaktien), mit dem der derzeitige Inhaber alle Rechte auf den rechtmäßigen Erwerber überträgt. Arten:
I. *Vollindossament.* Übertragungsvermerk ohne Einschränkungen.
II. *Blankoindossament.* Der Wechsel wird lediglich mit dem Firmenstempel des Absenders und seiner Unterschrift versehen, da er nicht weiß, ob der Empfänger den Wechsel als Zahlungsmittel anerkennt.
III. *Rektaindossament.* Der Absender möchte nicht, daß der Wechsel noch weitergegeben wird. Zusatz »Nicht an deren Order«.
IV. *Angstindossament.* Der Übersender haftet nur dem Empfänger gegenüber für die Einlösung, nicht für eventuelle Nachmänner durch den Zusatz »ohne Obligo«.
V. *Inkassoindossament.* Meistens Anweisung an eine Bank, den Wechsel am Verfalltag dem Bezogenen vorzulegen.

Industriebetrieb
warenproduzierendes Gewerbe, das v.a. dadurch gekennzeichnet ist, daß entweder Rohstoffe gewonnen oder in größerem Rahmen verarbeitet und veredelt werden, daß eine Arbeitsteilung, v.a. in technische und kaufmännische Abteilungen durchgeführt wird und daß neben Fachkräften auch ungelernte und angelernte Arbeitskräfte beschäftigt sind und daß die Produktion im I. den Massenbedarf decken soll. Ein I. ist durch einen hohen Kapitaleinsatz gekennzeichnet.

Industriegesellschaft
Gesellschaftsform des 20. Jahrhunderts, geprägt durch die industrielle Produktion, Technisierung und Mechanisierung. Der einzelne hat keinen durch Geburt, Herkunft o.ä. begründeten Status, sondern sein Platz in der leistungsorientierten Gesellschaft richtet sich nach Einkommen, Beruf, Stellung in der Hierarchie, Mobilität, Bildung.

Industriegewerkschaft
Arbeitnehmervereinigung, die die Interessen aller in einem Industriezweig (Wirtschaftszweig) beschäftigten Arbeitnehmer vertritt, z.B. IG Metall, IG Bau-Steine-Erden.

Industriekalkulation
Kalkulationsform, die im Schwerpunkt die Äquivalenzzifferkalkulation, Zuschlagkalkulation und Deckungsbeitragsrechnung umfaßt.

Industriekontenrahmen
verbindlicher Organisationsplan, in dem alle Konten eines Industriebetriebes systematisch erfaßt sind. Gliederung: Bilanzkonten Klasse 0-4; Erfolgskonten Klasse 5-7; Eröffnung und Abschluß Klasse 8. Die Klasse 9 ist für die Kosten- und Leistungsrechnung freigehalten; siehe Abbildung.

industrielles Rechnungswesen
umfassender Begriff für die in Industriebetrieben angewendete Rechnungslegung. Das immer größer werdende Volumen und die komplizierteren Verbindungen untereinander sowie die Beeinflussung durch außerbetriebliche Größen auf Aufwand und Ertrag zwingen die Unternehmen, die Mittelherkunft und -verwendung, die Überprüfung der Aufwendungen und Erträge exakt und kurzfristig durchzuführen. Teilbereiche: ↑Buchführung, ↑Kostenrechnung, Statistik und Planung.

Industriekontenrahmen

Industriekontenrahmen

Bestands-Konten		
Aktivkonten		
Klasse 0 Sachanlagen und Immaterielle Anlagewerte	**Klasse 1** Finanzanlagen und Geldkonten	**Klasse 2** Vorräte, Forderungen und aktive Rechnungsabgrenzung

00 Frei (bei Kapitalgesellschaften: Ausstehende Einlagen auf das Grund- oder Stammkapital)
01 Grundstücke mit Geschäfts-, Fabrik- und ähnlichen Bauten
02 Grundstücke und grundstücksgleiche Rechte mit Wohnbauten
03 Unbebaute Grundstücke
04 Eigene Bauten auf fremden Grundstücken
05 Maschinen und maschinelle Anlagen
06 Betriebs- und Geschäftsausstattung
   060 Betriebs- und Geschäftsausstattung
   061 Werkzeuge, Modelle
   064 Fuhrpark
   069 Geringwertige Wirtschaftsgüter der Betriebs- und Geschäftsausstattung
07 Frei
08 Im Bau befindliche Anlagen
   080 Anlagen im Bau (Fremdherstellung)
   081 Anlagen im Bau (Eigenherstellung)
09 Konzessionen, Schutzrechte und Lizenzen
	10 Beteiligungen (kapitalmäßig)
	11 Wertpapiere des Anlagevermögens
	12 Darlehen (langfristige Finanzforderungen mit einer Laufzeit von mindestens 4 Jahren)
	13 Besitzwechsel
	   130 LZB diskontfähige Wechsel
	   131 Nicht diskontfähige Wechsel
	   132 Protestwechsel
	14 Schecks von Kunden
	15 Kasse, Landeszentralbank- und Postscheckguthaben
	   150 Hauptkasse
	   151 Nebenkassen
	   158 LZB-Guthaben
	   159 Postscheckguthaben
	16 Guthaben bei Kreditinstituten (Banken)
	17 Wertpapiere des Umlaufvermögens
	18 Frei (bei Aktiengesellschaften: eigene Aktien)
	19 Frei
		20 Roh-, Hilfs- und Betriebsstoffe, Fremdbauteile
		   200 Rohstoffe
		      2000 Rohstoffbestände
		      2001 Bezugskosten
		      2002 Nachlässe durch Lieferer
		      2003 Liefererskonto
		   201 Hilfsstoffe
		      Untergliederung wie 200
		   202 Betriebsstoffe
		      Untergliederung wie 200
		   203 Fremdbauteile
		      Untergliederung wie 200
		21 Unfertige Erzeugnisse
		22 Fertige Erzeugnisse, Waren
		   220 Fertige Erzeugnisse
		   225 Handelswaren
		      Untergliederung wie 200
		23 Eigene Anzahlungen für Gegenstände des Umlaufvermögens
		24 Forderungen aus Lieferungen und Leistungen
		   240 Forderungen a. LL.
		   241 Zweifelhafte Forderungen
		25 Frei (Bei AG Forderungen an verbundene Unternehmen)
		26 Frei
		27 Frei
		28 Andere Vermögenswerte
		   280 Vorsteuer (Umsatzsteuer)
		   281 Sonstige Forderungen an das Finanzamt
		   282 Darlehen an Dritte mit einer Laufzeit bis zu 4 Jahren
		   284 Forderungen an Betriebsangehörige (Lohn- und Gehaltsvorschüsse)
		   289 Sonstige Forderungen
		29 Aktive Rechnungsabgrenzung und Bilanzverlust
		   290 Aktive Rechnungsabgrenzung
		   299 Bilanzverlust

Industriekontenrahmen

Bestands-Konten		Erfolgskonten
Passivkonten		Ertragskonten
Klasse 3 Eigenkapital, Wertberichtigungen und Rückstellungen	**Klasse 4** Verbindlichkeiten und passive Rechnungsabgrenzung	**Klasse 5** Erträge

30–32 Eigenkapital
bei Personengesellschaften
30 Kapital A
    301 Privat A
31 Kapital B
32 Kapital C
bei Kapitalgesellschaften
30 Grund- oder Stammkapital
31 Gesetzliche Rücklage
32 Andere Rücklagen
33 Frei
34 Sonderposten mit Rücklagenanteil
35 Wertberichtigungen zu Sachanlagen
  351 Wertberichtigungen auf Gebäude
  355 Wertberichtigungen auf Maschinen
  356 Wertberichtigungen auf Betriebs- und Geschäftsausstattung
36 Wertberichtigungen zu Beteiligungen und Wertpapieren des Anlagevermögens
37 Wertberichtigungen zu Forderungen
  370 Pauschalwertberichtigung
  371 Einzelwertberichtigungen
38 Pensionsrückstellungen
39 Andere Rückstellungen (für Steuern, Prozesse, Gewährleistungen u. a.)
	40 Anleihen mit einer Laufzeit von mindestens 4 Jahren (Obligationen)
	41 Verbindlichkeiten gegenüber Kreditinstituten mit einer Laufzeit von mindestens 4 Jahren
	  410 Bankdarlehen
	  411 durch Grundbucheintragung gesicherte langfristige Verbindlichkeiten (Hypotheken, Grundschulden)
	42 Sonstige Verbindlichkeiten mit einer Laufzeit von mindestens 4 Jahren
	  420 Darlehen (nicht von Banken)
	  421 Hypotheken und Grundschulden (nicht von Banken)
	43 Verbindlichkeiten aus Lieferungen und Leistungen
	44 Schuldwechsel
	45 Verbindlichkeiten gegenüber Kreditinstituten mit einer Laufzeit bis zu 4 Jahren
	46 Erhaltene Anzahlungen
	47 Frei
	(bei AG: Verbindlichkeiten gegenüber verbundenen Unternehmen)
	48 Andere Verbindlichkeiten
	  480 Mehrwertsteuer
	  481 Noch abzuführende Abgaben
	  482 Darlehen von Dritten mit einer Laufzeit bis zu 4 Jahren
	  484 Lohnabrechnung
	  485 Sonstige Verbindlichkeiten
	  488 Gewinnanteile
	  489 Sonstige Verbindlichkeiten
	49 Passive Rechnungsabgrenzung und Bilanzgewinn
	  490 Passive Rechnungsabgrenzung
	  499 Bilanzgewinn
		50 Umsatzerlöse (und Erlösberichtigungen)
		  500 Umsatzerlöse Fertigerzeugnis A
		    5000 Verkaufskonto A
		    5001 Erlösberichtigungen
		    5002 Kundenskonto
		  508 Umsatzerlöse für Handelswaren Untergliederung wie 500
		  509 Sonstige Erlöse aus Nebengeschäften (Zusatzerlöse u. a.)
		51 Bestandsveränderungen an unfertigen und fertigen Erzeugnissen
		52 Zu aktivierende Eigenleistungen
		53 Erträge aus Gewinngemeinschaften und Finanzanlagen (Erträge aus 10, 11 und 12)
		54 Sonstige Zinsen und ähnliche Erträge
		  540 Zinsen (Bank-, Verzugszinsen, Dividenden)
		  541 Diskont
		  542 Den Zinsen ähnliche Erträge (Teilzahlungszuschläge, Agio, Disagio, Damnum)
		  543 Erträge aus Wertpapieren
		55 Erträge aus dem Abgang von Gegenständen des Anlagevermögens
		56 Erträge aus der Herabsetzung der Pauschalwertberichtigung zu Forderungen
		57 Erträge aus der Auflösung von Rückstellungen
		58 Erträge aus der Auflösung von 34
		59 Sonstige Erträge
		  590 Erlöse aus Vermietung und Verpachtung
		  591 Verschiedene sonstige Erträge
		  592 Betriebsfremde und a. o. Erträge

Industriekontenrahmen

Erfolgskonten		Eröffnungs- und Abschlußkonten
Aufwandskonten		
Klasse 6 Material- und Personalaufwendungen, Abschreibungen und Wertberichtigungen	**Klasse 7** Zinsen, Steuern und sonstige Aufwendungen	**Klasse 8** Eröffnungs- und Abschlußkonto
60 Aufwendungen für Roh-, Hilfs- und Betriebsstoffe sowie Handelswaren 600 Rohstoffverbrauch 601 Verbrauch von Fremdbauteilen 603 Hilfsstoffverbrauch 604 Betriebsstoffverbrauch 605 Werkzeuge usw. 606 Sonstige Betriebsstoffe (Kleinmaterial, Reinigungs- und Schmiermaterial) 608 Aufwendungen für Wareneinsatz 61 Frei 62 Personalaufwendungen 620 Löhne 621 Gehälter 622 Zuwendungen an Lohn- und Gehaltsempfänger (z. B. Urlaubsgeld, Weihnachtsgeld u. ä.) 63 Soziale Abgaben (gesetzlich vorgeschrieben) 630 Arbeitgeberanteile zur Sozialversicherung 632 Beiträge zur Unfallversicherung (Berufsgenossenschaft) 64 Aufwendungen für Altersversorgung und Unterstützung 65 Sonstige Personalaufwendungen (Belegschaftsveranstaltungen, Dienstjubiläen, Aus- und Weiterbildung, Fahrtkostenerstattung u. ä.) 66 Abschreibungen und Zuführungen zu Wertberichtigungen auf Sachanlagen und immaterielle Anlagewerte 660 Abschreibungen auf Gebäude 664 Abschreibungen auf Maschinen und maschinelle Anlagen 665 Abschreibungen auf Betriebs- und Geschäftsausstattung 669 Abschreibungen auf geringwertige Anlagegüter 67 Abschreibungen und Zuführungen zu Wertberichtigungen auf Finanzanlagen (Beteiligungen, Wertpapiere des Anlagevermögens) 68 Verluste aus Wertminderungen von Posten des Umlaufvermögens 680 Verluste aus Forderungsausfällen (Einzelwertberichtigung) 689 Abschreibungen auf Forderungen 69 Verluste aus dem Abgang von Gegenständen des Anlagevermögens	70 Zinsen und ähnliche Aufwendungen 700 Zinsen für Kredite 701 Verzugszinsen 702 Diskont 703 Kredit- und Überziehungsprovision, Disagio, Damnum 709 Sonstige Zinsen 71 Steuern vom Einkommen, vom Ertrag und vom Vermögen 710 Körperschaftsteuer 711 Kapitalertragsteuer 712 Gewerbesteuer (Kapital und Ertrag) 715 Grundsteuer 716 Vermögensteuer 719 A. o. Steueraufwand (Nachzahlungen) 72 Sonstige Steuern 720 Kfz.-Steuer 722 Wechselsteuer 723 Verbrauchssteuern 728 Andere Steuern 73 Aufwendungen aus Verlustübernahme 74 Einstellungen in Sonderposten mit Rücklageanteil 740 Aufwendungen für Preissteigerungen 741 Aufwendungen für Ersatzbeschaffung 75 Aufwendungen für die Inanspruchnahme von Rechten sowie für Fremdleistungen 750 Mieten und Pachten 753 Reparaturen, Instandhaltung 755 Ausgangsfrachten 756 Prüfung, Beratung, Rechtsschutz 757 Provisionen (Vertreter u. a.) 76 Aufwendungen für Materialien und Kommunikation 761 Verpackungsmaterialien 762 Büromaterialien 764 Postaufwendungen 765 Reisen 766 Werbung 769 Sonstige Aufwendungen 77 Aufwendungen für den Zahlungsverkehr sowie Versicherung und Gebühren 770 Kosten des Geldverkehrs 773 Versicherungen 776 Beiträge, Gebühren 78 Sonstige Aufwendungen 780 Spenden 781 Schadensfälle 789 Verschiedene sonst. Aufwendungen 79 Frei (bei Aktiengesellschaften: Aufgrund einer Gewinngemeinschaft, eines Gewinnabführungs- und eines Teilgewinnabführungsvertrages abgeführte Gewinne)	80 Eröffnungsbilanzkonto I. Einzelunternehmen Personengesellschaften 87 Gewinn- und Verlustkonto 88 Gewinn- und Verlustverteilungskonto II. Aktiengesellschaften 81 Jahresüberschuß/Jahresfehlbetrag 82 Gewinnvortrag/Verlustvortrag aus dem Vorjahr 83 Entnahmen aus der gesetzlichen Rücklage 84 Entnahmen aus freien Rücklagen 85 Einstellungen aus dem Jahresüberschuß in die gesetzliche Rücklage 86 Einstellungen aus dem Jahresüberschuß in freie Rücklage 87 Bilanzgewinn / Bilanzverlust 88 Frei 89 Schlußbilanzkonto

Industrieobligation

Industrieobligation
Schuldverschreibung der Industrie. Die I. ist ein festverzinsliches Wertpapier, das dem Inhaber eine Gläubigerstellung einräumt. Sie wird häufig unter dem Nennwert (z.B. 98%) ausgegeben und über dem Nennwert (z.B. 103%) zurückgezahlt.
Arten: Wandelschuldverschreibung, Optionsanleihe.

Industrie- und Handelskammer (IHK)
als Körperschaft des öffentlichen Rechts eine von staatlicher Seite gewollte Interessenvertretung der gewerblichen Wirtschaft mit Zwangsmitgliedschaft.
Sämtliche Kaufleute müssen sich bei der Gründung bei der IHK anmelden. (Einzelunternehmen, Personengesellschaften oder juristische Personen des privaten und öffentlichen Rechts).
Die IHK berät die angeschlossenen Kaufleute in wirtschaftlichen Angelegenheiten, nimmt Kaufmannsgehilfenprüfungen ab und schlichtet bei Wettbewerbsstreitigkeiten unter den Kaufleuten. *Organe:*
I. Der *Beirat*, der von den Mitgliedern gewählt wird.
II. Das *Präsidium*, das von dem Beirat bestellt wird.
III. Der *Geschäftsführer*, der vom Beirat und Präsidium bestellt wird.

Industrieverbandsprinzip
Gliederungsweise der deutschen Gewerkschaften (seit 1945) nach Industriezweigen bzw. Branchen.
Gegensatz: Berufsverbandsprinzip.

Inflation
ein Prozeß allgemeiner Preissteigerungen. *Arten und Ursachen:* siehe Abbildungen Seite 109.
Auswirkungen: Flucht in die Sachwerte; Sparer werden durch die Geldentwertung benachteiligt; Schuldner haben Vorteile, da der Realwert der Verbindlichkeiten abnimmt. Langfristig gefährdet I. die soziale Sicherheit und den Wohlstand.

Infrastruktur
Summe aller wirtschaftlichen und öffentlichen Einrichtungen eines Wirtschaftsraums; Bereiche: Verkehr, Energie, öffentliche Einrichtungen wie Krankenhäuser, Schulen.

Inhaberaktie
übliche Aktienform, die lediglich durch Einigung und Übergabe der Aktie weiterveräußert werden kann. Gewöhnlich handelt es sich um Stammaktien.

Inhaberschuldverschreibung
der Aussteller einer I. verspricht, an denjenigen zu leisten, der ihm das Papier vorlegt und auf Wunsch aushändigt. Die Leistung kann er nur dann verweigern, wenn das Papier gestohlen wurde oder gefälscht war. Die Übertragung einer I. an einen anderen ist nur durch Einigung und Übergabe möglich. Im übrigen wird der Aussteller auch dann frei, wenn er unwissentlich an einen nichtberechtigten Inhaber leistet. Abhandengekommene Papiere können im Wege eines Angebotsverfahrens für kraftlos erklärt werden.

Inkassoindossament
durch Indossament übertragene Berechtigung an einen Dritten, meistens eine Bank, den Wechsel am Verfalltag dem Bezogenen vorzulegen und einzukassieren.

Inkassoprovision
Vergütung für die Tätigkeit eines Geldeinzugs. Vor allem wird die I. von Banken beim Einzug von Wechseln und vom Handelsvertreter beim Einzug von Geldbeträgen aus abgeschlossenen Geschäften verlangt, sofern er laut Dienstvertrag dazu ermächtigt wird.

Innenfinanzierung
Geldbeschaffung von Unternehmen durch eigene Ertragskraft, auch Selbstfinanzierung genannt. Die I. kann durch nicht ausgeschüttete Gewinne

Inflation

Inflationsarten

Offene Inflation:
Preissteigerungen sind für alle Wirtschaftssubjekte erkennbar.

Verdeckte (zurückgestaute) Inflation:
Preissteigerungen werden durch staatliche Höchst- und/oder Festpreise nicht für alle Wirtschaftssubjekte sofort erkennbar.

Schleichende Inflation:
Preissteigerungen sind niedrig, aber langanhaltend. Wird oft als Folge der Vollbeschäftigung angesehen.

Galoppierende Inflation (Hyperinflation)
Preissteigerungsraten liegen bei über 10 v.H. und verursachen eine Zerrüttung der Wirtschaft.

Inflationsursachen

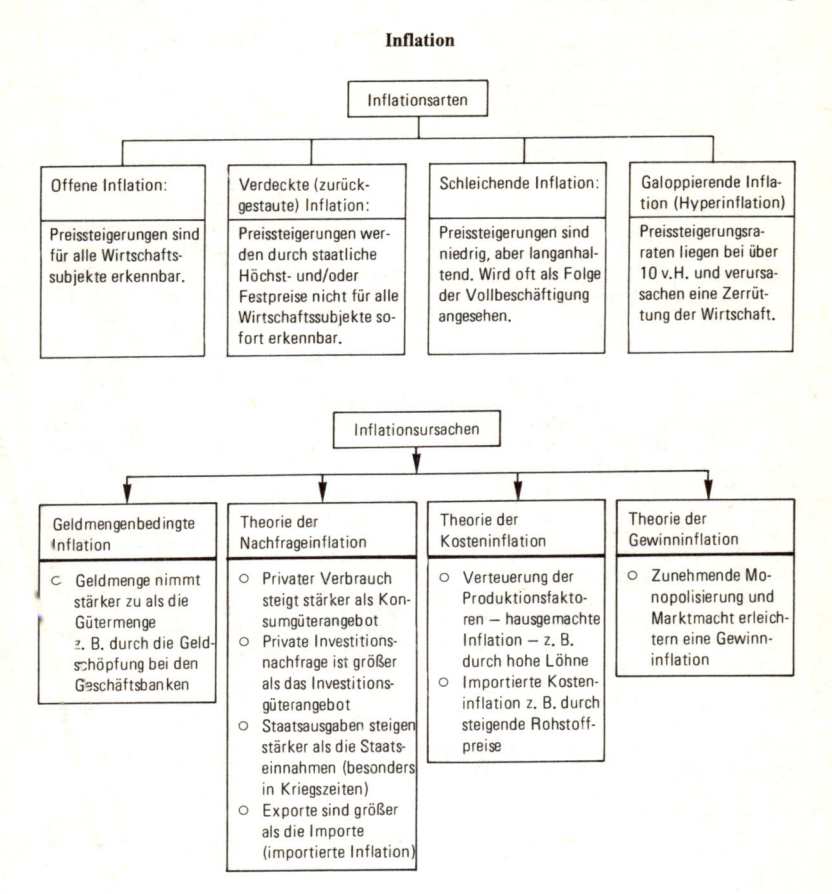

Geldmengenbedingte Inflation
- Geldmenge nimmt stärker zu als die Gütermenge z. B. durch die Geldschöpfung bei den Geschäftsbanken

Theorie der Nachfrageinflation
- Privater Verbrauch steigt stärker als Konsumgüterangebot
- Private Investitionsnachfrage ist größer als das Investitionsgüterangebot
- Staatsausgaben steigen stärker als die Staatseinnahmen (besonders in Kriegszeiten)
- Exporte sind größer als die Importe (importierte Inflation)

Theorie der Kosteninflation
- Verteuerung der Produktionsfaktoren — hausgemachte Inflation — z. B. durch hohe Löhne
- Importierte Kosteninflation z. B. durch steigende Rohstoffpreise

Theorie der Gewinninflation
- Zunehmende Monopolisierung und Marktmacht erleichtern eine Gewinninflation

(Gewinnthesaurierung), durch Abschreibungen, durch Einstellung des Agio bei der Ausgabe von Aktien in die gesetzliche Rücklage und durch einen evtl. Gewinnvortrag aus dem letzten Jahr erfolgen, wozu auch nicht ausgeschüttete Gewinne gehören.

innerbetriebliche Leistung

betriebliche Leistung, die nicht an Kunden verkauft wird, sondern im eigenen Betrieb Verwendung findet. Das kann sowohl eine Leistung sein, die mit dem Produktionsprozeß nichts zu tun hat (z.B. firmenangestellte Zimmerleute bauen einen werterhöhenden neuen Dachstuhl im Magazin), oder es werden Leistungen aus laufender Produktion entnommen (z.B. Maschinen, die sonst dem Verkauf dienen). In beiden Fällen sind Aufwendungen für Materialverbrauch, Lohnkosten und andere Gemeinkosten angefallen. Soweit es sich um Gegenstände des Anlagevermögens handelt, werden sie auf das jeweilige Anlagekonto verbucht

Innovation

und als Gegenkonto wird »aktivierte Eigenleistung« angesprochen. Somit sind die getätigten Aufwendungen im Soll der G+V- Rechnung im Haben wieder ausgebucht. Das Anlagegut wird im Laufe der Nutzungszeit abgeschrieben.

Innovation
(lat.: Erneuerung); Verwirklichung neuer Gedanken in Form von neuen Verfahrenstechniken, neuen Maschinen, neuen Produkten, neuer Organisation.

Input
(engl.: Energieeinsatz): mengenmäßiger Einsatz von Produktionsfaktoren und in einer anderen Bedeutung eine statistische Größe, die eine Vorleistung anderer Betriebe darstellt. Die Unternehmen werden bei der Feststellung des Bruttoinlandproduktes nur mit dem Teil der Werterstellung erfaßt, den sie selbst erwirtschaftet haben, also Werterstellung ./. von anderen Firmen bezogene Güter oder Leistungen, z.B. Material, Energie, Fremdleistungen jeder Art. – Gegensatz: Output (Ausstoß an Gütern).

Input-Output-Analyse
auf der Grundlage einer I.-O.Tabelle werden die wirtschaftlichen Verflechtungen der einzelnen Wirtschaftszweige dargestellt. In Gegenüberstellung der von anderen bezogenen Güter (Input) und der eigenen Erstellung (Output) wird der geleistete Produktionswert ermittelt.

Insolvenz
dauernde Zahlungsunfähigkeit. Das Insolvenzrecht umfaßt die Konkursordnung, die Vergleichsordnung und die Zwangsvollstreckung.

Interessengemeinschaft
organisatorische Verbindung rechtlich selbständiger Unternehmen mit vertraglich eingeschränkter wirtschaftlicher Selbständigkeit. Rechtsform ist oft die BGB-Gesellschaft. Ziel ist die gemeinsame Ausnutzung von Produktionsstätten, Herstellungsmethoden und Patenten.

Internationaler Währungsfonds (IWF)
↑ IMF.

Interventionspunkt
Punkt, bei dem die beteiligten Notenbanken die betreffende Währung verkaufen oder ankaufen müssen, je nach Höchst- oder Tiefststand einer Währung. Der I. wird zwischen Staaten (Notenbanken) vereinbart, um für Im- und Exportgeschäfte feste Wechselkurse zu haben. Leichte Schwankungsbreiten sind eingebaut, so z.B. im Europäischen Währungssystem, in dem die Kurse 2,25% über oder unter den vereinbarten Wechselkurs gehen können. Für den Dollar galt bis 1971 ein I., der dann aber aufgrund der internationalen Schwäche des Dollars aufgehoben wurde.

Inventar
ein mehrfach verwendeter Ausdruck: 1. als zusammenfassender Begriff für sämtliche Einrichtungsgegenstände eines Unternehmens. 2. ein Bestandsverzeichnis als Ergebnis der Inventur. 3. Im Erbrecht ist das I. ein Verzeichnis über den Nachlaß.

Inventur
lückenlose mengen- und wertmäßige Erfassung des Vermögens und der Schulden einer Unternehmung zu einem bestimmten Zeitpunkt durch Zählen, Wiegen und Messen. Nach HGB und Abgabenordnung ist jeder Kaufmann verpflichtet, zum Schluß eines jeden Geschäftsjahres eine I. zu erstellen. Durchführung: Der Inventurleiter gibt an die einzelnen Gruppen die Inventurunterlagen aus, auf denen die festzustellenden Mengen und Arten eingetragen werden müssen. Die betreffenden Preise werden später in der Buchhaltung eingesetzt. Während der I. führt eine Aufsichtsperson Stichproben durch, ob richtig gezählt oder aufgenommen wurde. Arten:
I. *Stichtags-I.* = meist zum 31.12. oder wenige Tage vor oder nach diesem Stichtag.
II. *Verlegte* I. = innerhalb von 3 Mon. vor bzw. 2 Mon. nach dem Stichtag kann die I. durchgeführt werden.

Nachteil: Alle Belege bis bzw. vom Stichtag an gelten als I.-Belege und müssen auch so aufbewahrt werden. Grund: bei einer Prüfung muß man auf den Stichtag (31.12.) zurückrechnen können.

III. *Permanente* I. = Voraussetzung ist eine Lagerbuchhaltung. Sie stimmt im Laufe des Jahres die Lagerkonten mit den Ist-Beständen ab.

Investition
Anlage von Geld in Produktionsmitteln. Arten:
I. *Nettoinvestition* bedeutet Erweiterungsinvestition.
II. *Re-Investition* ersetzt nur abgeschriebene Anlagen, daher auch Ersatzinvestition genannt.
III. *Vorratsinvestition* erhöht die Lagerbildung. Die Punkte I-III bilden zusammen die Bruttoinvestition. Volkswirtschaftlich betrachtet wird eine Erhöhung des Gesamtkapitals dann erreicht, wenn die Nettoinvestition ein Plus ausweist.
Private I. führen zur Erweiterung und Modernisierung der Unternehmen. Dadurch kommt es i.d.R. zu Produktionssteigerungen und bei genügend Nachfrage zu mehr Absatz (Umsatz, Gewinn). Folge: Wachstumserhöhung, Vollbeschäftigung, insgesamt eine Erhöhung des Volkswohlstandes. Hauptquelle von I. sind der Gewinn und die zu erwartenden Absatzchancen. Öffentliche (staatliche) I. verbessern Gesundheits-, Bildungs-, Verkehrs- Umwelt- und Sporteinrichtungen.

Investitionsgüter
Bezeichnung für Güter, die selbst wiederum Güter (Verbrauchs- oder Gebrauchsgüter) produzieren. I. werden i.e.S. als Anlageinvestition verstanden, weil sie für die Erhaltung, Verbesserung oder Erweiterung der Anlagen bestimmt sind.

Investitionshilfe
für die Jahre 1983/84 geplante obligatorische Anleihe für Bürger mit höherem Einkommen. Diese rückzahlbaren, unverzinslichen Finanzmittel sollen u.a. dem Wohnungsbau neue Impulse geben.

Investitionslenkung
I. Eine von Gewerkschaftsseite immer wieder erhobene Forderung, die den Staat dazu ermächtigen soll, *Einfluß* auf die Art und den Umfang von *Investitionsentscheidungen* der Industrie nehmen zu können.
II. Eine I. wird bereits in der Art betrieben, daß durch erhebliche *Zuschüsse* zu Investitionen ein positiver Anreiz gegeben wird bzw. in der Vergangenheit durch *Investitionssteuer* eine Eindämmung der Investitionsfreudigkeit erzielt wurde.

Investivlohn
Beteiligung der Arbeitnehmer am Erfolg des Unternehmens durch Arbeitsentgelt, das nicht ausgezahlt wird. Der I. wird vom Unternehmen betrieblich oder anderweitig angelegt. Es ist eine Art Zwangssparen, da den Arbeitnehmern die Beträge für Konsumzwecke nicht zur Verfügung stehen. Kritiker behaupten, daß diese freiwillig gewährte Beteiligung den Arbeitnehmer zu eng an den Betrieb bindet, daß im Konkursfall oder bei schlechter Ertragslage des Unternehmens der Arbeitnehmer Vermögenssubstanz verliert und daß die Arbeitgeberseite die Beteiligung als Vorwand für niedrige Lohnerhöhungsangebote nimmt. Investivlohnvereinbarungen sind nach dem 3. Vermögensbildungsgesetz steuerbegünstigt.

Investmentgesellschaft
Kapitalgesellschaft (AG oder GmbH), die sich durch Ausgabe von Anteilscheinen Geld beschafft, das sie nach bestimmten Methoden in Wertpapieren anlegt.

Investmentzertifikat
Anteilschein an einem Investmentfonds einer Investmentgesellschaft. I. bieten eine relativ niedrige Verzinsung, aber auch ein geringes Risiko.

irreführende Werbung
nach dem Gesetz gegen den unlauteren Wettbewerb (UWG) ist es verboten, über Herkunft, Art, Beschaffenheit einer Ware unrichtige Angaben zu machen. Darüber hinaus ist es verbo-

Irrtum

ten, Angaben jeglicher Art zu machen, die entweder objektiv falsch sind oder von der Allgemeinheit falsch verstanden werden müssen.

Irrtum
falsche Vorstellung über Tatsachen oder Rechtsfolgen. Rechtsgeschäfte, die unter I. abgeschlossen werden, sind anfechtbar, d.h. der Vertrag ist zwar rechtswirksam abgeschlossen, bleibt es aber nur so lange, bis die nicht gewollte Willenserklärung gerichtlich geklärt ist. Arten:
I. I. in der *Übermittlung* liegt vor, wenn die Sekretärin telefonisch statt 10 Tonnen Butter 1 Tonne bestellt.
II. *Erklärungsi.:* jemand schreibt 1000 ffrs (französische francs), meint aber sfrs (schweizer francs).
III. I. in der *Person:* ein Angebot wird an eine Person ähnlichen Namens gerichtet.
IV. I. über *wesentliche Eigenschaften* in der Person oder einer Sache bei Vertragsabschluß, z.B. über die Vorbildung eines Arbeitnehmers, über Kreditwürdigkeit bei Kreditverträgen, über die Beschaffenheit eines Gegenstandes, über die Echtheit eines Bildes.

Ist-Kosten
Kosten, die während einer Abrechnungsperiode tatsächlich angefallen sind. In der Kostenrechnung (Betriebsabrechnungsbogen) z.B. die Gegenüberstellung der Normal-Gemeinkosten mit den Ist-Gemeinkosten, um Kostenstellenüber- oder -unterdeckung festzustellen. Grundsätzliche Berechnung: Istmengen-Verbrauch × Istpreis.

i.V.
Abkürzung für „in Vollmacht". † Handlungsbevollmächtigter.

IWF
† IMF.

J

Jahresabgrenzung
am Ende eines Geschäftsjahres muß die G+V-Rechnung alle Aufwendungen und Erträge erfassen, die ursächlich in den abgelaufenen Rechnungszeitraum fallen. Dazu zählen sowohl geleistete Zahlungen, deren Reichweite über den Bilanzstichtag hinausgeht (transitorische Posten), als auch noch nicht geleistete Zahlungen, die aber als Aufwand oder Ertrag in die zu erstellende G + V-Rechnung hineingehören, da sie das abgelaufene Jahr betreffen (antizipative Posten). *Beispiele: I. Transitorische Posten.*
1. Unser Betrieb zahlt am 1.10. für 1 Jahr im voraus 1200 DM Versicherungsbeiträge. Buchung am 1.10. = Versicherungsaufwand an Bank 1200 DM. Buchung am 31.12. = Aktive Jahresabgrenzung an Versicherungsaufwand 900 DM. 2. Wir erhielten am 1.10. für 1 Jahr im voraus 1200 DM Provisionen. Buchung am 1.10. = Bank an Provisionserträge 1200 DM. Buchung am 31.12. = Provisionserträge an Passive Jahresabgrenzung.
Beispiele: II. Antizipative Posten.
1. Unser Betrieb hat am 31.12. die Dezembermiete noch nicht gezahlt. Buchung am 31.12. = Mietaufwand an Sonstige Verbindlichkeiten. 2. Wir haben von unserem Mieter die Dezembermiete noch nicht erhalten. Buchung am 31.12. = Sonstige Forderungen an Mieterträge. Aufwendungen und Erträge werden demnach per 31.12. gebucht, obwohl noch kein Geld geflossen ist.

Jahresabschluß
umfaßt Bilanz und G+V-Rechnung des Geschäftsjahres; gesetzliche Grundlage: Handelsrecht, bei Aktiengesellschaften §§ 148, 172 Aktiengesetz.

Jahresurlaub
jedem Arbeitnehmer nach dem Bundesurlaubsgesetz zustehender Erholungsurlaub, mindestens 18 Werktage. Der volle Urlaubsanspruch entsteht frühestens nach 6 Monaten Betriebszugehörigkeit. Die Urlaubsdauer ist in Tarifverträgen, Betriebsvereinbarungen oder individuellen Arbeitsverträgen geregelt. Grundsätzlich besteht ein Anspruch auf zusammenhängenden Urlaub, sofern keine zwingenden betrieblichen Erfordernisse dem entgegenstehen.
Der Urlaub ist im laufenden Jahr zu nehmen. Wenn betriebliche Belange dies erforderlich machen oder mit Zustimmung des Arbeitgebers aus dringenden persönlichen Belangen spätestens in den ersten drei Monaten des Folgejahres.

Jahreswirtschaftsbericht
von der Bundesregierung jeweils im Januar vorzulegender Bericht, in dem zum Jahresgutachten des Sachverständigenrates Stellung genommen werden muß und in dem die wirtschaftliche und finanzielle Prognose für das laufende Jahr gestellt wird.

Job Rotation
Bezeichnung für Arbeitsplatz-Ringtausch innerhalb eines Unternehmens, um den Mitarbeitern Raum für die persönliche Entfaltung zu geben, ihre Fachkenntnisse zu vertiefen und zur Förderung des Unternehmensnachwuchses.

Journal
↑ Grundbuch.

Judikative

Judikative
rechtsprechende Gewalt; neben Exekutive und Legislative eine der drei Säulen der Gewaltenteilung.

Jugendarbeitsschutzgesetz
das J. vom 12.4.1976 regelt den Arbeitsschutz für Kinder und Jugendliche. Es gilt für alle Beschäftigten unter 18 Jahre (nicht für gelegentliche Tätigkeiten dieser Personengruppe) und unterscheidet zwischen Kindern (unter 14 Jahre) und Jugendlichen (14-18 Jahre), die vollzeit- oder nicht vollzeitschulpflichtig sind. Für Kinder ist die Arbeit grundsätzlich verboten. Ausnahmen gewährt das Gesetz für Filmaufnahmen und Musikveranstaltungen bis zu 3 Stunden täglich. Bei leichter Arbeit in der Landwirtschaft können Kinder über 12 Jahre Hilfsleistungen durchführen. Für Jugendliche (14-18 Jahre) hängt die tägliche *Arbeitszeit* vom Alter ab. Zwischen 15 und 18 Jahren darf die regelmäßige Arbeitszeit täglich 8 Stunden und wöchentlich 40 Stunden nicht überschreiten. Grundsätzlich darf dem Jugendlichen keine längere Arbeitszeit als den übrigen erwachsenen Arbeitnehmern zugemutet werden. Die Mehrarbeit ist zu vergüten (gesetzliche Mindestregelung oder eine darüber liegende Regelung). Jugendliche dürfen zwischen 20 und 7 Uhr nicht beschäftigt werden. Ausnahmen sind Jugendliche über 16 Jahre in Gastwirtschaften, Hotels, Bäckereien und Schichtbetrieben. An Samstagen dürfen Jugendliche von Ausnahmen abgesehen nicht beschäftigt werden (Verkäufer im Einzelhandel, Verkehrsbetriebe, Hotels, Friseure). Diese Regelung gilt auch an Sonn- und Feiertagen. Mindestens 2 Samstage pro Monat sollen frei sein. Wird ein Jugendlicher samstags beschäftigt, muß er an einem anderen berufsschulfreien Tag derselben Woche frei bekommen; ↑ Ruhepausen, ↑ Urlaub, ↑ Berufsschulzeit, ↑ Freistellung.

Jugendvertretung
nach dem Betriebsverfassungsgesetz vorgesehene Einrichtung, um die Interessen der Jugendlichen in einem Betrieb zu vertreten. Zulässig ab 5 Jugendliche. Die J. kann an Sitzungen des Betriebsrates teilnehmen, Jugendversammlungen einberufen, Betriebsunterricht beantragen, die Schutzvorschriften für Jugendliche überwachen. Wählbar ist jeder Arbeitnehmer der Unternehmung unter 24 Jahre, der nicht im Betriebsrat ist. Wer im Laufe seiner Amtszeit 24 Jahre wird, bleibt bis zum Amtszeitende in der J. Jugendvertreter haben im Betriebsrat dann ein Stimmrecht, wenn die zu fassenden Beschlüsse überwiegend Jugendliche betreffen.

junge Aktien
Bezeichnung für neu ausgegebene Aktien. Jeder Aktionär hat ein Bezugsrecht auf j. A. im Verhältnis seines Aktienbesitzes zum Grundkapital, z.B. 3:1, d.h. auf 3 alte Aktien erhält der Aktionär eine j.A. Der Ersterwerb j.A. unterliegt nicht der Börsenumsatzsteuer.

juristische Personen
anerkannte Personenvereinigungen oder Vermögensmassen, die eine eigene Rechtspersönlichkeit besitzen. Die Rechte der j.P. sind von denen der Mitglieder getrennt.
Sie wird durch ihre Organe (Vorstand, Geschäftsführer) gesetzlich vertreten. Die j.P. entsteht erst durch Eintragung ins Handelsregister (HGB § 6 Formkaufmann). Arten:
I. J.P. des *Privatrechts* sind Aktiengesellschaften, GmbH, Genossenschaften, eingetragene Vereine, Kommanditgesellschaften auf Aktien und bergrechtliche Gewerkschaften.
II: J.P. des *öffentlichen Rechts* sind die Gebietskörperschaften (Bund, Länder, Gemeinden), Sparkassen, Landesversicherungsanstalten u.a. – Gegensatz: natürliche Person; siehe Abbildung Seite 115.

juristische Personen

```
                    Juristische Personen
   des öffentlichen Rechts                    des privaten Rechts
```

Anstalten oder Kammern	**Öffentliche Körperschaften**	**Private Körperschaften**	**Stiftungen**
Beispiele:	Beispiele:	Beispiele:	Beispiele:
○ Bundesanstalt für Arbeit.	○ Gebietskörperschaften.	○ Eingetragene Vereine.	○ Stiftung Warentest.
○ Bundesversicherungsanstalt.	○ Länder und Gemeinden.	○ Aktiengesellschaften.	○ VW-Stiftung.
○ Industrie- und Handelskammern	○ Öffentliche Banken und Sparkassen (z.T.).	○ Genossenschaften	○ Wohltätige Stiftungen (oft Krankenhäuser).

K

Kaduzierungsverfahren
Verfahren, das darauf abzielt, Gesellschafter, die ihrer Verpflichtung zur Einzahlung des Gesellschaftsanteils nicht nachgekommen sind, auszuschließen. Beginn bei GmbH nach Ablauf der gesetzten Nachfrist (mind. 1 Mon.), bei Aktiengesellschaften nach der dritten Aufforderung.

Kalkulation
Kostenaufstellung zur Berechnung der Selbstkosten, zur Ermittlung des Angebotspreises und zur Kontrolle der Preisfestsetzung. Die K. ist ein Teilgebiet der Kosten- und Leistungsrechnung. In der *Vorkalkulation* wird ein Angebotspreis auf der Basis eines vergangenheitsorientierten geschätzten Kostensatzes ermittelt. Die *Nachkalkulation* überprüft nach Fertigstellung einer Leistungseinheit oder am Ende einer Periode, ob die kalkulierten Kosten tatsächlich in der geschätzten Höhe angefallen sind. Beim so ermittelten Preis finden Konkurrenzangebote keine Beachtung, sondern berücksichtigen nur das eigene Kostengefüge. Wird vom Marktpreis ausgegangen, da man Konkurrenzangebote unterbieten will, muß man einen Endpreis zugrunde legen und prüfen, ob Kosten und Gewinn im Preis unterzubringen sind. Arten:
I. *Handelskalkulation* in Handelsbetrieben (progressiv, retrograd, Differenzk.).
II. *Industriekalkulation:* 1. Divisonsk.: a. einfache D., b. mehrstufige D., c. Äquivalenzzifferk. 2. Zuschlagsk. 3. Deckungsbeitragsrechnung.

Kalkulationsfaktor
Kalkulationszuschlag auf den Bezugspreis, bezogen auf 1 DM. Bei einem Kalkulationszuschlag von 30% = 1,30 K., bei 20% = 1,20 u.s.w.

Kalkulationsschema
Aufbau (Struktur) einer † Kalkulation. Jede Kalkulation hat ein eigenes K., damit sie für den Kunden in den jeweiligen Bereichen Handel/Industrie vergleichbar mit anderen Angeboten aus demselben Bereich sind, z.B. Handelskalkulation im Handel, Zuschlagkulation in der Industrie.

Kalkulationszuschlag
Prozentuale Berechnung der Differenz zwischen Einstandspreis und Verkaufspreis, bezogen auf den Einstandspreis. Beispiel:

Einstandspreis (Bezugsgrundlage)	100,-
+ 25% Geschäftskosten	25,-
Selbstkosten	125,-
+ Gewinn 20%	25,-
Verkaufspreis	150,-

Berechnung: ?% = 50,- = 50% Kalkulationszuschlag
100,- = 100%

kalkulatorische Abschreibung
Kosten, die durch Abnutzung der Betriebsmittel entstehen und im Gegensatz zur bilanziellen A. von der tatsächlichen Nutzungsdauer und vom Wiederbeschaffungswert ausgehen. Außerdem will man in der Kostenrechnung die tatsächlichen Kosten erfassen und nicht, wie in der Finanzbuchhaltung, mit stillen Reserven arbeiten. Das bilanziell abgeschriebene Anlagegut bleibt so lange mit einem Erinnerungswert von 1 DM in der Bilanz stehen, wie es gebraucht wird. Es kann keine Abschreibungen als Steuerminderung mehr bringen. Kalkulatorisch hingegen wird so lange abgeschrieben, wie es dem Betrieb dient.

kalkulatorische Kosten
Kosten, die entweder in der Kalkulation anders als in der Finanzbuchhaltung erfaßt werden, sog. *Anderskosten* (kalkulatorische Abschreibungen, kalkulatorische Wagnisse) oder *Zusatzkosten*, denen keine Ausgaben oder Aufwendungen gegenüberstehen, sondern ein Ersatz für Leistungen des Unternehmers darstellen (kalk. Unternehmerlohn und kalk. Zinsen des Eigenkapitals). Bei den Anderskosten spricht man auch von aufwandsungleichen Kosten.

kalkulatorischer Unternehmerlohn
der mitarbeitende Unternehmer setzt für seine Tätigkeit im Betrieb das Gehalt eines leitenden Angestellten in vergleichbaren Betrieben als k.U. in der Kalkulation an. Er geht davon aus, daß in Kapitalgesellschaften die Gehälter für Vorstand und Aufsichtsrat ebenfalls als Kosten in die Kalkulation eingehen und er somit als Mitarbeiter in seinem Betrieb das gleiche Recht hat.

kalkulatorische Wagnisse
angesetzte Kosten für wahrscheinlich anfallende Vermögensminderungen. Wer sich selbständig machen will, muß Kapital investieren, wohlwissend, daß nicht vorhersehbare Ereignisse das Kapital vernichten können, z.B. Verlust der Anlagen, der Vorräte, der Fertig- und unfertigen Erzeugnisse, der Forderungen durch Kundenkonkurs. Da im Laufe des Jahres teilweise Verluste der aufgeführten Art festgestellt werden, wird im voraus ein prozentualer Zuschlag in der Kalkulation festgesetzt, um diese Risiken abzudecken. Sind Fremdversicherungen bereits abgeschlossen, dürfen keine kalk. Wagniszuschläge mehr angesetzt werden.

kalkulatorische Zinsen
Kosten für Zinsen auf das betriebsnotwendige Kapital. K.Z. auf das Eigenkapital sind eine Vergütung des eingesetzten Kapitals.

Kannkaufmann
nach § 3 HGB eine Person, die erst durch die Eintragung ins Handelsregister die Vollkaufmannseigenschaft erlangt. Dazu gehören Land- oder Forstwirte, die einen Betrieb betreiben, der nach Art und Umfang einer kaufmännischen Organisation bedarf. Die frühere Verknüpfung mit einem Nebenbetrieb ist fortgefallen.

Kapazität
(lat.: capacitas = Raum); mögliche Leistungsfähigkeit einer Maschine oder eines Betriebes. Die K. ist abhängig vom Maschinenpark, vom Personal und von organisatorischen Voraussetzungen. Die erzielte prozentuale Auslastung der möglichen K. nennt man Beschäftigungsgrad.

Kapital
I. K. in der *Volkswirtschaft:* Neben Boden und Arbeit (ursprünglich Faktoren) der dritte Produktionsfaktor. Das K. wird auch als derivativer oder abgeleiteter Faktor bezeichnet, d.h. er ist durch die ursprünglichen Faktoren geschaffen worden. Man unterscheidet Geldkapital und Sachkapital, die einer Volkswirtschaft für Investitionen zur Verfügung stehen.

II. K. in der *Betriebswirtschaft:* Bezeichnet in der Bilanz die Quellen, woher das Geld gekommen ist (Passivseite). Das aufgebrachte K., das auf der Aktivseite in Form von Vermögensteilen seinen Niederschlag findet, wird auf der Passivseite in Eigenkapital und Fremdkapital unterteilt. Zum *Eigenkapital* (= vom Unternehmen selbst aufgebracht) einer U. mit starrem Grund- und Stammkapital (AG und GmbH) gehören auch die Rücklagen. Bei Personengesellschaften verändern sich dagegen die Kapitalkonten der Gesellschafter mit dem jährlichen Gewinn oder Verlust und mit den Entnahmen der persönlich haftenden Gesellschafter (Komplementäre). *Fremdkapital* sind die von unternehmensfremden Personen zur Verfügung gestellten Mittel. Je nach Verfügungsdauer unterscheidet man langfristiges und kurzfristiges Fremdkapital. Auch Rückstellungen sind Fremdkapital, da die Verbindlichkeit in ihrer Art, nicht jedoch der Höhe und der Fälligkeit nach, feststeht.

Kapitalbedarf

Kapitalbedarf
die von einer Unternehmung benötigte Kapitalmenge, um ein Vorhaben zu finanzieren. *Gründe:* 1. Erweiterungsinvestition. 2. Gründungsfinanzierung. 3. Verlustausgleich. 4. Fusionsvorhaben. Zur optimalen Errechnung des K. wird ein Plan erstellt, der sämtliche zu erwartende Zahlungsvorgänge berücksichtigt. Besondes bei der unter 2. genannten Gründungsfinanzierung müssen die Kapitalbedarfsmengen für das Anlagevermögen und Umlaufvermögen in der Weise berechnet werden, daß das zu gründende Unternehmen so lange Kapital benötigt, bis die ersten Erträge durch Verkäufe zurückgeflossen sind.

Kapitalbedarfsrechnung
bei der Gründung eines Unternehmens aufzustellender Geld- oder Sachmittelbeschaffungsplan. Für das Substanzvermögen (Anlagevermögen) und die Anlaufkosten (Architekten, Planung, Anliegergebühren) sind die Aufwendungen je nach Ertragserwartung bestimmbar. Aber auch die Gegenstände des Umlaufvermögens, v.a. Vorräte, müssen gekauft werden (eiserner Bestand hat bei dieser Berechnung Anlagecharakter).

Kapitalbeteiligung
geldmäßige Teilhabe an Unternehmen. Wichtigste *Arten:*
I. Durch Kauf von Aktien einer Aktiengesellschaft.
II. Durch Beteiligung an einer GmbH, durch Übernahme eines Geschäftsanteils.
III. Bei Personengesellschaften (KG und OHG) durch Beteiligung nur in Höhe einer Haftungseinlage (Kommanditist) oder als Vollhafter (Komplementär).
IV. An Einzelunternehmen als Stiller Gesellschafter (allerdings auch bei Personengesellschaften möglich) mit den Rechten, die einem Kommanditisten ebenfalls zustehen.
V. K. der Arbeitnehmer durch Belegschaftsaktien.
VI. Genossenschaftsbeteiligungen bis zu den in der Satzung festgelegten Beteiligungshöchstgrenzen.

Kapitalbildung
Ausweitung der Produktionsmöglichkeiten einer Volkswirtschaft. Voraussetzung der K. ist Sparen, also Konsumverzicht.

Kapitalbindung
Überlegung bei Finanzierungsvorgängen, daß benötigte Gelder über einen Zeitraum aufgenommen werden sollten, der mit der Nutzungszeit des zu kaufenden Objekts ungefähr übereinstimmt; † goldene Finanzregel.

Kapitalbilanz
Teilbilanz der † Zahlungsbilanz. In der K., unterteilt in kurzfristig und langfristig, werden die Kapitalbewegungen zwischen Inländern und Ausländern aufgezeichnet. Kredite werden an Ausländer gegeben und von diesen zurückgezahlt. Auch wenn Inländer im Ausland Niederlassungen errichten, fließt das Kapital ins Ausland. Die Kapitalbilanz nimmt nur die Bestandsveränderungen der Kapitalflüsse auf, d.h. die ausgeführten bzw. eingeführten Kapitalwerte werden abzüglich der in dieser Zeit zurückgeflossenen Beträge behandelt (Netto Kapitalanlagen).

Kapitalerhöhung
Maßnahmen der Unternehmensfinanzierung durch Eigenkapitalerhöhung.
I. Bei *Personengesellschaften* vollzieht sich die K. üblicherweise durch Aufnahme von neuen Gesellschaftern (Beteiligungsfinanzierung), und durch Nichtverbrauch von Gewinnen (Selbstfinanzierung).
II. *Kapitalgesellschaften* bedürfen bei der K. der Zustimmung der Hauptversammlung (AG) bzw. der Gesellschafterversammlung (GmbH), da eine Satzungsänderung vorliegt (3/4 Mehrheit). Erhöht wird das Kapital entweder durch: 1. Ausgabe von jungen Aktien. Das ist der Normalfall, in dem der AG neues Geld zufließt. Die Altaktionäre haben ein Bezugsrecht auf diese Neuaktien (auch effektive K.).
2. Bedingte K.: Ausgabe von Schuldverschreibungen mit dem Recht auf Umtausch in Aktien. 3. Genehmigtes Kapital: Erlaubnis an den Vorstand, bei

günstiger Marktsituation Aktien auszugeben, ohne die Hauptversammlung zu befragen.
Eine Sonderform der K. stellt die nominelle K. dar (auch Kapitalverwässerung). Die im Laufe der Zeit in die Rücklagen gelegten, nicht ausgeschütteten Gewinne werden in Grundkapital umgewandelt. Die Aktionäre erhalten Gratisaktien, d.h. ohne Zahlung, da die Gelder ihnen als den eigentlichen Inhabern der AG gehören und sie vorher auf Dividendenausschüttung teilweise verzichtet haben (auch K. aus Gesellschaftsmitteln).

Kapitalertragsteuer
Steuer aus der Einkunftsart »Einkünfte aus Kapitalvermögen«. Dazu zählen Dividenden aus Aktienbesitz und anderen Beteiligungen, Zinsen aus Guthaben und Schuldverschreibungen, Einkünfte eines Stillen Gesellschafters sowie die Kuponsteuer, die bei der Einlösung des Kupons vom Kuponwert abgezogen wird. Grundsätzlich wird die K. vom Auszahler einbehalten (z.B. der AG) und an das Finanzamt abgeführt. Der Gläubiger haftet aber als eigentlicher Steuerschuldner für die ordnungsgemäße Handhabung. Die Steuerhöhe beträgt je nach Ertragsart 25% oder 30%.

Kapitalgesellschaften
Handelsgesellschaften, bei denen die kapitalmäßige Beteiligung im Vordergrund steht. K. besitzen ein sog. »Sondervermögen«, d.h. ein Kapital, mit dem sie als juristische Person haften, nicht die Einzahler (Aktionäre, Gesellschafter) dieses Geldes. Nach innen und außen wird die K. durch ihre gesetzlichen Vertreter repräsentiert. Bei der AG ist es der Vorstand, bei der GmbH der Geschäftsführer. *Arten:* Aktiengesellschaft; Gesellschaft mit beschränkter Haftung, Kommanditgesellschaft auf Aktien, Bergrechtliche Gewerkschaft, Reederei. In der Haftungsart besteht bei der Kommanditgesellschaft auf Aktien insofern eine Besonderheit, als der Komplementär, der Befugnisse wie der Vorstand bei der AG besitzt, im Gegensatz zu diesem voll haftet. Auch sind die rein kapitalmäßigen Beteiligungsabsichten wie bei der AG, bei der GmbH dadurch abgeschwächt, daß das persönliche Element etwas stärker hervortritt, z.B. durch die Erschwerung der Übertragung von GmbH-Anteilen an Dritte (notariell). K. unterliegen einer speziellen Einkommensteuerart, der Körperschaftsteuer. Weitere Steuerarten: Gewerbesteuer, Kapitalverkehrsteuer, Vermögensteuer.

Kapitalherabsetzung
Verminderung des haftenden Grundkapitals einer Kapitalgesellschaft. Grundsätzliche Arten:
I. *Nominelle K.* durch Herabsetzen des Kapitals, um Verluste auszugleichen. Das kann einmal durch Herabsetzen der Nennbeträge aller Aktien oder durch Zusammenlegen von Aktien geschehen. Letztere Maßnahme ist nur erlaubt, wenn durch die Herabsetzung der Mindestnennbetrag nicht eingehalten werden kann. Buchhalterische Behandlung: Grundkapital an Sanierungskonto, Sanierungskonto an G+V-Konto
II. *Effektive K.* Ein Teil des Kapitals wird an die Anteilseigner zurückgezahlt oder in die Rücklagen gelegt (seltener). Buchung: Grundkapital an Bank (Bankminderung durch Auszahlungen). Nach Aktienrecht unterliegt die K. besonderen Regelungen, je nachdem, ob es sich um die ordentliche K., die vereinfachte K. oder die K. durch Einziehen von Aktien handelt.

kapitalintensiv
Bezeichnung für eine mit erheblichen Kapitalkosten arbeitende Unternehmung. Kapitalintensive Betriebe unterliegen dem Zwang hoher Ausstoßmengen, um den Fixkostenblock auf viele Produkte zu verteilen.

Kapitalismus
nach herrschendem Sprachgebrauch die Bezeichnung für ein Wirtschaftssystem, bei dem sich das Kapital vornehmlich in Privathand befindet. Gestützt auf Wettbewerb und den Leistungswillen des einzelnen als Antriebskraft des wirtschaftlichen

Kapitalkonto

Handelns kann durch eine Kapitalmehrung die Grundlage für wirtschaftliches Wachstum geschaffen werden. Voraussetzungen hierfür sind neben dem Engagement des einzelnen vor allem die Erwartungen, daß sich die aus dem Ertrag zu finanzierenden Investitionen rentieren († Rentabilität). Investitionen sind einzel- und gesamtwirtschaftlich zur Weiterentwicklung der Wirtschaft nötig. Es kann damit über eine Steigerung des Sozialprodukts gelingen, den Wohlstand – heute vielfach auch mit Lebensqualität gleichgesetzt – zu mehren.

Kritiker möchten eine ökonomische und gesellschaftliche Gleichbehandlung von Arbeit und Kapital erreichen. Heute spricht man vielfach von Spätkapitalismus als einem Wirtschaftssystem, das durch hohe Konzentration (Kartelle) und staatliche Lenkung der Wirtschaft gekennzeichnet sei.

Kapitalkonto

in der Bilanz von Einzelunternehmen und Personengesellschaften auf der Passivseite stehendes Konto, das das Eigenkapital ausweist. Bei Personengesellschaften haben die einzelnen Gesellschafter ein eigenes K., das durch jährliche Verlust- und Gewinnzuweisungen verändert wird. Weitere Veränderungen ergeben sich durch Entnahmen im Laufe des Jahres durch die Vollhafter. Kapitalkonten können durch Verluste auch negativ werden. Beim Kommanditisten bedeutet dies, daß er in Gewinnjahren so lange kein Geld bekommt, bis das Kapitalkonto den alten Stand erreicht hat. Das starre K. der Kapitalgesellschaft verändert sich nur durch einen offiziellen Erhöhungs- oder Herabsetzungsbeschluß der Hauptversammlung/Gesellschafterversammlung.

Kapitalmarkt

Ort des Zusammentreffens von Angebot und Nachfrage nach langfristigen Krediten. Unternehmen und öffentliche Hand besorgen sich auf dem K. Gelder für Investitionszwecke, vor allem an der Börse durch Ausgabe von Aktien und Schuldverschreibungen.

Kapitalvergleich

Gegenüberstellung des Eigenkapitals am Ende des Geschäftsjahres mit dem Eigenkapital am Anfang des Jahres. Privatentnahmen müssen der Kapitalveränderung zugezählt werden, Privateinlagen sind abzuziehen.

Kapitalverkehrsbilanz

Teilbilanz der † Zahlungsbilanz.

Kapitalverkehrsteuer

Steuer die anfällt, wenn Kapital an andere übertagen wird. Arten im engeren Sinne:

I. *Gesellschaftersteuer.* Steuer, die bei dem Gründungsvorgang sowie bei den zu leistenden Nachschüssen und Erhöhungen des Kapitals in Kapitalgesellschaften anfällt.

II. *Börsenumsatzsteuer.* Bei Anschaffungen von Wertpapieren zu entrichtende K. (Ausnahme: Ersterwerb von Wertpapieren). Nach finanzwissenschaftlichen Überlegungen gehören zur K. die Wechselsteuer und die Grunderwerbsteuer. Die Steuersätze liegen je nach der Art der gehandelten Papiere zwischen 1 und 3,5%, z.B. Schuldverschreibungen des Bundes 1%, Aktien 2,5%.

Kartell

vertragliche Absprache von Unternehmen über bestimmte Verhaltensweisen im Wettbewerb. Die Unternehmen bleiben rechtlich und wirtschaftlich selbständig, wobei die wirtschaftliche Handlungsweise durch den Vertrag etwas eingeschränkt wird. *Arten:* siehe Abbildung Seite 121.

Kartellbehörde (Bundeskartellamt)

staatliche Einrichtung mit Sitz in Berlin, die darüber wacht, daß die im Kartellgesetz verankerten Regeln eingehalten werden. Die K. kann jede Einsichtnahme über Kostenstruktur und Kalkulation von den Unternehmen verlangen. Verstöße werden mit Verboten und Geldstrafen geahndet.

Kartellgesetz

volkstümlicher Ausdruck für das »Gesetz gegen Wettbewerbsbeschränkung« (GWB). Das K. ist die gesetzliche Grundlage, um der Kartellbehör-

Käufermarkt

Kartell

Zulässigkeit	Benennung	Zielsetzung
Anmeldepflichtige Kartelle	Konditionskartell (Rabattkartell)	Einhaltung von einheitlichen Grundsätzen über Zahlung, Lieferung und Leistung.
	Rationalisierungskartell	Einheitliche Durchführung betrieblicher Rationalisierung durch Anwendung von Normen, Typen und durch Spezialisierung. Sehr weitgehende Rationalisierungskartelle sind genehmigungspflichtig. Die Entscheidung trifft das Kartellamt.
	Exportkartell	Sicherung und Förderung des Exports durch Absprachen, um auf dem Weltmarkt sich nicht gegenseitig zu behindern.
Genehmigungspflichtige Kartelle	Krisenkartell	Erhaltung von Produktionsstätten durch Mengenbeschränkung in Zeiten nachlassender Nachfrage.
	Syndikat	Gemeinsame Verkaufsstelle mit einer eigenen Rechtsform zum gemeinschaftlichen Verkauf gleichartiger Erzeugnisse.
Verbotene Kartelle	Preiskartell	Einheitliche Preise durch die Verpflichtung, Mindestpreise nicht zu unterschreiten.
	Produktionskartell (Zuteilungskartell)	Hohe Preise durch Verknappung der Güter sollen durch Zuteilung von bestimmten Quoten erzielt werden.
	Gebietskartell	Gegenseitiger Wettbewerb soll durch Zuteilung eines fest begrenzten Verkaufsgebietes verhindert werden. **Ausnahme:** Leitungsgebundene Energie-Versorgungsunternehmen (Strom, Gas) dürfen anmeldepflichtige Gebietskartelle bilden.

de das Recht zum Eingreifen bei unlauteren Geschäftsabsprachen zu geben.

Kasse
Bezeichnung für den Bestand an Barmitteln. Im Bilanzgliederungsschema steht das Kassekonto an unterster Stelle des Umlaufvermögens (Aktivkonto).
Banken haben nach dem Kreditwesengesetz eine bestimmte Barreserve zu halten, um liquide für die täglichen Auszahlungen zu bleiben.

Kassenbericht
Abschluß der täglichen Kasseneinund -ausgänge in Schriftform. Der K. dient der Kassenkontrolle, der Ermittlung des Tagesumsatzes und als Sammelbeleg für Kassenbuchungen.

Kassenbuch
Hilfsbuch zur Aufzeichnung aller Bareingänge und -ausgänge. Das Führen eines K. gehört zu den Grundsätzen ordnungsgemäßer Buchführung.

Kauf
Vorgang, bei dem eine zweiseitige, übereinstimmende Willenserklärung vorliegen muß. Die Rechtmäßigkeit richtet sich nach der Verkehrssitte und den gesetzlichen Vorschriften.

Kaufarten
die verschiedenen Möglichkeiten, um rechtmäßige Kaufakte durchzuführen.
1. ↑ Kauf auf Abruf. 2. ↑ Kauf auf Probe. 3. ↑ Kauf nach Probe. 4. ↑ Kauf zur Probe.

Kauf auf Abruf
Festkauf einer bestimmten Menge, die vom Käufer je nach Bedarf abgerufen wird. Der Lieferant übernimmt in diesem Fall die Lagerung.

Kauf auf Probe
dem Kunden wird für bestimmte Zeit die Ware zur Verfügung gestellt. Nach Fristablauf gilt der Kaufvertrag als zustandegekommen, wenn der Kunde nichts von sich hören läßt. Andernfalls besteht innerhalb der Frist die Möglichkeit der Rückgabe.

Käufermarkt
Bezeichnung eines Marktes, der vom Käufer beherrscht wird. Der Zustand des K. wurde in der Bundesrepublik

Kaufkraft

etwa zu Beginn der 60er Jahre erreicht, als das Nachholbedürfnis nach dem Krieg abflaute. Durch binnenländische Ausdehnung des Warenangebots und der immer stärker werdenden internationalen Konkurrenz konnten die Käufer stärker zwischen den angebotenen Produkten auswählen. Es wurde mehr auf Preis und Qualität geachtet.

Kaufkraft
I. K. ist diejenige Geldsumme, die einem Wirtschaftssubjekt innerhalb eines gewissen Zeitraumes zur Verfügung steht.

II. K. ist ein wirtschaftstheoretischer Begriff, der aussagt, wieviel Güter man für eine bestimmte Geldeinheit bekommt. Erhält man im folgenden Zeitraum, z.B. Monat, weniger für sein Geld, weil die Preise gestiegen sind, ist die K. gesunken. Umgekehrt steigt die K., wenn die Preise sinken.

Kaufmannseigenschaft
jede geschäftsfähige, natürliche oder juristische Person, die ein Handelsgewerbe betreibt, erfüllt nach HGB die K. Rechtsgrundlage ist das HGB (§§ 1–6). Die Bundespost hat keine K.

Kauf nach Probe
Verpflichtung des Verkäufers, die fest gekaufte Ware nach den Bestimmungen des Käufers zu liefern. Meistens nach einem Muster.

Kaufvertrag
ein Veräußerungsvertrag, bei dem Sachen oder Rechte übereignet werden und der den Vertragspartnern von Anfang an Rechte und Verpflichtungen auferlegt. Ein K. ist grundsätzlich formfrei. Der K. kann ebenfalls vom Gesetz abweichende Regelungen bestimmen wie Gerichtsstand, Erfüllungsort, Gefahrenübergang, Lieferungs- und Zahlungsbedingungen; siehe Abbildung.

Kauf zur Probe
eine kleine Menge wird fest gekauft. Sagt die Ware dem Käufer zu, so wird eine größere Bestellung in Aussicht gestellt.

Kennzahlen
auch betriebliche Kennziffern genannt. Maßstabswerte zur Kontrolle des Betriebsergebnisses und für den inner- und zwischenbetrieblicher Vergleich. Beispiele: Liquiditätsgrad,

Kaufvertrag

Lieferer (Verkäufer)	**Antrag:** Er gibt sein Angebot ab.	übereinstimmende Willenserklärung	**Annahme:** Er bestellt aufgrund des Angebotes.	Käufer
	Annahme: Er liefert oder schickt eine Auftragsbestätigung.		**Antrag:** Er bestellt ohne vorheriges Angebot.	
		Es entsteht zunächst ein **Verpflichtungsgeschäft.** Die Leistungen sind in der Zukunft zu erbringen.		
Lieferer muß vereinbarungsgemäß liefern		Daraus folgt das **Erfüllungsgeschäft.** Die Vertragspartner erfüllen ihre Vertragspflichten.		Käufer muß die Ware annehmen
Lieferer muß die Zahlung annehmen				Käufer muß die Ware bezahlen
Lieferer muß nach erhaltener Zahlung dem Käufer das Eigentum an der Ware verschaffen.				

Lagerumschlag, Investitionsrate, Eigenkapitalverzinsung.

Kernkraftwerke
Energieversorgungseinrichtung, in der durch Kernspaltung große Energiequellen nutzbar gemacht werden. K. gelten z.Zt. als wichtigster Ersatz für das Öl. Siehe Abb.

Kindergeld
staatliche Zahlung an Eltern oder Angehörige für Kinder, die im Haushalt der Familie wohnen. Als Kind gilt

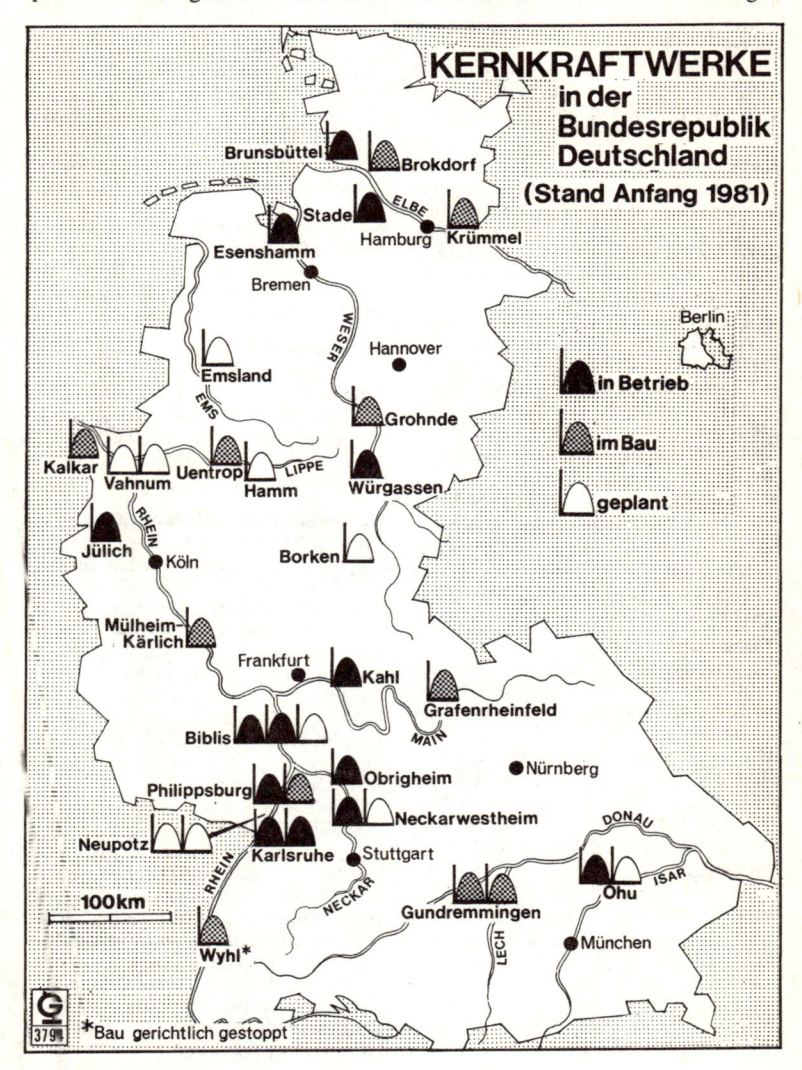

KERNKRAFTWERKE in der Bundesrepublik Deutschland (Stand Anfang 1981)

- Brunsbüttel
- Brokdorf
- Stade
- Hamburg
- Krümmel
- Esenshamm
- Bremen
- Berlin
- Hannover
- Emsland
- Grohnde
- Kalkar
- Vahnum
- Uentrop
- Hamm
- Würgassen
- Jülich
- Köln
- Borken
- Mülheim-Kärlich
- Frankfurt
- Kahl
- Grafenrheinfeld
- Biblis
- Nürnberg
- Philippsburg
- Obrigheim
- Neckarwestheim
- Neupotz
- Karlsruhe
- Stuttgart
- Ohu
- Gundremmingen
- München
- Wyhl*

Legende: in Betrieb / im Bau / geplant

100 km

*Bau gerichtlich gestoppt

Kirchensteuer

das eheliche, das adoptierte, das Stiefkind, das Pflege- und Enkelkind, wenn es dem Haushalt der Großeltern zuzuordnen ist.
Grundsätzlich währt die Zahlung bis zum 18. Lebensjahr; bis maximal 27 Jahre, wenn die Berufs- oder Schulausbildung sich verlängern sollte. Besondere Regelungen gelten für behinderte Kinder. Für das erste Kind werden 50 DM, für das zweite 100 DM, für das dritte Kind 220 DM und für jedes weitere Kind 240 DM gewährt.

Kirchensteuer
Personensteuer, die von Religionsgemeinschaften allen Mitgliedern dieser Gemeinschaft auferlegt wird. Höhe 8-9% der Einkommen- bzw. Lohnsteuer. Steuerbefreiung durch Erklärung des Austritts aus der Religionsgemeinschaft vor dem Amtsgericht. Zweck der K. ist die Finanzierung kirchlicher Aufgaben. Die K. wird wie die Lohnsteuer vom Arbeitgeber einbehalten und abgeführt. Im Lohnsteuerjahresausgleich kann die K. als Sonderausgaben voll abgesetzt werden.

Knappschaftsversicherung
Versicherungszweig der Sozialversicherung als Kranken- und Rentenversicherung für Arbeitnehmer, die im Bergbau tätig sind, nach den Vorschriften der Reichsversicherungsordnung.

Knebelungsvertrag
Vertrag, durch den ein Partner in unzumutbarer Weise in seinen zukünftigen Entscheidungen gebunden wird. Der K. ist sittenwidrig und daher nichtig. Die Abgrenzung zu anderen erlaubten Verträgen, die ebenfalls einen Teil der Vertragspartner wirtschaftlich binden, z.B. Eigentumsvorbehalte, ist schwierig und nur im Einzelfall zu klären.

know-how
(engl.: gewußt wie); Bezeichnung für betriebliches Spezialwissen in Theorie und Praxis, z.B. Produktionstechniken, Anbauverfahren, Absatztechniken. Das k.-h. ist auch im Unternehmensbereich ein Mittel zur Ausdehnung des Produktionsprogramms und Erzielung besserer Erfolge.

Koalitionsfreiheit
Vereinigungsfreiheit, die in Art. 9 des Grundgesetzes für jedermann gilt und nicht eingeschränkt werden kann. Die K. bildet die Grundlage der gewerkschaftlichen Tätigkeit, da durch sie das angestrebte Ziel, die Wahrung und Förderung der Arbeits- und Wirtschaftsbedingungen, gewährleistet erscheint. Die K. gilt nicht nur für die Gründung einer Vereinigung als solche, sondern sie gibt auch dem Einzelnen das Recht sich ihr anzuschließen (positive K.) oder ihr fernzubleiben (negative K.).

kombinierter Verkehr
drahtloser und drahtgebundener Nachrichtenverkehr im Bereich der Küstenfunkstellen oder der Relaisstellen der Deutschen Bundespost.

Kommanditaktionär
Aktionär einer Kommanditgesellschaft auf Aktien. Der Kommanditanteil an dieser Kapitalgesellschaft ist durch Aktien verbrieft. Die ihm zustehenden Rechte übt der K. in der Hauptversammlung aus.

Kommanditgesellschaft (KG)
Personengesellschaft, die mit mind. 2 Personen gegründet werden muß (1 Vollhafter = Komplementär und ein Teilhafter = Kommanditist). Die KG hat kein eigenes Grund- oder Stammkapital, sondern nur die einzelnen Kapitalkonten der Gesellschafter. Im Gesellschaftsvertrag werden die Richtlinien der Geschäftspolitik festgelegt. Das im HGB begründete Recht kann durch Vertrag in vielen Fällen anders geregelt werden.
I. *Gründung:* Zwei oder mehrere geschäftsfähige Personen können eine KG gründen. Es ist eine Kapitalbeteiligung und ein Gesellschaftsvertrag erforderlich. Der Vertrag bestimmt, wer Vollhafter und wer Teilhafter ist. Die Gesellschaft beginnt mit der Eintragung in das Handelsregister.
II. *Firma:* Personenfirma. Der Name mindestens eines Vollhafters muß genannt sein, daneben ein Zusatz, der die Gesellschaft erkennen läßt.

III. *Haftung:* Ein oder mehrere Vollhafter, Komplementäre genannt, haften mit ihrem gesamten Vermögen wie bei der OHG.
Ein oder mehrere Teilhafter, Kommanditisten genannt, haften bis zur Höhe ihrer Kapitaleinlage.
IV. *Geschäftsführung:* Die Geschäftsführung und Vertretung steht nur den Vollhaftern zu. Teilhafter sind von der Geschäftsführung ausgeschlossen. Sie haben ein Recht auf Information. Sie haben ein Recht auf Einsicht in die Geschäftsbücher. Bei außergewöhnlichen Geschäftshandlungen haben sie ein Widerspruchsrecht. Zur Mitarbeit sind sie verpflichtet. Bei anderen Unternehmen können sie sich als persönlich haftende Gesellschafter beteiligen.
V. *Gewinn:* Voll- und Teilhafter erhalten zunächst 4% der Kapitaleinlage. Der Rest wird im »angemessenen« Verhältnis, d.h. im Verhältnis der Kapitaleinlagen, verteilt.
VI. *Verlust:* Entstehende Verluste werden im angemessenen Verhältnis aufgeteilt. Für Gewinn- und Verlustverteilung können im Gesellschaftsvertrag andere Regelungen getroffen werden.
VII. *Auflösung:* Der Tod eines Teilhafters löst die Gesellschaft nicht auf. Sonst wie bei der OHG.

Kommanditgesellschaft auf Aktien (KGaA)

eine Kapitalgesellschaft (juristische Person), die Elemente der Kommanditgesellschaft enthält. Der Komplementär haftet unbeschränkt, hat dafür Vertretungs- und Geschäftsführungsbefugnis. Die Kommanditaktionäre sind reine Kapitalgeber und haften nur mit ihrer Einlage.

Kommanditist

Person, die in einer Kommanditgesellschaft eine Einlage geleistet hat und mit dieser Einlage auch haftet. Tritt ein K. in eine bestehende KG ein, so haftet er in Höhe seiner Einlage für die bestehenden Schulden. Tritt er als Gesellschafter aus, so haftet er in Höhe seiner Einlage noch 5 Jahre für die bei seinem Austritt bestehenden Schulden der Gesellschaft. Die Haftungshöhe wird ins Handelsregister eingetragen. Solange die Eintragung noch nicht erfolgt ist, haftet der K. für die in dieser Zeit abgeschlossenen Rechtsgeschäfte voll, es sei denn, der Vertragspartner kannte die Beschränkung. Gewinnzuteilung lt. HGB: 4% der Einlage, Rest in angemessenen Verhältnis.

Kommissionär

Kaufmann, der ein Grundhandelsgewerbe nach §1 HGB betreibt. Er wird im Auftrag und auf Rechnung des Kommittenten tätig und ist verpflichtet, zu den günstigsten Konditionen Waren oder Wertpapiere zu kaufen oder zu verkaufen. Hält er sich nicht an die Anweisungen des Kommittenten, z.B. Höchstpreisangaben, kann dieser vom Vertrag zurücktreten. Das getätigte Geschäft ist dem Auftraggeber unverzüglich mitzuteilen. Übernimmt der K. beim Verkauf auch das Forderungsrisiko, hat er Anspruch auf Delkredereprovision. Ansonsten besteht Anspruch auf Provision und Auslagenersatz. Solange der K. das rechtmäßige Entgelt nicht erhalten hat, besteht ein Pfandrecht an den Waren. Der K. hat das Recht des Selbsteintritts, d.h., anstatt das Geschäft mit einem Dritten abzuschließen, tritt er selbst als Käufer oder Verkäufer auf. Arten:
I. *Einkaufskommissär:* der K. kauft auf Rechnung des Kommittenten, aber in eigenem Namen, Waren zu günstigen Bedingungen. Da er in eigenem Namen nach außen auftritt, wird er rechtlich auch Eigentümer der Ware. Im Innenverhältnis besteht jedoch die Verpflichtung gegenüber dem Auftraggeber, die Ware herauszugeben.
II. *Verkaufskommission:* Durch den Verkauf von Waren und Wertpapieren in eigenem Namen wird er zuerst Gläubiger der entstandenen Forderung, die dann an den Auftraggeber übertragen wird, obwohl sie im Innenverhältnis von Anfang an als Forderung des Kommittenten gilt.

Kommissionslager

ein Lager, das dem Kommissionär vom Kommittenten eingerichtet wird, damit die auszuliefernde Ware sofort greifbar ist. Dieser Vertrauensbeweis gegenüber dem Kommissionär wird durch die Prüfung der Zuverlässigkeit und Kreditwürdigkeit auf dem Vorwege garantiert.

Kommittent
Vertragspartner und Auftraggeber des Kommissionärs, der auf Rechnung des Kommittenten Waren kauft oder verkauft.

Kommunalobligation
Schuldverschreibung der Gemeinde, die sich Geld besorgt, in dem sie Hypothekenbanken beauftragt, die Schuldverschreibung zu verkaufen. K. beruhen auf Darlehnsgewährungen, die an öffentliche Stellen vergeben werden. Die Sicherheit besteht durch die öffentliche Hand.

Kommunikationssysteme
Formen des Informationsaustausches im Unternehmen. *Arten:* gebundene K. und ungebundene K., bei letzteren entsteht der Informationsfluß von Fall zu Fall; bei den gebundenen K. wird genau festgelegt, wer wem welche Information wann liefert.

Komplementär
Vollhafter, der als Gesellschafter einer Kommanditgesellschaft (einer offenen Handelsgesellschaft oder einer Kommanditgesellschaft auf Aktien) mit seinem gesamten Geschäfts- und Privatvermögen haftet. Er hat das Recht, im Laufe des Jahres bis zu 4% seiner Einlage privat zu entnehmen. Grundsätzlich besteht für ihn die Einzelvertretungs- und Einzelgeschäftsführungsbefugnis. Jegliche Beschränkung seiner Rechte ist eintragungspflichtig im Handelsregister. Der K. kann sowohl eine Privatperson als auch eine juristische Person sein.

Konditionen
Abreden in Verträgen, die Lieferungs- und Zahlungsbedingungen betreffen. Häufig werden im Rahmen der Allgemeinen Geschäftsbedingungen die späteren Vereinbarungen vorformuliert. Wie stark die Konditionen, die dem Geschäft zugrunde liegen, den einzelnen Vertragspartner binden oder Vorteile gewähren, hängt auch von deren Machtstellung ab.

Konditionskartell
↑ Kartell

Konjunktur
(lat.: conjungere = verbinden); Oberbegriff für einen Zustand wechselnder Wirtschaftslagen, die anhand der ↑ Konjunkturphasen, in Wellenlinien verlaufend, dargestellt werden. Mehrere Konjunkturtheorien versuchen, eine gesetzmäßige Erklärung des innerhalb von gewissen Zeiträumen vorkommenden ständigen Auf und Ab einer Volkswirtschaft zu finden.

Konjunkturphasen
Aufteilung des Konjunkturverlaufs in die Abschnitte Aufschwung, Hochkonjunktur, Abschwung, Tiefstand. Alle Abschnitte zusammengenommen ergeben den Konjunkturzyklus; siehe Abbildung Seite 127.

Konjunkturpolitik
Summe aller Maßnahmen zur Steuerung der Konjunktur, um Schwankungen größeren Ausmaßes zu verhindern. Bei dieser Aufgabe soll die Bundesbank den Staat hilfreich unterstützen. Nach dem »Gesetz zur Förderung der Stabilität und des Wachstums« (Stabilitätsgesetz) vom 8. Juni 1967 sollen Bund und Länder durch geeignete fiskalpolitische Maßnahmen versuchen, die angestrebte Verwirklichung der Ziele des ↑ Magischen Vierecks zu erreichen. Die zu ergreifenden Maßnahmen werden auch antizyklisch genannt, da sie, um dem derzeitigen Trend entgegenzuwirken, sich konträr zum Wirtschaftsgeschehen verhalten, z.B. Mehrausgaben des Staates, obwohl in Abschwungphasen weniger Geld eingeht.

Konjunkturrat
Nach dem Stabilitätsgesetz vorgesehenes Beratungsgremium, das auf breitester Ebene der Gebietskörperschaften (Bund, Länder, Gemeinden) versucht, die angestrebten Ziele des Stabilitätsgesetzes zu erreichen. Dem K. gehören die Bundesminister für Wirtschaft und

Konjunkturphasen

Konjunkturphase	Preisentwicklung	Sparneigung	Zinsniveau Aktienkurs	Steueraufkommen
Aufschwung (Expansion)	Geringe Preissteigerungen; Investitionsgüterpreise steigen stärker als Konsumgüterpreise.	nimmt ab (Nachholbedarf an Konsumgütern)	Steigende Zinssätze, Aufschwung der Aktienkurse.	Steigend.
Hochkonjunktur (Boom)	Starke Preissteigerungen	niedrig (Flucht in die Sachwerte)	Hohe Zinssätze, da Geldnachfrage größer als Geldangebot. Rückgang der Aktienkurse wegen erwarteter Rückschläge.	Hoch, da Umsätze und Gewinne steigen; Steuerprogression
Abschwung (Rezession)	Konkurrenzpreise leicht sinkend, Preise auf oligopolistischen und monopolistischen Märkten steigen weiter (Stagflation).	nimmt zu (unsichere Zukunftserwartung)	Sinkende Zinssätze. Weiterer Rückgang der Aktienkurse.	Sinkend, da Umsätze und Gewinne abnehmen.
Tiefstand (Depression)	Preistiefstände; Preiseinbrüche	hoch (Furcht vor Verlust des Arbeitsplatzes; „Notgroschen")	Niedrige Zinssätze, da Geldangebot größer als die Geldnachfrage. Niedrige Aktienkurse.	Niedrig.

Konjunkturphase	Produktion	Beschäftigung	Absatz	Einkommen
Aufschwung (Expansion)	Produktionsausweitung: zunehmende Kapazitätsauslastung (Neu-Investitionen).	Beschäftigungszunahme: geringere Arbeitslosigkeit (mehr Überstunden und Einstellungen).	Absatzzunahme	Gewinn- und Lohnsteigerungen.
Hochkonjunktur (Boom)	Produktionshöchststand: voll ausgenutzte Kapazitäten.	Voll- bzw. Überbeschäftigung (viele Überstunden; Gastarbeiter). Arbeit wird durch Kapital substituiert.	Höchstabsatz (Auftragsüberhang; lange Lieferfristen)	Hohe Gewinne und Löhne (Lohnkämpfe; Effektivlöhne sind höher als Tariflöhne.
Abschwung (Rezession)	Produktionsrückgang: abnehmende Kapazitätsauslastung; keine Neu-Investitionen, nur Ersatzinvestitionen	Beschäftigungsabnahme; höhere Arbeitslosigkeit (Kurzarbeit und Entlassungen)	Absatzabnahme (vermehrte Lagerbestände)	Gewinn- und Lohnverminderungen (Abbau übertariflicher Löhne)
Tiefstand (Depression)	Produktionstiefstand: unausgenutzte Kapazitäten.	Betriebsstillegungen; Massenarbeitslosigkeit	Absatzstockung (überfüllte Lager)	Geringe Gewinne und Löhne oder Verluste

Finanzen, je ein Vertreter der Länder und 4 Gemeindevertreter an.

Konjunkturschwankungen
Veränderungen des Wirtschaftsverlaufs, meßbar etwa beim Sozialprodukt, der Beschäftigtenzahl und den Preisen. Zu unterscheiden sind K. von Saisonschwankungen, deren Ursache im Jahreszeitenwechsel liegt und die kurzfristiger Natur sind.

Konkurrenzklausel
Vereinbarung zwischen Arbeitgeber und Arbeitnehmer (aber auch mit Gesellschaftern, Handelsvertretern und Geschäftsführern einer GmbH), daß nach Beendigung des Vertragsverhältnisses der Arbeitnehmer nicht im gleichen Gewerbe arbeiten darf. Diese Vereinbarung bedarf einer speziellen Schriftform und ist längstens für 2 Jahre nach Austritt möglich.

konkurrierende Gesetzgebung
↑ Gesetzgebungskompetenz.

Konkurs
gerichtliches Verfahren zur zwangsweisen Auflösung eines Unternehmens. Das Verfahren kann sowohl vom Schuldner als auch von einem Gläubiger beim zuständigen Amtsgericht beantragt werden, wenn die Zahlungsunfähigkeit nachgewiesen wird, z.B. durch eine Unpfändbarkeitserklärung. Der K. ist der härteste Zugriff in das Vermögen einer Rechtsperson, die mit sofortiger Wirkung die Verfügungsgewalt über das Vermögen verliert. Der K. ist ein besonderes Verfahren zur Zwangsvollstreckung, das die gleichmäßige Befriedigung aller Gläubiger anstrebt. (Gegensatz: Einzelvollstrekkung, bei der die Personen nach ihrer Reihenfolge befriedigt werden). Das Gericht setzt einen vorläufigen Konkursverwalter ein, der von der innerhalb eines Monats einzuberufenden Gläubigerversammlung bestätigt werden muß.

Konkursausfallgeld
Geldleistung für Arbeitnehmer bei Zahlungsunfähigkeit des Arbeitgebers. Gezahlt werden die Nettoeinkommen einschließlich der Sozialversicherungsbeiträge der letzten drei Monate vor Eröffnung des Konkursverfahrens. Die Auszahlung erfolgt durch das Arbeitsamt.

Konkursmasse
das gesamte verteilungsfähige Vermögen des Gemeinschuldners zum Zeitpunkt der Konkurseröffnung. Nachträglich dem Schuldner zugeflossenes Vermögen zählt nicht dazu. Masseschulden, Massekosten, bevorrechtigte und gewöhnliche Forderungen werden in dieser Reihenfolge aus der K. befriedigt, wobei Massekosten u. -schulden voll abgegolten werden müssen.

Konkursquote
Wertangabe in Prozent über den Forderungsanteil des Gläubigers beim Konkurs. Die K. wird festgesetzt, wenn der Konkursverwalter im Konkursverfahren die vorgeschriebenen Vermögensbewertungen geklärt hat.

Konkursverfahren
ein Verfahren, das durch zwangsweisen Verkauf von Vermögensgegenständen das Ziel verfolgt, die beteiligten Gläubiger gleichmäßig zu befriedigen. Der eingesetzte Konkursverwalter prüft, ob der Konkurs ordnungsgemäß durchgeführt werden kann oder ob er »mangels Masse« abgelehnt werden muß. Dies ist der Fall, wenn die Schulden die Kosten des Verfahrens übersteigen. Der Konkursverwalter arbeitet mit dem Gläubigerausschuß zusammen. Zur Feststellung des zur *Verteilung* anstehenden Vermögens muß der Konkursverwalter rechtlich vorgeschriebene Schritte einhalten: 1. Aussonderung (fremdes Eigentum). 2. Absonderung (Pfandrechtbelastung). 3. Aufrechnung, d.h. Forderungen und Verbindlichkeiten mit einem Gläubiger werden aufgerechnet. 4. Massekosten und Masseschulden. 5. Befriedigung der bevorrechtigten Forderungen. 6. Verteilung des Restvermögens an die »normalen« Gläubiger. Nachdem die Verteilung durchgeführt wurde, wird der Schlußtermin abgehalten und das Konkursverfahren aufgehoben. Der Schuldner haftet dann noch

30 Jahre für die nicht zu tilgenden Schulden. Nach Durchführung des K. erlischt die Firma. Die Löschung wird im Handelsregister eingetragen.

Konkursverwalter
eine vom Gericht eingesetzte und von der ersten Gläubigerversammlung zu bestätigende rechtskundige Person. Die Hauptaufgaben des Konkursverwalters bestehen 1. in der Feststellung, 2. in der Verwertung (Verkauf) und 3. in der Verteilung der dem Schuldner gehörenden Vermögensteile. Der K. untersteht der Kontrolle des Gerichts und des Gläubigerausschusses. Er hat zu Beginn des Konkurses ein Inventar aufzustellen. In der Verwertung der Gegenstände ist er grundsätzlich frei. Bei bestehenden Verträgen, die noch von keiner Seite voll erfüllt wurden, hat er über die Erfüllung zu entscheiden.

Konnossement
Empfangsbestätigung des Schiffers für die an Bord gelieferte Ware. Das K. wird für Seeverfrachtungen (nicht Kanalverfrachtungen) ausgestellt. Es ist ein Wertpapier und durch Orderklausel auf andere übertragbar. Der legitimierte Besitzer kann Anweisungen jeder Art erteilen. Bei Ankunft erwirbt der berechtigte Konnossementsinhaber das Recht der Auslieferung.

konsolidierte Bilanz
Zusammenfassung mehrerer Einzelbilanzen zu einer Gesamtbilanz im Konzernbereich (Konzernbilanz). Zu diesem Zweck werden im Rahmen der Kapitalkonsolidierung die gegenseitigen Beteiligungskonten aufgerechnet und die bestehenden gegenseitigen Verbindlichkeiten und Forderungen verrechnet (Schuldenkonsolidierung). Was für den einen Forderungen sind, sind zwangsläufig für den anderen Verbindlichkeiten und umgekehrt. Dadurch wird ein Aufblähen der Bilanzsumme vermieden.

Konsortium
Zusammenschluß von Banken zur Erreichung eines gemeinsamen Zwecks. Das K. ist meist von kurzfristiger Dauer. Hauptanwendungsgebiet ist die Übernahme von Wertpapieren (Emissionsgeschäft), um sie an der Börse einzuführen. Der zu diesem Zweck benötigte erhebliche Kapitalaufwand kann von einem K. risikoloser aufgebracht werden. Dieser lose Zusammenschluß arbeitet nach den Voraussetzungen der Gesellschaft des bürgerlichen Rechts. Die erworbenen Wertpapiere sind somit Gesamthandseigentum.

konstitutive Wirkung
eine Wirkung, die rechtserzeugenden Charakter hat, d.h., daß von diesem Zeitpunkt an, gewisse rechtliche Folgen möglich sind. Beispiele: Die Eintragung des Sollkaufmanns ins Handelsregister bedeutet, daß mit der Eintragung die Vollkaufmannseigenschaft beginnt. Eine Aktiengesellschaft wird durch die Eintragung erst rechtsfähig.

Konsum
K. ist der Ge- und Verbrauch von Gütern und Dienstleistungen sowohl der Privathaushalte zur Bedürfnisbefriedigung als auch des Staatshaushalts, um öffentliche Aufgaben durchzuführen (z.B. Kauf von Rüstungsgegenständen). Neben den Bruttoinvestitionen und dem Außenbeitrag zählt der private Verbrauch und Staatsverbrauch mit zur Verwendungsrechnung des Bruttosozialprodukts.

Kontenklasse
systematische Einteilung des Kontenrahmens. Der Kontenrahmen hat 10 Kontenklassen (0-9).

Kontenplan
Übersicht über alle in einen Unternehmen tatsächlich benötigten Konten, abgeleitet aus dem Kontenrahmen.

Kontenrahmen
zwecks Systematisierung von den einzelnen Wirtschaftsbereichen erstellter Rahmen, der die Konten der Buchführung in verschiedene Klassen (0-9) einteilt. Einzelhandelsk.; Großhandelsk., s. Abb. Seite 130; ↑ Industriek.

Kontensparen
Sammlung von Geldmitteln auf einem Bank- oder Postscheckkonto in der

Kontenrahmen des Großhandels

Kontenrahmen des Großhandels (Klasse 1 bis Klasse 9)

Klasse	0	1	2	3	4	5	6	7	8	9
Gruppe	Anlage- und Kapitalkonten	Finanzkonten	Abgrenzungs-konten	Wareneinkaufs-konten	Boni u. Skonti	Konten der Kostenarten	Kosten für Nebenbetriebe	frei	Warenverkaufs-konten	Abschluß-konten
0	00 Bebaute Grundstücke	10 Forderungen auf Grund von Warenlieferungen und Leistungen 101 Zweifelhafte Forderungen 103 Nachnahme-forderungen	20 Außerordent-liche und betriebsfremde Aufwendungen 204 Bilanzielle Abschreibung	30 Warengruppe I 300 Fakturenbetrag (ohne Abzug von Skonto) 301 Zölle und Ausgleichssteuern 302 Verbrauchs-abgaben 303 Kursdifferenzen 304 Frachten u.ä.	40 Boni, an Kunden gewährt	50 Personalkosten (Löhne, Gehälter, soziale Aufwendungen u.ä.) 506 Soziale Aufwendungen			80 Warengruppe I 800 Brutto-verkaufswert (ohne Abzug von Skonto) 801 Rücksendungen und Gutschriften	90 Neutrales Ergebniskonto
1	01 Unbebaute Grundstücke	11 Sonstige Forderungen 112 Sonstige Forderungen × 114 Vorsteuer	21 Zinsauf-wendungen	31 Warengruppe II	41 Skonti, an Kunden gewährt	51 Miete u. sonstige Sachkosten für Geschäftsräume			81 Warengruppe II	91 Monats-Gewinn- und Verlustkonto
2	02 Fuhrpark (Anlagen)	12 Wertpapiere	22 Ertrag- und Vermögen-steuern, Spenden	32 Warengruppe II		52 Steuern, Abgaben Pflichtbeiträge 525 Kalkulatorische Wagnisse			82 Warengruppe III	
3	03 Betriebs- und Geschäftsaus-stattung	13 Banken (ohne Postscheck u. Landeszentralbank)	23 Haus- und Grundstücks-aufwendungen			53 Nebenkosten des Finanz- und Geldverkehrs 535 Kalkulatorische Zinsen				93 Jahres-Gewinn- und Verlust-konten 930 Betriebser-gebniskonto 931 Jahresge-winn- und Verlustkonto
4	04 Rechtswerte (Konzessionen, Patente, Lizenzen, Marken- u. ähnliche Rechte)	14 Wechselfor-derungen, Devisen 141 Protestwechsel	24 Großrepara-turen und im Bau befindliche Anlagen			54 Besondere Kosten kosten für Werbung u. Reise				94 Jahres-bilanzkonto 940 Eröffnungs-bilanzkonto 941 Schluß-bilanzkonten
5	05 Beteiligungen u. andere Wertpapiere d. Anlageve-mögen	15 Zahlungsmittel (Kasse, Postscheck d., Landeszentral-bank)				55 Provisionen				

Kontenrahmen des Großhandels

						Kosten für Nebenbetriebe		
	06 Langfristige Forderungen	16 Privatkonten (für Einzelfirmen und Personengesellschaften)	26 Verrechnete kalkulatorische Kosten		56 Transportkosten (für nicht betriebseigene Transportmittel) und Verpackung			
7	07 Langfristige Verbindlichkeiten	17 Verbindlichkeiten auf Grund von Warenlieferungen und Leistungen	27 Außerordentliche und betriebsfremde Erträge	47 Boni, von Lieferanten gewährt	57 Kosten des Fuhr- und Wagenparks			
8	08 Kapital und Rücklagen	18 Schuldwechsel	28 Zinserträge	48 Skonti, von Lieferanten	58 Allgemeine Verwaltungskosten			
9	0900 Wertberichtigungen auf Grundstücke 0902 Wertberichtigungen auf Fuhrpark 0903 Wertberichtigungen auf Betriebs- und Geschäftsausstattung 0904 Wertberichtigungen auf Forderungen 091 Rückstellungen 092 Aktive Jahresabgrenzung 093 Passive Jahresabgrenzung	19 Sonstige Verbindlichkeiten 193 noch abzuführende Abgaben 194 Mehrwertsteuer	29 Haus- und Grundstückserträge		59 Abschreibungen 590 Abschreibungen auf Gebäude 592 Abschreibungen auf Fuhrpark (Anlagen) 593 Abschreibungen auf Betriebs- und Geschäftsausstattung 594 Abschreibungen auf Forderungen			

Kontingentierung

Form des Sparkontos. – Gegensatz: Girokonto.

Kontingentierung
Abschirmmaßnahme zur Stützung der Binnenwirtschaft, indem nur begrenzte Einfuhr- oder Ausfuhr*mengen* zugelassen werden.

Konto
Gegenüberstellung, auf der Geschäftsvorfälle dagestellt werden. Das K. hat eine Soll- und eine Habenseite. Unterscheidung: 1. *Aktivkonten* sind solche, die auf der Aktivseite der Bilanz stehen (Anlage- und Umlaufvermögen). Sie werden im Soll eröffnet und nehmen bei Zugängen auch im Soll zu, bei Abgängen im Haben ab. 2. *Passivkonten* stehen auf der Passivseite der Bilanz (rechts), werden im Haben der Konten eröffnet und nehmen auch dort zu (Eigenkapital und Verbindlichkeiten). Die Buchhaltung besteht aus Bestandskosten, die in der Bilanz erfaßt werden, also alle Aktiv- und Passivkonten und aus den Erfolgskonten, das sind alle Aufwendungen und Erträge, die zwecks Ermittlung des Gewinns/Verlustes mit der Gewinn- und Verlustrechnung (G+V-Konto) abgeschlossen werden. Bei Einzelunternehmen und Personengesellschaften verändert das Ergebnis dann das Eigenkapital. Eine Besonderheit stellt das Wareneinkaufskonto dar, das als Bestandskonto sowohl mit dem Inventurbestand zur Bilanz als auch mit dem dann zu berechnenden Saldo, dem Wareneinsatz, zum G+V-Konto abgeschlossen wird. Zwecks Vereinheitlichung und Vergleichbarkeit sind für die einzelnen Wirtschaftsbereiche spezielle Kontenrahmen aufgestellt worden. So haben der Einzelhandel, der Großhandel, die Industrie, Banken und Versicherungen einen eigenen Kontenrahmen.

Kontokorrent
(ital.: laufende Rechnung); Aufzeichnung zwischen Kaufleuten über wechselseitige Leistungen (Zahlungen und Lieferungen). Das Kontokorrentkonto wird häufig in Form von Karteien geführt und dient als Hilfsbuch der doppelten Buchführung (Geschäftsfreundebuch). Im Bankbereich ähnelt der Kontokorrentkredit dem normalen Überziehungskredit. Bei regelmäßigen Geschäftsbeziehungen vereinbaren Kaufleute per Kontokorrentvertrag, daß beiderseitige Geldansprüche und Zahlungen aufzurechnen und in gewissen Zeitabständen auszugleichen sind. Das dient in erheblichem Umfange der Zahlungs- und Abrechnungsvereinfachung.

Kontokorrentbuch
Nebenbuch der Buchführung, auch Geschäftsfreundebuch genannt. Es enthält für jeden Lieferer und jeden Kunden ein eigenes Konto.

Kontonummer
jedem Konto eines Kontorahmens zugerechnete Zahl. Vorteil: schnellere Buchungsbearbeitung. Die 1. Zahl gibt die Kontenklasse an (z.B. 0 Anlagekonten), die 2. die Kontengruppe (z.B. 00 bebaute Grundstücke), die 3. Zahl die Kontenart (z.B. 001 Lagergebäude), die 4. Zahl die Kontenunterart (z.B. 0011 Lager 1).

Kontrakteinkommen
Bezeichnung in der Wirtschaftstheorie für Einkommen, die unabhängig vom Ergebnis vertraglich vereinbart wurden (Kontrakt-Vertrag). Dazu zählen Löhne, Gehälter, Zinsen. – Gegensatz: Residualeinkommen (Überschuß der Erlöse über die Kosten von residuum = das, was übrigbleibt).

Konventionalstrafe
Vertragsstrafe in Geld, wenn eine der Parteien die im Vertrag versprochenen Leistungen nicht erfüllt. Die vereinbarte Höhe der K. hat ein Vollkaufmann gegen sich gelten zu lassen. Ein Minderkaufmann kann sie bei unverhältnismäßiger Höhe herabsetzen.

Konvergenztheorie
die K. beruht auf der Annahme, daß sich die Wirtschaftssysteme immer mehr annähern werden. Die Marktwirtschaft soll danach in Zukunft stärker dirigistische Züge zeigen und umgekehrt die Planwirtschaft zunehmend Marktelemente enthalten.

Konvertibilität
die Möglichkeit, eine Währung in unbegrenzter Höhe zum geltenden Kurs einzutauschen. Die DM ist konvertibel. Die freie Austauschbarkeit läßt unbegrenzt internationale Überweisungen zu. Länder mit Devisenknappheit oder Kursverfall haben die Austauschbarkeit ihrer Währung beschränkt.

Konzentration
Zusammenballung wirtschaftlicher Macht. *Arten:* Unternehmenszusammenschlüsse, Abreden, Vermögenskonzentration.

Konzern
Zusammenschluß von Unternehmen, bei dem das rechtliche Kleid der Mitglieder nach außen bestehen bleibt, die wirtschaftliche Selbständigkeit aber aufgegeben wird. Nach der Art der *Beherrschung* unterscheidet man Gleichordnungskonzern und Unterordnungskonzern.

Nach *produktionstechnischem* Aspekt wird unterschieden:
I. *Horizontaler* Konzern. Unternehmen gleicher Produktionsstufe (Chemie) schließen sich zusammen.
II. *Vertikale* Konzerne zielen in erster Linie auf die Sicherung aufeinanderfolgender Produktionsstufen. Von der Rohstoffbasis bis zum Vertrieb soll alles in einer Hand sein.
III. *Mischkonzern* (anorganischer K.). Unternehmen verschiedenster Art, z. B. Bank, Versicherung, Reiseunternehmen, schließen sich zusammen.
Die Bildung von Zusammenschlüssen unterliegt im Aktiengesetz besonderen Vorschriften, so v.a. über die Rechnungslegung, insbes. der Konzernbilanz, der Konzern-G+V-Rechnung und des Konzerngeschäftsberichtes.

konzertierte Aktion
im Stabilitätsgesetz verankertes Gremium, das durch eine vertrauensvolle Zusammenarbeit von Arbeitgeberverbänden, Gewerkschaften, Gebietskörperschaften und weiteren am Wirtschaftsleben beteiligten Gruppen die Punkte des magischen Vierecks zu erreichen hilft. Seit 1977 bleiben die Gewerkschaften der k. A. fern, da durch die Verfassungsklage der Arbeitgeber zum Mitbestimmungsgesetz v. 1976 von ihrer Seite eine vertrauensvolle Mitarbeit nicht mehr tragbar erscheint.

Kooperation
Zusammenarbeit von Unternehmen, die nicht die Beschränkung des Wettbewerbs, sondern eine Steigerung der Wettbewerbsfähigkeit zum Ziel hat, z.B. durch gemeinsame Werbung, gemeinsame Benutzung von Telexeinrichtungen, von Forschungslabors, von Verkaufseinrichtungen. Das Bundeswirtschaftsministerium hat eine sog. Kooperationsfibel herausgegeben, in der zulässige Kooperationsarten aufgeführt sind, um Kollisionen mit dem GWB (Gesetz gegen Wettbewerbsbeschränkungen - Kartellgesetz) zu vermeiden.

Körperschaft
vom Mitgliederbestand abhängige Vereinigung, die als juristische Person selbst Rechtsfähigkeit erlangt und durch ihre Organe vertreten wird. Arten:
I. K. des *Privatrechts*. Dazu gehören Aktiengesellschaften, GmbH, Genossenschaften, bergrechtliche Gewerkschaften, Kommanditgesellschaften auf Aktien und rechtsfähige Vereine.
II. K. des *öffentlichen Rechts*. Sie übernimmt Staatsaufgaben, ohne selbst der Staatsverwaltung angegliedert zu sein. Der Staat übt lediglich die Aufsicht aus. *Beispiele:* Gemeinden, Landesversicherungsanstalten, Ortskrankenkassen, Kreise.

Körperschaftsteuer
eine Form der Einkommensteuer, die Körperschaften des Privatrechts und Betriebe des öffentlichen Rechts (juristische Personen) entrichten müssen. Bemessungsgrundlage ist das ermittelte Einkommen bzw. der Gewinn der juristischen Person. Mit der Körperschaftsteuerreform von 1976 fiel die unerwünschte Doppelbesteuerung fort, d.h. die Dividende unterliegt nicht mehr der K. und daneben der Einkommensteuer des Empfängers. Nunmehr

Kosten

ist es so, daß für nicht ausgeschüttete Gewinne 56% K., für ausgeschüttete Gewinne 36% K. abgeführt werden müssen, letztere aber als Vorauszahlung auf die Einkommensteuer angerechnet wird.

Kosten
betrieblicher Wertverzehr, der direkt mit der Leistungserstellung zusammenhängt, nicht jedoch solche K., die als neutral angesehen werden wie Zinsaufwendungen, außerordentliche (Brand) oder betriebsfremde Aufwendungen (Spenden). K. können auch rein kalkulatorisch sein, d.h. ihr Wertansatz in der Kalkulation ist anders als in der Finanzbuchhaltung (Anderskosten) oder sie sind gar nicht angefallen (Zusatzkosten), wie z.B. kalkulatorischer Unternehmerlohn. Man unterscheidet nach der Abhängigkeit von der Beschäftigung *fixe* (unabhängig von der Leistungserstellung) und *variable* K.; nach der Zurechenbarkeit auf die einzelne Leistung ↑ *Einzelkosten* und ↑ *Gemeinkosten*.

Kostenartenrechnung
Teilrechnung der Kostenrechnung, bei der die Kosten nach ihrer Art erfaßt werden. Die K. bildet die Grundlage der K.-stellen- und K.-trägerrechnung. In Industriebetrieben kann man die Kostenarten in Einzel- und Gemeinkosten oder in fixe und variable Kosten unterteilen, je nach Aufbau der Kosten- und Leistungsrechnung. Nach dem Gemeinschaftskontenrahmen der Industrie (GKR) werden die Kostenarten in der Klasse 4, nach dem Industriekontenrahmen (IKR) teilweise in den Klassen 6 und 7, im Großhandelskontenrahmen in der Klasse 5 und im Einzelhandelskontenrahmen in der Klasse 4 erfaßt.

Kostenrechnung
Teilbereich des Rechnungswesens, der den Verzehr von betrieblichen Gütern geldmäßig festhält und die darauf aufbauenden Kalkulationen erstellt. Zur K. gehören die Kostenartenrechnungen (welche Kosten sind entstanden?), die Kostenstellenrechnung (an welcher Stelle sind die Kosten entstanden?) und die Kostenträgerrechnung (welches Produkt hat welche Kosten verursacht?). Letztere wird noch in Kostenträgerstückrechnung (Kalkulation) und Kostenträgerzeitrechnung unterteilt. In der Zeitrechnung werden die verbrauchten Gesamtkosten eines Artikels pro Zeiteinheit (Monat/Jahr) festgestellt und durch Gegenüberstellung der Verkaufserlöse wird der Betriebsgewinn festgestellt. Evtl. müssen aufgetretene Kostenstellenüber- oder -unterdeckung korrigiert werden.

Kostenremanenz
Erklärung für eine Kostenentwicklung, die bei rückläufiger Beschäftigung entsteht. Geht die Ertragslage erheblich zurück, so kann der Unternehmer die Kosten nicht in dem Maße zurückschrauben wie bei der Erweiterung der Kapazitäten, z.B. kann er keine Leute von heute auf morgen entlassen oder Mietverträge kurzfristig kündigen. Diese höheren Kosten im Verhältnis zur Kapazitätsauslastung und zur Geschäftslage nennt man *remanente Kosten*.

Kostenstellen
Teilbereiche des Unternehmens, in denen Kosten ermittelt werden. Die Verteilung der Kosten auf die Kostenstellen ist eine Hauptaufgabe der Kostenrechnung. Hauptkostenstellen sind die Bereiche Material, Fertigung, Verwaltung und Vertrieb. Daneben gibt es Hilfskostenstellen, die der Fertigung angegliedert sind. Die Kostenstelle »allgemeiner Bereich« wird im mehrstufigen Betriebsabrechnungsbogen allen anderen vorgeschaltet, da sie für alle zuständig ist, z.B. der Betriebsarzt.

Kostenstellenrechnung
↑ Betriebsabrechnung.

Kostenträger
Leistungseinheit (z.B. ein Produkt) eines Unternehmens, die zum Zwecke der Kalkulation die Kosten verursachungsgerecht zugeordnet erhält.

Kostenträgerrechnung
Hauptaufgabe der Kostenrechnung im

Anschluß an die Kostenarten- und Kostenstellenrechnung. Arten:
I. *Kostenträgerstückrechnung* im Rahmen der ↑ Kalkulation.
II. *Kostenträgerzeitrechnung:* Erfassung der entstandenen Gesamtkosten und Zuordnung dieser Gesamtkosten auf die einzelnen Produkte. Durch die Eliminierung der Kostenstellenüber- und -unterdeckung kann man eine Abstimmung zwischen dem Betriebsergebnis in der Finanzbuchhaltung und dem Betriebsergebnis in der Kostenrechnung erzielen, da der einzige Unterschied der beiden Systeme in der Verbuchung der angefallenen Ist-Gemeinkosten einerseits und der berechneten Normal-Gemeinkosten andererseits liegt.

Kostenverlauf
graphische Darstellung zwischen Kosten und Ausbringungsmenge in Form eines Koordinatenkreuzes.
I. *Fixkosten* sind unabhängig vom Beschäftigungsgrad, ihr Kostenverlauf entspricht einer Geraden, die parallel zur Mengenachse verläuft. Sie können sich bei Ausdehnung des Produktionsapparats sprunghaft erhöhen (Sprungfixkosten), um dann wieder bis zur nächsten Grenze unverändert zu bleiben (Maschinenkauf, Neueinstellung von Arbeitnehmern).
II. *Variable Kosten* verändern sich mit dem Beschäftigungsgrad.
1. *Proportionaler* Verlauf. Die Kosten verändern sich im gleichen Verhältnis wie Beschäftigungsgrad (Rohstoffe).
2. *Überproportional* verlaufende Kosten entstehen, wenn z.B. durch Überstundenzuschläge die Kosten im Verhältnis höher steigen als die Kapazitätsauslastung.
3. Ein *unterproportionaler* Kostenverlauf zeigt zwar eine Erhöhung der Kosten, die aber nicht im Verhältnis zum Beschäftigungsgrad steigen, z.B. wenn man durch Mehrverbrauch von Rohstoffen höhere Mengenrabatte erhält.

Krankenversicherung
Zweig der ↑ Sozialversicherung.

Kredit
(lat.: credere = glauben); Überlassung von Geld oder Sachgütern mit der Auflage der späteren Rückübertragung

Kredit

Einteilungskriterium	Merkmale	
nach der Laufzeit	kurzfristig ⟶	bis 6 Monate
	mittelfristig ⟶	bis 4 Jahre
	langfristig ⟶	über 4 Jahre
nach der Verfügbarkeit	Kontokorrentkredit:	Verfügung nach Bedarf bis zu einer bestimmten Grenze
	Darlehen:	einmalige Auszahlung, mit regelmäßiger Tilgung
nach der Verwendung	Produktivkredit	zur Finanzierung der Produktion
	– Investitionskredit	für das Anlagevermögen
	– Betriebsmittelkredit	für das Umlaufvermögen
	– Saisonkredit	zur Überbrückung von Liquiditätsschwierigkeiten vor oder während der Saison
	Konsumtivkredit	Finanzierung des Endverbrauchs (Teilzahlung, Anschaffung von langlebigen Gebrauchsgütern)
nach der Sicherheit	Sicherung durch	
	– Personen	
	– Sachen und Personen	

Kreditinstitute

oder Rückzahlung. Der K. wird normalerweise mit einem Zins belegt; siehe Abbildung.

Kreditinstitute
nach § 1 Kreditwesengesetz alle Unternehmungen, die Bankgeschäfte betreiben, wenn der Umfang dieser Geschäfte einen in kaufmännischer Weise eingerichteten Geschäftsbetrieb erfordert. Die Aufgaben der K. sind vor allen
I. *Passivgeschäfte,* die alle Einlagen der Kunden erfassen.
II. *Aktivgeschäfte,* die durch Kreditgewährungen an Kunden zustandekommen.
III. *Dienstleistungsgeschäfte,* die im Rahmen des Überweisungsverkehrs, Wertpapierhandels, Bargeld- und Scheckverkehrs übernommen werden.
Bei den K. werden Banken und Sparkassen unterschieden, wobei Sparkassen öffentlich-rechtlichen Charakter haben, d.h. bei Verlusten haften die Städte oder Länder.

Kreditmarkt
Markt, auf dem Geldkapital angeboten wird uzw. langfristig auf dem Kapitalmarkt und kurzfristig auf dem Geldmarkt.

Kreditoren
Bezeichnung für die Gläubiger eines Unternehmens, v.a. die Lieferanten. In der Buchhaltung werden die auf Ziel gekauften Waren unter »Verbindlichkeiten auf Grund von Warenlieferungen und Leistungen« verbucht und in der Bilanz unter »kurzfristige Verbindlichkeiten« abgeschlossen. Viele Großunternehmen führen eine spezielle Kreditorenbuchhaltung.

Kreditsicherungen
Hingabe von Rechten oder Sachen als Sicherung des Gläubigers vor Verlusten aus Kreditvergabe; siehe Abbildung.

Kreislauf
↑ Wirtschaftskreislauf.

Kundenbuch
als Nebenbuch in der Buchführung außer dem Liefererbuch das zweite Kontokorrentbuch (Geschäftsfreundebuch), das die Gesamtforderungen des Unternehmens enthält. Im K. wird

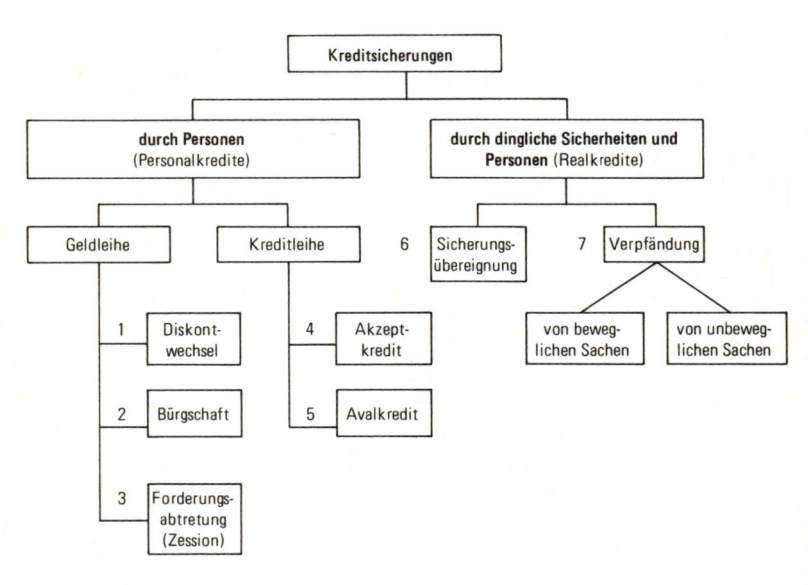

```
                            Kreditsicherungen
                    ┌───────────────┴───────────────┐
            durch Personen              durch dingliche Sicherheiten und
          (Personalkredite)                  Personen (Realkredite)
        ┌─────────┴─────────┐            ┌──────────┴──────────┐
    Geldleihe          Kreditleihe    6  Sicherungs-      7  Verpfändung
                                         übereignung       ┌──────┴──────┐
    1 Diskont-         4 Akzept-                      von beweg-   von unbeweg-
      wechsel            kredit                       lichen Sachen lichen Sachen
    2 Bürgschaft       5 Avalkredit
    3 Forderungs-
      abtretung
      (Zession)
```

Kündigung

das Gesamtforderungskonto in die Konten der einzelnen Kunden aufgeteilt.

Kundendienst (Service)
freiwillige oder vertraglich zugesicherte Leistung eines Unternehmens an seine Kunden zur Erzielung von Wettbewerbsvorteilen und somit zur Gewinnung von Dauerkunden. Der K. nimmt bei der Absatzsicherung eine dominierende Stelle ein. So konnte z.B. die japanische Autoindustrie speziell mit der Erweiterung ihres Servicenetzes den Anteil am europäischen Automarkt erheblich erhöhen. Bei Angebotsvergleichen werden Lieferanten mit einem guten K. bevorzugt, auch wenn sie preislich etwas höher liegen; denn eine evtl. prompte Reparatur oder Ersatzteillieferung ist oft wertvoller als ein kurzfristiger Preisvorteil.

Kündigung
eine einseitige empfangsbedürftige Willenserklärung, die zur Auflösung eines Arbeits- oder sonstigen Vertragsverhältnisses nach Ablauf einer bestimmten Frist nach Zugang der K. führt. *Arten:*
I. K. an einen Gesellschafter der OHG 6 Monate zum Jahresende. Wird die K. von den übrigen Gesellschaftern aus wichtigem Grunde ausgesprochen, so löst sich die Gesellschaft auf, es sei denn, daß im Gesellschaftsvertrag andere Vereinbarungen getroffen wurden.
II. K. an einen Auszubildenden ist nach der Probezeit nur in Ausnahmefällen (wichtiger Grund) möglich. Der Auszubildende hat das Recht, mit einer Frist von 4 Wochen zu kündigen, wenn er einen anderen Beruf erlernen möchte.
III. K. an einen Handelsvertreter 6 Wochen zum Quartalsende bei einem auf unbestimmte Zeit geschlossenen Vertragsverhältnis.
IV. K. an einen Arbeitnehmer (nicht leitender oder langjähriger Angestellter) ist nach Ablauf von 6 Monaten Betriebszugehörigkeit nur dann möglich, wenn sie sozial gerechtfertigt ist, in der Person des Arbeitnehmers liegt oder ein dringendes betriebliches Erfordernis vorliegt. Der Betriebsrat ist auf jeden Fall zu hören. Kann er nicht vermitteln, so ist bei evtl. Arbeitsgerichtsklage seine Stellungnahme beizufügen. Gegen eine K. kann der Arbeitnehmer innerhalb einer Woche beim Betriebsrat Einspruch erheben und innerhalb 3 Wochen beim Arbeitsgericht seine Klage einreichen.
Neben der ordentlichen K. besteht im Arbeitsverhältnis die außerordentliche K., an die sehr hohe Anforderungen gestellt werden, z.B. Tätlichkeit

Kündigungsfristen

Personenkreis	Gesetzliche Kündigungsfrist (§ 622 ff. BGB)	Vertragliche Regelung
Arbeiter § 622 (2)	2 Wochen. Längere Fristen gelten für Arbeiter, die nach Vollendung ihres 35. Lebensjahres im gleichen Unternehmen mehrere Jahre beschäftigt waren, und zwar 5–10 Jahre = 1 Monat zum Monatsende 10–20 Jahre = 2 Monate zum Monatsende über 20 Jahre = 3 Monate zum Quartalsende	andere Fristen und Termine können vertraglich vereinbart werden
Kaufmännische und gewerbliche Angestellte § 622 (1)	6 Wochen (42 Tage) zum Ende eines jeden Quartals	mindestens 1 Monat zum Monatsende
Aushilfen § 622 (4)	Beliebige Fristen können vereinbart werden; sie müssen jedoch für beide Teile gleich sein	

gegen Arbeitgeber, Arbeitsverweigerung, Führerscheinverlust bei Kraftfahrern.

Kündigungsfristen
im Arbeitsrecht vom Arbeitgeber einzuhaltende Frist, um ein Arbeitsverhältnis aufzulösen; s. Abb. S. 137.

Kündigungsschutz
Möglichkeit des Gekündigten, eine Kündigung abzuwehren. Das Kündigungsschutzgesetz mit letzten Änderungen v. 1972, schreibt vor, daß lediglich eine sozial gerechtfertigte Kündigung rechtens ist und auch nur dann, wenn sie im Verhalten der Person lag oder dringend betrieblich erforderlich war. Daneben existieren Schutzvorschriften für ältere Arbeitnehmer, für besondere Gruppen wie Betriebsratsmitglieder, ↑Jugendvertretungen, Wahlvorstand sowie bei Massenentlassungen. Ergänzend dazu, aber mit eigener Gesetzesgrundlage, besteht der Schutz für die werdende Mutter (Mutterschutzgesetz) und für Schwerbehinderte (Schwerbehindertengesetz).

Kupon
↑ Bogen.

Kuppelprodukte
unterschiedliche Produkte, die bei technisch bedingter Mehrproduktfertigung anfallen, z.B. entstehen bei der Produktion von Benzin schweres und leichtes Heizöl, bei der Gaserzeugung Koks und Teer.
Die Zurechnung der Kosten ist schwierig. Am einfachsten ist es, die Erlöse aus den Nebenprodukten von den Gesamtkosten abzuziehen, um dann die Restkosten auf die Hauptprodukte zu verteilen. Voraussetzung ist die Verkaufsfähigkeit des K. und zwecks Kalkulation eine annähernd zurechenbare Kostenstruktur, die evtl. noch durch eine Bearbeitung erhöht wird, da das eigentliche Abfallprodukt selten in einem verkaufsfähigen Zustand anfällt.

Kurs
der K. richtet sich nach dem von einem Kursmakler festgestellten Marktpreis für Wertpapiere, Devisen und vertretbare Waren. Er ist das Ergebnis von Angebot und Nachfrage. Für Wertpapiere wird meistens eine Stücknotierung vorgenommen (DM-Preis pro Aktie), für Devisen wird ein K. errechnet, der das Verhältnis bezogen auf 100 Einheiten widerspiegelt, z. B. 100 Peseten = 2.30 DM.

Kurswert
Wert einer Aktie, der sich an dem Börsenkurs orientiert, wenn dieser in Prozent angegeben ist. Beispiel: Nennwert einer Aktie 100 DM, Börsenkurs 150% = K. 150 DM.

Kurzarbeit
Herabsetzung der täglichen Arbeitszeit für einen bestimmten Zeitraum. Die K. soll Entlassungen verhindern, wenn Unternehmen durch Auftragsmangel nicht in der Lage sind, Vollbeschäftigung zu garantieren. Der Betriebsrat ist in diese Überlegungen mit einzubeziehen. Falls im Tarifvertrag eine Kurzarbeitsklausel verankert ist, hat der Arbeitgeber die K. in einem angemessenen Zeitraum anzukündigen und zu erklären.

Kux
Anteilschein an einer bergrechtlichen Gewerkschaft. Das Papier wird in das Gewerkenbuch eingetragen und kann durch Abtretung und Umschreibung an einen Dritten übertragen werden. Im Gegensatz zur Aktie wird nicht mit Nennbeträgen gearbeitet, z. B. 100 DM, sondern mit Anteilen am Gesamtkapital, z. B. 1/10 000stel. Bei den Kuxen besteht im Kapitalbedarfsfall Nachschußpflicht der Gewerken.

L

Ladenhüter
volkstümlicher Ausdruck für Waren, die sich schwer verkaufen lassen.

Ladenschlußgesetz
Bundesgesetz, das die Öffnungszeiten von Ladengeschäften und Verkaufsständen regelt. Danach darf werktags vor 7^{00} und nach 18^{30} Uhr, an Sonnabenden nach 14^{00} Uhr (Ausnahmen: erster Sonnabend im Monat, bzw. die vier Vorweihnachtswochen) und an Sonn- und Feiertagen nicht geöffnet werden. Eine Reihe von Sonderregelungen begleiten das L., so u.a. für den Bereich der Apotheken, Tankstellen, Bahnhofs- und Flughafenstände, in Kur- und Erholungszentren.

Ladeschein
im Flußfrachtgeschäft übliche Form der Empfangsbestätigung erhaltener Waren. Der Transporteur der Ware (Schiffer) bestätigt durch den L., daß er die Ware erhalten hat und verspricht, sie dem im Ladeschein genannten Empfänger zu übergeben. Der L. ist ein gekorenes Wertpapier, d.h. durch die Orderklausel wird der L. mittels Indossament übertragbar. Wie beim Konnossement ersetzt die Übergabe des Papiers die Übergabe der Ware (Traditionspapier). Der legitimierte Besitzer eines Ladescheins kann die Herausgabe der Ware verlangen bzw. darüber verfügen. Der Frachtführer ist verpflichtet, nur gegen Rückgabe des L. die Ware an den Empfänger auszuliefern.

Lager
Ort, an dem Verkaufsgüter oder Werkstoffe gelagert werden. Das L. spielt sowohl im Finanzbereich als auch im Absatzbereich eine Rolle.

I. Durch Berechnung von † *Lagerkennziffern* versucht man festzustellen, ob im Vergleich zu anderen ähnlich gelagerten Unternehmen, die Kapitalbindung und die übrigen Lagerkosten so gering wie möglich gehalten werden.
II. Der *Absatz* verlangt für den reibungslosen Verkauf gesicherte Lagerbestände († Eiserner Bestand, † Meldebestand).
III. Der *Einkauf* strebt beide Ziele unter der Berücksichtigung an, günstigste Preise durch Mengenrabatte zu erzielen. Das führt im Idealfall zu dem von allen Seiten angestrebten optimalen Lagerbestand.

Lagerarbeiten
im Lager zu verrichtende Tätigkeiten nach folgendem zeitl. Ablauf:
Warenabnahme; Warenprüfung; Rechnungsprüfung; Lagerung der Ware; Warenpflege; Warenausgabe; Lagerkontrolle.

Lagerarten
Möglichkeiten zur Aufbewahrung von Waren; siehe Abbildung Seite 140.

Lagerbuchführung
diese vierte Buchführungsabteilung eines Betriebes, neben Finanz-, Betriebs- und Lohnbuchhaltung sieht ihre Hauptaufgabe darin, Lagerveränderungen kontenmäßig festzuhalten. Durch genaues Erfassen der verbrauchten Materialien ist die L. zur exakten Kostenfeststellung für Betriebsabrechnung und Kalkulation von großem Nutzen.
Die Lagerkonten erlauben darüber hinaus einem Unternehmen, die permanente Inventur durchzuführen, d.h., die Kontostände (Sollbestände)

Lagergeld

Lagerarten

Lagerarten im Industriebetrieb	Lagerarten im Großhandelsbetrieb	Lagerarten im Einzelhandelsbetrieb
Zentrales Hauptlager bzw. **dezentrale Zwischenlager** nach der Lage innerhalb des Betriebsablaufs bzw. für jede größere Betriebsabteilung	**Fertigproduktlager** zur Bereithaltung von Waren für den Einzelhandel	**Verkaufslager** = Laden als Verkaufsraum ein wesentliches Werbungsmittel verkaufsbereite Lagerung der Ware nach den Gesichtspunkten der Warenwerbung
Roh-, Hilfs- und Betriebsstofflager nach dem Verwendungszweck der Güter	**Auslieferungslager** in der Nähe der Hauptabsatzgebiete werden bezirksweise Auslieferungslager eingerichtet	**Ersatz- oder Reservelager** dienen der schnellen Auffüllung des Verkaufslagers; meist in Nebenräumen untergebracht
Einkaufs- und Verkaufslager, Lager für unfertige Erzeugnisse nach der betrieblichen Einordnung und dem Verwendungszweck	**Fremdlager** Einlagerung der Ware bei selbständigen Lagerhaltern/Spediteuren	
Zwischenlager zum Ausgleich unterschiedlicher Produktionsmengen in den einzelnen Fertigungsstufen		

werden zu verschiedenen Zeitpunkten im Jahr mit den tatsächlichen Beständen (Istbestände) verglichen und abgestimmt.

Lagergeld
Entgelt für den ↑ Lagerhalter, der die Lagerung von Waren übernimmt.

Lagerhalter
Mußkaufmann nach § 1 HGB, der gewerbsmäßig die Lagerung und Aufbewahrung von Waren übernimmt. Der L. hat die Sorgfaltspflicht eines ordentlichen Kaufmanns. Beschädigungen an Waren, die von ihm zu vertreten sind, hat er zu verantworten. Da der L. in vielen Fällen auch Spediteur ist, gelten neben dem HGB und den allgemeinen Geschäftsbedingungen auch die ADSp (Allgemeine Deutsche Spediteursbedingungen). Ansprüche gegen den L. verjähren in einem Jahr. Grundlage des Lagergeschäfts ist der Lagervertrag, der auch über Einzellagerung oder Sammellagerung Auskunft gibt. Wenn nichts anderes vereinbart ist, ist die Einzellagerung vorgeschrieben, d.h. das Gut ist getrennt von anderen Gütern zu lagern. Typische Sammellager sind Getreidesilos oder Benzintanks. Diese Lagerart bedarf der ausdrücklichen Zustimmung des Auftraggebers. Die Beteiligten erhalten Miteigentum nach Bruchteilen. Der L. hat Anspruch auf Zahlung der Lagerkosten und auf Auslagenersatz. Solange er das Gut besitzt, hat er ein gesetzliches Pfandrecht an der Sache, bis er sein Entgelt erhalten hat.

Lagerhaltung
notwendige Bevorratung, um für einen reibungslosen Ablauf von Produktion und Absatz zu sorgen. Die L. soll optimal sein, d.h., es soll zu günstigen Preisen (Großeinkauf mit Mengenrabatt) soviel eingekauft werden, daß kurzfristige Beschaffungsschwierigkeiten überbrückt werden können. Die zu kaufende Menge hängt stark von der Verderblichkeit des Produkts ab.

Lagerhaus
Räumlichkeit, die der Lagerhalter zwecks Aufbewahrung von Waren Dritter benötigt.

Lagerkennziffern
zwecks Beurteilung der Kapitalbindung und der Lagerkosten bei Betriebsvergleichen bildet man Kennziffern, die Aussagen über eine gute oder schlechte Lagerpolitik machen sollen.
I. Berechnung des ∅-Lagerbestands:

1.) $\frac{\text{Anfangsbestand + Endbestand}}{2}$

oder

2.) $\frac{\text{Jahresanfangsbestand + 12 Monatsbestände}}{13}$

oder

3.) $\frac{\text{1/2 Jahresanfangsbestand + 11 Monatsendbestände + 1/2 Jahresendbestand}}{12}$

II. Berechnung der Lagerumschlagshäufigkeit:

1.) $\frac{\text{Aufwendungen für Rohstoffe}}{\text{∅-Lagerbestand}}$ (Industrie)

oder

2.) $\frac{\text{Wareneinsatz}}{\text{∅-Lagerbestand}}$ (Handel)

III. Berechnung der ∅-Lagerdauer:

$\frac{360}{\text{Lagerumschlagshäufigkeit}}$

Die L. sagen aus, wie häufig das eingesetzte Kapital über Erträge zurückgeflossen ist (II) und wie lange das einzelne Gut im Lager gelegen hat (III). Die Lagerdauer wird auch als Berechnungsgrundlage für den Lagerzins verwendet.

Lagerkosten
Kosten, die bei Vorratshaltungen anfallen.
I. Kosten der *Einrichtung* (Abschreibungen) und der Funktionsfähigkeit (Strom, Miete, Heizung usw.).
II. Kosten der *Betriebsbereitschaft*, v.a. des Personals für Lagerarbeiten und Verwaltung.
III. Kosten des *Kapitaleinsatzes* (Zinsen für gebundenes Kapital).
L. bilden den größten Teil der Materialgemeinkosten.

Lagerschein
Bestätigung des Lagerhalters, daß er die Ware zwecks Lagerung übernommen hat und sich verpflichtet, sie gegen Aushändigung des Lagerscheins wieder zurückzugeben. Der L. ist handelsrechtlich ein Wertpapier und kann auf den Namen des Einlagerers (Rekta-L.) oder aber nur auf den Inhaber lauten. Soll der L. mit einer Orderklausel versehen werden (Orderlagerschein) und somit durch Indossament übertragbar sein, so bedarf es dazu einer staatlichen Konzession (Landesverkehrsministerium).

Lagerzins
kalkulatorischer Zins, der ein Entgelt für das durchschnittlich gebundene Kapital im Lager darstellt.

laissez faire
(franz.: = treiben lassen); ausgehend von der Idee einer sich selbst steuernden Wirtschaft bedeutet l.f. den Verzicht auf eine Beeinflussung des Wirtschaftsablaufs v.a. von seiten des Staates.

Ländersteuer
Steuer, die dem Land zusteht.
I. *Reine* Ländersteuern sind u.a. Vermögensteuer, Kfz-Steuer, Biersteuer, Grunderwerbsteuer, Erbschaft- und Schenkungsteuer.
II. *Gemeinschaftsteuern* mit Länderanteil sind Mehrwertsteuer (32,5%), Körperschaft- und Kapitalertragsteuer (jeweils 50%), Lohn- und veranlagte Einkommensteuer (43%). An der Gewerbesteuer waren die Länder nach dem Umlageverfahren mit 20% beteiligt. Vorgenannte Steuerarten werden mit dem Bund und den Gemeinden geteilt (Gemeinschaftsteuer).

Landesversicherungsanstalt (LVA)
Körperschaft des öffentlichen Rechts, die als Träger der Arbeiterrentenversicherung für die in ihrem Einzugsbereich lebenden Versicherten zuständig ist. Neben der Rentenversicherung sind die L. auch für Bereiche der Krankenversicherung zuständig, so u.a. für Kuren, vorbeugende Maßnahmen zur Früherkennung, Rehabilitationen, Einrichtungen des vertrauensärztlichen Dienstes.

Landeszentralbank (LZB)
nach dem Bundesbankgesetz Haupt-

Landgericht

verwaltung der Bundesbank in den einzelnen Ländern. Die Präsidenten der 11 L. gehören dem Zentralbankrat an. Die im Zentralbankrat beschlossenen geld- und kreditpolitischen Richtlinien werden von den einzelnen Vorständen in ihrem Bankbereich durchgeführt und überwacht. Die L. haben z.Zt. über 200 Haupt- und Zweigstellen.

Landgericht

das L. zählt in der † ordentlichen Gerichtsbarkeit zur unteren Instanz. Es kann Berufungsgericht der Amtsgerichte sein oder aber Erstinstanz für vom Gesetz festgelegte Verfahren, z.B. bei Streitwerten über 3 000 DM, bei Amtspflichtverletzungen, wegen unwahrer Angaben bei Wertpapierausgaben, bei Patentsachen. Vor Landgerichten besteht Anwaltszwang. Berufungsgericht ist gewöhnlich das Oberlandesgericht.

Land- und Forstwirtschaft

Bezeichnung für Betriebe der Urproduktion, die sich v.a. mit Ackerbau und Viehzucht und Waldwirtschaft beschäftigen. Einkünfte aus L. u. F. zählen zu den Gewinneinkunftsarten, d.h. es muß Einkommensteuer für Erträge gezahlt werden, die die Betriebsausgaben übersteigen.

Lastschriftverfahren

Zahlungsweise im bargeldlosen Zahlungsverkehr in Form einer Anweisung an eine Bank, Lastschriften von bestimmten Gläubigern einzulösen. Das L. wird dort angewandt, wo Fälligkeitsdaten oder die Höhe der Beträge schwanken (Telefonrechnungen, Stromrechnungen). Der Kunde bekommt als Beleg die Lastschrift. Geschützt ist er dadurch, daß er bei falscher Abbuchung innerhalb von 6 Wochen die Lastschrift zurückbuchen lassen kann.

Laufkarte

läuft mit dem Werkstück durch die einzelnen Bearbeitungsstufen. Auf der L. sind die vorzunehmenden Arbeitsvorgänge vorgezeichnet. Nach Abschluß der Bearbeitung wird sie vom jeweiligen Meister oder Vorarbeiter abgezeichnet.

Leasing

(engl.: = mieten, vermieten). L. ist das mietweise Überlassen von Investitions- und Gebrauchsgütern. Personalleasing ist seit etwa 1970 gebräuchlich. Leasingverträge für Investitionsgüter belasten die Liquidität des Unternehmens nicht so stark wie ein Kauf. Außerdem sind die Mietzahlungen (Leasingraten) als Betriebsausgaben absetzbar.

Das Steuerrecht hat bezüglich der Zurechnung des Gegenstandes und der damit zusammenhängenden Abschreibungsmöglichkeit einige Einschränkungen gemacht. Nach wirtschaftlicher Betrachtungsweise wird das Leasinggut dem Mieter als Anlagegut zugerechnet, wenn die übliche Nutzungszeit gleich oder wesentlich länger ist als die Grundmietzeit und ein Recht auf späteren Kauf oder Verlängerung besteht, oder wenn es sich um eine Spezialanfertigung handelt, mit der nur der Mieter nach Ablauf der Mietzeit etwas anfangen kann. Bei diesen Vorgängen unterstellt das Finanzamt einen verdeckten Ratenkauf, um das Gut über die kürzere Mietzeit voll in die Aufwendungen (Miete) zu bringen, was bei normalen Abschreibungen nicht so schnell der Fall wäre.

Eine besondere Form des L. ist der † Mietkauf.

Lebenshaltungskosten

statistisch errechneter Wert, der die durchschnittlichen Aufwendungen für einen Ein- oder Mehrpersonenhaushalt angibt. Herangezogen wird ein † Warenkorb, der sich aus einer Vielzahl von Produktgruppen und Dienstleistungen zusammensetzt.

Die Kritik an der Aussagefähigkeit dieser Zahlen beginnt bereits bei der Auswahl der Güter, da soziale Unterschiede und regionale Preisdifferenzen nicht mit einbezogen werden.

Lebenshaltungskostenindex

† Preisindex der Lebenshaltung.

Lebensversicherung

der bedeutendste Zweig der Individualversicherung. Die L. hat sowohl den Zweck, andere Personen im Falle des eigenen Todes abzusichern (reine Risikoversicherung), als auch einen Spareffekt, wenn nach Vertragsablauf die eingezahlte Summe zuzüglich Zinsanteile ausgezahlt wird.

Leckage
L. ist der Teilverlust beim Transport von flüssigen Gütern, der häufig nicht zu vermeiden ist, z.B. durch Umfüllen in andere Behälter. Außergewöhnliche L. ist in Form einer Sachversicherung zu versichern, die typische Transportgefahren wie Faß- und Tankleckage umfaßt.

Leergut
Bezeichnung für gebrauchtes Verpackungsmaterial. Verpackungsgut wird dem Kunden häufig zuerst voll in Rechnung gestellt (Verbuchung beim Kunden unter Bezugskosten) und nach der Rücksendung teilweise wieder gutgeschrieben.

Leerkosten
Kosten für nicht ausgenutzte Kapazität, etwa Maschinen, die nicht ausgelastet sind, verursachen trotzdem Fixkosten, wie z. B. Abschreibungen, also L. Bei geringer Produktionsmenge wirken diese Fixkosten auf die produzierten Mengen kostenerhöhend.

Legislative
Bezeichnung für die gesetzgebende Gewalt, z.B. Bundestag, Landesparlament.

Legislaturperiode
Zeitraum zwischen zwei Wahlterminen eines Parlaments. In der Bundesrepublik beträgt eine L. des Bundestags 4 Jahre.

Leibrente
Geld- oder sonstige Sachleistungen an eine Person bis zu deren Tode. Der Vertrag ist schriftlich abzufassen. Als Versicherung kann die L. einseitig die Ehefrau begünstigen oder auf zweiseitiger Basis abgeschlossen werden, so daß der überlebende Teil in den Genuß der L. kommt.

Leihe
im Gegensatz zur Miete unentgeltliches Überlassen von Gegenständen. Der Nutznießer ist zur Rückgabe der Sache verpflichtet. Er hat den Gegenstand sorfältig zu behandeln und darf ihn nicht weiterverleihen.

Leistung
I. Betriebswirtschaftlich die *Herstellung* eines Produkts oder die Ausführung eines Dienstes für Außenstehende (Absatzl.) oder das eigene Unternehmen (innerbetriebliche L.). Erfaßt wird die L. in der Kosten- und Leistungsrechnung eines Betriebes. Jegliche andere Aktivität, die nicht direkt mit der Betriebsaufgabe zu tun hat, ist als neutral zu werten und kann nicht Gegenstand einer L. sein.
II. Aussage über die *Produktivität* von Mensch oder Maschine. Die erbrachte L. schlägt sich innerhalb des Maschinenparks im Beschäftigungsgrad oder in der Ausstoßmenge nieder. Beim Menschen richtet sich die Arbeitsl. häufig nach den eigenen Fähigkeiten, nach den räumlichen Möglichkeiten oder nach vorgegebenen Möglichkeiten, auf die er keinen Einfluß hat.
III. *Zivilrechtlich* eine Handlung oder Unterlassung, zu der ein Schuldner verpflichtet ist. Die Nichteinhaltung führt zu ↑ Leistungsstörungen.

Leistungsbilanz
volkswirtschaftlicher Begriff für einen Teil der ↑ Zahlungsbilanz.

Leistungslohn
Arbeitsentgelt, das nicht zeitbezogen ist, sondern die erzielte Leistung vergütet. *Arten:* Akkordlohn, Prämienlohn. – Gegensatz: Zeitlohn. ↑ Lohnformen.

Leistungsort
Ort, an dem der Schuldner eine Leistung zu erbringen hat. Bei gegenseitigen Verträgen liegen zwei Leistungsorte vor. Der Lieferant leistet an seinem Ort in dem er die Ware zur Verfügung stellt, der Kunde leistet an seinem Ort durch Überweisung des Geldes. Der Ausdruck Erfüllungsort ist nicht gleichbedeutend mit L.

Leistungsstörungen
Störungen, die bei Kaufverträgen auftreten können. *Arten:* ↑ Annahmever-

zug, ↑ Lieferungsverzug, ↑ Mängelrüge, ↑ Zahlungsverzug.

leitender Angestellter
mit der Wahrnehmung von Unternehmerfunktionen betraute Person, häufig als Manager bezeichnet. Arbeitsrechtlich bleibt der l. A. Arbeitnehmer, für den jedoch Sondervorschriften gelten, die z.B. Arbeitszeit und Kündigungsschutz betreffen. Nach dem Mitbestimmungsgesetz haben l. A. das aktive und passive Wahlrecht im Rahmen der Wahl der Arbeitnehmervertreter des Aufsichtsrats.

Leitwährung
im internationalen Handel verwendete Währung mit weltweiter Bedeutung, bei der meist auf der Basis fester Wechselkurse Rechnungen zwischen verschiedenen Staaten bezahlt werden. Üblich ist es innerhalb des britischen Commonwealth mit dem englischen Pfund und in den ehemaligen französischen Kolonien mit dem französischen Franc zu zahlen. Weltweit wird der Dollar noch als L. anerkannt.

Liberalismus
im 18. Jahrhundert entstandene Forderung, das Wirtschafts- und Gesellschaftsleben ohne störende Eingriffe des Staates frei zu gestalten. Die Überlegung ging dahin, daß durch die Eigeninitiative des Einzelnen und durch das Recht auf freie Entfaltung jeder Person der Wohlstand zwangsläufig steigen müsse. Das Streben des einen, z.B. mehr zu verkaufen, wird durch andere, z.B. Mitkonkurrenz und Käuferschichten, in Grenzen gehalten. Es müßte also zwangsläufig zu einem Ausgleich von Angebot und Nachfrage kommen. Grundlage des L. ist freier Wettbewerb und Privateigentum.

Lieferantenkredit
Kreditgewährung von Lieferanten durch Warenlieferungen auf Ziel. Der Einkauf wird auf dem Passivkonto »Verbindlichkeiten aus Warenlieferungen und Leistungen« im Haben erfaßt und, soweit am Jahresende noch nicht bezahlt, zur Bilanz abgeschlossen. Der L. ist mit einer Laufzeit von 1-3 Monaten ein kurzfristiger Kredit.

Lieferschein
I. *Begleitpapier* bei Warenlieferungen. Der L. wird meist in dreifacher Ausfertigung ausgestellt. Bei Ablieferung der Ware wird der L. mit dem Auftrag und den gelieferten Waren verglichen, um Falschlieferungen mit Fehlmengen festzustellen.
II. Eine *Anweisung* an den Lagerhalter, an die im L. genannte Person bestimmte Waren auszuliefern.

Lieferungsbedingungen
Vereinbarungen von Vertragspartnern bei Kauf- oder Werkverträgen, wie und wann zu liefern ist und wo erfüllt wird. *Beispiel:* »Lieferung erfolgt am 12. Febr. 1980, frei Haus. – Erfüllungsort ist für beide Teile der Geschäftssitz des Lieferers.« Die L. werden normalerweise mit den Zahlungsbedingungen zusammen genannt. Daher spricht man vielfach von Lieferungs- und Zahlungsbedingungen. Solche Vereinbarungen können vertraglich frei geregelt werden, sich aber auch auf Gesetz oder Allgemeine Geschäftsbedingungen beziehen.

Lieferungsverzug
Kaufvertragsstörung, die durch eine Verzögerung der Leistung entsteht: siehe Abbildungen Seite 145.

Lieferzeit
Aus der Sicht des Kunden der Zeitraum, der vom Bestellungsgang bis zum Eingang der Ware verstreicht. Wichtig bei der Berechnung des ↑ Meldebestands.
Die L., die der Lieferant in seinem Angebot aufgeführt hat, kann nur vom Eingang der Bestellung beim Lieferanten an gerechnet werden. Der Kunde muß also bei seiner Bestellungsaufgabe zur angegebenen Lieferfrist den Postweg einkalkulieren.

Lifo-Methode
(engl.: Abkürzung für *last in first out*); ein Bewertungsverfahren für Gegenstände des Vorratsvermögens, bei dem man unterstellt, daß die zuletzt angeschafften Güter zuerst verbraucht werden. Diese Methode ermöglicht eine

Lieferungsverzug

Lieferungsverzug ist eine Verzögerung der Leistung. Die Leistung muß nachholbar sein, sonst liegt Leistungsunvermögen vor.

Voraussetzungen

Fälligkeit

Die Lieferung muß gemäß Kaufvertrag fällig sein.

Verschulden

Der Lieferer unterläßt die vertragliche Lieferung
- vorsätzlich
- schuldhaft
- fahrlässig
- durch Zufall

Höhere Gewalt oder Streik führen **nicht** zum Lieferverzug!

Mahnung

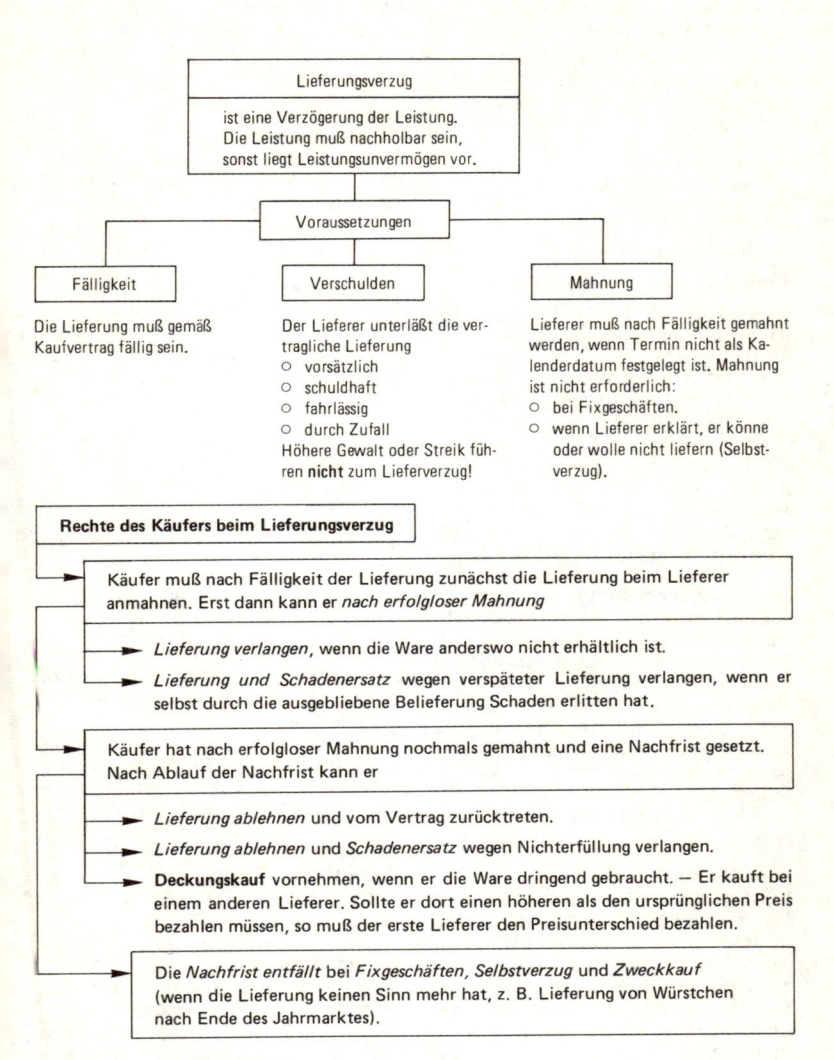

Lieferer muß nach Fälligkeit gemahnt werden, wenn Termin nicht als Kalenderdatum festgelegt ist. Mahnung ist nicht erforderlich:
- bei Fixgeschäften.
- wenn Lieferer erklärt, er könne oder wolle nicht liefern (Selbstverzug).

Rechte des Käufers beim Lieferungsverzug

Käufer muß nach Fälligkeit der Lieferung zunächst die Lieferung beim Lieferer anmahnen. Erst dann kann er *nach erfolgloser Mahnung*

- *Lieferung verlangen*, wenn die Ware anderswo nicht erhältlich ist.
- *Lieferung und Schadenersatz* wegen verspäteter Lieferung verlangen, wenn er selbst durch die ausgebliebene Belieferung Schaden erlitten hat.

Käufer hat nach erfolgloser Mahnung nochmals gemahnt und eine Nachfrist gesetzt. Nach Ablauf der Nachfrist kann er

- *Lieferung ablehnen* und vom Vertrag zurücktreten.
- *Lieferung ablehnen* und *Schadenersatz* wegen Nichterfüllung verlangen.
- **Deckungskauf** vornehmen, wenn er die Ware dringend gebraucht. — Er kauft bei einem anderen Lieferer. Sollte er dort einen höheren als den ursprünglichen Preis bezahlen müssen, so muß der erste Lieferer den Preisunterschied bezahlen.

Die *Nachfrist entfällt* bei *Fixgeschäften, Selbstverzug* und *Zweckkauf* (wenn die Lieferung keinen Sinn mehr hat, z. B. Lieferung von Würstchen nach Ende des Jahrmarktes).

Schadenersatz kann *nur* verlangt werden
- in Höhe des tatsächlich nachweisbaren Schadens.
- in Höhe des nachweisbaren entgangenen Gewinnes.
- *aber nicht* für eventuelle Folgeschäden.

lineare Abschreibung

Bildung von stillen Reserven bei steigenden Preisen. *Beispiel:*

Einkauf 1000 Stück zu 7 DM =	7 000 DM	
Einkauf 1500 Stück zu 8 DM =	12 000 DM	
Einkauf 2000 Stück zu 10 DM =	20 000 DM	
4500 Stück	39 000 DM	

Verbrauch 800 Stück
Verbrauch 1200 Stück
Verbrauch 1700 Stück
3700 Stück

Einkauf..........4500 Stück
./. Verbrauch..3700 Stück
800 Stück zu 7 DM
= 5600 DM handelsrechtl. Bewertung

39000 : 4500 Stück = 8,67 DM Durchschnittsbetrag nach Steuerrecht. Bestand 800 Stück zu 8,67 DM = 6936 DM steuerrechtliche Bewertung. Nach handelsrechtlicher Bewertung eine stille Reserve von 1336 DM (6936 ./. 5600).
Die L. M. ist nach Steuerrecht nicht erlaubt, es sei denn, daß man durch Materialentnahmescheine und Lagerkartei diese Verbrauchsfolge nachweisen kann. – Gegensatz: ↑Fifo-Methode.

lineare Abschreibung
Abschreibungsart, bei der jedes Jahr ein gleichmäßiger Prozentsatz (z.B. 20%) vom Anschaffungswert berechnet wird. *Beispiel:* Anschaffungswert einer Maschine 10000 DM. Nutzungszeit 5 Jahre = 20% Abschreibung pro Jahr. Buchungssatz bei direkter Abschreibung: Abschreibungen an Maschinenkonto 2000 DM. Am Ende des 5. Jahres ist die Maschine voll abgeschrieben.

Liquidation
L. ist die zwangsfreie Auflösung eines Unternehmens. Das Unternehmen ist in der Regel nicht überschuldet, sondern man entschließt sich aus Altersgründen oder nach einem vereinbarten Fristablauf zur L. Gewöhnlich wird ein Liquidator bestellt, der zwecks Abwicklung eine Liquidationseröffnungsbilanz und nach Beendigung eine Liquidationsschlußbilanz aufstellen muß. Das gesamte Vermögen wird veräußert, ↑ schwebende Geschäfte werden abgewickelt, stille Reserven aufgelöst.

Damit dieser Vorgang nach außen erkennbar ist, führt die Firma den Zusatz i.L. = in Liquidation, der auch ins Handelsregister einzutragen ist.

Liquidität
(lat.: liquidus = flüssig);
I. Im *volkswirtschaftlichen* Bereich ist die L. die Versorgung der Wirtschaft mit Zahlungsmitteln. Die Bundesbank betrachtet die optimale Versorgung als eine ihrer wichtigsten Aufgaben im Rahmen der Geldmengenpolitik.
II. *Betriebswirtschaftlich* bedeutet L. die Zahlungsbereitschaft eines Unternehmens.
Man unterscheidet innerhalb einer Bilanz drei Liquiditätsgrade: *Beispiel:*

A	Bilanz	P
Anlagevermögen		Eigenkapital
Umlaufvermögen		langfristiges
1. Vorräte	1,0 Mio	Fremdkapital
2. Forderungen	0,4 Mio	kurzfristiges
3. Geldmittel	0,1 Mio	Fremdkapital 0,5 Mio.

Liquiditätsgrad I =
Geldmittel ./. kurzfr. Fremdk.
0,1 Mio ./. 0,5 Mio = 20%
Die kurzfr. Schulden könnten also zu 20% aus Barmitteln gedeckt werden.
Liquiditätsgrad II =
Geldmittel + Forderungen ./. kurzfr. Fremdk. 0,5 Mio ./. 0,5 Mio = 100%
Würden die gesamten Forderungen eingehen, könnten die Schulden ebenfalls zu 100% bezahlt werden.
Liquiditätsgrad III =
Geldmittel + Forderungen + Vorräte ./. kurzfr. Fremdk.
1,5 Mio ./. 0,5 Mio = 300%

Liquiditätspolitik
Maßnahmen, die darauf gerichtet sind zu jeder Zeit die Zahlungsverpflichtungen einzuhalten. Das gilt sowohl im Anlagen- als auch im Umlaufvermögenssektor; ↑goldene Finanzregel.

Liquiditätsreserve
die Vorschrift, nach denen die Geschäftsbanken soviel Barmittel zur Verfügung haben müssen, daß sie den täg-

Lohnbuchführung

lichen Zahlungsanforderungen genügen können, verpflichtet sie zur Reservehaltung. Wieviel kurzfristig benötigt wird ist Erfahrungssache der einzelnen Banken.
Das Kreditwesengesetz hat bindende Grundsätze über Liquiditätshaltung der Geschäftsbanken aufgestellt.

Listenpreis
Preis laut Liste, die dem Kunden ausgehändigt wird. Im Listenpreis sind vom Lieferanten bereits Rabatte und Skonto eingerechnet worden, die der Kunde in Anspruch nehmen kann. Rabatt wird in der Rechnung vom Lieferanten in Abzug gebracht. Eine evtl. Skontoreduzierung hängt von der Einhaltung des vereinbarten Zahlungsziels ab, z.B. Zahlung innerhalb von 14 Tagen, 2% Skonto.

Lizenz
(lat.: Erlaubnis); vertragliches Recht zur Anwendung und Ausnutzung eines geistigen oder wirtschaftlichen Urheberrechts.
Lizenzen sind üblich im ↑ Patent- und Urheberrecht.

Lobby
(engl.: Vorhalle eines Parlaments); ursprünglich amerikanische Bezeichnung für Interessenvertreter, die die Abgeordneten bei ihren Abstimmungen zu bestimmten Gesetzen zu beeinflussen versuchen. Die Gespräche finden oft in der Vorhalle (Lobby) statt.
Die Interessenvertreter werden Lobbyisten genannt. Als L. wird in der Bundesrepublik jede starke Interessenvertretung definiert, die aufgrund ihres Wählerpotentials oder ihrer Bedeutung Einfluß auf Politiker nehmen kann.

Lochkarte
Datenträger in der maschinellen Datenverarbeitung in Form von rechteckigen Löchern, die in die L. gelocht werden (ähnlich der Blindenschrift). Jede L. hat zehn horizontale (von 0-9) und zwei Überlochzeilen und in der Regel 80 Stellen. Lochkarten mit mehr Stellen sind weniger gebräuchlich. Die eingelochten Merkmale (Lochstellen), z.B. Kontonummer, Datum, Buchstaben können beliebig oft gelesen bzw. bei Bedarf sofort die gewünschten Merkmale herausgefiltert werden. Die L. wird mehr und mehr von anderen Ausgabedatenträgern wie ↑ Magnetband und ↑ Lochstreifen verdrängt.

Lochstreifen
Datenträger in Form eines Papier- oder Kunststoffstreifens. Länge 340 m, Breite 1,7 - 2,6 cm. *Vorteile:* geringer Platzbedarf, einfache Bedienung, preiswerte Anschaffung der Lochstreifengeräte und frei wählbare Informationslänge. *Nachteile:* nicht sortierbar, Änderungen oder Lösungen kaum durchführbar. *Anwendungsgebiete:* Fernschreiber, Buchungsmaschinen, Registrierkassen.

Lohmann-Ruchti-Effekt
der L. beruht auf der Tatsache, daß in den Verkaufspreisen der Güter die kalkulierte Abschreibung *früher* vergütet wird als es dem tatsächlichen Verschleiß der Anlagen entspricht. Das Unternehmen kann also vorweggenommene Abschreibungsbeträge investieren (Kapazitätserweiterungseffekt).

Lohn
allgemeine Bezeichnung für das Arbeitsentgelt an die Arbeitnehmer. Sprachlich das Entgelt eines gewerblichen Arbeitnehmers.
Zum Lohn gehören nicht nur der Grundlohn, die Überstundenzuschläge und sonstigen Geldleistungen (z.B. Gratifikationen), sondern auch evtl. Sachzuwendungen wie freies Essen, freie Kleidung (außer Arbeitskleidung), freies Wohnen.
Vom errechneten Bruttolohn werden die gesetzlichen Abzüge einbehalten (Lohn-, Kirchensteuer, Sozialversicherungsbeiträge). Der Nettolohn wird ausgezahlt. Der Arbeitgeber erfaßt als Lohnaufwand auch seinen Sozialversicherungsanteil.

Lohnbuchführung
Teilbereich der Buchführung, in der die Lohn- u. Gehaltskonten der einzelnen Arbeitnehmer geführt werden. Die Berechnung der einzubehaltenen

Lohnformen

Lohnformen

Entlohnungsarten				
	Zeitlohn	Leistungslohn	Prämienlohn	Soziallohn
Berechnungsgrundlage	Die im Betrieb verbrachte Zeit, unabhängig von der dabei erbrachten Leistung	Die vom Arbeitnehmer in einer bestimmten Zeit erbrachte Leistung	Vorbildlicher oder überdurchschnittlicher Einsatz des Arbeitnehmers für das Unternehmen	Die persönlichen und sozialen Verhältnisse des Arbeitnehmers
Beispiele	Wochenlohn für Aushilfskräfte Monatslohn für Angestellte	Ausstanzen von Typenhebeln in einer Schreibmaschinenfabrik Verlegen von Fliesen Tapezieren von Räumen	Zeit- und Materialeinsparung Erzielter Umsatz, z.B. bei Reisenden Geringe Fehlzeiten am Arbeitsplatz Verbesserungsvorschläge	Verheiratetenzulage Kinderzuschlag Alterszulage
Besonders geeignet für:	Arbeiten, ... deren Arbeitstempo vom Arbeitnehmer nicht beeinflußt werden kann, z.B. Fließbandarbeit deren Ergebnis nicht oder schwer meßbar ist, z.B. Büroarbeit, Forschung die besondere Sorgfalt erfordern (Präzisionsarbeit)	Arbeiten, ... deren Arbeitstempo vom Arbeitnehmer beeinflußt werden kann deren Ergebnis meßbar ist die sich über einen längeren Zeitraum ständig wiederholen	Prämien- und Soziallohn hat nur eine geringe Bedeutung. Er wird nur zusätzlich zum Zeit- oder Leistungslohn gewährt	
Vorteile	Einfache Lohnberechnung Schonung des Arbeitnehmers und der Maschinen Geringer Ausschuß Arbeitnehmer hat gleichbleibendes Einkommen	Arbeitnehmer kann seinen Verdienst beeinflussen Fleißige Arbeitnehmer verdienen mehr (größere Gerechtigkeit) Bessere Auslastung der Betriebsanlagen	Anreiz zu sorgfältiger und zuverlässiger Mitarbeit	Unterstützung langjähriger, kinderreicher oder älterer Mitarbeiter Bindung der Arbeitnehmer an das Unternehmen; dadurch verringert sich der häufige Arbeitsplatzwechsel („Fluktuation")
Nachteile	Anreiz zur Leistungssteigerung fehlt Geringe Auslastung der Betriebsanlagen	Aufwendige Lohnberechnung Gefahr der Überbelastung von Arbeitnehmer und Maschinen Erhöhter Ausschuß	Kann zu Störungen des Betriebsklimas führen, wenn sich Arbeitnehmer dadurch ungerecht behandelt fühlen	

Abzüge gehört ebenso zum Aufgabenbereich, wie das Zusammenstellen der Lohnliste und der Information an die Finanzbuchhaltung und Betriebsbuchhaltung über die Netto- und Bruttolohnzahlungen. Die Betriebsbuchhaltung benötigt darüber hinaus noch den Lohnanfall in den einzelnen Bereichen für die Kostenstellenrechnung.

Lohnformen
Bezeichnung für die Berechnungsart der Vergütung; s. Abbildung S. 148.

Lohnfortzahlung
Verpflichtung des Arbeitgebers, dem Arbeitnehmer im Krankheitsfall den Lohn 6 Wochen weiterzuzahlen; geregelt im Lohnfortzahlungsgesetz vom 27.7.1969.
Der Arbeitgeber kann die L. verweigern, wenn der Arbeitsvertrag zeitlich auf höchstens 4 Wochen begrenzt ist oder der Arbeitnehmer nicht länger als 10 Std. in der Woche bzw. 45 Std. monatlich arbeitet. Die Arbeitsunfähigkeits-Bescheinigung ist dem Arbeitgeber unverzüglich, spätestens bis zum 3. Tag der Arbeitsunfähigkeit, auszuhändigen.

Lohnliste
Zusammenfassung aller Lohnkonten in einer Liste. Die addierten Gesamtsummen der Bruttolöhne, der einzubehaltenen Abzüge und der Nettoauszahlungen dienen der Finanzbuchhaltung als Überweisungsgrundlage und Berechnung.

Lohnpolitik
Maßnahmen zur Beeinflussung von Lohnhöhe und Lohnstruktur; Wirkungen siehe Abbildung.

Lohn-Preis-Spirale
Behauptung, daß eine Erhöhung der Löhne (als Kostenbestandteil) die Preise nach oben treiben muß. Gegenthese ist die Preis-Lohn-Spirale, nach der Lohnerhöhungen auf vorhergehende Preiserhöhungen zurückzuführen seien.

Lohnsteuer
Steuer, die bei Einkünften aus unselbständiger Tätigkeit erhoben wird. Die

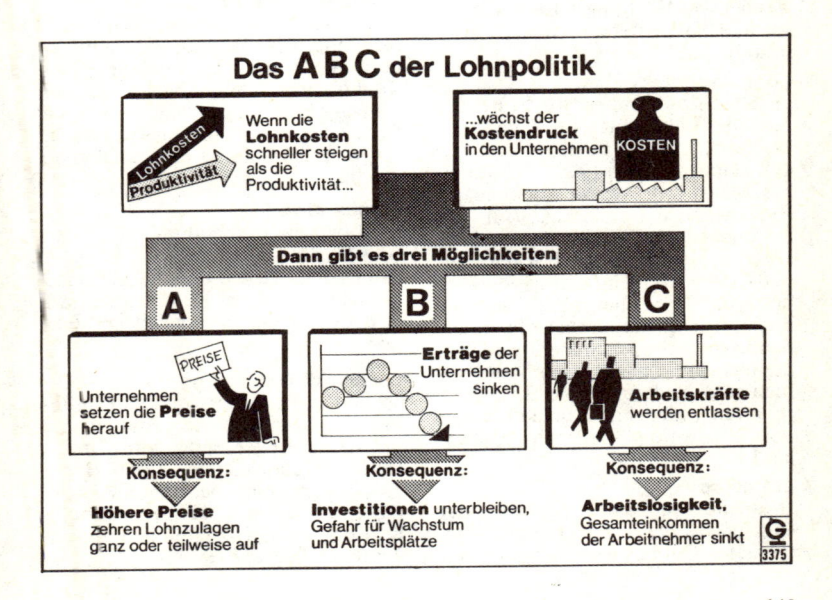

Lohnsteuer-Jahresausgleich

L. ist eine Form der Einkommensteuer. Sie wird vom Arbeitgeber einbehalten und an das Finanzamt bis zum 10. des Folgemonats überwiesen. Als Berechnungsgrundlage dient das Bruttoeinkommen, gekürzt um evtl. auf der Lohnsteuerkarte eingetragene Freibeträge. Für Werbungskosten und Sonderausgaben kann ein Freibetrag eingetragen werden. Andere Freibeträge, die darüber hinaus vom Gesetzgeber gewährt werden, z.B. Altersfreibetrag, außergewöhnliche Belastungen, sind auf Antrag einzutragen.

Lohnsteuer-Jahresausgleich
Verfahren, das den Arbeitnehmer steuerlich nicht schlechter stellen soll als den zu veranlagenden Einkommensteuerpflichtigen. Der Formvordruck wird vom Finanzamt auf Wunsch zugeschickt. Die Erklärung ist bis zum 30. 9. des Folgejahres zu stellen. Lohnsteuerrückzahlungen sind vor allen Dingen zu erwarten, wenn nicht das ganze Jahr gearbeitet wurde, wenn zusammenveranlagte Ehegatten die Steuerklasse 4 gewählt haben oder wenn hohe Werbungskosten angefallen sind (Kilometerpauschale, Arbeitsmittel).

Lohnsteuerkarte
die L. ist die Grundlage für die Berechnung der Lohnsteuer. Die Gemeinde, bei der man am 20. Sept. des Vorjahres den Hauptwohnsitz hatte, stellt die L. aus. Sie ist vom Arbeitnehmer auf die Richtigkeit der Eintragungen wie Familienstand, Geburtsdatum, Steuerklasse, Religionszugehörigkeit, Zahl der Kinder und Eintragung von Freibeträgen hin zu überprüfen. Die L. ist dem Arbeitgeber umgehend auszuhändigen, weil andernfalls die höchste Steuerklasse 6 zur Anwendung kommen muß. Änderungen der Steuerklasse können nur einmal im Jahr vorgenommen werden (Ausnahme, wenn ein Ehepartner stirbt).

Lohnstop
staatliche Maßnahme der gelenkten Wirtschaft, die eine Lohnerhöhung verbietet. Der L. geht meist mit einem Preisstop einher. Man versucht, eine hohe Inflationsrate nicht noch weiter steigen zu lassen. Der Nachteil ist, daß die jeweilige Inflationsrate festgeschrieben wird und sich schwarze Märkte bilden, auf denen die erhöhten Preise gezahlt werden. Auch ist die Gefahr der »zurückgestauten« Inflation sehr groß, die nach Aufhebung des Lohn- und Preisstops auf einmal mit einem viel größeren Preisanstieg folgt.

Lohnsummensteuer
in einigen Gemeinden erhobene Form der Gewerbesteuer. Als ertragsunabhängige Steuer stand sie im Brennpunkt der Kritik, da sie Personaleinstellungen behinderte. Je höher nämlich die Lohnsumme eines Betriebes war, um so höher war die L.. Durch den Wegfall seit dem Jahre 1980 erleiden einige Gemeinden erhebliche Einbußen. Wettgemacht wird dies durch den erhöhten Anteil der Gemeinden an der Lohn- und veranlagten Einkommensteuer (von 14% auf 15%) und eine Erhöhung des Hebesatzes.

Lombardgeschäft
Gewährung eines Kredits gegen Verpfändung von Wertpapieren (Effekten), Waren oder Edelmetallen. Der Kreditnehmer bleibt Eigentümer der hingegebenen Gegenstände. Im Konkursfall hat er ein Aussonderungsrecht gegen Rückzahlung des erhaltenen Kredits.

Lombardkredit
Kredit gegen Verpfändung von Waren oder Wertpapieren.
Der L. ist kurzfristig und in längstens 3 Monaten zu tilgen. Der Lombardsatz liegt in der Regel 1% über dem Diskontsatz.

Loseblattbuchführung
eine Form der Durchschreibebuchführung, bei der mit losen Konten und Journalbögen gearbeitet wird. Üblich ist das Mehrspaltenverfahren, bei dem die Lieferanten (Gläubiger), Kunden (Schuldner) und die Sachkonten getrennt im Journal erfaßt werden.

Luftfracht
Transport von Gütern mit Luftfahrzeugen. Der zu entrichtende Tarif wird in fast allen Fällen von der IATA (International Air Transport Association) festgesetzt. Tarifarten: Allgemeiner Tarif, Klassentarif, Waren-Spezialtarif.

Luftfrachtbrief
über den Transport mit einem Luftfahrzeug wird ein L. ausgestellt, der aber lediglich ein Begleit- und Beweispapier, kein Wertpapier ist. Der L. kann nicht an Order gestellt werden, d. h. er ist nicht durch Indossament übertragbar. Daher ist der Ausdruck »Luft - Konossement« falsch.

Luftpost
Versendung von Postsachen (z.B. Briefe, Päckchen, Postkarten) auf dem Luftweg, damit der Empfänger die Post beschleunigt erhält. Die Postsache wird mit einem Klebezettel »Mit Luftpost – per Avion« oder schriftlich »mit Luftpost« versehen. Die Gebühren und Höchstgewichte sind je nach Empfängerland unterschiedlich. Bei Paketen sind die Höchstmaße von 100 × 50 × 50 cm einzuhalten.

M

Magazin
anderer Ausdruck für Lager. Entsprechend spricht man auch vom Magazinverwalter.

Magisches Viereck
volkswirtschaftlicher Ausdruck für den Versuch, vier (früher drei) Zielsetzungen durch gesamtstaatliche Anstrengungen gleichzeitig zu erfüllen.
Das Magische Viereck stellt die 4 Hauptziele einer modernen Wirtschaftspolitik dar: *Vollbeschäftigung, Wirtschaftswachstum, Geldwertstabilität, Zahlungsbilanzausgleich.* Die gleichzeitige Erreichung dieser Ziele ist kaum realisierbar, da die Ziele sich z.T. gegenseitig ausschließen. Werden mehrere Ziele gleichzeitig angestrebt, dann kommt es aufgrund konkurrierender Ziele zu Zielkonflikten. Die Realisierung eines Zieles läßt sich meistens nur durch Abstriche an anderen Zielen vornehmen.

Magnetband
Kunststoffband, ähnlich dem Tonband, auf das eine magnetisierbare Schicht aufgetragen ist. Dient als Datenträger u. -speicher in der † Elektronischen Datenverarbeitung.

Magnetplatte
Metallscheibe mit magnetisierbarer Oberfläche zur Datenspeicherung.

Mahnung
Aufforderung an einen Schuldner, die fällige Leistung zu erfüllen. Die M. kann z.B. Voraussetzung für die Geltendmachung eines † Lieferungs- oder † Zahlungsverzugs sein. Ohne diese Aufforderung mit den entsprechenden Hinweisen (z.B. Nachfristsetzung) können keine rechtlichen Schritte eingeleitet werden. Bei Fixgeschäften entfällt die M.

Mahnverfahren
gerichtliches Verfahren, bei dem der Gläubiger versucht, eine geforderte Leistung zu erhalten; Ablauf siehe Abbildung Seite 153.

Makler
I. *Zivilmakler* nach BGB ist, wer gewerbsmäßig die Vermittlung von Verträgen vornimmt. Hierzu zählen die Grundstücksm. Hypothekenm., Ehevermittler, Wohnungs- und Häusermakler.
II. *Handelsmakler,* für die in erster Linie das HGB zutrifft, vermitteln Verträge im Waren-, Wertpapier- und Versicherungswesen. Sie betreiben ein Grundhandelsgewerbe und sind daher stets Kaufmann.

Maklerlohn
Vergütung, die der Makler für seine Tätigkeit verlangen kann. Der M. entsteht mit dem Vertragsabschluß der beteiligten Parteien. Der Zivilmakler kann den M. nur von seinem Auftraggeber verlangen. Beim Handelsmakler sind regelmäßig beide Vertragspartner je zur Hälfte zur Zahlung verpfllichtet.

Maklervertrag
Vertrag, bei dem ein Makler beauftragt wird, eine gewisse Leistung im Sinne des Auftraggebers zu erbringen. Gelingt ihm das nicht, hat er keinen Anspruch auf Provision.

Makroökonomie
wirtschaftswissenschaftliche Lehre, die die gesamte Volkswirtschaft eines Landes zum Gegenstand hat. Die Untersuchungsgegenstände können sich auch auf Teilbereiche wie Arbeitslosigkeit, Preisniveau, erstrecken.

Mahnverfahren

Mahnverfahren

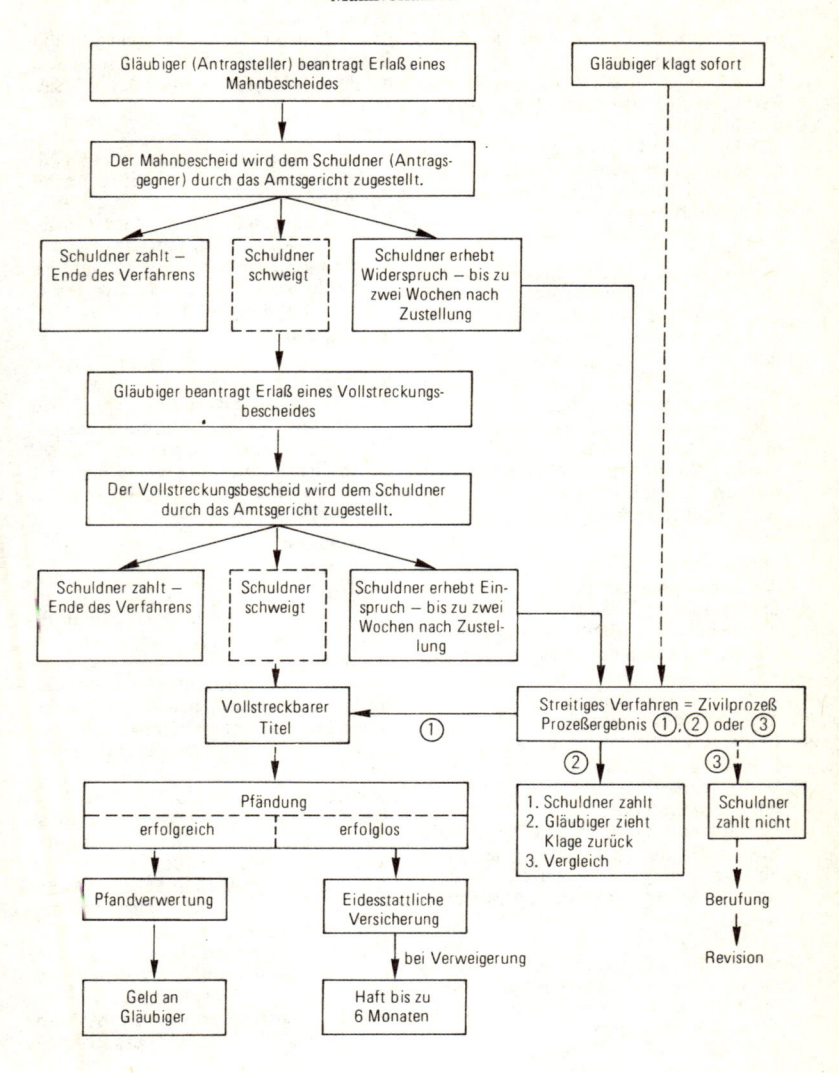

```
┌─────────────────────────────────────┐          ┌─────────────────────┐
│ Gläubiger (Antragsteller) beantragt │          │ Gläubiger klagt     │
│      Erlaß eines Mahnbescheides     │          │ sofort              │
└─────────────────────────────────────┘          └─────────────────────┘
                  │
                  ▼
┌─────────────────────────────────────────────┐
│ Der Mahnbescheid wird dem Schuldner (Antrags-│
│ gegner) durch das Amtsgericht zugestellt.   │
└─────────────────────────────────────────────┘
        │              │                │
        ▼              ▼                ▼
┌───────────────┐ ┌──────────┐ ┌──────────────────┐
│ Schuldner     │ │ Schuldner│ │ Schuldner erhebt │
│ zahlt – Ende  │ │ schweigt │ │ Widerspruch – bis│
│ des Verfahrens│ │          │ │ zu zwei Wochen   │
│               │ │          │ │ nach Zustellung  │
└───────────────┘ └──────────┘ └──────────────────┘
                        │
                        ▼
         ┌─────────────────────────────────────┐
         │ Gläubiger beantragt Erlaß eines     │
         │ Vollstreckungsbescheides            │
         └─────────────────────────────────────┘
                        │
                        ▼
         ┌─────────────────────────────────────┐
         │ Der Vollstreckungsbescheid wird dem │
         │ Schuldner durch das Amtsgericht     │
         │ zugestellt.                         │
         └─────────────────────────────────────┘
        │              │                │
        ▼              ▼                ▼
┌───────────────┐ ┌──────────┐ ┌──────────────────┐
│ Schuldner     │ │ Schuldner│ │ Schuldner erhebt │
│ zahlt – Ende  │ │ schweigt │ │ Einspruch – bis  │
│ des Verfahrens│ │          │ │ zu zwei Wochen   │
│               │ │          │ │ nach Zustellung  │
└───────────────┘ └──────────┘ └──────────────────┘
                        │
                        ▼
              ┌──────────────────┐   ①   ┌─────────────────────────────┐
              │ Vollstreckbarer  │◄──────│ Streitiges Verfahren =      │
              │ Titel            │       │ Zivilprozeß                 │
              └──────────────────┘       │ Prozeßergebnis ①, ② oder ③  │
                        │                └─────────────────────────────┘
                        ▼                    ②          ③
              ┌──────────────────┐    ┌──────────────┐ ┌───────────┐
              │ Pfändung         │    │ 1. Schuldner │ │ Schuldner │
              │ erfolgreich │    │ zahlt        │ │ zahlt     │
              │ erfolglos        │    │ 2. Gläubiger │ │ nicht     │
              └──────────────────┘    │    zieht     │ └───────────┘
               │              │       │    Klage     │       │
               ▼              ▼       │    zurück    │       ▼
      ┌──────────────┐ ┌──────────────┐│ 3. Vergleich │  Berufung
      │ Pfand-       │ │ Eidesstatt-  │└──────────────┘       │
      │ verwertung   │ │ liche        │                       ▼
      └──────────────┘ │ Versicherung │                  Revision
             │         └──────────────┘
             ▼                │ bei Verweigerung
      ┌──────────────┐        ▼
      │ Geld an      │ ┌──────────────┐
      │ Gläubiger    │ │ Haft bis zu  │
      └──────────────┘ │ 6 Monaten    │
                       └──────────────┘
```

Mandat
(lat.: = Auftrag); Auftrag zur Wahrnehmung von Interessen und Rechten anderer. *Arten:*
I. Der Abgeordnete erhält ein M. zur Erfüllung der Interessen derer, die ihn gewählt haben.
II. M. an einen Rechtsanwalt zur Vertretung seines Auftraggebers (Mandanten/Klienten) in dessen Rechtsangelegenheiten.

Mängel
Fehler in der Beschaffenheit einer Sache, im Kaufvertragsrecht der M. an einem gelieferten Gegenstand. Mängel können in der Art (falsche Ware), der Beschaffenheit (verdorben), der Güte (falsche Handelsklasse) und in der Menge auftreten. An offenen oder versteckten Mängeln knüpft die Rechtssprechung gewisse Rügefristen (↑ Mängelrüge), die eingehalten werden müssen, um den Anspruch auf Gegenforderungen nicht zu verlieren.

Mängelrüge
das Anzeigen einer mangelhaften Lieferung an den Verkäufer. Bei Kaufverträgen unter Kaufleuten ist der Mangel sofort, bei versteckten Mängeln ohne schuldhaftes Verzögern mitzuteilen. Privatpersonen haben auch bei offenen Mängeln 6 Monate Zeit zu rügen. Der Käufer hat das Recht auf:
I. *Wandlung* (Rücktritt vom Vertrag),
II. *Umtausch* (nur bei Gattungswaren),
III. *Preisminderung,*
IV. *Schadenersatz* wegen Nichterfüllung, aber nur dann, wenn der Ware eine zugesicherte Eigenschaft fehlt oder der Mangel arglistig verschwiegen wurde.
Manche Verträge schließen diese gesetzlichen Möglichkeiten aus und gestatten lediglich eine Nachbesserungspflicht, wie bei Werkverträgen. Diese sind nur dann zulässig, wenn mitgeteilt wird, daß bei erfolgloser Nachbesserung die gesetzlichen Möglichkeiten einsetzen.

Manko
Fehlbetrag. Der Ausdruck wird vornehmlich bei Fehlbeträgen in der Kasse benutzt. Das Steuerrecht läßt sog. Mankogelder zu.
In der Transportversicherung ist M. die Bezeichnung für natürlichen Schwund durch z.B. Umfüllverluste bei Flüssigkeiten.

Mantel
Bestandteil eines Wertpapiers. Der M. verkörpert die eigentlichen Rechte: bei der Aktie das Miteigentum an der AG, bei Schuldverschreibungen die Forderung. Der M. kann nur zusammen mit dem Kuponbogen veräußert werden, da beide zusammen erst das Wertpapier darstellen. ↑ Bogen.

Manteltarif
von den Tarifpartnern abgeschlossene Rahmenbedingungen, die im wesentlichen die Arbeitsbedingungen wie Arbeitszeit, Überstundenzuschläge, Urlaubsregelungen, betreffen. Der M. ist im allgemeinen für einen längeren Zeitraum als der Lohntarifvertrag abgeschlossen.

Mantelzession
↑ Zession.

Marge
(frz. = Rand, Spielraum); eine Spanne, die z.B. als Differenz zwischen An- und Verkaufskurs im Gold- oder Devisengeschäft, als Zinsspanne zwischen Soll- und Habenzinsen, als Kursverschiebung an den verschiedenen Börsenplätzen der Welt (↑ Arbitrage) auftreten kann.

Markenartikel
Bezeichnung für eine Ware, die durch ihre vom Hersteller garantierte gleichbleibende Güte und Aufmachung gekennzeichnet ist (z.B. »eine Schurwolle«). Das Warenzeichen des Herstellers ist durch die intensive Werbung allgemein bekannt, und die Produkte sind überall erhältlich. Vor der Aufhebung der »Preisbindung der zweiten Hand«, konnten die Markenartikelhersteller den Endverkaufspreis festsetzen.

Marketing
M. umfaßt alle Maßnahmen einer Unternehmung, die darauf ausgerichtet sind, den Absatz zu fördern. Teilbereiche s. Abb. S. 155.

Marktbeherrschung

Marketing

Begriffe		Erklärung	
Marktforschung	Marktanalyse	Einmalige Untersuchung zur Feststellung des augenblicklichen Zustandes	Ziel: Gewinnung möglichst genauer Unterlagen über den Absatzmarkt. Dadurch sollen unternehmerische Entscheidungen erleichtert und das Absatzrisiko verringert werden.
	Marktbeobachtung	Fortlaufende Beobachtung über einen längeren Zeitraum zur Feststellung von Veränderungen im Marktgeschehen	Vorgehen: Auswertung eigener Zahlenunterlagen (z. B. Absatzstatistik), offizieller Angaben (z. B. Monatsberichte der Bundesbank) oder Studium der Fachpresse; Gespräche mit Kunden und Lieferanten; Beobachtung der Konkurrenzmaßnahmen; Umfragen durch Markt- und Meinungsforschungsinstitute (z. B. DIVO, INFRATEST, EMNID).
Werbung		Ziel: Aufmerksamkeit erregen und Kaufwünsche wecken. Dabei sind die Vorschriften des „Gesetz gegen den unlauteren Wettbewerb" zu berücksichtigen. Die Bemühungen einer Unternehmung, sich in der Meinung der Öffentlichkeit möglichst günstig darzustellen, nennt man „Public Relations" (PR)	
Produktgestaltung		Umfaßt besonders die Form- und Farbgestaltung sowie die Verpackung	
Sortimentsgestaltung		Zusammensetzung der zum Verkauf angebotenen Güter und Dienstleistungen (breit – schmal; tief – flach)	
Preisgestaltung		Bei der Festlegung seiner Verkaufspreise muß der Unternehmer die Preise seiner Konkurrenten berücksichtigen.	
Kundendienst		Kostenlose Kundenparkplätze; Teilzahlungsmöglichkeit; Zustellung der Ware ins Haus; Installation und Reparatur technischer Geräte; Großzügigkeit beim Umtausch („Kulanz")	
Sales Promotion		Verkaufsförderung, z. B. durch Schulung des Einzelhandels-Verkaufspersonals durch den Hersteller; Vorführen der Produkte in einem Kaufhaus durch „Propagandisten"	

Marketing – Mix
Einschaltung vieler Komponenten zu einer Mischung (Mix), um durch das Marketing dem Produkt die optimale Marktgeltung zu verschaffen. Alle Abteilungen inner- und außerhalb eines Betriebes, die direkt oder indirekt mit dem Produkt zu tun haben, müssen kooperativ zusammenarbeiten.
Im wesentlichen werden dem M.-M. zugeordnet: Marktforschung – Produktentwicklung – Verkauf – Distribution (Verteilung) – Optimaler Absatzweg – Preispolitik – Werbung – Verkaufsförderung – Public Relation (PR) – Kundendienst.

Markt
ist der Ort, an dem kaufkräftige Nachfrage mit lieferfähigem Angebot zusammentreffen. Alle Marktvorgänge sind Tauschvorgänge. Am Markt findet der Ausgleich von Angebot und Nachfrage statt. Der Markt ist der Ort der Preisbildung; das Ergebnis des Zusammentreffens von Angebot und Nachfrage ist der Marktpreis; siehe Abbildungen Seite 156.

Marktanalyse
eine einmalige Untersuchung, um die Struktur des Absatzmarktes – aber auch des Beschaffungsmarktes – zu erkunden.

Marktanteil
prozentualer oder mengenmäßiger Anteil von Produkten eines Unternehmens. Man sagt z.B. »VW hat einen Marktanteil von x%« und meint, VW verkauft x% aller überhaupt am Markt befindlichen Mittelklasse-Pkw.

Marktbeherrschung
nach Kartellgesetz besitzt im Zweifel

Markt

Markt

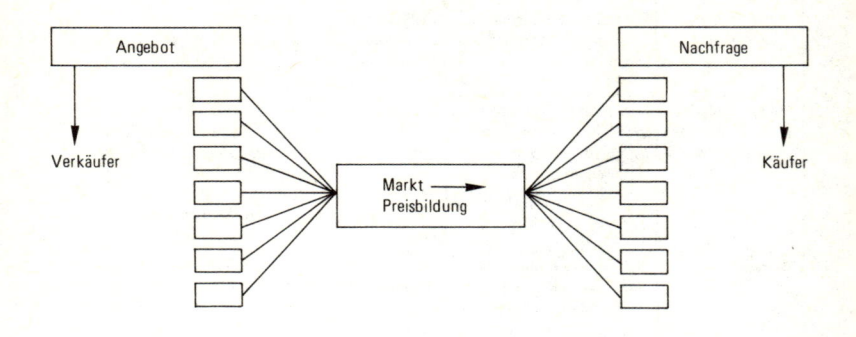

Angebot → Verkäufer … Markt → Preisbildung ← … Käufer ← Nachfrage

Marktarten	Merkmale	Beispiele
Sachgütermarkt	Handel mit Produktions- und Konsumgütern.	Nahrungs- und Genußmittelmarkt Werkzeug- und Maschinenmarkt.
Dienstleistungsmarkt	Bereitstellung von Diensten und Leistungen.	Steuerberater, Versicherungen, Transportunternehmen.
Kreditmarkt	Vermittlung von Geld und Kapital.	Banken und sonstige Kreditinstitute.
Arbeitsmarkt	Arbeitsleistungen werden gegen Arbeitslohn gehandelt.	Arbeitsmarkt für kaufmännische oder technische Berufe, Arbeitsämter, Stellenmarkt in der Zeitung.
Immobilienmarkt	Handel mit Grundstücken und Gebäuden.	Makler, Immobilienmarkt in der Zeitung.
Organisierter Markt	Angebot und Nachfrage treffen sich zu bestimmten Zeiten und an einem bestimmten Ort.	Börsen, Messen, Wochenmarkt.
Nichtorganisierter Markt	Angebot und Nachfrage treffen sich ohne Bindung an Zeit und Ort.	Einzelhandel, Großhandel.
Offener Markt	Jeder hat Zugang zum Markt; es bestehen keine Beschränkungen in bezug auf den Marktteilnehmer und die gehandelte Ware.	Einzelhandel, Großhandel, Import- und Exportgeschäfte, Gaststättengewerbe.
Geschlossener Markt	Neue Marktteilnehmer haben keinen Zugang.	Nachrichtenübermittlung durch die Post, Lieferung von Strom und Wasser.
Vollkommener Markt: homogener Markt	Die gehandelten Güter weisen keinen Unterschied in Art, Güte und Beschaffenheit auf.	Rohstoffe, Edelmetalle, Effekten
unvollkommener Markt: heterogener Markt	Die gehandelten Güter sind unter sich gleich; sie unterscheiden sich in Preis und Qualität.	Verschiedene Biersorten, Automobile etc.

Marktforschung

ein Unternehmen dann eine unbeeinflußte Stellung, wenn ein Marktanteil von einem Drittel und ein Umsatzerlös von mind. 250 Mill. DM erreicht ist oder wenn das Unternehmen keinem wesentlichen Wettbewerb ausgesetzt ist. Das Bundeskartellamt überwacht solche Unternehmen, die eine überragende Marktstellung genießen, damit sie ihre Macht nicht mißbräuchlich ausnutzen. Die Kartellbehörde kann Fusionen, die eine M. nach sich ziehen, untersagen, v.a. dann, wenn nach dem Zusammenschluß ein Marktanteil von 20% erreicht wird oder die beteiligten Unternehmen innerhalb des letzten Jahres vor dem Zusammenschluß mind. 10000 Beschäftigte oder einen Umsatz von mehr als 500 Mill. oder in ihrer letzten Bilanz mehr als 1 Milliarde Bilanzsumme ausgewiesen hatten.

Marktbeobachtung
ständiges Analysieren des Marktes durch Konkurrenzbeobachtung und Käuferbefragungen, um Veränderungen des Marktes und evtl. neue Entwicklungsmöglichkeiten nicht zu verpassen. Der Außendienst wird dazu in immer stärkerem Maße herangezogen.

Marktformen
Einteilung des Marktes nach dem Konkurrenzverhalten und der Anzahl der Marktteilnehmer; siehe Abbildungen.

Marktforschung
einmalige oder laufende Untersuchung des Marktes mit Hilfe von wissenschaftlichen Verfahren, † Marketing.

I. *Sekundärforschung* (desk research), die z.B. durch Statistiken, Erfahrun-

Marktformen

Anzahl der Marktteilnehmer	Marktform	Merkmal	Beispiel
viele	**Polypol**	Viele wirtschaftlich gleichstarke Marktteilnehmer beherrschen den Markt. Das Polypol entspricht der freien Konkurrenzwirtschaft.	Einzelhandelsgeschäfte
wenige	**Oligopol**	Wenige große und meistens gleichstarke Marktteilnehmer beherrschen den Markt und stehen miteinander in Konkurrenzkampf. Der Oligopolist hat einen großen Marktanteil.	Mineralölgesellschaften; Automobilhersteller
einer	**Monopol**	Auf der Angebots- bzw. Nachfrageseite gibt es nur einen Marktteilnehmer. Der Angebotsmonopolist besitzt alle Marktanteile; für ihn gibt es keine unmittelbare Konkurrenz.	Staatsmonopol (z.B. Post); Rohstoffmonopol

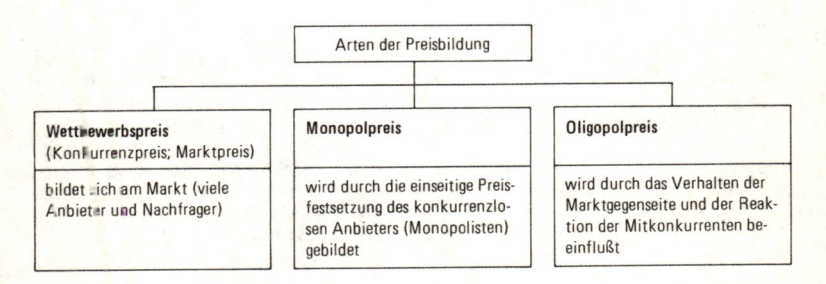

Arten der Preisbildung

Wettbewerbspreis (Konkurrenzpreis; Marktpreis)	**Monopolpreis**	**Oligopolpreis**
bildet sich am Markt (viele Anbieter und Nachfrager)	wird durch die einseitige Preisfestsetzung des konkurrenzlosen Anbieters (Monopolisten) gebildet	wird durch das Verhalten der Marktgegenseite und der Reaktion der Mitkonkurrenten beeinflußt

Marktphase

gen- und Betriebsvergleiche Daten vom Markt festhält. Eine spezielle Befragung findet nicht statt.

II. *Primärforschung* (field research) als die eigentliche und umfassendste Methode, neue Daten zu erhalten. Um den Interviewer nicht unvorbereitet in den Markt zu schicken, versucht man vorher eine Zielgruppe zu fixieren, damit z.B. Rentner nicht über Babynahrung befragt werden. Die Einteilung wird in *biologischer* (Männer oder Frauen oder beide werden befragt, wobei das Alter ebenfalls vorgegeben wird) und in *soziologischer* Hinsicht (z.B. Berufsgruppen, Einkommensschichten usw.) vorgenommen. Beispiel: Befragt werden sollen nur Frauen zwischen 20 und 40 Jahren, die ein Familieneinkommen von über 30 000 DM im Jahr haben und einem Angestelltenhaushalt angehören.

Neue Daten können nicht nur durch Befragungen in Form von strukturierten Fragebögen ermittelt werden, sondern auch durch Verbrauchertests in Instituten, in denen Geschmacks- und Verpackungstests durchgeführt werden. Gerade bei neuen Produkten findet diese Marktforschungsart Anklang.

Marktphase
auch Lebenszyklusphase eines Produktes genannt, ist der Zeitabschnitt, in dem sich ein Produkt vom Zeitpunkt seiner Einführung bis zum Verschwinden vom Markt befindet.

I. *Einführungsphase,* die mit erheblichen Kosten durchgeführt wird, sowohl durch die Schaffung neuer Produktionsanlagen, als auch durch die Kosten für abgeschlossene Tests, Kosten der Marktforschung und Werbung.

II. In der *Wachstumsphase* muß das Produkt den Markt durchdringen und sich gegen die Konkurrenz behaupten.

III. In der obersten Spitze der Absatzentwicklung verdient das Unternehmen das meiste Geld. Diese *Phase der Reife* soll natürlich so lange wie möglich anhalten.

IV. Fallende Umsatzentwicklungen eines Produktes nach dem Sättigungsgrad kennzeichnen die *Degenerationsphase. Das Erkennen dieser Phase ist am* Anfang recht schwierig, da es sich auch um kurzfristige Umsatzrückgänge handeln könnte. Durch verstärkten Wareneinsatz versucht man daher, die Stagnation aufzuhalten. Das Lebensalter eines Produktes im Lebensmittelbereich wird auf 7 Jahre geschätzt, gerechnet von der Einführungs- bis zur Degenerationsphase.

Marktpreis
erzielbarer Preis, der durch die augenblickliche Angebots- und Nachfragesituation auf dem Markt entsteht.
Der M. ist ein Gleichgewichtspreis; er bildet sich im Schnittpunkt von Angebots- und Nachfragekurve.
Zum M. kann die größtmögliche Warenmenge umgesetzt werden; der M. räumt den Markt.
Zum M. gibt es weder eine überschüssige Nachfrage (Nachfrageüberhang) noch ein überschüssiges Angebot (Angebotsüberhang). Der Konkurrenzdruck bewirkt eine Auslese sowohl zwischen leistungsfähigen und weniger leistungsfähigen Anbietern als auch zwischen kaufkräftigen und weniger kaufkräftigen Nachfragern.
Funktionen des M. sind: Bewertungsmaßstab im Sinne von Vergleichbarmachen und Knappheit anzeigen; Lenkungsfunktion, da der M. zu mehr oder zu weniger Herstellung bzw. Verbrauch führt; Gleichgewichtsfunktion, da er Angebot und Nachfrage ins Gleichgewicht bringt; Erziehungsfunktion, weil der steigende M. zu sparsamem Verbrauch (z.B. Erdöl) führen kann; siehe Abbildung Seite 159.

Markttransparenz
Marktdurchsichtigkeit. Sowohl der Konsument als auch der Hersteller versuchen eine gewisse M. zu erzielen. Der Verbraucher möchte dort kaufen, wo die Ware am günstigsten ist (Preis-Qualität-Relation), dazu muß er den Markt kennen – (Marktdurchsichtigkeit). Der Verkäufer möchte durch seine Marktkenntnis sowohl bestehende Marktlücken erkennen (Marktfor-

Marktpreis

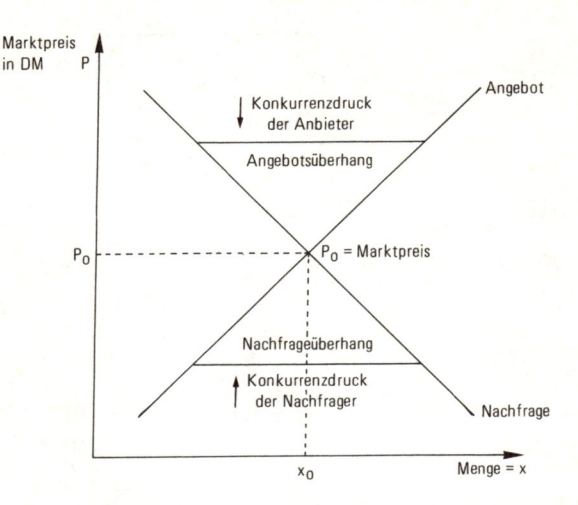

Marktpreis in DM — Achse P

- Angebot (steigende Gerade)
- Nachfrage (fallende Gerade)
- Konkurrenzdruck der Anbieter ↓
- Angebotsüberhang
- P_0 = Marktpreis
- Nachfrageüberhang
- Konkurrenzdruck der Nachfrager ↑
- x_0, Menge = x

schung), als auch die Konkurrenz im Auge behalten. Speziell für den Verbraucher gibt es eine M. nur auf sehr kleinem Raum.

Marktwirtschaft
Wirtschaftssystem, das als Grundlage die soziale Gerechtigkeit und die Sicherung des sozialen Fortschritts hat. Es herrscht grundsätzlich ein freier Wettbewerb. s. Abb. S. 160.

Marshall-Plan
↑ ERP.

Marxismus
von Karl Marx (1818–1883) begründete Lehre. Der M. geht von einer Klassengesellschaft und der unterschiedlichen Interessenlage der Personen (-gruppen) aus. Produktionsmittelbesitzer (Kapitalisten) und Arbeiter + Bauern haben insbes. im ökonomischen Produktionsprozeß gegensätzliche Bewußtseinslagen und Zielvorstellungen, die bei Fortschreiten der Industrialisierung zum Klassenkampf und zur Revolution führen.
Marx hat u.a. die Lehre vom Mehrwert und die Konzentrationstheorie aufgestellt. Danach erzielt der Unternehmer (Kapitalist) mehr Erlös, als er im Tausch für die Arbeitskraft hingibt. Die Differenz zwischen Lohn und Ertrag ist der Mehrwert. Laut Marx ist dies auch notwendig, um neue Maschinen kaufen zu können. Durch den erhöhten Maschinenpark aber werden immer mehr Arbeitskräfte freigesetzt, die als sog. industrielle Reservearmee bezeichnet werden. Da hierdurch viele Personen Arbeit suchen, aber nur wenige gebraucht werden, kann der Lohn vom Kapitalist gedrückt werden. Es entsteht eine allgemeine Verelendung.

Maschinenstundensatz
Berechnung der Gesamtkosten für eine Stunde Laufzeit pro Maschine; wichtig für die Vorkalkulation. Zu diesem Zweck werden sämtliche Kosten wie Schmierkosten, anteilige Raumkosten, Werkzeugbedarf, Abschreibungen, Zinsen, Wartungskosten, Energiekosten pro Monat festgestellt und dann durch die Laufzeit geteilt.

Massegläubiger
Gläubiger im Konkursverfahren, die

Massegläubiger

Marktwirtschaft

Staat
- unterwirft sich den Spielregeln des Marktes
- überläßt die Wirtschaft dem freien Spiel der Kräfte

↓ Nachfrage ↑ Angebot

Markt

Markt (Gesetz von Angebot und Nachfrage) als automatischer Steuerungsmechanismus

Abstimmung der Einzelpläne erfolgt über den Markt

← Angebot / → Nachfrage (Haushalte)
Angebot → / Nachfrage ← (Unternehmen)

Haushalte
- planen den Verbrauch
- Nutzenmaximierung

Vertragsfreiheit
Privateigentum
Berufsfreiheit
Konsumfreiheit
Konkurrenzprinzip
Eigeninitiative

Unternehmen
- planen die Produktion
- Gewinnmaximierung

Vertragsfreiheit
Privateigentum
Berufsfreiheit
Produktionsfreiheit
Konkurrenzprinzip
Eigeninitiative

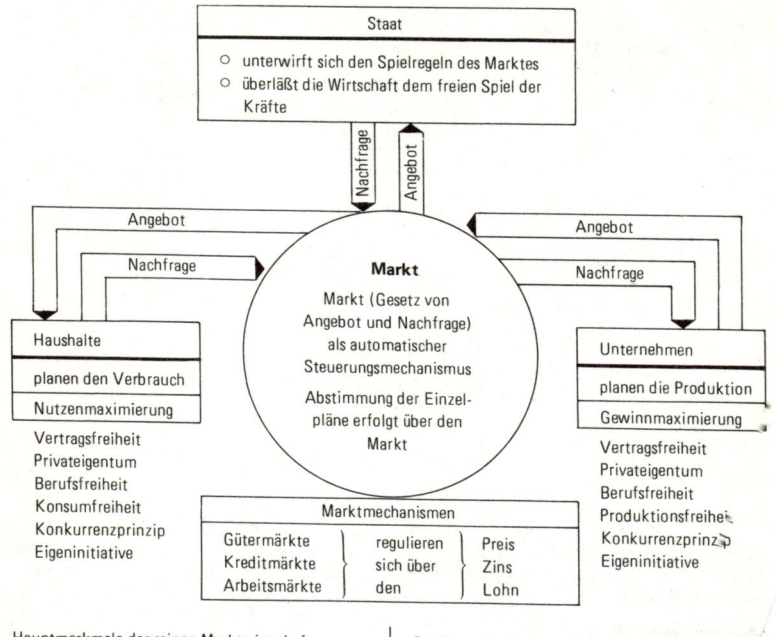

Marktmechanismen

Gütermärkte	regulieren	Preis
Kreditmärkte	sich über	Zins
Arbeitsmärkte	den	Lohn

Hauptmerkmale der reinen Marktwirtschaft	Problematik der reinen Marktwirtschaft
Völlige Entscheidungsfreiheit der Unternehmen und der Haushalte	Durch die Vertragsfreiheit entstehen starke Monopolisierungstendenzen
Recht auf Eigentum an Produktionsmitteln	Mit Hilfe der Freiheit kann die Wettbewerbsfreiheit zerstört werden
Uneingeschränkte Verfügungsmacht des Unternehmers über seine Produktionsmittel	Durch die wirtschaftliche Vormachtstellung des Unternehmers kann der Arbeitnehmer einseitig benachteiligt werden

voll befriedigt werden müssen. Wird vom Konkursverwalter festgestellt, daß das nicht möglich ist, so ist der Konkurs mangels Masse abzulehnen. Unter M. fallen diejenigen, die nach Eröffnung des Konkursverfahrens mit dem Konkursverwalter Verträge abschließen. Die eingegangenen Verpflichtungen nennt man ↑ Masseschulden. ↑ Massekosten sind Kosten zur Durchführung des Konkurses. Auch sie müssen voll ersetzt werden.

Massekosten

Kosten, die beim Konkurs entstehen. Hier werden keine Verträge durch den Konkursverwalter abgeschlossen wie bei den Masseschulden, sondern die M. entstehen bei der Abwicklung. V.a. zählen dazu Kosten des Konkursverwalters und des Gläubigerausschusses, des Konkursgerichts, Verwaltungs- und Verteilungskosten der Masse,

Materialwirtschaft

öffentliche Abgaben durch Verwertung der Masse, auch die dem Schuldner bewilligte Unterstützung zur Bestreitung seines Lebensunterhaltes. M. müssen voll befriedigt werden. Andernfalls ist der Konkurs mangels Masse abzulehnen.

Massenentlassung
das Kündigungsschutzgesetz schreibt vor, von welcher Entlassungszahl an die Schutzvorschriften für M. eintreten. Die Regelungen gelten jeweils für einen Zeitraum von 4 Wochen.

Massenproduktion
Fertigungsverfahren, bei dem eine große Stückzahl produziert wird. Die M. ist gekennzeichet durch ein hohes Maß an Rationalisierung. Etwa entstehende hohe Kosten können nur durch eine hohe Produktion großer Mengen wettgemacht werden, damit die ↑ Stückfixkosten gering gehalten werden. Die M. verlangt in der Regel keine spezialisierten Arbeitskräfte.

Masseschulden
Verbindlichkeiten, die zwecks Durchführung des Konkurses vom Konkursverwalter eingegangen werden müssen. Dazu zählen Stromlieferungsverträge, Telefonkosten, Heizungskosten, Mietkosten, Dienstverträge, Ansprüche aus gegenseitigen Verträgen, wenn der Konkursverwalter auf die Durchführung besteht. M. müssen voll befriedigt werden.

Materialeinzelkosten
Ausdruck in der ↑ Zuschlagkalkulation für verbrauchte Rohstoffe. Sie werden auch direkte Kosten genannt, da sie dem Produkt direkt zuzurechnen sind. Die M. werden im ↑ Betriebsabrechnungsbogen als Grundlage zur Berechnung des Materialgemeinkostenzuschlagsatzes genommen. Buchhalterisch werden die M. durch ↑ Materialentnahmescheine erfaßt.

Materialentnahmeschein
Beleg, der zwecks Erfassung des Materialverbrauchs ausgestellt wird. Er ist sowohl für die Lagerverwaltung als Nachweis des Abgangs, als auch für die Kostenerfassung wichtig. Mindestin-

halt: Art und Menge der Ware, empfangende Kostenstelle, Kostennummern (für welches Produkt?), Unterschrift des Berechtigten (z.B. Meister, Abteilungsleiter).

Materialgemeinkosten
Kosten, die einem Produkt oder Auftrag nicht direkt zuzurechnen sind. Dazu zählen die im Materialbereich (Lager/Einkauf) anfallenden Kosten wie Gehälter, Stromkosten, Heizung, Abschreibungen, Lagerzinsen. Die M. werden im Betriebsabrechnungsbogen in der Spalte Material gesammelt und am Ende der Abrechnungsperiode addiert.

Materialkosten
Summe von Materialeinzel- und Materialgemeinkosten.

Materialverbrauch
Verbrauch an Roh-, Hilfs- und Betriebsstoffen. Häufigste *Berechnungsarten:*
I. Anfangsbestand + Zugänge ./. Rücksendungen ./. Abgänge = Endbestand. Die Abgänge werden meist auf ↑ Materialentnahmescheinen festgehalten. Buchhalterisch wird der Vorgang nach dem ↑ Industriekontenrahmen Klasse 6 Aufwendungen für Rohstoffe an Klasse 2 Rohstoffe gebucht.
II. Anfangsbestand + Zugänge ./. Endbestand = M.

Materialwirtschaft
Zweig in der betrieblichen Organisation, der sich allgemein mit der Beschaffung und Bereitstellung der benötigten Materialien beschäftigt. Dazu gehört ebenfalls das Lagerwesen. Die M. versucht, Materialien gleicher Qualität, zum richtigen Zeitpunkt, am richtigen Ort unter optimalen Kostengesichtspunkten bereitzustellen. Dazu bedarf es eines engen Kontaktes mit der Produktion, dem Absatz und der Finanzplanungsstelle. Es darf weder zuviel (evtl. Verderb, Kapitalbindungskosten) noch zuwenig eingekauft werden (Produktionsstockung, teurer Einkauf). Der Beschaffungsmarkt muß ständig überprüft werden.

Maximumprinzip
ökon. Prinzip, bei dem mit gegebenem Mitteleinsatz ein maximaler Ertrag (Nutzen) erzielt werden soll.

Mehrfachnutzen
Instrument der Verkaufsförderung, die Verpackung eines Artikels in der Form zu gestalten, daß der Verbraucher nach dem Konsum den Gegenstand noch auf andere Weise nutzen kann, z.B. das Senfglas als Trinkglas.

Mehrstimmrechtsaktie
Aktienart, die dem Inhaber in der Hauptversammlung mehr als eine Stimme einräumt. Ursprünglich nach dem Krieg gegen Überfremdung durch ausländische Kapitalgeber gedacht. Heute nur noch mit Zustimmung des zuständigen Wirtschaftsministers möglich.

Mehrwert
↑ Marxismus.

Mehrwertsteuer
↑ Umsatzsteuer.

Meinungsforschung
Volksbefragung (Demoskopie), die oft einen relativ kleinen Querschnitt der Bevölkerung nach bestimmten Ansichten befragt (häufig 2000er Befragung). Die Auswahl der Personen muß repräsentativ sein, damit das Ergebnis auch für die gesamte Bevölkerung Gültigkeit besitzt. Die M. hat ihre Hauptgebiete in der Befragung über politische Themen, über geschäftliche Werbemaßnahmen, über den Bekanntheitsgrad industrieller Produkte u.ä..

Meistbegünstigungsklausel
Klausel in internationalen staatlichen Handelsverträgen, die dem Vertragsland gleiche Handelsvorteile gewährt, wie vorher einem anderen Staat gewährt wurden.
Beispiel: Die Bundesrepublik schließt mit Kamerun einen Handelsvertrag, der Zollvergünstigungen für Kamerun vorsieht. Wird nun z.B. mit Indonesien ein Handelsvertrag mit M. geschlossen, so gewährt die Bundesrepublik Indonesien die gleichen Vorteile wie Kamerun. Die bedeutendste multilaterale Verpflichtung, die M. anzuwenden, besteht in der Mitgliedschaft des ↑ GATT.

Meldebestand
Begriff aus dem Lagerwesen. Bei Erreichen des Meldebestandes muß das Lager den Einkauf informieren, daß eine neue Bestellung erfolgen muß. *Berechnung:* »Eiserner Bestand« + Lieferzeit × täglichem Verbrauch.

Mengenanpasser
Bezeichnung eines Polypolisten auf vollkommenen Märkten, der eine Gewinnerhöhung nur über eine Mengenveränderung erreichen kann; ↑ Polypol.

Mengenplanung
beantwortet die Frage nach der voraussichtlich einzukaufenden Menge. Dies hängt ab vom geplanten Absatz, der Zahlungsfähigkeit und dem verfügbaren Lagerraum.

Mengenrabatt
Preisreduzierung vom Listenpreis, der vom Verkäufer bei Abnahme einer gewissen Menge gewährt wird. Mengenrabatte sind meist gestaffelt, d.h. je mehr man bestellt, um so höher wird die Preisreduzierung.

Merchandising
aus dem Amerikanischen übernommener Ausdruck für eine vom Hersteller geleistete Verkaufsunterstützung gegenüber dem Handel. Auf dem Konsumgütersektor kann der Hersteller durch bessere Plazierung der Waren, durch Überwachung der Umschlaggeschwindigkeit der einzelnen Warengruppen, durch zur Verfügungstellung von ↑ Displaymaterial und anderen Verkaufshilfen dem Handel entscheidende Verkaufsimpulse geben. Die dafür ausgebildeten Personen heißen »Merchandiser«.

Messe
Veranstaltung mit Marktcharakter, die ein umfassendes Angebot bietet. Gewöhnlich wiederholt sie sich in regelmäßigen Abständen. Die dargebotenen Neuheiten sind nicht verkäuflich, sondern dienen lediglich als Muster, nach dem bestellt werden kann. *Arten:*

I. Fachmesse (z.B. Lederm., Schmuckm.)
II. Mehrbranchenmesse (z.B. Deutsche Industriemesse, Hannover-Messe.)

Miete
M. ist das entgeltliche Überlassen zum Gebrauch einer Sache. Rechtsgrundlage ist der grundsätzlich formfreie Mietvertrag. Bei Mietverträgen im Wohnungsbereich über ein Jahr bedarf er jedoch der Schriftform. Der Mieter ist lediglich zur Benutzung berechtigt, nicht aber, um selbst einen Ertrag (Fruchtgenuß) daraus zu erzielen. Weitervermietung oder Untervermietung sind nur mit Genehmigung des Vermieters erlaubt. Der Vermieter hat die Mietsache in einem gebrauchsfähigen Zustand zu erhalten, z.B. notwendige Reparaturen vorzunehmen. Der Mieter hat den Mietzins (Miete) zu zahlen und die gemietete Sache pfleglich zu behandeln. Beim Auszug muß der Mieter die Wohnung in einem bewohnbaren Zustand überlassen. Veränderungen, die der Mieter in der Wohnung vorgenommen hat, sind auf Verlangen des Vermieters zu beseitigen, es sei denn, die Veränderung war nach allgemeiner Auffassung werterhöhend, z.B. Einbau eines Wannenbades. In diesem Fall könnte der Mieter sogar einen Teil der Kosten vom Vermieter zurückfordern. Für den Vermieter bedeutet die Miete steuerlich Einkünfte aus Vermietung und Verpachtung. Für Unternehmen sind Mietzahlungen abzugsfähige Betriebsausgaben.

Mietkauf
erweiterte Form des Leasings. Der gemietete Gegenstand wird nach Ablauf der Mietzeit käuflich erworben, wobei die Mietzahlungen teilweise mit angerechnet werden. Wird der Mietvertrag verlängert, so geht der Gegenstand nach Ablauf der Mietzeit automatisch ins Eigentum des Mieters über.

Mikroökonomie
wirtschaftswissenschaftliche Bezeichnung für Untersuchungen, die von den Wirtschaftsplänen der einzelnen Haushalte und Unternehmen ausgehen.
(auch †Betriebswirtschaftslehre).

Minderkaufmann
nach §4 HGB ein Kaufmann, der ein Grundhandelsgewerbe betreibt, das so klein ist, daß er die Vollkaufmannseigenschaft nicht erzielen kann (z.B. ein Kiosk). Ein M. hat keine nach kaufmännischen Grundsätzen aufgebaute Organisation. Eine Eintragung ins Handelsregister ist ebenso nicht möglich wie das Führen einer Firma oder das Bestellen einer Prokura. Wie der Vollkaufmann hat er allerdings bei Warenmängeln die sofortige Rügepflicht, das Recht 5% (statt 4% lt BGB) Zinsen zu verlangen, evtl. Rechtsstreitigkeiten vor der Kammer für Handelssachen beim zuständigen Landesgericht auszutragen und Orderpapiere durch Indossament zu übertragen.

Minderung
Möglichkeit des Käufers, bei Mängeln an einer Sache den Kaufpreis herabzusetzen, notfalls durch Klage beim zuständigen Gericht. Das Recht kann nur bei rechtzeitig erfolgter Mängelrüge geltend gemacht werden.

Mindestbestand
† Eiserner Bestand.

Mindestbuchführung
Verpflichtung von Kleingewerbetreibenden, einen Mindestnachweis ihrer geschäftlichen Tätigkeit zu erbringen. Der Gesetzgeber schreibt dazu vor: 1. ein Wareneingangsbuch, in dem alle Wareneingänge nach Art, Datum, Betrag und Name des Lieferanten erfaßt werden. Außerdem muß ein Beleghinweis, z.B. Rechnungsnummer, gegeben werden. 2. ein Geschäftstagebuch, in dem täglich alle Einnahmen und Ausgaben lückenlos festzuhalten (bar und unbar) sind, getrennt nach betrieblichen und privaten Vorgängen. 3. ein Kassenbuch, das täglich abzuschließen ist. 4. besondere Bücher zum Nachweis der Forderungen und Verbindlichkeiten. 5. ein Lohnbuch, in dem die einbehaltenen und gezahlten Beträge festgehalten werden. Zum Schluß eines Jahres ist durch Gegenüberstellung von Vermögen und Schulden der Gewinn zu ermitteln.

Mindestgebot
im Zwangsversteigerungsverfahren ein vom Gericht festgesetzter Preis, der beim Bieten nicht unterschritten werden darf. Das M. beträgt gewöhnlich 70% des Verkehrswertes. Liegt das Höchstgebot bei der Versteigerung darunter, z.B. 60%, so kann ein Gläubiger, der dann nicht voll befriedigt werden kann, Antrag auf Versagung des Zuschlags stellen, d.h. den Verkauf verhindern. Das M. soll verhindern, daß Grundstücke in Notfällen verschleudert werden.

Mindestkapital
nach Aktiengesetz und GmbH-Gesetz vorgeschriebene Mindesteigenkapitalhöhe. Bei Aktiengesellschaften beträgt das M. 100000 DM, bei GmbH 50000 DM. Personengesellschaften wie OHG und KG besitzen kein M.

Mindestreserven
Von den Geschäftsbanken zinslos bei der Bundesbank zu hinterlegende Gelder, die aus den Einlagen gespeichert werden. Die prozentuale Höhe richtet sich nach der Art der Einlagen. Höchstsätze für Sichteinlagen sind 30%, für Termineinlagen 20%, für Spareinlagen 10%. Ursprünglich war die M. zur Sicherung der Liquidität der Banken gedacht. Die Bundesbank benutzt dieses Instrumentarium aber immer mehr zur Geldmengensteuerung, da sie die Prozentsätze je nach Bedarf verändern kann.

Mindestreservepolitik
Aktivität der Bundesbank, durch Steuerung der Prozentsätze der Mindestreserven, den Geschäftsbanken Geld zu entziehen oder zuzuleiten. Erhöht sie z.B. den Prozentsatz der Mindestreserven, so sind die Banken verpflichtet, mehr Geld von ihren Sparern zinslos bei der Bundesbank zu hinterlegen. Somit haben sie weniger Geld für Kredite zur Verfügung.

Minimumprinzip
ökon. Prinzip, bei dem ein gegebenes Ziel (Ertrag, Nutzen) mit möglichst geringem Mitteleinsatz erreicht werden soll.

Mischkonzern
Konzernbildung durch wirtschaftlichen Zusammenschluß branchenfremder Betriebe. Das Risiko wird gestreut, da Umsatzrückgänge einzelner Branchen durch andere aufgefangen werden können (Bsp.: Flick-Konzern).

Mitbestimmung
M. ist die aktive Teilnahme von Arbeitnehmern an betrieblichen Entscheidungsprozessen mit dem Ziel, Kapital und Arbeitskraft als gleichrangig zu betrachten. Die derzeitig in der Bundesrepublik herrschende Gesetzesgrundlage steht im wesentlichen auf vier Säulen:

I. Das *Montanmitbestimmungsgesetz von 1951.* Es regelt die Zusammensetzung des Aufsichtsrates und die Stellung des Arbeitsdirektors. Der Aufsichtsrat muß bei Unternehmen des Kohle- und Stahlbereichs, die mehr als 1000 Arbeitnehmer haben, paritätisch zusammengesetzt sein: 4 Arbeitnehmer, 4 Anteilseigner und 3 Neutrale. Der Arbeitsdirektor sitzt als Arbeitnehmervertreter im Vorstand. Durch Ergänzungsgesetze sind im Montanbereich erhebliche Erweiterungen durchgeführt worden.

II. Das *Betriebsverfassungsgesetz von 1952* sah bei Aktiengesellschaften und bei GmbH ab 500 Arbeitnehmern eine 2/3- und 1/3-Regelung vor, d.h. der Aufsichtsrat setzte sich aus 2/3 Anteilseignern und 1/3 Arbeitnehmern zusammen.

III. Das ↑*Betriebsverfassungsgesetz von 1972* regelt im wesentlichen die betriebliche M. in personellen, wirtschaftlichen und sozialen Fragen durch den Betriebsrat.

IV. Das *Mitbestimmungsgesetz von 1976* lehnt sich hinsichtlich paritätischer Mitbestimmung stark an das Montanmitbestimmungsgesetz an; siehe Abbildung Seite 165.

Miteigentum
Eigentumsteil an einer Sache (Bruchteilsgemeinschaft). Dieser Teil kann vom Eigentümer jederzeit verwertet

mittelfristige Finanzplanung

Mitbestimmung

Gesetzliche Grundlage	○ **Mitbestimmungsgesetz** vom 1. 07. 1976 (MitbestG) ○ **Montan-Mitbestimmungsgesetz** vom 21. 05. 1951 (Montan-MitbestG)						
Betroffene Unternehmen § 1 MitbestG	○ AG, GmbH, GmbH & Co. KG, KGaA, eGmbH, bergrechtliche Gewerkschaft ○ Unternehmen des Bergbaus sowie der eisen- und stahlerzeugenden Industrie (Montanindustrie)						
Zusammensetzung des AR § 7	○ Die AR-Mitglieder werden gewählt in:						
	Unternehmen bis zu 2 000 Mitarbeitern	Unternehmen mit mehr als 2 000 Mitarbeitern					Unternehmen der Montanindustrie
			AE[1]	MA[2]	GE[3]	zus.	
	zu 2/3 von den AE[1]	zu 1/3 von den MA[2]	2 000 – 10 000 MA 10 001 – 20 000 MA mehr als 20 000 MA	6 8 10	4 6 7	2 2 3	12 16 20	AE 4 + 1 = 5 MA 4 + 1 = 5 NM[4] 1 insges. 11
Neutrales Mitglied § 4 (1) und § 8 (1)[5]	○ In der Montanindustrie müssen die 10 AR-Mitglieder ein weiteres AR-Mitglied wählen („**Neutrales Mitglied**")						
Wahl der Arbeitnehmervertreter § 9–12	○ **Direktwahl** in Unternehmen bis zu 8 000 Mitarbeitern ○ **Indirekte Wahl** durch Wahlmänner in Unternehmen mit mehr als 8 000 Mitarbeitern ○ **Getrennte Wahl**, d. h., Arbeiter und Angestellte wählen jeder für sich ○ **Gemeinsame Wahl** der Arbeiter und Angestellten						Die Mitarbeiter können sich auch für das jeweils andere Verfahren entscheiden
Wählbar, § 7 (3)	○ Alle Mitarbeiter über 18, wenn sie mehr als 1 Jahr dem Unternehmen angehören						
Vorsitz im AR § 27	○ AR wählt sich seinen Vorsitzenden mit 2/3-Mehrheit ○ Kommt keine 2/3-Mehrheit zustande, wählen die Anteilseigner den Vorsitzenden, die Arbeitnehmervertreter den Stellvertreter						
Abstimmung im AR, § 29	○ Bei Stimmengleichheit erfolgt eine erneute Abstimmung; dabei hat der AR-Vorsitzende zwei Stimmen, der Stellvertreter nicht						
Arbeitsdirektor § 13[5]	○ In der Montanindustrie gehört dem Vorstand als gleichberechtigtes Mitglied ein „**Arbeitsdirektor**" an. Er ist besonders für die Belange der Mitarbeiter zuständig						

1 AE = Anteilseigner
2 MA = Mitarbeiter
3 GE = Gewerkschaften
4 NM = Neutrales Mitglied
5 Montan-MitbestG

werden, z.B. bei beweglichen Sachen durch Verkauf des Ganzen, bei Grundstücken im Wege der Zwangsversteigerung. – Gegensatz: ↑ Gemeinschaft zur gesamten Hand.

mittelbarer Besitzer
nach BGB eine Person, die rechtmäßig eine Sache besitzen darf, diese aber vorübergehend einem anderen übertragen hat, z.B. für eine Reparatur. Beispiel: Kauf einer Standuhr unter Eigentumsvorbehalt, d.h. der Verkäufer bleibt so lange Eigentümer der Standuhr, bis sie voll bezahlt worden ist. Der Käufer (Besitzer) übergibt die Uhr zwecks Reparatur einem Uhrmacher. Der Uhrmacher ist nun unmittelbarer Besitzer, der Käufer m.B., der Verkäufer Eigentümer.

mittelfristige Finanzplanung
fünfjährige Vorausschau der Ausgaben und Einnahmen von Bund und Ländern. Ziel ist eine Konjunktur- und Wachstumssteuerung durch Vorziehen oder Verschieben von Etatpositionen, um damit ein von Staatsseite aus stetiges und angemessenes Wachstum bei Vollbeschäftigung zu gewährleisten.

Mittelwert
statistisch-mathematischer Ausdruck für einen Merkmalswert statistischer Reihen. Arten: arithm. Mittel, dichtester Wert, Zentralwert und geometrisches Mittel.

mittlerer Verfalltag
Berechnung eines Zahlungsdatums für mehrere Beträge mit verschiedenen Fälligkeitsdaten, bei dem weder der Schuldner noch der Gläubiger Zinsvor- oder Zinsnachteile haben. Ausgangsdatum ist immer das jüngste Verfalldatum. Beispiel:

Schuldbeträge	fällig am	Tage	Zinszahlen
3 000,-	3.5.	–	–
2 000,-	23.5	20	400 (20×30)
1 400,-	3.6.	30	420 (14×30)
6 400,-			820

Summe der Zinszahlen 820 : 64 (= 1% der Schuldsumme) = 13 Tage. Erstes Datum 3.5. + 13 Tage = 16.5. m.V. und damit Zahltag der 6400,- DM.

Mobilien
Ausdruck für bewegliche Güter. Gegensatz: Immobilien (Grundstücke).

Mobilität
vor allem im Arbeitsbereich ein Begriff für die Beweglichkeit des Arbeitnehmers in Standortfragen. Berufliche Mobilität gibt dem Arbeitnehmer die Möglichkeit, dort zu arbeiten, wo er gebraucht wird.

Mondpreise
zu hoch angesetzte Preisempfehlung des Herstellers, um dem Einzelhändler einen vorgetäuschten Preisnachlaß zu ermöglichen.

Monopol
↑ Marktformen

Montanindustrie
Sammelbegriff für die Kohle-, Eisen- und Stahlindustrie. Auf Initiative des französischen Außenministers Schumann schlossen sich 1951 Frankreich, Italien, die Bundesrepublik und die Benelux-Staaten zu einer Union dieser Industriezweige zusammen, der späteren Europäischen Gemeinschaft für Kohle und Stahl (EGKS).

mündelsichere Papiere
Wertpapiere, meist festverzinslich, die als so sicher angesehen werden, daß sie zur Anlage von Mündelgeldern geeignet sind. Welche Papiere mündelsicher sind, entscheiden Bundesregierung und Bundesrat. Versicherungsgesellschaften und Banken sind gehalten, einen Großteil der von ihnen verwalteten fremden Gelder mündelsicher anzulegen.

Münzen
Hartgeld, das als Zahlungsmittel dient und für das die Bundesregierung das alleinige Prägerecht besitzt.

Mußkaufmann
Kaufmann nach §1 HGB. Er betreibt ein Grundhandelsgewerbe und ist stets ↑ Vollkaufmann. Der M. muß sich ins Handelsregister eintragen lassen. Die Eintragung hat jedoch lediglich verlautbarenden (deklaratorischen oder rechtsbezeugenden) Charakter, d.h. Rechtsgeschäfte mit einem M. haben auch dann volle Wirkung, wenn dieser nicht eingetragen ist. Das Registergericht kann durch Ordnungsstrafen den M. zwingen, sich eintragen zu lassen.

Muster
M. ist ein Gegenstand, der die Beschaffenheit einer Ware oder die Wirkung bei ihrer Verwendung kennzeichnen soll. Wird das Muster als Grundlage eines Auftrages genommen, so gilt jede kleine Abweichung als Nichterfüllung.

Musterrolle
beim Deutschen Patentamt geführtes Verzeichnis über geschützte ↑ Gebrauchsmuster.

Muttergesellschaft
Obergesellschaft, die einen mittelbaren oder unmittelbaren beherrschenden Einfluß auf von ihr abhängige Unternehmen ausübt. Man spricht auch von Unterordnungskonzernen, bei denen sich Mutter- und Tochterunternehmen bilden. – Gegensatz: Gleichordnungskonzerne, bei denen sich »Schwestern« bilden.

Mutterschaftsgeld
Zahlung an Versicherte 6 Wochen vor und 8 Wochen nach der Entbindung, bei Mehrlings- und Frühgeburten bis 12 Wochen danach. Voraussetzung: Vom 10. bis 4. Monat vor der Entbindung muß mind. 12 Wochen ein Beschäftigungsverhältnis bestanden haben. Die Höhe des Mutterschaftsgeldes richtet sich nach dem vorherigen Verdienst oder dem Krankengeld. Grundsätzlich bekommt eine Versicherte in regelmäßiger Beschäftigung das gleiche Geld wie vorher. Der Höchstsatz beträgt 25 DM pro Tag, jedoch hat der Arbeitgeber einen Zuschuß zu gewähren, der bis zum letzten Nettoverdienst reicht. Mütter, die keinen Anspruch auf Leistung haben, können bei der Entbindung einen einmaligen Betrag von 150 DM erhalten.

Mutterschutz
gesetzlicher Anspruch einer werdenden Mutter nach dem Mutterschutzgesetz. Zum Zeitpunkt des Bekanntwerdens ihrer Schwangerschaft genießt die Arbeitnehmerin absoluten Kündigungsschutz. Wurde eine Kündigung in Unkenntnis dieser Tatsache ausgesprochen, so ist sie zurückzunehmen, wenn innerhalb von 14 Tagen nach Zugang der Kündigung der Arbeitgeber hiervon erfährt; siehe Abbildung.

Multis
Begriff für multinationale Konzerne (z.B. Erdölgesellschaften wie Exon). Sie gelten z.T. als Auswuchs des Kapitalismus, da sie u.U. durch Ausnutzung ihrer Kapitalmacht Länderregierungen unter Zugzwang setzen, indem sie steuerliche Vorteile erzwingen wollen. Ihr Angebot dafür liegt häufig in langfristiger Beschäftigungserwartung und hoher Steuerzahlung, gerade in entwicklungsschwachen Ländern.

Mutterschutz

	Frauenschutz (§ 16 ff. AZO)	Mutterschutz (MuSchG)
Verboten ist die Beschäftigung... § 16–21	o in Bergwerken, Salinen, Kokereien u. dgl. o mit Nachtarbeit (20 bis 6 Uhr), ausgenommen in Mehrschichtbetrieben o an Tagen vor Sonn- und Feiertagen nach 17.00 Uhr	o in den letzten 6 Wochen vor der Entbindung, es sei denn, die werdende Mutter wünscht es ausdrücklich, § 3 MuSchG o des Hebens von Lasten über 10 Kilo, § 4 o mit gesundheitsgefährdenden Stoffen, Strahlen, Staub u. dgl., § 4 (1) o unter Hitze, Kälte, Nässe, Lärm, Erschütterungen u. dgl., § 4 (1) o mit Arbeiten, bei denen man überwiegend stehen muß, § 4 (2) o mit Akkord- und Fließbandarbeit, § 4 (3) o mit Mehr-, Nacht- und Sonntagsarbeit, § 8
Besondere Rechte der betroffenen Mitarbeiterinnen	o längere Ruhepausen als Männer, § 18 AZO o bezahlter Hausarbeitstag in einigen Bundesländern, HATG[1] o Freistellung von Mehr-, Nacht-, Sonn- und Feiertagsarbeit, wenn sie Kinder unter 14 Jahren hat, § 3 FAO[2]	o Freistellung[3] für ärztliche Untersuchungen, § 16 o Freistellung[3] von der Arbeit 6 Wochen für bis 6 Monate (7 Monate bei Früh- und Mehrlingsgeburten) nach der Entbindung, § 3 (2) und § 6 (1) o Freistellung[3] zum Stillen des Säuglings, höchstens 1 Stunde pro Tag, § 7 (1)

1 Hausarbeitstagegesetz   2 Freizeitanordnung   3 Bei voller Bezahlung

N

Nachbesserungspflicht
bei Werkverträgen hat der Unternehmer lediglich die Pflicht, das mit Mängeln behaftete Stück nachzubessern. Das Recht auf Wandlung oder Minderung besteht zunächst nicht. Kann der Mangel nicht behoben werden oder lehnt der Unternehmer die Nachbesserung ab, kann der Kunde die rechtlichen Möglichkeiten, auch Rücktritt vom Vertrag in Anspruch nehmen. Kann der Lieferant seinen gesetzlichen Verpflichtungen nicht nachkommen, so hat der Kunde alle gesetzlichen Rechte, seinen Anspruch geltend zu machen († Mängelrüge).

Nachfrage
N. ist das Streben nach Erwerb von Gütern, welche die Deckung der Bedürfnisse von Waren und Dienstleistungen gewähren; siehe Abbildungen Seite 168 u. 169.

Nachfragemonopol
Marktform, bei der vielen Anbietern nur ein Nachfrager gegenübersteht. In der Bundesrepublik z.B. die Bundesbahn.

Nachfrageoligopol
Marktform, bei der wenige große Nachfrager vielen relativ kleinen Anbietern gegenüberstehen.

Nachfrist
einem Schuldner eingeräumte Zeitspanne, innerhalb der er seine Verpflichtung erfüllen kann, z.B. die Auf-

Nachfrage

Bestimmungsfaktoren der Nachfrage	Grundsätze und Merkmale
Kaufwilligkeit	Die Kaufwilligkeit ist abhängig von der Art der angebotenen Güter, den Bedürfnissen und deren Rangfolge sowie von der persönlichen Werteinschätzung (subjektiven Nutzenerwartung) des Gutes.
Kauffähigkeit	Die Einkommensverhältnisse (Kaufkraft) des Käufers beeinflussen die Kaufentscheidung stark.
Anzahl der Verkäufer	Treten dem Käufer viele Anbieter gegenüber, so wird er sein Kaufverhalten anders gestalten als bei nur einem Anbieter.
Preis des Gutes	Je niedriger der Marktpreis, desto größer die Kaufbereitschaft der Nachfrager.
Nachfrageelastizität	Die Nachfrageelastizität gibt an, wie die Nachfrage eines Guts auf Preisänderungen reagiert. Ist die Nachfrage elastisch, so nimmt bei steigendem Preis die nachgefragte Gütermenge überproportional ab. Ist die Nachfrage unelastisch, so nimmt bei steigendem Preis die nachgefragte Gütermenge unterproportional ab.
Konsumentenwerbung	Sie gestaltet bestehende Bedürfnisse um und schafft neue Bedürfnisse, die mittels Kaufkraft zu Nachfrage werden.
Einkommensniveau	Bei steigendem Einkommen steigt die Nachfrage nach Gütern, bei sinkendem Einkommen sinkt die Nachfrage nach Gütern.

Namensaktie

Nachfrage

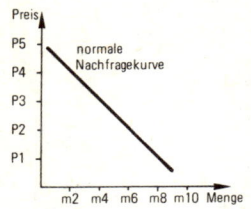

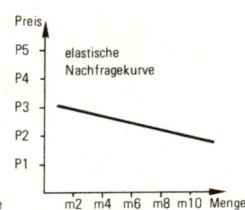

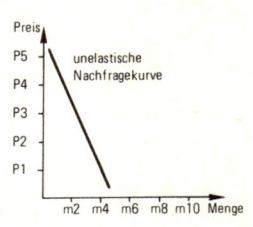

normale Nachfragekurve

Die Nachfrage verhält sich umgekehrt zur Preisentwicklung.
- Sinkt der Preis eines Gutes, dann steigt die Nachfrage nach diesem Gut.
- Steigt der Preis eines Gutes, dann sinkt die Nachfrage nach diesem Gut.

elastische Nachfragekurve

Preisänderungen bewirken eine überproportionale Änderung der nachgefragten Menge.

unelastische Nachfragekurve

Preisänderungen bewirken eine unterproportionale Änderung der nachgefragten Menge.

forderung an den Lieferer, bei Nichteinhaltung des Lieferdatums innerhalb der nächsten 5 Tage zu liefern, oder an einen Kunden, die ordnungsgemäß gelieferte Ware innerhalb von 5 Tagen abzunehmen. Das Setzen einer angemessenen N. ist vorgeschrieben. Ausnahme: ↑ Fixgeschäft.

Nachkalkulation
Überprüfung der Kosten zwischen den geplanten (Sollkosten) und den tatsächlich angefallenen Kosten (Istkosten). Im Betriebsabrechnungsbogen und der Kostenträger-Zeitrechnung wird bei der Zuschlagskalkulation in bestimmten Zeitabschnitten überprüft, ob die geplanten Kosten (Normalgemeinkosten) mit den Istgemeinkosten übereinstimmen.

Nachnahmesendung
Postsendungen die dem Empfänger nur dann ausgehändigt werden, wenn er den auf der Sendung angegebenen Nachnahmebetrag zahlt. Der Vermerk »Nachnahme… DM« muß in der Anschrift ersichtlich sein. Die anhängende Zahlkarte weist einen um die Zahlkartengebühr gekürzten Betrag aus. Löst der Empfänger die Sendung ein, zulässig bis zu einem Wert von 3000 DM, so wird dieser Betrag anschließend dem Postscheckkonto des Absenders gutgeschrieben. Bei nicht sofortiger Einlösung wird dem Empfänger eine Frist von 7 Werktagen eingeräumt, die Sendung beim zuständigen Postamt einzulösen.

Nachrichtenverkehr
in der Bundesrepublik Deutschland besitzt die Deutsche Bundespost kraft Gesetz das Nachrichtenmonopol; siehe Abbildung Seite 170.

Nachschußpflicht
Verpflichtung von Gesellschaftern, in Verlustjahren über ihre Einlage hinaus Geldbeträge an die Gesellschaft zu leisten. Üblich ist die N. bei Genossenschaften mit unbeschränkter Haftung und bei bergrechtlichen Gewerkschaften. Vereinbart werden kann die N. bei der Gesellschaft mit beschränkter Haftung. Aktiengesellschaften kennen die N. nicht. Die N. kann durch das ↑ Abandonrecht abgewendet werden.

Namensaktie
Aktienart, die auf den Namen des Aktionärs lautet, ins Aktionärsbuch eingetragen wird und durch Indossament beim Verkauf übertragen werden kann. Eine verschärfte Form ist die vinkulierte N. die nur mit Zustimmung des Vorstandes verkauft und an andere übertragen werden kann. Die N. verbrieft meist Vorzugsrechte. Daher möchte die Aktiengesellschaft auch

Namenspapier

Nachrichtenverkehr

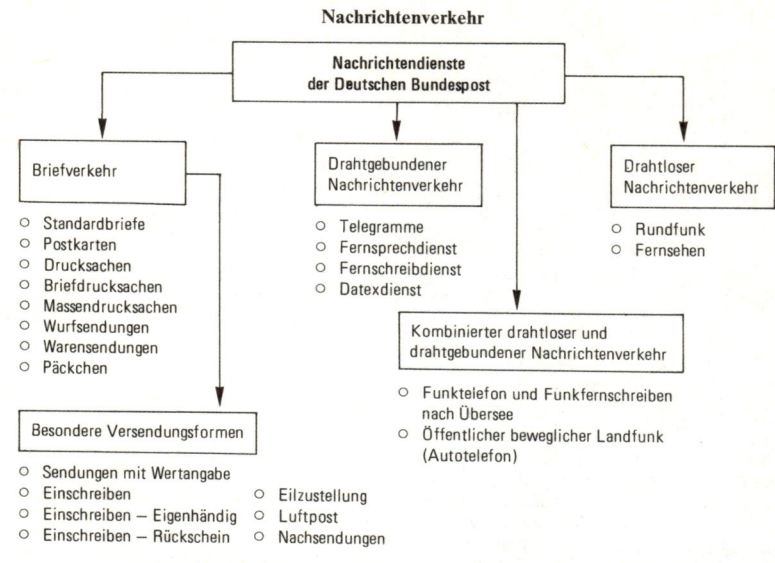

- Nachrichtendienste der Deutschen Bundespost
  - Briefverkehr
    - Standardbriefe
    - Postkarten
    - Drucksachen
    - Briefdrucksachen
    - Massendrucksachen
    - Wurfsendungen
    - Warensendungen
    - Päckchen
  - Drahtgebundener Nachrichtenverkehr
    - Telegramme
    - Fernsprechdienst
    - Fernschreibdienst
    - Datexdienst
  - Drahtloser Nachrichtenverkehr
    - Rundfunk
    - Fernsehen
  - Kombinierter drahtloser und drahtgebundener Nachrichtenverkehr
    - Funktelefon und Funkfernschreiben nach Übersee
    - Öffentlicher beweglicher Landfunk (Autotelefon)

Besondere Versendungsformen
- Sendungen mit Wertangabe
- Einschreiben
- Einschreiben – Eigenhändig
- Einschreiben – Rückschein
- Eilzustellung
- Luftpost
- Nachsendungen

wissen, wer derzeitig in den Genuß des Vorzugs kommt. – Gegensatz: † Inhaberaktie.

Namenspapier
Wertpapier, das auf den Namen einer bestimmten Person lautet (auch Rektapapier). Das Recht aus dem Papier kann nur von dieser Person oder seinem Rechtsnachfolger ausgeübt werden (z.B. aus einem Hypothekenbrief). Im weitesten Sinn gehören auch Wechsel und Schecks zu den Namenspapieren. Sie können durch Indossament übertragen werden.

Nationalökonomie
† Volkswirtschaftslehre.

Naturallohn
Bezahlung einer Arbeitsleistung in Form von Sachgütern (Naturalien). Früher auf dem Lande eine übliche Art der Entlohnung, die den Arbeitern freies Wohnen, freies Essen und freie Kleidung zusicherte. Heute existiert der N. nur noch in geringem Umfang neben der eigentlichen Lohn-und Gehaltszahlung. N. ist lohnsteuerpflichtiges Einkommen, wenn es die Üblichkeit überschreitet, z.B. eine billige Werkswohnung, wenn die abverlangte Miete die ortsübliche Miete um mehr als 40 DM im Monat unterschreitet, oder ein Firmenwagen, der für Privatzwecke zur Verfügung steht. Man spricht auch von geldwerten Vorteilen.

natürliche Personen
im Rechtssinne alle Menschen zwischen Geburt und Tod, im Gegensatz zu den † juristischen Personen.

Nebenbücher
das Hauptbuch ergänzende Hilfsbücher, um die Buchführung aussagefähiger zu machen, z.B. das Wechselbuch, das Kontokorrentbuch mit den einzelnen Forderungen und Verbindlichkeiten, das Warenbuch. So wird im Wechselbuch eingetragen, welche Wechsel wann fällig sind und an wen sie evtl. weitergegeben wurden. Diese Aussagen kann man aus dem Besitzwechsel- oder Schuldwechselkonto des Hauptbuchs nicht ersehen.

Nebenprodukt
Erzeugnis, das durch Verarbeitung von Abfallstoffen bei der Herstellung des

Hauptprodukts entsteht; ↑ Kuppelprodukt.

Nennwert
der einer Aktie oder Anleihe aufgedruckte Geldbetrag, z.B. 100 DM. In der Regel weicht der N. vom Marktwert (Börsenkurs, Bilanzkurs) ab. Vor allem bei Aktien ist diese Abweichung normal, da der Börsenkurs sich durch Angebot und Nachfrage ergibt, der N. aber lediglich einen festen Anteil am Grundkapital darstellt.

netto
(ital.: rein);
I. In der *Buchführung:* 1. »Wareneinkauf 5000 DM n.« bedeutet, daß noch keine Mehrwertsteuer in Ansatz gebracht wurde. 2. Buchung einer Barzahlung einer Schuld »abzüglich Skonto« in der Nettoform bedeutet, daß die anteilige Mehrwertsteuer durch den Skontoabzug sofort zu korrigieren ist. 3. Verbuchen der Nettolöhne bedeutet Einbehalten der gesetzlichen Abzüge. II. Als *Handelsklausel.* 1. »Nettogewicht«, d.h. ohne Verpackung. 2. »brutto für netto« bedeutet, die Verpackung wird wie die Ware berechnet. 3. »Nettopreis« ist ein Preis, von dem keine Abzüge mehr gemacht werden dürfen (z.B. Rabatte, Skonto).
III. In der *Volkswirtschaft.* 1. ↑ Nettoinvestition. 2. ↑ Nettosozialprodukt.

Nettoinvestition
N ist die innerhalb eines Jahres durchgeführte Erweiterungsinvestition einer Volkswirtschaft. Gesamtinvestition ./. Re-Investition = N. Die N. kann negativ sein, d.h., das volkswirtschaftliche Gesamtvermögen nimmt ab, wenn die volkswirtschaftlichen Abschreibungen höher sind als die gesamten Investitionen.

Nettoinlandsprodukt
Produktionswert aller im Inland erstellten Güter und Dienstleistungen innerhalb einer Periode. Im N. sind die gesamtwirtschaftlichen Abschreibungen nicht enthalten. Das N. umfaßt auch die von Ausländern (z.B. Gastarbeitern) im Inland erstellten Güter und Dienstleistungen.

Nettoprinzip
Aufrechnung von Aufwendungen mit Erträgen, z.B. Zinsaufwand mit -ertrag. Grundsätzlich ist das N. verboten (Saldierungsverbot). Ausnahme: Verrechnung der Vorsteuer mit Umsatzsteuer.

Nettosozialprodukt
Begriff der volkswirtschaftlichen Gesamtrechnung mit zweifacher *Bedeutung:*
I. N. zu *Marktpreisen* = Bruttosozialprodukt ./. Abschreibungen.
II. N. zu *Faktorkosten* (Volkseinkommen) = N. zu Marktpreisen ./. indirekte Steuern + Subventionen; ↑ Sozialprodukt.

neutrale Aufwendungen/Erträge
unternehmensbezogene Erfolgsgrößen, die keinen Eingang in die Betriebsbuchhaltung und somit auch nicht in die Kalkulation finden. Zu dieser Gruppe zählen: *Außerordentliche und betriebsfremde* Erfolge, z.B. Verluste oder Erträge aus Anlagenverkäufen, Brand, Kassenmanko, Zins- und Diskontaufwendungen und -erträge. Haus- und Grundstücksaufwendungen und -erträge wie Grundsteuer, Gebäudeabschreibungen, Gebäudereinigung, Hypothekenzinsen (nicht unter Zinsen). Buchhalterisch werden diese Erfolgskonten nach GKR (Gemeinschaftskontenrahmen der Industrie) und Großhandelskontenrahmen gesondert in der Klasse 2 erfaßt, am Jahresende zum Abrechnungssammelkonto (ASK) bzw. zum neutralen Ergebnis abgeschlossen und danach saldiert dem G+V-Konto zugeordnet. Der IKR (↑ Industriekontenrahmen) kennt diese gesonderte Erfassung zwischen betrieblichen und neutralen Erfolgen nicht mehr. Bei Bedarf müßte man sie aus dem Gesamtkomplex herausziehen.

neutraler Erfolg
Differenz zwischen den neutralen Aufwendungen und Erträgen. Zusammen mit dem betrieblichen Erfolg bildet der n.E. das Unternehmensergebnis.

Newcomer
(engl.: Neuling); Bezeichnung für

einen Marktteilnehmer, der sich entweder völlig neu oder mit einem neuen Produkt der Konkurrenz stellt.

nicht an Order
durch diese Klausel werden die geborenen Orderpapiere wie Schecks und Wechsel zu Rektapapieren und sind somit nicht übertragbar.

Nichterfüllung
↑Leistungsstörung, die auftritt, wenn ein Vertragsteil eine Zusicherung nicht einhält, z.B. der Lieferant die Ware nicht liefert oder der Kunde vereinbartes Entgelt nicht zahlt.

Nichtigkeit
Wirkungslosigkeit von Verträgen. N. tritt ein, wenn: 1. der Vertrag gegen ein bestehendes Gesetz verstößt (Rauschgifthandel), 2. ein Formmangel vorliegt, z.B. Grundstückskauf ohne Notar, 3. gegen gute Sitte verstoßen wird, z.B. Ausnutzen einer Notlage, 4. Scherzgeschäfte oder Scheingeschäfte vorliegen, 5. ein Geschäft mit einem Geschäftsunfähigen oder beschränkt Geschäftsfähigen ohne Zustimmung vorgenommen wird, 6. bei auf unmöglicher Leistung beruhenden Geschäften.

nichtrealisierter Gewinn
entsteht, wenn Vermögensgegenstände am Bilanzstichtag einen höheren Marktwert als ihren Anschaffungs- oder Buchwert haben, der erhöhte Wert jedoch durch einen Verkauf noch nicht realisiert ist. Nach dem ↑ Imparitätsprinzip darf maximal der Anschaffungs- oder Herstellungswert bilanziert werden, so daß n.G. keine Berücksichtigung in der Bilanz finden dürfen.

nichtrealisierter Verlust
Verlust, der zwar derzeitig durch Verkauf noch nicht eingetreten ist, aber durch die Marktlage zu erwarten ist, z.B. niedriger Börsenkurs bei Wertpapieren. Nach dem↑Niederstwertprinzip (↑Imparitätsprinzip) müssen im Gegensatz zu den ↑ nichtrealisierten Gewinnen die n.V. berücksichtigt werden, d.h. in die Bilanz ist der niedrigere Börsenkurs zum Bilanzstichtag einzusetzen.

Niederstwertprinzip
Bestimmung nach Aktiengesetz und Genossenschaftsgesetz, mit welchem Wert die Vermögensgegenstände in der Bilanz einzusetzen sind. Nach dem N. muß am Bilanzstichtag das Vermögen beim ↑ Anlage- und ↑ Umlaufvermögen mit dem Wert angesetzt werden, der dem Vermögen zu diesem Zeitpunkt als unterste Grenze zugerechnet wird. Unterscheidung:
I. *Strenges N.* gilt uneingeschränkt für das Umlaufvermögen, d.h. eine Bewertung zum niedrigen Tageswert (Börsenkurs) ist zwingend vorgeschrieben.
II. *Gemildertes N.* gilt für das Anlagevermögen. Stellt man in diesem Bereich nur eine vorübergehende Wertminderung fest, so kann man mit dem alten Wert weiterarbeiten (./. Abschreibungen).

Nießbrauch
das Recht, eine Sache nutzen zu dürfen. Es ist unvererbbar und unveräußerbar. N. kann man an beweglichen Sachen, an Grundstücken und an Rechten haben.

Nominaleinkommen
Einkommen eines Einzelnen, einer Gruppe oder auch einer Volkswirtschaft, das lediglich in Geld ausgedrückt ist, ohne die reale Kaufkraft zu berücksichtigen. Steigt durch Lohnerhöhungen das N. z.B. um 5%, die Preise um 4%, bleibt ein Realeinkommenszuwachs von 1%.

Nominalkapital
das in der Bilanz einer AG oder GmbH ausgewiesene starre Grund- oder Stammkapital. Teilt man das N. durch die Anzahl der Aktien, erhält man den Nominalwert pro Aktie.

nominelle Kapitalerhaltung
die n.K. zielt auf die bilanzielle Bewertung der Vermögensteile zu Anschaffungs- oder Herstellkosten ab. Geldwertschwankungen bleiben unberücksichtigt. Die n.K. strebt die Erhaltung des Ursprungskapitals an. Gegensatz: reale Kapitalerhaltung.

Non-food-Bereich
(engl.); ein Absatzbereich, der nicht

Normung

auf Lebensmittel oder Genußmittel ausgerichtet ist, z.B. Fahrräder, Uhren, Leder, Kleidung. Zum größten Teil handelt es sich dabei um Gebrauchsartikel.

Nord-Süd-Konflikt
Zwiespalt zwischen den Industriestaaten (größtenteils auf der nördlichen Halbkugel) und den Entwicklungsländern (größtenteils auf der südlichen Halbkugel), wegen der ungleichen Verteilung materieller Güter. Die Entwicklungsländer verlangen eine Umverteilung des Welteinkommens, eine größere Unterstützung in Form von Entwicklungshilfe und ein stärkeres Mitspracherecht bei internationalen Entscheidungen. Man versucht, diesem Problem durch den sog. Nord-Süd-Dialog zu begegnen; siehe Abbildung.

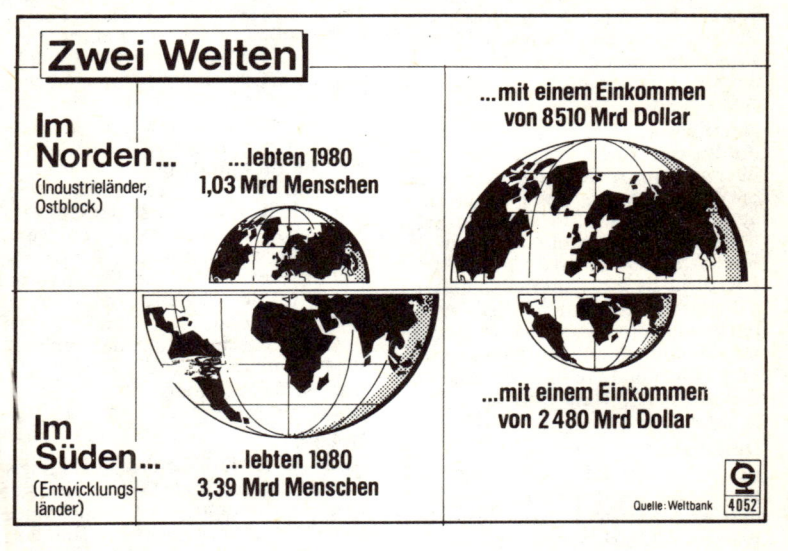

Zwei Welten

Im Norden... (Industrieländer, Ostblock)
...lebten 1980 1,03 Mrd Menschen
...mit einem Einkommen von 8510 Mrd Dollar

Im Süden... (Entwicklungsländer)
...lebten 1980 3,39 Mrd Menschen
...mit einem Einkommen von 2480 Mrd Dollar

Quelle: Weltbank 4052

Normalkosten
Kostensatz in der Kalkulation, der auf vergangenheitsorientierten Kosten beruht. Die Kalkulation muß mit N. arbeiten, da der exakte Kostenanfall, v.a. im Gemeinkostenbereich, vorher nicht festgestellt werden kann. Zu diesem Zweck werden durchschnittliche Kosten der Vergangenheit als »normal« angesetzt. In der ↑ Zuschlagskalkulation geschieht das im Betriebsabrechnungsbogen. Meist werden die angefallenen Kosten monatlich auf die Kostenstellen verteilt. Die ↑ Gemeinkostenzuschläge, die dann errechnet werden, sind Ist-Zuschläge, da sie sich auf tatsächlich angefallene Gemeinkosten beziehen. Für Kalkulationen der Zukunft wird mit diesen Ist-Zuschlägen gerechnet, die somit zu N. werden, da sie sich auf Kosten des Vormonats beziehen.

Normenkontrollverfahren
Verfahren vor dem Bundesverfassungsgericht, um die Rechtmäßigkeit eines Gesetzes zu überprüfen.

Normung
Vereinheitlichung von Einzelteilen nach Arten, Größen, Abmessungen, Typen, Begriffen. Der Deutsche Normenausschuß erarbeitet Normenvorschläge (DIN-Normen), die in den Normenblättern erklärt sind und bundeseinheitlich vorgeschrieben werden können. Der nach Normen verkauft

(DIN-Zeichen), hat sich danach zu richten, sonst liegt ein Verstoß gegen das UWG (Gesetz gegen den unlauteren Wettbewerb) vor. Die N. führt zur Rationalisierung beim Hersteller und zur vereinfachten Bestellweise beim Käufer.

notarielle Beurkundung
Formvorschrift bei Rechtsgeschäften, bei denen das gesamte Schriftstück vom Notar abgefaßt wird. Vorgeschrieben z.B. bei Veräußerungen und Belastungen von Grundstücken, bei Schenkungsversprechen, bei Beschlüssen der Hauptversammlung einer Aktiengesellschaft.

Notenbank
die für die Notenausgabe und Geldüberwachung zuständige Bank eines Staates. Sie liegt entweder in den Händen des Staates selbst, oder der Staat besitzt die Kapitalmehrheit an der Bank (z.B. in Form von Aktien). Meist unterliegt sie einer speziellen Gesetzgebung. Aufgabe einer N. ist die ausreichende Versorgung der Wirtschaft mit Geldmitteln und die damit zusammenhängende Lenkung der gesamten Geldmenge; ↑ Bundesbank, ↑ Geldmengenpolitik.

Notifikation
(frz. = Benachrichtigung); im Wechsel- und Scheckrecht die Information an den Aussteller und letzten Vormann, daß der Wechsel (Scheck) nicht eingelöst wurde.

notleidende Unternehmen
Unternehmen, die entweder Konkurs oder Vergleich angemeldet haben bzw. deren Zahlungsfähigkeit gestört ist.

Notverkauf
Verkauf einer leicht verderblichen Ware durch den Lieferanten, wenn der Kunde sich im Annahmeverzug befindet. Ausnahmsweise ist bei zweiseitigem Handelskauf ein N. auch durch den Kunden möglich, wenn die bezogenen verderblichen Waren Mängel aufweisen, diese beanstandet wurden, der Lieferant aber nicht reagiert hat.

notwendiges Betriebsvermögen
Vermögensgegenstände, die objektiv nur dem Betriebszweck zu dienen bestimmt sind.

Nulltarif
Benutzung öffentlicher Verkehrsmittel, ohne dafür etwas zu zahlen. Ballungszentren sollen dadurch vor mit Pkw überfüllten Straßen verschont bleiben.

Nullwachstum
Bezeichnung für ein unverändert hohes, also um 0% wachsendes Sozialprodukt. Begründung der Befürworter: Eine weitere Steigerung der Produktion von Gütern führe zu einer lebensbedrohenden Umweltverschmutzung und sei bei der Knappheit an Rohstoffen nicht mehr möglich. Zudem könne die Nahrungsmittelproduktion nicht mit dem Wachstum der Bevölkerung Schritt halten. Einwände der Gegner: Nullwachstum löse keine Umweltprobleme, die Versorgung der Bevölkerung werde schlechter, die Weltwirtschaft würde schweren Belastungen ausgesetzt und die Situation der Entwicklungsländer wäre noch ungünstiger als heute.

nur zur Verrechnung
↑ Verrechnungsscheck.

Nutzen
Maß an Bedürfnisbefriedigung, das den Haushalten beim Güterverbrauch entsteht. Theoretisch ist es Ziel eines Haushalts, bei gegebenem Einkommen und Güterangebot das größtmögliche Maß an Bedürfnisbefriedigung – d. Nutzenmaximum – zu erreichen. Da der Nutzen an einen Konsumgut subjektiv verschieden sein kann und von Ort und Zeit abhängt, ist ein personeller Nutzenvergleich ebensowenig möglich wie eine zahlenmäßige exakte Messung.

Nutzenschwelle
↑ break-even-point.

Nutzungsrecht
das von einem anderen eingeräumte Recht, eine Sache zu nutzen. Es kann im Bereich der Urheberrechts (Nutzung von Schrift- und Bildwerken), des Patentrechts (Lizenz) oder des normalen ↑ Nießbrauchs liegen.

O

Oberlandesgericht (OLG)
die Mittelinstanz der ordentlichen Gerichtsbarkeit. Das OLG entscheidet in Zivil- und Strafsenaten mit je 3 Richtern über Berufungen und Beschwerden gegen Urteile des Landgerichts bzw. in Familiensachen gegen Urteile des Amtsgerichts. Als Gericht erster Instanz ist der Strafsenat mit 5 Richtern besetzt.

objektive Unmöglichkeit
eine Leistung, die nicht nur vom Schuldner, sondern ganz allgemein nicht erbracht werden kann. Ein auf eine o.U. gerichteter Vertrag ist nichtig. Es handelt sich sehr häufig um Scherzgeschäfte. Verkennt der Partner aber den Scherz, so ist u.U. der Schädigende zum Schadenersatz verpflichtet. Tritt die Unmöglichkeit erst nach Vertragsschluß ein, so haftet der Lieferant für Vorsatz oder Fahrlässigkeit, u.U. auch mit einer evtl. Versicherungsleistung.

Obligation
eine Schuldverschreibung auf den Inhaber, die im privatwirtschaftlichen Bereich der staatlichen Genehmigung bedarf. Deshalb werden O. von der Industrie häufig als Orderpapiere ausgegeben. Die Inhaber der O. genießen Gläubigerrechte im Gegensatz zur Aktie, die ein Beteiligungsrecht darstellt. Obligationen werden zwecks Aufnahme von langfristigem Fremdkapital von Industrieunternehmen oder Gemeinden ausgegeben. Die O. zählt zu den festverzinslichen Wertpapieren mit fester Laufzeit (z.B. 7 Jahre).

Obligo
(ital. = Verpflichtung); O. ist ein mehrfach verwendeter Ausdruck:
I. *Schuldbegriff* allgemeiner Art oder zum Ausschluß einer Verbindlichkeit, z.B. als Haftungsausschluß in Angeboten: »ohne O.«.
II. *Banken* führen sog. Obligobücher, in denen weitergegebene Wechsel (Eventualverbindlichkeiten) und reine Schuldwechsel (der Kaufmann ist selbst Akzeptant) ihrer Kunden mit den Fälligkeitsdaten aufgeführt sind, um gewährte Diskontkredite zu überwachen.
III. *Wechselvermerk* beim Indossament »ohne Obligo«. Dadurch haftet der Indossant nur noch für den Nachmann, nicht mehr für weitere Personen. Ein solcher Wechsel ist als Zahlungsmittel wertlos und kann nur noch an die Bank verkauft oder bis zum Verfalltag behalten werden.

OECD
engl. Abkürzung für Organization for Economic Cooperation and Development, deutsch: Organisation für wirtschaftliche Zusammenarbeit und Entwicklung. Die OECD ist die Nachfolgeorganisation der 1948 gegründeten OEEC (Organization for European Economic Cooperation), die ursprünglich für das zerstörte Europa nach dem Kriege zuständig sein sollte und u.a. die Verwendung und Verteilung der Mittel aus dem Marshallplan durchzuführen hatte. Nachdem die OEEC weitgehend die ihr zugedachten Aufgaben erledigt hatte, beschloß man 1961 die Umwandlung in die OECD, um weltweit eine wirtschaftliche Zusammenarbeit zu erreichen. Derzeitige Mitglieder: Australien, Belgien, Bundesrepublik, Dänemark, Finnland, Frankreich, Griechenland, Großbritannien, Irland, Island, Italien, Japan, Kanada, Luxemburg, Neuseeland, Niederlande, Nor-

offener Mangel

wegen, Österreich, Portugal, Schweden, Schweiz, Spanien, Türkei, USA. Sitz der OECD ist Paris. Ihr oberstes Organ ist der Ministerrat, der seine Beschlüsse einstimmig fassen muß. Weitere Organe sind ein zehn Mitglieder umfassender Exekutivausschuß, die Fachausschüsse sowie der Generalsekretär im Verwaltungsbereich.

offener Mangel
Leistungsstörung bei Kaufverträgen in der Form, daß die gekauften Waren klar erkennbare Fehler aufweisen. Ein Kaufmann ist bei diesem Tatbestand zur sofortigen Rüge verpflichtet. Eine Privatperson kann innerhalb von 6 Monaten ihre Rechte geltend machen.

Offene Handelsgesellschaft (OHG)
I. *Gründung:* Zwei oder mehrere geschäftsfähige Personen können eine OHG gründen. Erforderlich ist ein Gesellschaftsvertrag und eine Kapitaleinlage. Die Gesellschaft beginnt mit der Eintragung in das Handelsregister, wenn sie kein Grundhandelsgewerbe betreibt. Ansonsten mit dem Geschäftsbeginn.
II. *Firma:* Personenfirma, in der die Namen der Gesellschafter erscheinen (Vornamen können entfallen). Auch der Name eines Gesellschafters mit dem Zusatz »OHG« oder »& Co.« ist als Firma möglich.
III. *Beteiligung:* Die Höhe der Kapitalbeteiligung geht aus dem Stand der Kapitalkonten hervor.
IV. *Haftung:* Jeder Gesellschafter haftet unmittelbar, unbeschränkt und solidarisch mit seinem gesamten Vermögen. Ein Gläubiger kann sich an jeden beliebigen Gesellschafter wenden. Dieser haftet in voller Höhe für die anderen mit. Für das Innenverhältnis der Gesellschafter untereinander kann der Gesellschaftsvertrag andere Regelungen vorsehen.
V. *Geschäftsführung:* Jeder Gesellschafter ist für sich allein zur Geschäftsführung und Vertretung berechtigt. Der Gesellschaftsvertrag kann andere Regelungen enthalten.
VI. *Pflichten:* Jeder Gesellschafter ist zur tätigen Mitarbeit im Unternehmen verpflichtet. Keiner darf für sich selbst Geschäfte auf eigene Rechnung tätigen. Er darf sich auch nicht als persönlich haftender Gesellschafter an anderen Unternehmen beteiligen.
VII. *Gewinn:* Jeder Gesellschafter erhält zunächst 4% seiner Kapitaleinlage. Der Rest wird nach Köpfen verteilt. Andere Regelungen sind möglich.
VIII. *Verlust:* Entstehende Verluste werden nach Köpfen aufgeteilt.
IX. *Auflösung:* Die Firma erlischt, durch freiwillige Auflösung (Liquidation), durch Kündigung des Gesellschaftsvertrags, durch Tod eines Gesellschafters, durch Konkurs über das Vermögen der Gesellschaft.

Offene-Posten-Buchhaltung
eine Buchhaltungsform, bei der nicht in zeitlicher Reihenfolge gebucht wird, vielmehr die Konten der Lieferanten und Kunden zeigen jeweils nur die Beträge, die noch zu begleichen (»offen«) sind. Zu diesem Zweck werden Rechnungen mit »unbezahlt« abgelegt. Wenn Zahlungen geleistet werden, wird eine Rechnung herausgeholt und durch den Vermerk »bezahlt am ... durch ...« und unter »bezahlt« wieder abgelegt. Der Saldo des Kontos ergibt sich durch Summierung der offenen Posten.

offene Rechnung
Vereinbarung, wonach die laufend angefallenen Rechnungsbeträge eines Vertragsteils zu bestimmten Zeiten in einer Summe zu begleichen sind, z.B. am 1. eines jeden Monats.

offene Rücklagen
Sammelbegriff für die in der Bilanz ausgewiesenen Reserven einer Kapitalgesellschaft. Dazu zählen die gesetzlichen und die freien Rücklagen.

Offen-Markt-Politik
geldmengenpolitisches Mittel der Bundesbank, indem sie durch An- oder Verkauf von festverzinslichen Wertpapieren die Geldmenge vermehrt oder vermindert. Soll z.B. mehr Geld in den Umlauf gebracht werden, so tritt sie als Käufer auf und gibt den Banken dadurch die Möglichkeit, ebenfalls mehr Kredite vergeben zu können.

öffentliche Ausgaben
Geldzahlungen der öffentlichen Hand (Gebietskörperschaften), mit denen die Staatsaufgaben finanziert werden. Über Höhe und Zusammensetzung entscheiden i.d.R. die Parlamente.

öffentliche Beglaubigung
Formvorschrift für ein Rechtsgeschäft, das die notarielle oder behördliche Bestätigung der Echtheit einer Unterschrift, nicht des Schriftwerkes als solches, verlangt, z.B. bei Anträgen auf Eintragungen ins Grundbuch oder Handelsregister.

öffentliche Beurkundung
↑ notarielle Beurkundung.

öffentlicher Glaube
ö.G. bedeutet, daß Eintragungen im Grundbuch oder Handelsregister als richtig gelten. Der ö.G. des Handelsregisters ist eingeschränkt; der Kaufmann kann sich darauf berufen, daß eine Eintragung falsch sei. Allerdings ist hier der gute Glauben geschützt. Ist z.B. durch Verschulden des Kaufmanns eine Prokuraaberkennung nicht ins Handelsregister eingetragen worden, so sind Verträge, die der ehemalige Prokurist noch abschließt rechtens, es sei denn, der Vertragspartner wußte von der Aberkennung.

öffentliche Haushalte
Gegenüberstellung von Einnahmen und Ausgaben der Gebietskörperschaften, die zeigt, wie durch die Einnahmen von Steuern, Beiträgen, Gebühren und Schuldenaufnahme die Ausgaben bestritten werden können; ↑ öffentliche Ausgaben.

Öffentliches Recht
regelt die Beziehungen zwischen Staat und Bürger und bezeichnet ein Verhältnis, bei dem der einzelne dem Staat untergeordnet ist. *Beispiel:* Grundgesetz, Strafgesetz, Straßenverkehrsordnung. – Gegensatz: ↑ Privates Recht.

Offerte
Vertragsantrag, Angebot, das den Anbieter rechtlich bindet, sofern nicht ausdrücklich das Gegenteil vereinbart ist. Preislisten, Kataloge und Ausstellungsstücke sind keine O., sondern Aufforderungen zur Abgabe einer O.

Off-Line-Verfahren
Verfahren, bei dem die empfangenen Daten nicht direkt an die Zentraleinheit weitergegeben, sondern zunächst extern gespeichert werden, um sie dann zu einem späteren Zeitpunkt in die Datenverarbeitungsanlage einzulesen. – Gegensatz: ↑ On-Line-Verfahren.

ohne Gewähr
↑ Obligo.

ökonomisches Prinzip
Wirtschaftlichkeitsprinzip, nach dem mit gegebenen Mitteln ein höchstmöglicher Erfolg erzielt (↑ Maximalprinzip) oder ein angestrebter Erfolg mit den geringsten Mitteln (↑ Minimalprinzip) erzielt werden soll.

Oligopol
↑ Marktformen.

Omnibus-Befragung
Befragungstechnik in der Marktforschung, bei der der Auskunftsperson vom Interviewer verschiedene Themen zur Beantwortung gestellt werden. Sie wird dadurch interessanter und somit aufschlußreicher für Befrager und Befragten. Der Befragte kann sich dabei nicht direkt auf einen bestimmten Themenkreis konzentrieren wie bei einer Spezialbefragung.

On-Line-Verfahren
in der Datenverarbeitung ein Verfahren, bei dem die externen Geräte Bestandteil des Systems sind und direkt mit der Zentraleinheit in Verbindung stehen. – Gegensatz: ↑ Off-Line-Verfahren.

OPEC
engl. Abkürzung für *O*rganization of the *P*etroleum *E*xporting *C*ountries = Organisation erdölexportierender Länder. Die 1960 gegründete Organisation wollte durch interne Verhandlungen zu einem fast einheitlichen Ölpreis gelangen. Die politisch verschieden ausgerichteten Regierungen der OPEC haben es bisher jedoch nicht geschafft, sich preislich anzugleichen, da durch starke Ideologisierung die Preise häufig als politisches Mittel ein-

Operations Research

gesetzt werden. Hauptmitglieder: Algerien, Iran, Libyen, Kuweit, Saudi-Arabien, Venezuela, Nigeria, Vereinigte arabische Emirate, Irak, Gabun. Vorgenannte Länder repräsentieren fast die Hälfte der Weltproduktion.

Operations Research
ehemalig ein Begriff aus dem militärischen Bereich, um angestrebte Ziele optimal lösen zu können. Unternehmungen haben sich die Verfahrenstechniken angeeignet und versuchen, unter Zuhilfenahme verschiedenster mathematischer Modelle eine Entscheidung unter mehreren Gesichtspunkten und Risiken vorher durchzuspielen, z.B. wie sich kurzfristige Veränderungen im Absatzbereich mit den sich daraus resultierenden Wirkungen auf andere Bereiche auswirken können.

optimale Bestellmenge
die Menge, bei der die Preisvorteile durch größere Einkaufsmengen die Kostennachteile durch erhöhte Lagerkosten am weitesten übertrifft. Zu berücksichtigen sind vom Einkäufer dabei einmal die möglichen Mengenrabatte, die zu zahlenden Frachtkosten, Verpackungskosten und zum anderen die Lagerzinsen für gebundenes Kapital, die Lagerkosten und bei zu hohen Beständen das Veralterungsrisiko.

Option
(lat.: optio = freie Wahl); das bei Verträgen ausgehandelte Recht, nach Ablauf einer bestimmten Frist etwas tun oder unterlassen zu dürfen, z.B. Vertragsverlängerungen oder Umtauschrechte.

Optionsanleihen
eine Schuldverschreibung, bei der der Gläubiger nach Ablauf einer vereinbarten Frist das Recht hat, in Höhe seiner Schuldverschreibung zusätzlich Aktien kaufen zu können.

Ordentliche Gerichte
Zivil-, Straf- und freiwillige Gerichtsbarkeit; siehe Abbildung.

```
                    ┌─────────────────────┐
                    │ Ordentliche Gerichte│
                    └─────────────────────┘
        ┌──────────────────┬─────────────────┬──────────────────┐
        │ Freiwillige      │ Zivilgerichts-  │ Strafgerichts-   │
        │ Gerichtsbarkeit  │ barkeit         │ barkeit          │
        └──────────────────┴─────────────────┴──────────────────┘
```

Freiwillige Gerichtsbarkeit: regelt die Vormundschafts- und Erbschaftsangelegenheiten und umfaßt die Registergerichte. Gerichte werden nur auf Antrag tätig.

Zivilgerichtsbarkeit: regelt die Rechtsverhältnisse und -beziehungen der Bürger untereinander und ist für Handelssachen zuständig.

Strafgerichtsbarkeit: verfolgt zum Schutz der Bürger auf Anzeige oder Antrag des Staatsanwaltes Übertretungen, Vergehen und Verbrechen.

ordentliche Kündigung
eine einseitige, empfangsbedürftige Willenserklärung, durch die z.B. ein Arbeitsverhältnis nach Ablauf einer Frist beendet wird.

Orderklausel
Wertpapiere werden durch den Zusatz »an die Order der Fa....« zu Orderpapieren und sind somit durch Indossament auf andere übertragbar. Bei Wertpapieren, die nur durch diesen Zusatz zu Orderpapieren werden, spricht man von *gekorenen* Orderpapieren. Wertpapiere, die diesen Zusatz nicht benötigen, um als Orderpapier zu gelten und damit durch Indossament übertragbar zu sein, nennt man *geborene* Orderpapiere, z.B. Schecks, Wechsel und Namensaktien. Bei diesen Papieren spielt nur die negative O. eine Rolle, die die angeborene Übertragbarkeit verhindert, z.B. »nicht an Order«.

Orderpapiere
Wertpapiere, die durch Indossament übertragen werden können und bei denen die Erwerber volle Legitimation aus dem Papier erlangen. Arten: 1. ge

Organisationsmodelle

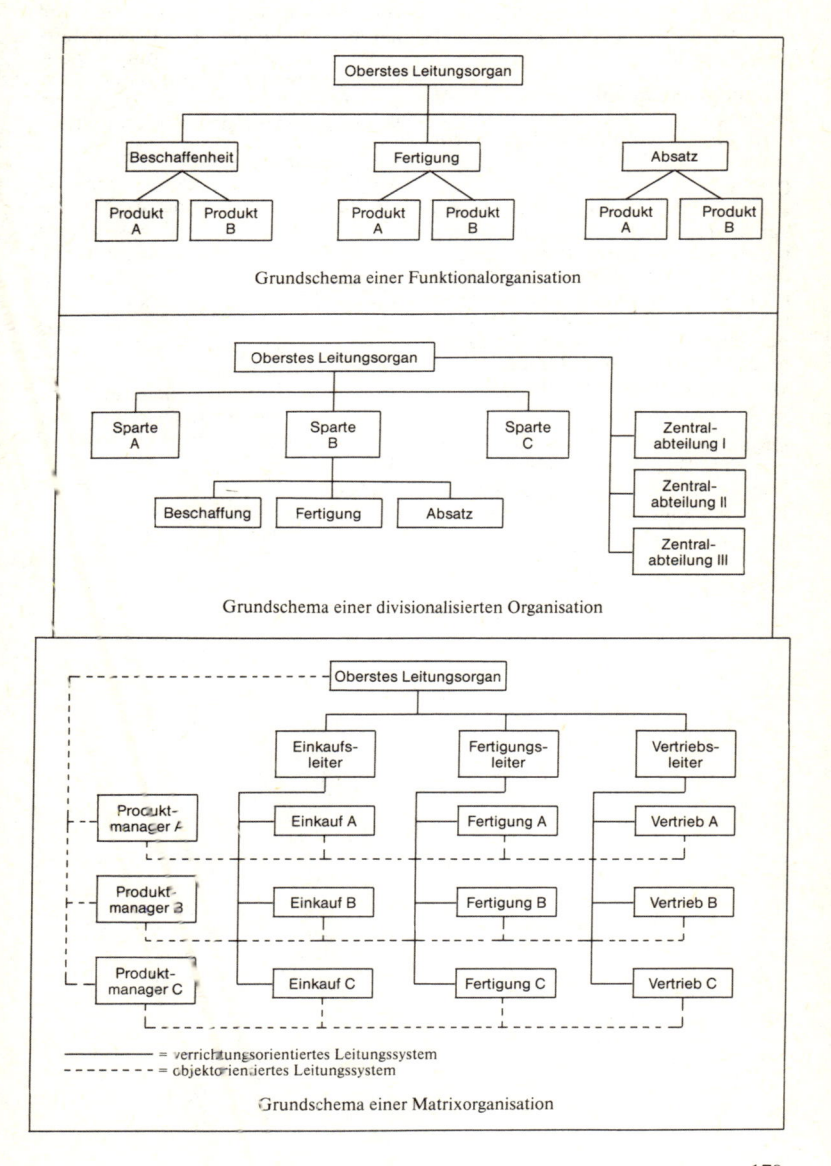

```
                    Oberstes Leitungsorgan
        ┌───────────────────┼───────────────────┐
   Beschaffenheit        Fertigung            Absatz
    ┌──────┴──────┐    ┌──────┴──────┐    ┌──────┴──────┐
  Produkt  Produkt   Produkt  Produkt   Produkt  Produkt
    A        B         A        B         A        B
```

Grundschema einer Funktionalorganisation

```
        Oberstes Leitungsorgan ───────────────┐
   ┌────────┬──────┴───┬─────────┐       Zentral-
 Sparte   Sparte     Sparte              abteilung I
   A        B          C                 Zentral-
        ┌───┼───┐                        abteilung II
   Beschaffung Fertigung Absatz          Zentral-
                                         abteilung III
```

Grundschema einer divisionalisierten Organisation

```
          Oberstes Leitungsorgan
   ┌──────────┼──────────┬──────────┐
            Einkaufs-  Fertigungs-  Vertriebs-
             leiter      leiter      leiter
 Produkt-   Einkauf A  Fertigung A  Vertrieb A
 manager A
 Produkt-   Einkauf B  Fertigung B  Vertrieb B
 manager B
 Produkt-   Einkauf C  Fertigung C  Vertrieb C
 manager C
```

——————— = verrichtungsorientiertes Leitungssystem
- - - - - - = objektorientiertes Leitungssystem

Grundschema einer Matrixorganisation

Ordnungsmäßigkeit der Buchführung

korene O. Transportversicherungsschein; Lagerschein; Ladeschein; Konnossement; Versicherungsschein; kaufmännische Anweisung. 2. geborene O. Wechsel; Scheck; Namensaktie; Zwischenscheine.

Ordnungsmäßigkeit der Buchführung
↑ Grundsätze ordnungsmäßiger Buchführung.

Organe
gewählte oder ernannte Personen oder Personengruppen, die im Auftrag meist vieler anderer Personen handeln. So ist der Bundestag ein Organ, um das Volk zu vertreten, der Vorstand, um die Beschlüsse der Aktionäre durchführen, der Geschäftsführer einer GmbH, um die Richtlinien der Gesellschafterversammlung in die Praxis umzuwandeln.

Organisation
planvolle Regelung, die für einen reibungslosen Ablauf der gesteckten Ziele sorgen soll. Das trifft für staatliche Aktivitäten und für den privatwirtschaftlichen Bereich gleichermaßen zu. O. ist Voraussetzung für die Bildung von Personenvereinigungen und für deren reibungslose Arbeitsdurchführung. Die geplante O. muß ständig überprüft werden, damit deren Ziele eingehalten bzw. bei notwendigen Veränderungen korrigiert werden können.

Organisationsmodell
Möglichkeit zur Gestaltung eines Systems, das sowohl eine Aufbauordnung als auch eine Ablaufregelung umfassen kann; siehe Abb. Seite 179.

Organschaft
ein rechtliches oder tatsächliches Verhältnis, das durch Eingliederung eines Unternehmens in ein größeres, übergeordnetes Unternehmen entsteht. Dabei bleibt die eingegliederte Unternehmung zwar rechtlich selbständig, verliert jedoch ihre wirtschaftliche Unabhängigkeit.

Output
↑ Input.

P

Pacht
vertragliche Überlassung des Gebrauchs einer Sache gegen Entgelt. Der zu entrichtende Pachtzins schließt für den Pächter auch Fruchtgenuß mit ein, d.h., Erträge aus dem gepachteten Gegenstand (z.B. Ernten und bei Jagdrechten das Wild) gehören dem Pächter. Einzelne Gegenstände der Pacht (z. B. das Inventar) müssen vom Pächter erhalten werden. Der Pächter wird nur Besitzer, nicht Eigentümer der Sache. Auf die Pacht finden die meisten Gesetze der Miete Anwendung mit Ausnahme des Fruchtgenusses.

Päckchen
durch die Post beförderte Sendung. Im Inland beträgt das zulässige Gesamtgewicht 2 kg, bei Sendungen ins Ausland 1 kg.

pagatorisch
(ital.: pagare = zahlen); bedeutet: auf Zahlungsvorgängen beruhend. Im Sprachgebrauch wird p. in Verbindung mit pagatorischer Buchhaltung (Finanzbuchhaltung) verwendet. Die Finanzbuchhaltung erfaßt alle Vorgänge, die einen Zahlungsstrom nach sich ziehen. Dazu gehören auch Forderungen und Verbindlichkeiten, die zu späteren Zeitpunkten zu Barein- und Barausgängen werden. Da die Finanzbuchhaltung in ihrer Jahresrechnungslegung die Werte zugrunde legt, die für die Gegenstände tatsächlich gezahlt wurden, heißen diese Werte pagatorische Werte.

Paket
eine Sendung, die bis zu einem Höchstgewicht von 20 kg durch die Post befördert wird. Das Paket wird zusammen mit der auszufüllenden Paketkarte am Postschalter abgegeben. Die Gebühr richtet sich nach Zonen (Paketzonentabelle) und nach Gewicht. Besonders dringende Sendungen können durch eine Zuschlagzahlung im Inland als »Schnellpaket«, ins Ausland als »Luftpostpaket« versendet werden, wobei letzteres von Land zu Land verschieden gehandhabt wird (z.B. durch Höchstgewichte, Auslieferungsarten).

Panel
(engl.: abgeteiltes Feld); eine nach ↑ Quoten oder durch Stichproben ausgesuchte Personengruppe, die über eine längere Zeit hinweg immer wieder über die gleiche Sache befragt wird. Die Panelerhebung zielt in erster Linie darauf ab, über einen längeren Zeitraum die Verhaltensweisen von Personen zu testen, z.B. im Konsumverhalten oder in der politischen Meinungsbildung. Bei dieser wiederholten Befragung kann sich das normale Verhalten der Befragten verändern. Sie reagieren nicht mehr typisch, sondern evtl. so, wie sie aufgrund ihrer Teilnahme an der Befragung meinen, antworten zu müssen. Man spricht dann von einem *Paneleffekt*. Die Personen müssen dann ausgetauscht werden, damit sich das Ergebnis nicht verzerrt.

Papiergeld
Bezeichnung für die von der Bundesbank ausgegebenen Noten. Sie gelten als gesetzliches Zahlungsmittel.

Parlament
Bezeichnung für eine auf Zeit gewählte Volksvertretung. Das P. soll die Regierung kontrollieren und Gesetze verabschieden. Die Volksvertreter, die dem P. angehören, genießen besondere Vorteile, um unabhängige Entscheidungen treffen zu können. Durch die

Geschäftsordnung gibt sich das P. eine eigene selbstständige Arbeitsweise.

Parlamentarischer Rat
Versammlung von 65 Abgeordneten, die 1948/49 in Bonn das Grundgesetz erarbeitet haben.

Passiva
Bezeichnung der rechten Seite der Bilanz. Die Passivseite zeigt die Mittelherkunft des Unternehmens. Unterteilt wird in Eigenkapital (Grund- und Stammkapital, Rücklagen) und in Fremdkapital (Rückstellungen, langfristige Verbindlichkeiten, kurzfristige Verbindlichkeiten). Die Wertberichtigungen der P. sind lediglich Korrekturposten zur Aktiva.

passive Rechnungsabgrenzung
↑ Rechnungsabgrenzungsposten.

Passivgeschäft
Geldbeschaffungsgeschäft der Kreditinstitute, das seinen Niederschlag auf der Passivseite der Bankbilanzen findet; man sagt, die Bank sei passiv, d.h., sie läßt die Einleger zu sich kommen (Gegensatz: ↑ Aktivgeschäft). Arten: 1. Annahme kurzfristiger Einlagen (Depositengeschäft), 2. Annahme von Spareinlagen mit verschiedenen Laufzeiten, 3. Ausgabe von Schuldverschreibungen (Pfandbriefe und Kommunalobligationen). Die Bundesbank zeigt als P. die Ausgabe der Banknoten auf.

Patent
ein Schutz, der Erfindern gewerblich verwertbarer Sachen das alleinige Recht der Nutzung garantiert (Vergabe von Lizenzen möglich). Die Schutzdauer beträgt 20 Jahre. Voraussetzung der Erteilung ist, daß der Gegenstand nicht zum Stand der Technik gehört und daß eine gewisse gewerbliche Verwertung möglich ist. Bei Nahrungs-, Genuß- und Arzneimitteln werden nur die Verfahren patentiert, nicht die Erzeugnisse patentiert.

Patentamt
Behörde mit Sitz in München, bei der die Anmeldung des Patents in doppelter Ausfertigung eingereicht werden muß. Der zu schützende Gegenstand muß genau beschrieben sein (Zeichnung). Das P. prüft die Patentfähigkeit. Anschließend wird die Anmeldung im Patentblatt öffentlich bekanntgemacht, um etwaige Einspruchsberechtigte aufmerksam zu machen.

Patentgebühr
für die Anmeldung muß 50 DM, für die Bekanntmachung 60 DM bezahlt werden. Die Zahlung einer jährlich steigenden Gebühr ab 3. Jahr mit 100 DM, bis zum 18. Jahr mit 3300 DM, ist vorgeschrieben.

Patentrolle
das erteilte Patent wird in die P. eingetragen und gestattet es somit dem Patentinhaber, innerhalb der Laufzeit das patentierte Verfahren allein zu nutzen. Hobbyheimwerker können es allerdings nachbauen, ohne daß Schadenersatz gefordert werden kann. Wer das Verfahren gewerblich nutzt, ist schadenersatzpflichtig.

Patenturkunde
eine dem Patentinhaber ausgehändigte Urkunde, die ihn als Alleinberechtigten ausweist.

Pauschalwertberichtigung
nach dem Vorsichtsprinzip die Möglichkeit für einen Kaufmann, von Positionen seines am Bilanzstichtag bestehenden Anlage- und Umlaufvermögens einen Teil abzuschreiben. V.a. üblich bei „guten Forderungen". Hier liegt in der Regel der Prozentsatz zwischen 2 und 5%. Der Satz richtet sich nach den Erfahrungswerten der Vergangenheit. Buchung: Abschreibungen auf Forderungen an P. Tritt im Folgejahr kein Ausfall ein, so ist die P. ertragserhöhend wieder aufzulösen.

Pension
Ruhegeldzahlung (Rente) an Beamte, Angestellte und deren Hinterbliebene.

Pensionsrückstellung
Verpflichtung der Unternehmung für laufende und zukünftige Ruhegeldzahlungen an Betriebsangehörige oder Hinterbliebene zu sorgen. Die Bildung ist nur dann möglich, wenn die Pensionszahlung dem Arbeitnehmer vertraglich oder tariflich zugesichert wur-

de. P. sind langfristige Verbindlichkeiten gegenüber Betriebsangehörigen. Die Höhe wird auf der Basis versicherungsmathematischer Berechnungen angestellt. Eine Verpflichtung der Passivierung besteht nicht. Die P. hat nur steueraufschiebende Wirkung. Mit Eintritt des Versorgungsfalles ist eine Rückstellung schrittweise aufzulösen (Rückstellung an Ertragskonto).

periodenfremde Aufwendungen und Erträge
Posten, die wirtschaftlich nicht zu dem gerade abgerechneten Zeitabschnitt gehören. Als Konten werden außerdentliche Aufwendungen oder außerordentliche Erträge berührt. *Beispiel:* 1. Prozeßkosten fallen um 1000 DM höher aus als man bei der Rückstellungsbildung gedacht hat. Betrag 11000 DM, Rückstellung 10000 DM. Buchung: Rückstellung 10000 DM + außerord. Aufw. 1000 DM an Bank 11000 DM. 2. Steuererstattung von 3000 DM aus dem vergangenen Jahr. Buchung: Bank an außerordentliche Erträge 3000 DM. An Stelle von periodenfremd spricht man auch von aperiodisch

periphere Einheiten
Sammelbegriff für alle Geräte einer EDV-Anlage mit Ausnahme der Zentraleinheit. Man unterscheidet:
I. *Eingabegeräte:* sie lesen Daten und Programme und leiten sie an die Zentraleinheit weiter, z.B. Lochkartenleser, Belegleser.
II. *Ausgabegeräte:* sie geben verarbeitete Daten aus, z.B. Lochkartenstanzer, Drucker.
III. *Kombinierte Ein- und Ausgabegeräte:* sie können Daten lesen wie auch verarbeitet ausgeben, z.B. Magnetbandeinheit, Diskette.
IV. *Dialoggeräte:* sie ermöglichen den direkten Zugriff zur Zentraleinheit, z.B. Bildschirmgerät.

permanente Inventur
körperliche Bestandsaufnahme der Waren im Laufe des Geschäftsjahres. Die p.I. bewirkt eine Abstimmung der Konten der Lagerbuchhaltung (notwendige Voraussetzung) mit den Istbeständen im Lager. Die p.I. macht die Stichtagsinventur überflüssig und gestattet es dem Unternehmer, die Inventur in Zeiten langsam gehender Geschäfte durchzuführen.

Personalkosten
Sammelbegriff für die Kosten, die für alle Arbeitnehmer anfallen. Dazu gehören sowohl die Löhne und Gehälter als auch die Lohnnebenkosten (Arbeitgeberanteil in der Sozialversicherung, Urlaubsgeld, Zuschüsse jeglicher Art), die heute bis zu 70% des eigentlichen Lohns ausmachen. Buchhalterisch festgehalten werden diese Zahlungen und die damit zusammenhängenden Arbeiten in der Lohnbuchhaltung.

Personalkredit
Bankkredit, der lediglich im Vertrauen auf die wirtschaftliche Leistungsfähigkeit der Person (des Schuldners) gewährt wird.

Personalpolitik
sämtliche Maßnahmen des Unternehmens, die es ermöglichen, daß geeignete Mitarbeiter am richtigen Arbeitsplatz in ausreichender Zahl vorhanden sind und im Sinne des Unternehmensziels zusammenarbeiten. Teilbereiche der P. sind Personalplanung, -beschaffung, -verwaltung, -führung und Aus-Weiterbildung.

Personalrat
die gewählte Arbeitnehmervertretung der Gebietskörperschaften (Bund, Länder, Gemeinden) und sonstigen Anstalten des öffentlichen Rechts.
↑ Betriebsrat.

Personalwirtschaft
ein Bereich der Betriebswirtschaft, der sich im weitesten Sinne mit der Gesamtheit der Arbeitnehmer befaßt. Teilbereiche nach der Ausbildungsordnung für Industriekaufleute: Organisation des Personalwesens, Einstellen und Ausscheiden von Arbeitnehmern, Personalverwaltung, Berufsbildung, Arbeitsschutz und Unfallverhütung und Lohn- und Gehaltsabrechnung.

Personengesellschaft
Gesellschaftsform nach HGB, bei der die personelle Bindung vor die kapitalmäßige gestellt wird. Daher ist der Anteil an einer P. auch unvererblich und unveräußerbar. Zu den Personengesellschaften zählen die ↑ Offene Handelsgesellschaft, die ↑ Kommanditgesellschaft und die ↑ GmbH & Co. KG. Keine P. im handelsrechtlichen Sinn sind die ↑ Gesellschaft des bürgerlichen Rechts (Personenvereinigung) und die ↑ Stille Gesellschaft.

Personensteuer
Steuer, die für bestimmte Personen gilt und an die Leistungsfähigkeit dieser Person anknüpft, d.h., Entgelt verlangt für das, was sie verdient oder als Vermögen besitzt, z.B. Körperschaftsteuer, Lohn- und Einkommensteuer, Vermögensteuer, Erbschaftsteuer, Kapitalertragsteuer. P. zählt neben den Realsteuern zu den Besitzsteuern. Sie gelten auch als direkte Steuern, da sie vom Steuerschuldner unmittelbar entrichtet werden.

Personenversicherung
jegliche Versicherung, die auf den Schutz der Person abzielt. Dazu zählen v.a. Lebensversicherungen, Unfallversicherungen, Rentenversicherungen.

persönlich haftender Gesellschafter
Gesellschafter, der nicht nur mit seiner Einlage, sondern auch mit seinem Privatvermögen haftet. Die Offene Handelsgesellschaft besteht nur aus p.h.G., die Kommanditgesellschaft hat mindestens einen p.h.G. (Komplementär).

Petition
(lat.: Eingabe, Bittschrift); nach dem Grundgesetz das Recht eines jeden Bundesbürgers, sich mit einem Anliegen oder einer Beschwerde direkt (schriftlich) an die dafür zuständige Stelle zu wenden, z.B. an den Ministerpräsidenten oder den Bundestag (Petitionsausschuß).

Pfand
Gegenstand, der einem Gläubiger als Sicherheit für eine Forderung gegeben wird.

Pfandbrief
Schuldverschreibung von Hypothekenbanken, die mit diesem Geld selbst Darlehen vergeben, das die Darlehnsnehmer meist durch eine Hypothek oder Grundschuld absichern müssen. Somit gilt die Hypothek als Sicherheit, daß der Inhaber der Schuldverschreibung nach Ablauf der vereinbarten Zeit wieder zu seinem Geld kommt.

Pfandleihe
Gewährung von Darlehen gegen Verpfändung von beweglichen Gegenständen. Gegen Vorlage des Pfandscheines kann der Gegenstand später wieder eingelöst werden. Da es sich bei diesen Geschäften meist um privatwirtschaftlich arbeitende Unternehmen handelt, die mit eigenem Kapital arbeiten, findet das Kreditwesengesetz keine Anwendung. Der Betrieb eines Pfandleihers bedarf der Genehmigung.

Pfandrecht
Dingliche Sicherung einer Geld- oder Sachforderung. P. besteht nur an Rechten (z.B. Lizenzen, Patenten u.s.w.) und an beweglichen Gegenständen. Hierzu gehört nicht das P. an Grundstücken. Arten:
I. *Gesetzliches P.*, z.B. das P. des Vermieters, des Kommissionärs, des Lagerhalters u.s.w., bei Nichtbezahlung des vereinbarten Entgelts durch den Vertragspartner.
II. *Vertragsp.*, das eine Pfandbestellung per Vertrag regelt (Pfandleihe). Kommt der Vertragspartner seinen Verpflichtungen nicht nach, so wird das Pfand verwertet. Im Konkursfall hat der Gläubiger das Recht der ↑ Absonderung.

Pfändung
P. ist eine Zwangsvollstreckung in das bewegliche Vermögen und in Rechte (Forderungen). Arten:
I. *Faustpfand*. Der Gerichtsvollzieher nimmt den gepfändeten Gegenstand an sich (z.B. einen Ring).
II. *Pfandsiegel*. Der Gegenstand wird mit einem nicht sofort sichtbaren Sie-

gel versehen, der im Volksmund auch »Kuckuck« genannt wird.
III. *Austauschpfändung.* Ein teurer Gegenstand wird gegen einen artgleichen billigeren Gegenstand ausgetauscht, z.B. ein Nerzmantel gegen einen Lodenmantel. Nicht pfändbar sind Gegenstände, die der Ausübung des Berufs und die der Lebensführung dienen. Bei der P. von Forderungen wird ein Pfändungs- und Überweisungsbeschluß ausgestellt. Er berechtigt, daß Guthaben oder auch Löhne und Gehälter gepfändet und an den Gläubiger überwiesen werden können. Zu beachten ist aber dabei die Erhaltung des Existenzminimums. Kann nichts gepfändet werden, stellt der Gerichtsvollzieher eine Urkunde über Unpfändbarkeit aus. Das Gericht kann dann den Schuldner laden und ein Vermögensverzeichnis mit eidesstattlicher Versicherung verlangen.

Plankostenrechnung
zukunftsorientierte Form der Kostenrechnung, die nicht auf Vergangenheitswerten basiert, sondern auf der Grundlage von geplanten Zukunftszahlen im Kostenarten-, Kostenstellen- und Kostenträgerbereich vorgenommen wird. Die P. soll eine Betriebsüberwachung und eine Kostenkontrolle gewährleisten. Für jede Kostenstelle werden die anfallenden Kostenarten geplant. Die unerläßliche Prüfung nach Ablauf der Planungsperiode stellt dann die Kostenverschiebungen fest.
Eine besondere Art der P. ist die flexible P., die im Gegensatz zur starren P. zuerst alle Kosten in fixe und variable Kosten aufteilt, um sie dann den einzelnen Kostenstellen zuzuordnen.

Planung
Teilbereich des Rechnungswesens; zu Beginn einer Rechnungsperiode werden bereichsbezogene Bedarfszahlen für Einkauf, Produktion, Personal, Kosten, Erlöse und Gewinne ermittelt, die auf der Basis des Finanzierungsplanes verteilt werden.

Planwirtschaft
eine Wirtschaftsordnung, die im wesentlichen den gesamten Wirtschaftsablauf zentral plant und steuert. Produktionsquoten werden aus einem Gesamtplan den Betrieben vorgegeben und müssen erfüllt werden. Durch den langen Planungszeitraum und die Beschäftigungsgarantie für Arbeitnehmer (keine Arbeitslosen) wird häufig am Markt vorbeiproduziert. Kurzfristige Veränderungen, z.B. im Konsumentenverhalten oder durch eine stärkere Nachfrage nach Ersatzteilen kann der starr ausgerichtete Plan nicht vorhersehen und die Produktion kann somit nicht reagieren. Weitere Merkmale sind, daß sich Produktionsmittel nicht in Privathand befinden (Volkseigene Betriebe), daß keine absolut freie Arbeitsplatzwahl besteht und daß sich der Preis nicht nach Angebot und Nachfrage bestimmt, sondern größtenteils festgelegt ist.

Platzgeschäft
Kaufvorgang, bei dem der Verkäufer den Transport der Ware zur Wohnung des Käufers übernimmt. Im Gegensatz zum ↑ Versendungskauf erfüllt der Verkäufer erst in der Wohnung des Käufers, wenn die Ware übergeben wird. Der Gefahrübergang vollzieht sich erst dort.

Plazierung
I. P. im *Wertpapiergeschäft* bedeutet die Unterbringung von Wertpapieren beim Publikum (Emissionsgeschäft). II. Innerhalb der *Werbewirtschaft* das Festlegen eines Standortes. 1. In Geschäften das Aufstellen von Waren. Um den günstigsten Platz zu bekommen, werden oft Plazierungsrabatte gewährt. 2. Bei den Werbeträgern (Zeitung, Zeitschrift, Litfaßsäule), die Festlegung des Erscheinungsplatzes der Anzeigen.
III. Die Unterbringung einer Ware auf dem *Markt.* Eine Ware, die nicht zu »plazieren« ist, kann nicht verkauft werden.

Plebiszit
Volksabstimmung. In der Bundesrepublik nur noch bei beabsichtigten

Plenum

Verschiebungen von Staatsgrenzen vorgesehen.

Plenum
die Vollversammlung der Volksvertreter (Regierungsparteien und Opposition), die im Rahmen der gesetzgebenden Gewalt Beschlüsse faßt und Entscheidungen fällt.

Police
dem Versicherungsnehmer ausgehändigte Beweisurkunde, daß er einen Versicherungsvertrag rechtsgültig abgeschlossen hat.

Polypol
(griech.: viel); viele Anbieter und Nachfrager beherrschen den Markt (atomistische Konkurrenz); ↑ Marktformen.

Pool
Unternehmenszusammenschluß bei Wahrung der rechtlichen und wirtschaftlichen Selbständigkeit. Ziel ist die gemeinsame Nutzung von Einrichtungen oder die Wahrung gleicher Interessen. *Beispiel:* Aktienpool.

positive Vertragsverletzung
auch positive Forderungsverletzung genannt; Verletzung einer Verpflichtung durch schuldhaftes Verhalten des Schuldners oder seines Erfüllungsgehilfen. Beispiel: Beschädigung des Hausflurs durch den mit dem Möbeltransport beauftragten Spediteur. Rechtsfolgen: Schadenersatz oder in schweren Fällen Vertragsrücktritt.

Postanweisung
Barzahlungsform, bei der der Empfänger das Geld durch den Postboten bar erhält, nachdem der Einzahler am Postschalter bar gezahlt hat. Die P. ist ein rosarotes Formblatt, das aus 3 Teilen besteht: Empfängerabschnitt, Mittelabschnitt (bleibt bei der Post) und Einlieferungsschein (Quittung).

Postscheck
ähnlich dem Bankscheck eine Anweisung an das Postscheckamt, aus einem Guthaben eine bestimmte Summe zu zahlen. Auf Anweisung des Postscheckamts kann bei jedem Postamt Bargeld abgehoben werden.

Postüberweisung
zur Geldübertragung von Postscheckkonto zu Postscheckkonto verwendetes Formular.

Präferenz
(lat.: Bevorzugung); Begriff für Verhaltensweise von Nachfragern, die an sich gleiche Güter unterscheiden. Beispiel: Käufer bevorzugt Obst vom nahegelegenen Händler A gegenüber der Händlerware von B. *Arten:* sachliche P. (Werbewirkung auf Käufermeinung); persönliche P. (Vorliebe für ein Geschäft); räumliche P. (Beispiel oben) und zeitliche P. (Modeschwankungen).

Prämie
ein mehrfach verwendeter Begriff.
I. *Zusätzlicher Lohn* über den Grundlohn hinaus. Der Prämienlohn fängt erst ab einer gewissen Norm an zu laufen. Er ist nicht wie der Akkordlohn von Anfang an leistungsbezogen. Üblich sind Prämien für geringen Ausschuß, für mengenmäßige Mehrleistung und für Verbesserungsvorschläge im betrieblichen Ablauf.
II. *Zahlung des Versicherungsnehmers* für eine Versicherung.
III. *Arbeitnehmersparzulage* als zusätzliche Leistung des Staates, um die Sparförderung zu intensivieren.
IV. P. an *landwirtschaftliche Betriebe* zur Verhütung von Überproduktion, z.B. durch Schlachtprämien oder für die Nichtvermarktung von Milch.

prämienbegünstigtes Sparen
von Verdienern mit einem Jahreseinkommen von 24000 DM (Verheiratete 48000 DM) zu nutzende Möglichkeit, Sparbeiträge zu leisten, für die Sparprämien gezahlt werden. Die Höhe richtet sich nach den Sparbeiträgen und nach der Anzahl der Kinder. Die Sparbeiträge müssen auf 6 bzw. 7 Jahre festgelegt sein. Der Antrag auf Gewährung ist bis zum 30. 9. des auf die Zahlung folgenden Jahres an das Kreditinstitut zu richten.

Preis
der in Geld ausgedrückte Tauschwert einer Ware, im weitesten Sinn auch der Wert der Produktionsfaktoren (Lohn,

Zins, Pacht). Voraussetzung für das Zustandekommen eines P. ist: die Ware muß der Bedürfnisbefriedigung dienen, knapp sein und auf einem Markt angeboten und nachgefragt werden.

Preisauszeichnung
Verpflichtung, die angebotenen Waren mit Preisen auszuzeichnen, damit der Käufer eine Vergleichsmöglichkeit hat. Diese Verpflichtung trifft 1. den *Einzelhandel,* der Auslagen in Schaufenstern, in Verkaufsräumen, auf Verkaufsständen deutlich mit Preisauszeichnungen versehen muß, 2. den *Versandhandel,* der in den Katalogen die Abbildungen mit Preisen versehen muß, 3. das *Gaststätten-* und *Hotelgewerbe,* das die Speisen- und Getränkekarten inkl. Bedienung ausweisen und die Zimmerpreise inkl. sonstiger Zuschläge sichtbar im Zimmer anbringen muß, 4. *Friseure, Schuhmacher* u.a. *Kleingewerbetreibende,* die den Preis ihrer angebotenen Leistungen sichtbar aushängen müssen, 5. *Kioske, Stehbierhallen, Erfrischungsstände* u.s.w.

Preisbindung
Festsetzung des Endverbraucherpreises durch den Hersteller (P. der zweiter Hand). Die P. existiert nur noch im Bücher- und Zeitschriftenhandel.

Preisdifferenzierung
Angebot von Gütern gleicher Qualität zu verschiedenen Preisen. Arten: 1. *Räumliche P.* An zwei unterschiedlichen Orten werden unterschiedliche Preise genommen, z.B. wegen differenzierter Käuferstruktur (arm und reich). 2. *Zeitliche P.* Unterschiedliche Preise z.B. in Vor-, Haupt- und Nachsaison; bei Tag- und Nachtstrom. 3. *Mengenmäßige P.* Unterschiedliche Preise entstehen durch Gewährung von Mengenrabatten. 4. *Personelle P.* durch unterschiedliche Behandlung der Bezugspersonen, z.B. Industrie – Handel; eigenes Personal – fremdes Personal.

Preisempfehlung
keine Preisbindung, sondern eine unverbindliche Empfehlung des Herstellers an den Wiederverkäufer, zu diesem Preis zu verkaufen. Die Gefahr einer † Mondpreisbildung ist dabei zu beachten. Durch überhöhte P. kann der Händler in Gebieten mit starker Kaufkraft einen erhöhten Preis nehmen, obwohl die Ware in anderen Gebieten trotz gleicher Einstandspreise wesentlich billiger angeboten wird.

Preisführerschaft
meist auf oligopolistischen Märkten anzutreffendes Merkmal, bei dem der stärkste Marktteilnehmer die Richtlinien der Preispolitik bestimmt.

Preisindex der Lebenshaltung
(lat.: index = Anzeiger); in einem Wert ausgedrückte Preisentwicklung, bezogen auf das Basisjahr, das mit 100 angesetzt ist. In der Bundesrepublik war das letzte Basisjahr 1970. Untersucht werden die P. 5 verschiedener Haushalte, wobei der bekannteste der 4-Personen-Haushalt mit mittlerem Einkommen ist. Das Statistische Bundesamt ermittelt die Werte auf der Basis eines Warenkorbs (800 Warenarten), der repräsentativ für die Kaufgewohnheiten der Bürger ist. Die Preissteigerungen dieser Waren werden Jahr für Jahr mit dem Basisjahr verglichen. 1978 lag der P. der Lebenshaltung bei 150,1. Das bedeutet, daß die Preise seit 1970, bezogen auf den Warenkorb, um 50,1% gestiegen sind. Ändern sich die Kaufgewohnheiten, werden die Waren im Warenkorb ausgetauscht (letzte Änderung: 1976).

Preiskartell
ein verbotenes † Kartell, das eine Wettbewerbsbeschränkung in der Weise darstellt, daß Preisabsprachen der beteiligten Unternehmen vorliegen.

Preisnachlässe
Verringerungen des tatsächlichen Listenpreises in Form von Rabatt, Bonus, Skonto; siehe Abb. S. 188.

Preisniveaustabilität
wirtschaftspolitisches Ziel, den Durchschnitt (= das Niveau) aller Preise im Zeitablauf gleich zu halten. Im Einzelfall kann es Preiserhöhungen oder seltener Preissenkungen geben, jedoch sollte das Niveau aller Preise realisti-

Preispolitik

Preisnachlässe

Preisnachlässe

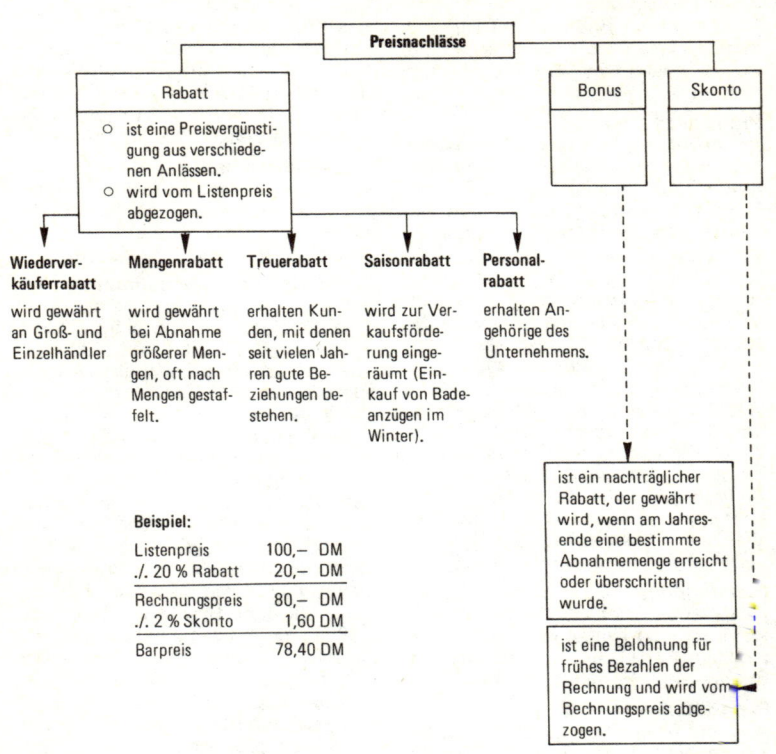

- **Rabatt**
  - ist eine Preisvergünstigung aus verschiedenen Anlässen.
  - wird vom Listenpreis abgezogen.
- **Bonus**
- **Skonto**

Wiederverkäuferrabatt
wird gewährt an Groß- und Einzelhändler

Mengenrabatt
wird gewährt bei Abnahme größerer Mengen, oft nach Mengen gestaffelt.

Treuerabatt
erhalten Kunden, mit denen seit vielen Jahren gute Beziehungen bestehen.

Saisonrabatt
wird zur Verkaufsförderung eingeräumt (Einkauf von Badeanzügen im Winter).

Personalrabatt
erhalten Angehörige des Unternehmens.

Bonus: ist ein nachträglicher Rabatt, der gewährt wird, wenn am Jahresende eine bestimmte Abnahmemenge erreicht oder überschritten wurde.

Skonto: ist eine Belohnung für frühes Bezahlen der Rechnung und wird vom Rechnungspreis abgezogen.

Beispiel:

Listenpreis	100,– DM
./. 20 % Rabatt	20,– DM
Rechnungspreis	80,– DM
./. 2 % Skonto	1,60 DM
Barpreis	78,40 DM

scherweise möglichst um nicht mehr als 2-3% jährlich steigen (= relative Preisnivau-Stabilität).

Preispolitik
Maßnahmen zur Beeinflussung von Preisen. Neben der staatlichen P. durch Überwachung der Güterpreise und der Preisfestsetzung (selten im System der Marktwirtschaft), ist für die Privatwirtschaft die P. ein wichtiges Mittel der Absatzpolitik. Aufbauend auf der Preisuntergrenze (Mindestpreis, der die Herstellkosten deckt) kann je nach Marktlage der Preis differenziert (↑ Preisdifferenzierung) werden.

Preisregulierung
Staatliche Maßnahmen der Preisbeeinflussung durch Mindest-, Höchst-, Fest- und Interventionspreise sowie ↑ Preisstop. Bei Mindestpreisen, die über dem Gleichgewichtspreis liegen, kommt es zu Überproduktion (z. B. Butterberg). Bei Höchstpreisen, die unter dem Gleichgewichtspreis liegen, entstehen schwarze Märkte, es muß rationiert werden.

Preisstop
staatliche Maßnahme, die oft mit einem ↑Lohnstop einhergeht. Der P. soll als Mittel dienen, eine steigende Tendenz der Preise abzublocken. Zu diesem Zweck können Höchstpreise (Verbraucherschutz) festgesetzt bzw. Mindestpreise garantiert werden (Her-

stellerschutz), die nicht unterschritten werden dürfen. Der P. ist als Mittel der Inflationsbekämpfung umstritten. Handelte es sich vor der Maßnahme um eine Nachfrageinflation, so besteht diese Nachfrage auch noch nach dem P. Es bilden sich »schwarze« oder »graue« Märkte, auf denen dann die Waren zu einem höheren Preis gehandelt werden, was der P. gerade verhindern wollte. Handelte es sich vor der Maßnahme um eine Kosteninflation, so werden die Waren so lange zurückgehalten, bis der P. wieder aufgehoben wird, um dann auf einmal eine Preissteigerung vorzunehmen, die die gesamten vermiedenen Preissteigerungen wieder zunichte machen (zurückgestaute Inflation).

Preisuntergrenze
Preisstellung, bei deren Unterschreitung die vom Unternehmen aufzubringenden Kosten nicht mehr gedeckt werden. Arten:
I. *Kurzfristige* oder auch *absolute* P. liegt vor, wenn der Preis gerade noch die variablen Kosten (Materialverbrauch, Löhne, Sondereinzelkosten) deckt. Der Fixkostenblock ist dann der Verlust. In Zeiten kurzfristiger Absatzschwierigkeiten kann diese Konstellation durchgehalten werden, da das Unternehmen auch bei Nichtproduktion Fixkosten hätte.
II. *Langfristige* P. liegt vor, wenn alle fixen und variablen Kosten (Gesamtkosten) durch die Verkaufserlöse gedeckt sind. Das Betriebsergebnis ist somit Null. Re-Investitionen können aber trotzdem noch durchgeführt werden, da die Abschreibungen als Kostenfaktor im Fixkostenblock angesetzt und somit gedeckt sind.

Primärforschung
↑ Marktforschung.

Privatbanken
Einzelunternehmen, OHG, KG oder GmbH, die den Betrieb eines Bankgewerbes ausüben. Die Bedeutung der P. liegt heute in ihrer Spezialisierung und ihrem besonderen Service, z.B. Effektenkommissionsgeschäft oder Eigengeschäft an der Börse. Durch Riesenpleiten, z.B. Herstatt, der Vergangenheit konnten die Sparer den Nachteil der P. und den Vorteil der Großbanken kennenlernen.

Privatdiskont
Diskontsatz, der meist unter dem Notenbanksatz liegt und für Akzepte besonders kreditwürdiger Banken in Anrechnung gebracht wird.

Privatdiskonten
Bankakzepte, die auf dem Privatdiskontmarkt gehandelt werden. Voraussetzungen: 1. *Handelswechsel* bei Geschäften mit dem Ausland oder zwischen Ausländern im Transithandel. 2. *Laufzeit* max. 90 Tage. 3. Die *Summe* soll zwischen 100 000 und 1 000 000 DM liegen. 4. Die *Akzeptbank* muß auf dem Privatdiskontmarkt zugelassen sein (Eigenkapital von mindestens 3 Mill. DM).

private Einlagen
vom Geschäftsinhaber eingebrachte Werte, die das Eigenkapital vermehren.

private Entnahmen
vom Geschäftsinhaber für persönliche Zwecke entnommenen Vermögenswerte, die das Eigenkapital vermindern.

private Haushalte
Bezeichnung der Volkswirtschaft für den Wirtschaftssektor, der Einzel- und Familienhaushalte umfaßt. – Gegensatz: staatlicher Haushalt.

Privatkonto
Konto, auf dem Entnahmen oder Einlagen der Einzelunternehmer oder Gesellschafter verbucht werden.

Privatrecht
das P. (Zivilrecht) regelt die Beziehungen zwischen den Bürgern und in Ausnahmefällen auch zu Behörden, wenn diese wie Privatpersonen auftreten, z.B. bei der Miete eines Gebäudes. Das Wirtschaftsrecht (HGB) ist überwiegend P., es regelt Beziehungen zwischen Kaufleuten oder zwischen Kaufleuten und Nichtkaufleuten, zwischen Gesellschaftern u.ä. – Gegensatz: ↑ Öffentliches Recht.

Privatwirtschaft
im Gegensatz zur öffentlichen Wirt-

Produktdifferenzierung

schaft vom Eigeninteresse, individuellen Plänen und der Zielsetzung Gewinn geprägte Wirtschaft.

Produktdifferenzierung
das Erweitern der Produktpalette durch Schaffung einer Zweitmarke mit anderem Namen und anderer Aufmachung, um neue Verbraucherkreise anzusprechen, z.B. in der Zigarettenindustrie Filterzigaretten und filterlose Zigaretten, in der Autoindustrie die Ausstattung der Autos mit verschiedenen Motoren oder mit besonderen Zubehörteilen.

Produktgestaltung
die Festlegung der Erscheinungsform eines Gutes in Ausstattung, Qualität, Entwurf und Form.

Produktion
Herstellung von Sachgütern bzw. Diensten; siehe Abbildung.

Produktionsbereiche
Sektoren der Leistungserstellung: Landwirtschaft, Industrie, Dienstleistung. Der Entwicklungsstand einer Wirtschaft ist abhängig von den Anteilen der 3 Produktionsbereiche an der Gesamtwirtschaft.

Produktionsbreite
Möglichkeit der Unternehmung, gleichzeitig verschiedene Produkte ohne große Umstellung des P.-apparats herstellen zu können. Die Unternehmung erweitert ihre Produktpalette (= Sortimentsbreite).

Produktionsfaktoren
Einsatzgrößen, die für die Leistungserstellung notwendig sind.
I. Zu den P. im *betriebswirtschaftlichen* Bereich zählen die menschliche Arbeit (inkl. Unternehmensleitung), die Betriebsmittel und die Werkstoffe. Als

Produktion

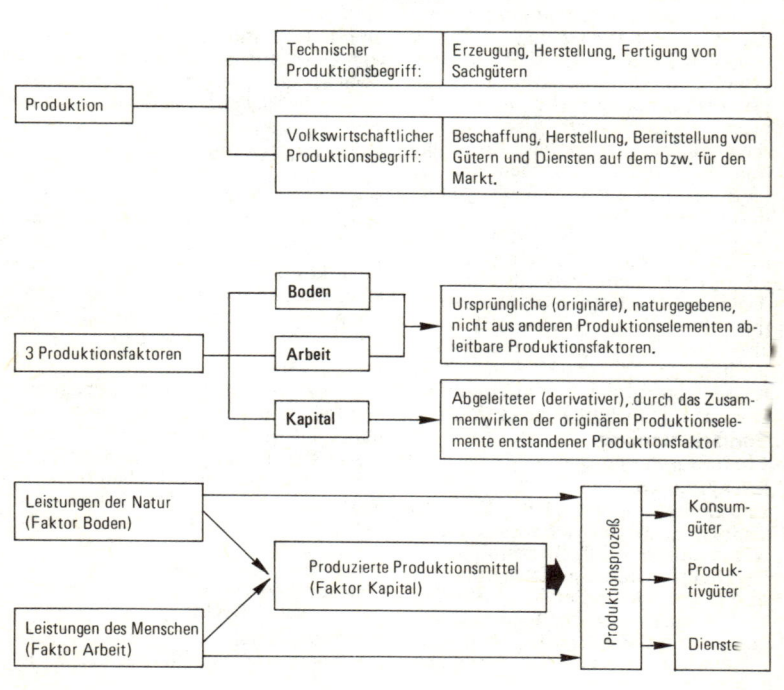

Produktion	Technischer Produktionsbegriff:	Erzeugung, Herstellung, Fertigung von Sachgütern
	Volkswirtschaftlicher Produktionsbegriff:	Beschaffung, Herstellung, Bereitstellung von Gütern und Diensten auf dem bzw. für den Markt.

3 Produktionsfaktoren	Boden	Ursprüngliche (originäre), naturgegebene, nicht aus anderen Produktionselementen ableitbare Produktionsfaktoren.
	Arbeit	
	Kapital	Abgeleiteter (derivativer), durch das Zusammenwirken der originären Produktionselemente entstandener Produktionsfaktor

Leistungen der Natur (Faktor Boden) → Produzierte Produktionsmittel (Faktor Kapital) → Produktionsprozeß → Konsumgüter, Produktivgüter, Dienste

Leistungen des Menschen (Faktor Arbeit) →

abgeleitete Faktoren werden Planung und Organisation angesehen.

II. P. in der *Volkswirtschaft* sind Boden, Arbeit und Kapital, wobei das Kapital aus Boden und Arbeit abgeleitet (derivativ) ist. Als ursprünglich (originär) werden dagegen die Faktoren Boden und Arbeit bezeichnet.

Produktionsmittel
Ausdruck für den Produktionsfaktor Kapital, häufig auch produzierte P. genannt.

Produktionstiefe
I. Im Rahmen der *technischen Durchführung* der Produktion die Angabe, welche Bearbeitungsvorgänge der Betrieb selbst vornimmt.

II. Begriff für die *Produktverfeinerung* (Produktdifferenzierung), z.B.: ein Auto wird mit einem 50/75/100-PS-Motor ausgestattet.

Produktionswirtschaft
Bereich der Betriebswirtschaft, der sich vornehmlich mit der Frage der Fertigungsorganisation beschäftigt (↑ Fertigungsverfahren) und später dann für die Aufstellung des Produktionsplans, des Fertigungsprogramms und der Fertigungskontrolle zuständig ist.

Produktivität
Wert für die Ergiebigkeit wirtschaftlicher Tätigkeit. *Beispiel* Arbeitsproduktivität: P. ist hier das Verhältnis des Produktionsergebnisses (Stückzahl) zur eingesetzten Arbeitskraft (Arbeitsstunden).

Produktmanagement
innerhalb der Unternehmung der Bereich, der für die Konzeption, Gestaltung, Realisierung und Werbung der Produkte zuständig ist.

Profit
Sammelbegriff für Zinsen für das eingesetzte Kapital, den Unternehmerlohn und den Unternehmergewinn. Nach marxistischer Theorie ist der P. der Mehrwert, den der Unternehmer als Differenz zwischen dem gezahlten Lohn und dem erhaltenen Ertrag erzielt.

Programm
in der DV logische Folge auszuführender Arbeitsschritte eines Computers.

Progression
↑ Steuertarif.

Prokura
P. ist eine besonders umfangreiche Art der Handlungsvollmacht. Der Prokurist ist zu allen gerichtlichen und außergerichtlichen Geschäften ermächtigt, die irgendeine Handelsgesellschaft mit sich bringt. Das bedeutet, daß die Befugnisse des Prokuristen grundsätzlich unbegrenzt sind.

Das Gesetz hat ihm aber folgende Beschränkungen auferlegt:
Der Prokurist darf keine Grundstücke veräußern oder belasten, keine Bilanz unterschreiben, einem anderen keine P. erteilen, nicht Konkurs anmelden oder in anderer Weise den Betrieb stillegen.

Die Prokura ist ausdrücklich zu erklären und zum Handelsregister anzumelden. Interne Beschränkungen gelten nicht nach außen. Wird z.B. dem Prokuristen versagt, Wechsel zu unterschreiben, gilt das Dritten gegenüber nicht; eine eventuelle Wechselzeichnung hätte volle Wirkung.

Die Prokura erlischt durch Widerruf, durch Tod des Prokuristen, durch Konkurs des Unternehmens oder durch Beendigung des Dienstverhältnisses. Der Tod des Firmeninhabers löscht die P. nicht. Die Aufhebung ist eine eintragungspflichtige Tatsache im Handelsregister. Wird der Widerruf nicht eingetragen, so ist grundsätzlich der gute Glaube eines Dritten geschützt, d.h., Geschäfte, die der ehemalige Prokurist noch abschließt, haben volle Wirkung.

Prolongation
(lat. = Verlängerung);

I. Beim *Bankkredit* die Verlängerung der Kreditfrist. Stellt der Kreditnehmer diesen Antrag, bedarf es der schriftlichen Zustimmung der Bank.

II. Im *Wechselgeschäft*. Wenn der Bezogene am Verfalltag den Wechsel nicht einlösen kann, wird ein neuer Wechsel vom Aussteller oder letzten Inhaber ausgestellt und vom Schuldner akzeptiert. Der alte Wechsel wird zurückgegeben. Die Wechselsumme wird in der Regel um den Diskont und um andere anfallende Ausgaben erhöht.

proportionale Kosten
Kosten, die sich im gleichen Verhältnis verändern wie der Beschäftigungsgrad.
Arten:
I. *Rein* proportional verlaufende Kosten sind selten. In der Kostenrechnung wird lediglich angenommen, daß sich der Rohstoffverbrauch und die Fertigungslöhne proportional verhalten.
II. *Über*proportionale Kosten steigen im Verhältnis höher als der Beschäftigungsgrad, z.B. durch Überstunden.
III. *Unter*proportionale Kosten steigen zwar auch, aber geringer als der Beschäftigungsgrad.

Protektionismus
(lat. protegere =beschützen); Schutz der binnenländischen Wirtschaft durch Maßnahmen, die Einfuhren erschweren sollen. Dadurch soll im Inland Produziertes in erster Linie im Inland verbraucht werden, ohne auf eine allzu starke internationale Konkurrenz zu stoßen (Billigländer). *Möglichkeiten:*
I. Importzölle, die die Einfuhren verteuern und die Waren somit im Inland teurer machen.
II. Einfuhrverbote für bestimmte Waren.
III. Beschränkung der Einfuhr auf bestimmte Mengen (Kontingentierung).
IV. Starke Subventionierung der eigenen Wirtschaft, damit billiger und somit konkurrenzfähiger angeboten werden kann (Werftindustrie).
P. erschwert den Welthandel. Durch wirtschaftliche Zusammenschlüsse wie die EG, ist man zur Ausschaltung des P. gelangt.

Protest
I. Im *Wechselrecht* eine amtliche Beurkundung, daß der am Verfalltag dem Bezogenen vorgelegte Wechsel von diesem nicht eingelöst wurde. Über diesen Vorgang wird eine Protesturkunde vom Anwalt oder Postbeamten (bis 1000 DM durch die Post möglich) ausgestellt. Der P. ist wichtig, da er den Wechselrückgriff auf die eventuellen Vormänner ermöglicht. Von der Protesterhebung ist der Vormann und der Aussteller binnen 4 Tagen zu unterrichten († Notifikation).
II. P. im *Scheckverkehr* und damit das Rückgriffsrecht ist nicht so formal. Der übliche Vermerk der Bank, der Scheck sei rechtzeitig vorgelegt, aber nicht bezahlt worden, gibt dem Scheckinhaber das Regreßrecht.

Provision
eine Zahlung für geleistete Dienste, oft in Prozent des Wertes einer Sache ausgedrückt.
I. *Jeder Kaufmann* hat Anspruch auf P., wenn er im Rahmen seines Handelsgewerbes Dienste für andere leistet. Die P. braucht nicht ausdrücklich vereinbart zu werden.
II. P. des † *Handelsvertreters*. Als selbständiger Kaufmann hat der Handelsvertreter für alle auf Rechnung und Namen des Unternehmens abgeschlossenen Geschäfte Anspruch auf Provision. Das gilt auch für geschlossene Geschäfte, die durch seine Tätigkeit vorbereitet wurden. Neben der Abschlußprovision können noch Inkassoprovision (Einzug von Geldern) und Delkredereprovision (Risikoübernahme der Forderung) vereinbart werden.
III. P. im *Bankwesen*. 1. Kreditbereitstellungsprovision. Für einen dem Bankkunden bereitgestellten Betrag wird auch dann P. berechnet, wenn er nicht in Anspruch genommen wurde. Argument: Das Geld hätte in der Zwischenzeit anderweitig verliehen werden können. 2. Überziehungsprovision für Überschreiten des Kreditlimits. 3. Umsatzprovision für das Führen des Kontos (meist von der größeren Seite – Soll oder Haben –). 4. Akzeptprovision für das Akzept eines auf sie gezogenen Wechsels. 5. Verschiedene andere Arten wie Diskont-, Ausführungsprovision im Effektengeschäft.

Public Relations (PR)
(engl. = öffentliche Beziehungen) die-

jenige Öffentlichkeitsarbeit, die ein Unternehmen leistet, um vorrangig den Bekanntheitsgrad der Firma, nicht eines Produkts, zu erhöhen, allgemein das Bemühen um öffentliches Vertrauen. Natürlich soll dadurch auch der Verkauf von Produkten begünstigt werden. Die Werbebotschaft bezieht sich aber in erster Linie auf das Unternehmen. Beispiel: ESSO als Erforscher zukünftiger Energiequellen. Slogan: »Packen wir es an«. In diesem Fall wird das Benzin nicht in der Werbebotschaft genannt.

Publizität
Unterrichtung der Öffentlichkeit über das Betriebsgeschehen aus der Sicht des Unternehmens.
I. Die Pflicht zur P. besteht für *Aktiengesellschaften* und andere Großunternehmen (= Bilanzsumme 125 Mio., Umsatz 250 Mio., mehr als 5000 Arbeitnehmer – bei 2 Kriterien = Großunternehmen), in der Veröffentlichung von Bilanz und G+V-Rechnung und Jahresbericht.
II. P. durch Eintragungen ins *Handelsregister* dient dem Gläubigerschutz.

Q

qualifizierte Mehrheit
ein vorgeschriebenes Mehrheitsverhältnis bei Abstimmungen. Eine q.M liegt vor, wenn zur Annahme eines Antrags 2/3 oder 3/4 der abgegebenen Stimmen diesem Antrag zustimmen müssen, z.B. 2/3 der im Bundestag vertretenen Abgeordneten können eine Bundesratsentscheidung wieder aufheben, oder eine 3/4-Mehrheit der Hauptversammlung muß einer Satzungsänderung einer AG zustimmen.

Qualitätsbezeichnung
eine in vielen Branchen übliche Kennzeichnung der Güte, Beschaffenheit und Herkunft der angebotenen Waren, z.B. »Qualitätswein«, »echt Leder«.

Qualitätsklausel
Klausel über die Beschaffenheit der Ware, z.B. ↑»tel quel« (so wie die Ware ausfällt, hat der Käufer sie zu nehmen) oder »Lieferung 1. Güte«.

Quantitätstheorie
eine Geldtheorie, derzufolge ein unmittelbarer Zusammenhang zwischen Geldmenge und Preisstabilität besteht. Wird die Geldmenge stark erhöht und erhöht sich dadurch die Nachfrage nach Gütern, werden die Preise steigen und umgekehrt.

Quellenbesteuerung
Steuererhebung an der Quelle der Einkünfte, d.h. am Ort des Entstehens. Bei Arbeitnehmern ist das der Betrieb (Lohnsteuer), bei Aktionären die Aktiengesellschaft (Kapitalertragsteuer).

querschreiben
Unterschrift des Bezogenen eines Wechsels, der sich dadurch bereit erklärt, den Wechsel am Verfalltag einzulösen. Die Unterschrift wird am linken Wechselrand quer geleistet.

Quittung
im Geschäftsverkehr die Bestätigung für eine geleistete Zahlung und gleichzeitig ein Buchungsbeleg. Die Q. wird meist auf einem Vordruck mit eigenhändiger Unterschrift des Empfängers ausgestellt. Das Recht, eine solche Empfangsbestätigung zu bekommen, hat der Leistende immer.

Quotenkartell
Zählt zu den verbotenen ↑ Kartellen. Die Anbieter sprechen die zu verkaufenden Mengen untereinander ab, so daß die angebotenen Mengen niemals die Nachfrage übersteigen. Eine Preissteigerung kann leicht durchgesetzt werden.

Quotenverfahren
ein Erhebensverfahren im Rahmen der Meinungs- und Marktforschung, bei dem durch Vorgabe der zu befragenden Personengruppen nach Anzahl und Art, dem Interviewer eine Hilfestellung gegeben wird.

R

Rabatt
↑ Preisnachlässe.

Radioaktivität
der Vorgang des spontanen Zerfalls von Atomkernen unter Aussendung einer energiereichen Strahlung.

Rate
I. R. als Begriff für *Teilbetrag*, z.B. im Abzahlungsgeschäft.
II. In der *Binnenschiffahrt* festgelegte Entgelte (Frachtraten), die von den Frachtenausschüssen vorher beschlossen wurden (in der Regel als Festpreise).

Ratenkauf
↑ Abzahlungsgeschäft.

Rat für gegenseitige Wirtschaftshilfe (RGW)
↑ Comecon.

Rationalisierung
(lat.: ratio = Vernunft); eine betriebliche Maßnahme, zur Verbesserung der Rentabilität. R. wird als Reizwort im Arbeitsprozeß empfunden, da damit häufig der Verlust des Arbeitsplatzes verbunden ist (»Wegrationalisierung«) Die R. soll aber zu einer stärkeren Konkurrenzfähigkeit des Unternehmens führen und damit zu einer Arbeitsplatzsicherung der übrigen Arbeitnehmer. Wichtige *Ansatzbereiche:*
I. Normung und Typisierung von Produkten.
II. Verbesserung des Arbeitsablaufs (z.B. Fließband).
III. Organisatorische Verbesserung in Verwaltung und Vertrieb (z.B. exaktere Kostenerfassung in der Buchhaltung, schnellere Bestellung durch den Einkauf, Straffung des Vertriebsnetzes).

Räumungsverkauf
verbilligter Zwangsverkauf aus besonderem Anlaß, z.B. »R. durch Wasserschäden.« Der Grund muß in der öffentlichen Bekanntmachung angegeben werden. Wie beim Ausverkauf verstößt ein »Nachschieben« von Waren gegen das Gesetz gegen den unlauteren Wettbewerb (UWG), d.h., nur die für diesen besonderen Zweck bestimmten Waren dürfen verkauft werden.

Realeinkommen
Einkommen des einzelnen oder einer Volkswirtschaft unter dem Gesichtspunkt, wieviel damit an Gütern gekauft werden kann (= tatsächliche Kaufkraft). Berechnung: Nominaleinkommen: Preisindex.

Realkredit
Kredit gegen Sicherungsübereignung oder Verpfändung realer Vermögenswerte.

Reallohn
Nominallohn geteilt durch Preisindex, Ausdruck für die tatsächliche Kaufkraft des Lohnes.

Realsteuern
Steuer auf eine Sache (Objekt) ohne auf die Leistungsfähigkeit der Person einzugehen. R. sind v.a. ↑ Grundsteuer und ↑Gewerbesteuer. R. stehen den Gemeinden zu und sind deren wichtigste Einnahmequelle (nach dem Umlageverfahren sind Bund und Länder an der Gewerbesteuer beteiligt).

Rechnungsabgrenzung
Alle Aufwendungen und Erträge, die wirtschaftlich in ein Geschäftsjahr fallen, müssen auch in diesem erfaßt werden, unabhängig davon, ob sie sich

bereits durch einen Zahlungsvorgang buchhalterisch niedergeschlagen haben. Die R. ist also eine zeitliche Zuordnung der Aufwendungen und Erträge zur Ermittlung des Periodenerfolgs. *Arten:*
I. Aufwendungen und Erträge, die bereits eine Zahlung ausgelöst haben, aber über den Bilanzstichtag hinausreichen, z.B. wenn am 1.10. des vergangenen Jahres für 6 Monate im voraus 600 DM Miete durch die Bank gezahlt wurden. Verbucht wurde der Vorgang 1. aus der Sicht des Zahlers: Mietaufwand an Bank 600 DM, 2. aus der Sicht des Empfängers: Bank an Mieterträge. Am 31.12. müssen diese Aufwendungen und Erträge korrigiert werden, da nur Buchungen bis zum Stichtag aufgenommen werden dürfen. Die dafür notwendigen Hilfskonten sind »Aktive Jahresabgrenzung« für den Zahler und »Passive Jahresabgrenzung« für den Empfänger. Abgegrenzt werden immer die Beträge, die ins neue Jahr hineinfallen. Buchungen: Zahler = AJA an Mietaufwand 300 DM, Empfänger = Mieteertrag an PJA 300 DM.
II. Aufwendungen und Erträge, die noch zu keinem Zahlungsvorgang führten, obwohl sie hätten durchgeführt werden müssen. *Beispiel:* Die Dezembermiete ist per 31.12. noch nicht gezahlt worden. 1. Buchung beim Gläubiger: Sonstige Forderungen an Mieterträge. Es werden also Aufwendungen und Erträge gebucht, obwohl noch kein Geld geflossen ist.
Im weiteren Sinn gehören Rückstellungen ebenfalls zur R. *Beispiel:* Für einen schwebenden Prozeß werden 10000 DM zurückgestellt. Buchung: Gerichtskosten an Rückstellungen 10000 DM. Per 31.12. wird die Gewinn- und Verlust-Rechnung mit 10000 DM belastet, obwohl noch kein Geld geflossen ist.

Rechnungsprüfung
Feststellung der Übereinstimmung von Wareneingangsmeldung, Bestellung und Rechnung. Geprüft werden Menge, Warenart, Lieferbedingungen, Preise, Verpackungs- und Bezugskosten sowie der Rechnungsbetrag.

Rechnungswesen
System innerhalb eines Unternehmens, in dem alle internen und externen zahlen- und mengenmäßigen Vorgänge erfaßt werden. Das Rechnungswesen gliedert sich in vier Teilbereiche: ↑ Buchführung, ↑ Kosten- und Leistungsrechnung, ↑ Statistik, ↑ Planung.

Rechte
nichtkörperliche Rechtsgüter wie Patente, Forderungen, Prokura, die Gegenstand des Rechtsverkehrs sind.

rechtsfähige Vereinigungen
Gebilde, die eine eigenständige Rechtsfähigkeit besitzen. Sie erlangen kraft ihrer Rechtsform nach Eintragung ins Vereins- oder Handelsregister (Formkaufleute) die Rechtsfähigkeit. R.V. werden gesetzlich durch den Vorstand (z.B. bei AG, beim rechtsf. Verein) oder durch den Geschäftsführer (GmbH) vertreten. Sie sind selbst Steuerschuldner. Anhängige Klagen laufen um ihren der r.V. Nur bei grober Pflichtverletzung können die gesetzlichen Vertreter direkt belangt werden (Durchgriffshaftung).

rechtsfähiger Verein
eine Vereinigung von mind. 7 Personen zur Erreichung eines gemeinsamen Zwecks gemäß Vertrag, der der Schriftform unterliegt. Wie alle juristischen Personen hat er ein Sondervermögen, das von den Mitgliedern aufgebracht und vom Vorstand verwaltet wird. Der Verein ist durch den Vorstand zum Vereinsregister anzumelden. Die Vereinssatzung ist Grundlage der Vereinstätigkeit. Durch die Eintragung ins Vereinsregister erhält der r.V. die Rechtsfähigkeit.

Rechtsfähigkeit
R. heißt, Träger von Rechten und Pflichten sein, d.h. eigenständig Verbindlichkeiten eingehen und Rechte geltend machen können; siehe Abbildung Seite 197.

Rechtsfähigkeit

	Beginn der Rechtsfähigkeit	Ende der Rechtsfähigkeit
Natürliche Personen:	Vollendete Geburt	Festgestellter Tod
Jursistische Personen		
○ Nichtwirtschaftliche Vereine	Eintragung ins Vereinsregister	Löschung aus dem Register
○ Aktiengesellschaften; GmbH	Eintragung ins Handelsregister	Löschung aus dem Register
○ Genossenschaften	Eintragung ins Genossenschaftsregister	Löschung aus dem Register
○ Wirtschaftliche Vereine	Erteilung einer Konzession	Entzug der Konzession
○ Stiftungen	Staatliche Genehmigung	Entzug der Genehmigung
○ Körperschaften des öffentlichen Rechts	Kraft eines Staatsakts	Kraft eines Staatsakts

Rechtsgeschäfte
Vereinbarungen in schriftlicher oder mündlicher Form, die Ausdruck einer oder mehrerer Willenserklärungen sind; siehe Abbildung.

Rechtsnorm
staatliche Anordnung (Gesetz), die geordnete Beziehungen im Zusammenleben der Menschen schafft.

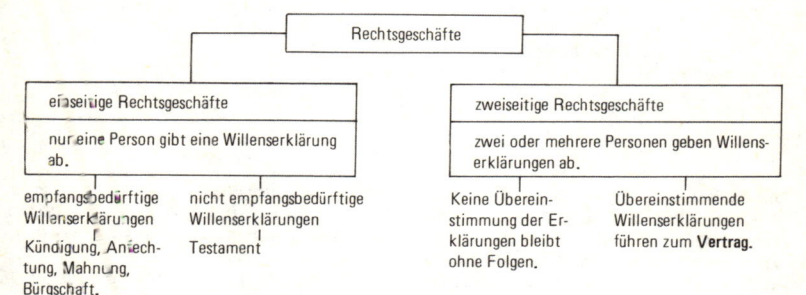

```
                    Rechtsgeschäfte
                   /              \
    einseitige Rechtsgeschäfte    zweiseitige Rechtsgeschäfte
    nur eine Person gibt eine     zwei oder mehrere Personen geben
    Willenserklärung ab.          Willenserklärungen ab.

  empfangsbedürftige  nicht empfangs-     Keine Überein-     Übereinstimmende
  Willenserklärungen  bedürftige          stimmung der Er-   Willenserklärungen
                      Willenserklärungen  klärungen bleibt   führen zum Vertrag.
  Kündigung, Anfech-  Testament           ohne Folgen.
  tung, Mahnung,
  Bürgschaft.
```

Rechtsform
↑ Unternehmensform.

Rechtsmittel
vom Gesetz geschaffene Möglichkeit, um gerichtliche Entscheidungen überprüfen zu lassen. Im wesentlichen handelt es sich dabei um die Berufung, bei der das nächsthöhere Gericht alle Tatbestände neu überdenkt, und um die Revision, üblicherweise gegen Urteile des Oberlandesgerichts, bei der vom Bundesgerichtshof geprüft wird, ob die Gesetzgebung auch richtig angewendet wurde. Gegen Beschlüsse der Gerichte, z.B. Beweisbeschluß, ist das R. der sofortigen Beschwerde möglich.

Rechtsregeln
von allen anerkanntes ungeschriebenes oder gesetzlich festgelegtes Recht; siehe Abbildung Seite 198.

Rechtsstaat
Staatsform, die sich auf Freiheit und Sicherheit gründet. Voraussetzungen: Verfassung mit Grundrechten des einzelnen und Gewaltenteilung.

Rechtsverkehr
durch Gesetze geordnete Beziehung. Gegenstand des R. sind Sachen und Rechte.

Recycling
(engl.: Wieder-in-den-Kreislauf-bringen);

Rediskont

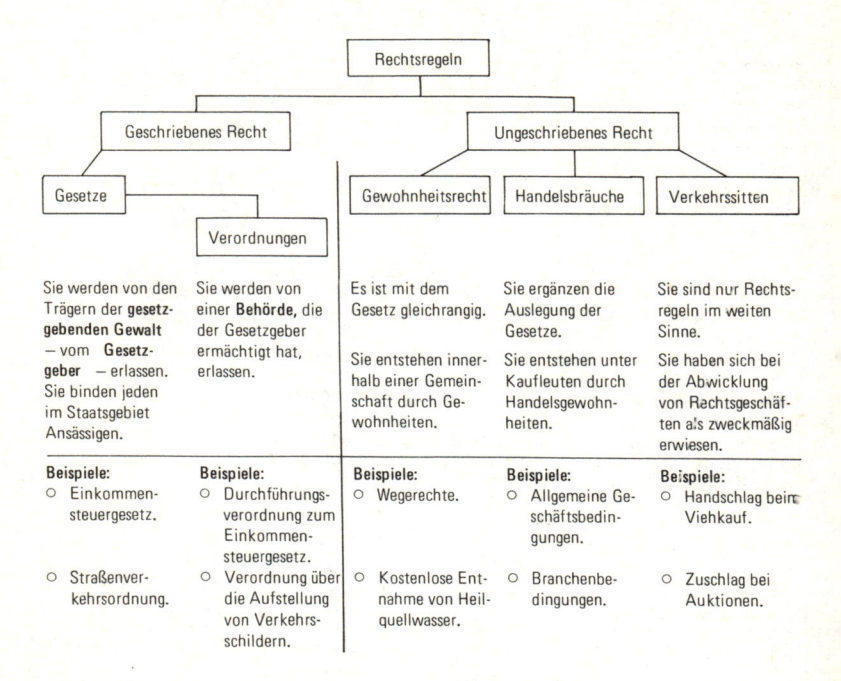

	Rechtsregeln			
Geschriebenes Recht		**Ungeschriebenes Recht**		
Gesetze / Verordnungen		Gewohnheitsrecht	Handelsbräuche	Verkehrssitten
Sie werden von den Trägern der **gesetzgebenden Gewalt** – vom **Gesetzgeber** – erlassen. Sie binden jeden im Staatsgebiet Ansässigen.	Sie werden von einer **Behörde**, die der Gesetzgeber ermächtigt hat, erlassen.	Es ist mit dem Gesetz gleichrangig. Sie entstehen innerhalb einer Gemeinschaft durch Gewohnheiten.	Sie ergänzen die Auslegung der Gesetze. Sie entstehen unter Kaufleuten durch Handelsgewohnheiten.	Sie sind nur Rechtsregeln im weiten Sinne. Sie haben sich bei der Abwicklung von Rechtsgeschäften als zweckmäßig erwiesen.
Beispiele: ○ Einkommensteuergesetz. ○ Straßenverkehrsordnung.	**Beispiele:** ○ Durchführungsverordnung zum Einkommensteuergesetz. ○ Verordnung über die Aufstellung von Verkehrsschildern.	**Beispiele:** ○ Wegerechte. ○ Kostenlose Entnahme von Heilquellwasser.	**Beispiele:** ○ Allgemeine Geschäftsbedingungen. ○ Branchenbedingungen.	**Beispiele:** ○ Handschlag beim Viehkauf. ○ Zuschlag bei Auktionen.

I. Der Versuch, *Abfälle* sinnvoll wieder aufzubereiten, z.B. für Energiezwecke, für Neuproduktion.
II. Ein Begriff aus der *Geldpolitik,* die von den ölexportierenden Ländern eingenommenen Ölmilliarden in die Industriestaaten zurückzuschleusen, um die durch die Ölimporte angespannten Handelsbilanzen wieder zu entlasten (Käufe, Kredite). Dadurch wird erreicht, daß die Ölstaaten auch an der wirtschaftlichen Entwicklung der Industriestaaten interessiert sind.

Rediskont
I. *Diskont* (Zins), der beim Wechselverkauf von den Geschäftsbanken an die Bundesbank gezahlt werden muß. Üblicherweise spricht man auch vom Diskontsatz.
II. Im Sinne von *Rediskontierung:* Weiterverkauf von diskontierten Wechseln durch eine Bank an die Bundesbank.

Rediskontfähigkeit
Bezeichnung für einen Wechsel, der von der Bundesbank aufgekauft wird.
Voraussetzungen:
I. Es muß sich um einen Warenwechsel handeln (Grundlage ist ein Warengeschäft, kein Finanzgeshäft).
II. Mind. 3 »gute« Unterschriften müssen vorhanden sein.
III. Der Wechsel muß eine Restlaufzeit von höchstens 90 Tagen haben.
IV. Der Wechsel muß an einem Bankplatz zahlbar gestellt sein, d.h. dort, wo die Landeszentralbank eine Zweigniederlassung hat.

Rediskontkontingent
im Rahmen der Diskontpolitik das von der Bundesbank festgesetzte Aufkaufvolumen von Wechseln. Die Geschäftsbanken können dann nur innerhalb dieses Rahmens sich bei der Bundesbank durch Verkauf von Wechseln liquide Mittel besorgen.

Reederei
mehrere Personen schließen sich zusammen, um auf gemeinschaftliche Rechnung den Betrieb eines Seeschiffes aufzunehmen. Das Vermögen besteht in Form der Bruchteilsgemeinschaft. Von R. wird auch gesprochen, wenn in der Binnenschiffahrt ein Unternehmen gewerbsmäßig Transporte mit eigenem oder fremdem Schiffsraum durchführt und das Geschäft durch eine kaufmännische Organisation vom Lande aus geleitet wird.

REFA
alte Abkürzung für die Bezeichnung »Reichsausschuß für Arbeitszeitermittlung«, die von der heutigen Bezeichnung »Verband für Arbeitsstudien und Betriebsorganisation e.V.« abgelöst wurde. REFA versucht im arbeitstechnischen Bereich unter soziologischen, psychologischen und ökonomischen Gesichtspunkten einen optimalen Arbeitsablauf zu beschreiben. Dazu werden z.B. Arbeitswert-, Arbeitsablauf- und Arbeitszeitstudien erstellt.

Refaktie
Preis- und Gewichtabzug für schadhafte Warenlieferungen.

Refinanzierung
ein Kreditgeber, der sich selbst das Geld erst noch besorgen muß, betreibt R. Die bekannteste Form ist die R. der Geschäftsbanken bei der Bundesbank.

Registergericht
Abteilung des Amtsgerichts, die für die Führung von öffentlichen Registern zuständig ist, z.B. Handelsregister, Güterrechtsregister, Grundbuch, Vereinsregister. Das R. prüft die Eintragungen. Bei Tatbeständen, die eintragungspflichtig sind, aber vom Betroffenen nicht durchgeführt werden, z.B. die Eintragungspflicht des ↑ Sollkaufmanns, kann das R. so lange Ordnungsstrafen verhängen, bis der Pflicht nachgekommen wird.

Regreß
Rückgriffsrecht einer Person, um auf diesem Wege einen Ersatz für eingetretene Schäden zu erhalten. Beispiel: Wechselregreß, bei dem man den eingelösten Wechsel seinem Vormann in Rechnung stellt.

Reichsversicherungsordnung (RVO)
zusammenfassende gesetzliche Grundlage von 1911 für die Sozialversicherungszweige Krankenversicherung (von 1884) und Invaliditäts- und Altenversicherung (von 1889). Eingeteilt ist die RVO in 6 Bücher: Gemeinsame Vorschriften für alle Zweige der Reichsversicherung – Krankenversicherung – Unfallversicherung – Rentenversicherung der Arbeiter – Rechtliche Beziehungen der Versicherungsträger zueinander und zu anderen Verpflichteten – Verfahren.

Reihenfertigung
Fertigungsverfahren mit einem hohen Maß an Arbeitszerlegung (Arbeitsteilung), bei dem die Arbeitsplätze und -mittel hintereinander angeordnet sind. Von der Fließbandfertigung unterscheidet sich die R. durch die fehlende Taktzeit und durch die Möglichkeit, innerhalb der Fertigung Veränderungen durchführen zu können.

Reihenregreß
beim Wechselprotest die Regreß-Inanspruchnahme in der Reihenfolge der Vormänner. – Gegensatz: ↑ Sprungregreß.

Reingewicht
Bruttogewicht ./. Tara = R. Gewichtsangaben beziehen sich normalerweise auf des R., auch Nettogewicht genannt.

Reinvestition
(Ersatzinvestition). Durch Erneuerung abgeschriebener Anlagen wird versucht, die Substanz des Unternehmens zu erhalten.

Reisender
i.d.R. Angestellter im Außendienst. Er ist im Auftrag seines Arbeitgebers tätig und wird häufig mit Spezialvollmachten ausgestattet, z.B. Abschlußvollmacht, Inkassovollmacht. Neben dem ↑ Fixum bekommt der R. meist Umsatzprovision.

Reisescheck
Zahlungsmittel im internationalen Reiseverkehr. Die Reisechecks

werden in Summen von 50 DM, 100 DM und 500 DM ausgegeben. Zuständig dafür sind inländische Banken oder im Auftrag ausländische Korrespondenzbanken. Der Empfänger der Reiseschecks muß beim Empfang und beim Einlösen im Beisein eines Bankangestellten seine Unterschrift leisten.

Reklame
veralteter Begriff für Werbung. R. wird im heutigen Sprachgebrauch z.T. für negativ zu bewertende Anpreisungen von Waren und Dienstleistungen gebraucht.

Reklamation
Beanstandung einer Person, daß der Vertragspartner nicht ordnungsgemäß erfüllt hat. ↑ Mängelrüge.

Rektapapier
auf einen bestimmten Namen lautendes Wertpapier, bei dem nur die angesprochende Person das Recht aus dem Papier geltend machen kann (Namenspapier).
Bei Rektaschecks und Rektawechseln werden die normalerweise üblichen Übertragungsmöglichkeiten an Dritte dadurch verhindert, daß der Zusatz »nicht an Order« vermerkt ist.

Remboursgeschäft
Abwicklung eines überseeischen Geschäfts unter Mitwirkung der Bank. Arten:
I. *Dokumentenakkreditiv:* Der Importeur eröffnet bei seiner Bank ein Akkreditiv, d.h. die Bank wird angewiesen, gegen Vorlage der Dokumente an den Exporteur zu zahlen.
II. *Wechselrembours:* Die Bank des Importeurs akzeptiert einen Wechsel des Exporteurs gegen Übergabe der Dokumente. Das geschieht meist unter Mitwirkung der Bank des Exporteurs. Der Exporteur übergibt seiner Bank eine Prima- und Sekundaausfertigung der Tratte. Die Sekundaausfertigung wird von der Bank des Exporteur diskontiert und der Barwert dem Exporteur gutgeschrieben, der dadurch sofort Geld erhält. Die Primaausfertigung wird zusammen mit den Dokumenten an die Bank des Importeurs gesandt, die am Fälligkeitstag den Wechsel einlöst.

Remittent
Wechselnehmer. Die Person, auf die der Wechsel als Empfänger (Begünstigter) ausgestellt ist.

Rendite
der jährliche Gesamtertrag eines angelegten Kapitals, meist in Prozent des Kapitals ausgedrückt.

Rentabilität
in Prozenten ausgedrücktes Verhältnis zwischen Gewinn und eingesetztem Kapital; *Arten:*
I. Unternehmerr. oder auch Eigenkapitalr. = Reingewinn × 100 : Eigenkapital.
II. Unternehmungsr. oder auch Gesamtkapitalr. = Reingewinn + Fremdkapitalzinsen × 100 : Unternehmungskapital (Eigen- + Fremdkapital)
III. Umsatzr. = Reingewinn × 100 : Umsatz.
IV. Betriebsr. Die unter II. genannte Unternehmungsr. erstreckt sich in ihrer Wirkung auf das gesamte Unternehmen, d.h. auch auf außerordentliche und betriebsfremde Erfolge (= neutrale Erfolge). Die Betriebsr. filtert nun aus dem Gesamtvermögen das ↑ betriebsnotwendige Kapital und aus dem Gesamterfolg den Betriebsgewinn (ohne neutrale Erfolge) heraus und stellt sie gegenüber = Betriebsgewinn ×100 : Betriebsnotwendiges Kapital.

Rente
I. Sammelbegriff für *Einkommen* aus *Kapitalvermögen* (v.a. Zinsen) und aus *Grund* und *Boden* (Bodenrente).
II. R. als regelmäßig wiederkehrende *Zahlung* an *Versicherte*. 1. aus Ruhegeldansprüchen; 2. auf Grund von gesetzlichen Versorgungsansprüchen wie Hinterbliebenenrente, Kriegsbeschädigtenrente; 3. aus besonderen Anlässen, wie z. B. die Unfallrente.
Zuständig für Rentenzahlungen sind in erster Linie die Rentenversicherungsanstalt (Altersruhegeld) und die

Berufsgenossenschaft (Unfallversicherung). Die von der Rentenversicherungsanstalt zu berechnende R. ist dynamisch, d.h. sie wächst jährlich in Anlehnung an die Bruttoverdienste der vorangegangenen 3 Jahre. Durch das 1978/79 zu Tage getretene »Loch« in der Rentenfinanzierung ist man vorübergehend von der Bruttolohnbezogenheit abgekommen, d.h. die Erhöhung wird durch feste Prozentsätze vorgegeben.

$$\frac{\text{persönl. Bemessungsgrundlage in \%}}{100} \times \frac{\text{allgem. Bemessungsgrundlage in DM}}{} \times \text{Vers.-jahre} \times \frac{\text{Steigerungssatz (1 od. 1,5)}}{100}$$

Rentenschuld
Belastung eines Grundstücks (in Abtlg. 3 des Grundbuchs), bei der an regelmäßig wiederkehrenden Terminen eine bestimmte Geldsumme aus dem Grundstück zu zahlen ist. Die R. ist nicht akzessorisch, d.h. sie ist losgelöst von einer bestehenden Forderung.

Rentenversicherung
gesetzlich vorgeschriebene Zwangsversicherung für alle Arbeiter und Angestellten, die im Falle von Berufs-, Erwerbsunfähigkeit, Alter und Tod (Witw.-R.) laufende Geldleistungen gewährt; ↑Sozialversicherung.

retrograde Verkaufskalkulation
Rechenverfahren, bei dem vom Listenverkaufspreis (gegebener Marktpreis) auf den Listeneinkaufspreis zurückgerechnet wird.

return on investment
(engl.: Rückfluß des investierten Kapitals); eine Rentabilitätsberechnung, die sowohl den Umsatz als auch das eingesetzte Kapital mit dem Gewinn in Beziehung setzt. Formel:

$$\text{roi} = \frac{\text{Gewinn}}{\text{Umsatz}} \times \frac{\text{Umsatz}}{\text{investierte Kapital}}$$

Der erste Faktor stellt die Umsatzrentabilität, der zweite den Umschlag des investierten Kapitals dar.

Revision
der Ausdruck R. wird verschieden verwendet:

I. Im *Rechnungswesen* als Prüfung der Rechnungslegung auf ihre Ordnungsmäßigkeit durch externe Prüfer oder durch interne Prüfungen, um Verbesserungen jedweder Art zu erzielen.
II. Als *Rechtsbehelf* in der Gerichtsbarkeit gegen Urteile der unteren Gerichtsinstanzen beim Bundesgerichtshof oder gegen Urteile der Finanzgerichte beim Bundesfinanzhof, wenn gewisse Streitwerte überschritten werden. In Ausnahmefällen kann im Strafrecht auch gegen Urteile eines Amtsgerichts in der sog. Sprungrevision unmittelbar der Bundesgerichtshof angerufen werden. Über die Zulässigkeit solcher Sprungr. entscheidet entweder das Oberlandesgericht oder der Bundesgerichtshof.

Rezession
(lat. recessus = Rückgang); ↑Konjunkturphase, die sich an eine Boomphase anschließt.

Rohgewinn
in Handelsbetrieben die Differenz zwischen Wareneinsatz und Verkaufserlöse.

Rohstoffe
I. *Volkswirtschaftlich* zählen alle unbearbeiteten Grundstoffe, die durch Urproduktion gewonnen werden dazu (z.B. Bergbau, Fischerei).
II. *Betriebswirtschaftlich* sind R. Hauptbestandteil und Grundelement des Fertigproduktes. R. gehen als Einzelkosten in die Kostenrechnung ein.

Rückgriff
↑Regreß.

Rückkaufswert
Wert, den eine Lebensversicherung bei vorzeitiger Kündigung hat. Durch Bearbeitungsgebühren und Provisionen ist ein Teil der Einzahlungen meist verloren.

Rücklagen
in der Bilanz offen ausgewiesene Reserven, die neben dem Grundkapital zum Eigenkapital zählen. Bei Aktiengesellschaften müssen in die *gesetzliche* Rücklage so lange 5% des Jahresüberschusses eingestellt werden, bis 10% des Grundkapitals erreicht

Rückstellung

sind. Darüber hinaus können *freiwillige* Rücklagen durch nicht ausgeschüttete Gewinne gebildet werden, deren Höhe sich entweder nach der Satzung oder nach dem Gesetz bestimmt. Von *stillen* R. oder stillen Reserven spricht man, wenn durch Unterbewertung der Aktiva oder Überbewertung der Passiva die wahren Vermögenswerte verschleiert werden.

Rückstellung
Verpflichtung der Unternehmung, die dem Grunde nach besteht, aber in ihrer Höhe und des Zeitpunkts der Fälligkeit noch nicht bekannt ist. Buchungssatz per 31.12. für einen schwebenden Prozeß, bei dem wir mit 5000 DM Prozeßkosten rechnen: Prozeßkosten an Rückstellungen 5000 DM. R. muß gebildet werden: für drohende Verluste aus schwebenden Geschäften; für ungewisse Verbindlichkeiten (z.B. Prozeßkosten); für unterlassene Instandhaltung und Abräumbeseitigung; für Gewährleistungen.

Rücktritt
das gesetzlich oder vertraglich verankerte Recht, durch eine einseitige empfangsbedürftige Willenserklärung einen Vertrag zu lösen. Die Parteien haben die empfangenen Leistungen zurückzugewähren bzw. für eine Benutzung oder Abnutzung eine Vergütung zu zahlen. So kann z.B. beim Abzahlungsgeschäft der Käufer binnen 7 Tagen vom Vertrag zurücktreten.

Rügepflicht
Verpflichtung, v.a. in Kaufverträgen, einen festgestellten Mangel dem Verkäufer rechtzeitig anzuzeigen, damit die Ansprüche erhalten bleiben.
† Mängelrüge.

Ruhepause
Arbeitsunterbrechung von mindestens 15 Minuten Dauer. Nach §§ 17-21 der Arbeitszeitordnung beträgt die R. bei Angestellten bei über 6 Stunden Arbeitszeit mindestens 30 Minuten, bei Jugendlichen nach § 11 Jugendarbeitsschutzgesetz mindestens 60 Minuten. Unternehmen mit mehr als 10 Jugendlichen müssen besondere Aufenthaltsräume für die R. zur Verfügung stellen.

ruinöser Wettbewerb
Marktgeschehen, bei dem die im Wettbewerb stehenden Unternehmen sich durch Preiskämpfe in der Art schädigen, daß häufig der Herstell- oder Anschaffungspreis nicht mehr gedeckt ist. Dadurch spüren entweder alle beteiligten Unternehmen beschäftigungs- und ertragspolitische Auswirkungen, oder finanzstarke Großunternehmen können kleinere zur Aufgabe zwingen, um anschließend ohne Konkurrenz autonome Preispolitik machen zu können.

Run
ursprünglich ein Ansturm der Geldeinleger auf die Kassen, wenn vermeintliche Zahlungsschwierigkeiten bekannt geworden sind. Im heutigen Sprachgebrauch jeglicher Ansturm auf bestimmte Sachen, z.B. im Schlußverkauf R. auf die Geschäfte oder der Goldrun auf den Goldmärkten.

Rüstzeit
Zeit, um den Arbeitsplatz für die Arbeitsausführung vorzubereiten. Die R. ist neben der Ausführungszeit ein Teil der Auftragsvorgabezeit.

S

Sachen
im Sinne des BGB Gegenstände (körperliche Güter). Einteilung: bewegliche Sachen, z.B. Automobile, Maschinen; unbewegliche Sachen, z.B. Grundstücke; vertretbare Sachen, z.B. Zigaretten, Mauersteine; nicht vertretbare Sachen, z.B. Gemälde großer Meister, einmalige Kunstgegenstände; teilbare und nicht teilbare Sachen.

Sachenrecht
gegen jedermann wirkendes Recht an einem Gegenstand, z.B. Eigentum. Geregelt im 3. Buch des BGB.

Sachfirma
Firma, aus der der Geschäftszweig des Unternehmens hervorgeht, z.B. »Stahlwerke Bochum«. Vorgeschrieben für Aktiengesellschaften, Genossenschaften, Kommanditgesellschaften auf Aktien und wahlweise für Gesellschaften mit beschränkter Haftung. – Gegensatz: Personenfirma.

Sachkonten
Die Gesamtheit aller Konten, die entweder zur Bilanz oder zur G+V-Rechnung abgeschlossen werden.

Sachleistung
in der gesetzlichen Sozialversicherung zugesagte Unterstützung, z.B. Krankenhauspflege. – Gegensatz: Barleistung.

Sachmängelhaftung
Sonderregel, bei der der Verkäufer einer Sache dem Käufer dafür haftet, daß die Sache keine Mängel aufweist oder ihr eine zugesicherte Eigenschaft fehlt. Rechtsfolgen: Wandlung, Minderung, Nachbesserung (Werkvertrag), Ablehnung oder Bestehen (Gattungskauf); in schweren Fällen Schadenersatz.

Sachverständigenrat
ein seit 1963 bestehendes 5-köpfiges Gremium, das jedes Jahr eine Begutachtung der gesamtwirtschaftlichen Lage durchführt. Das Gremium wird auch der »Rat der 5 Weisen« genannt. Sie werden auf Vorschlag der Bundesregierung vom Bundespräsidenten auf 5 Jahre berufen.
Diese unabhängigen Wirtschaftswissenschaftler sollen in ihrem Gutachten die abgelaufene Periode analysieren, die Gegenwart wirtschaftlich einschätzen und Zukunftsprognosen aufstellen unter den Gesichtspunkten der nationalen und internationalen Konjunktur- und Wirtschaftslage. Der Rat soll keine Empfehlungen, sondern nur Denkanstöße geben, wie die im ↑ Magischen Viereck angestrebten Ziele realisiert werden können. Fehleinschätzungen sind aber auch hier möglich.
Die Bundesregierung muß bei ihrer Aussprache im Jahreswirtschaftsbericht zu diesem Bericht Stellung nehmen.

saisonale Schwankung
kurzfristige Veränderung der wirtschaftlichen Lage, deren Ursache im Wechsel der Jahreszeiten liegt, z.B. im Bausektor.

Saisonschlußverkauf
↑ Schlußverkauf.

Saldenbilanz
in der ↑ Betriebsübersicht (Hauptabschlußübersicht) aus der Summenbilanz erstellte Übersicht.
Saldenbilanz I: Übertragung der Sal-

Saldo

den der Summenbilanz auf die wertmäßig größere Seite.
Saldenbilanz II: Aus S. I und den Umbuchungen (= vorbereitende Abschlußbuchungen) sich ergebende Gegenüberstellung. Aus den Zahlen der S. II. werden die G+V-Rechnung (Erfolgsbilanz) und die Schlußbilanz (Inventurbilanz) abgeleitet.

Saldo
(ital.: Rechnungsabschluß); in der Buchführung der Unterschiedsbetrag zwischen Soll und Haben.

Sales promotion
engl.: ↑ Verkaufsförderung.

Sammelüberweisung
Zahlung an mehrere Kunden unter Verwendung nur eines Überweisungsformulars im Bank- und Postscheckbereich.

Sammelwerbung
mehrere Unternehmen verschiedenster Branchen schließen sich zu einer gemeinsamen Werbeaktion zusammen. Dadurch werden die Werbemittel für das einzelne Unternehmen kostengünstiger ausgenutzt.

Sanierung
Maßnahme zur Abwendung von Zahlungsschwierigkeiten. Eine erfolgreiche S. setzt genaue Untersuchungen der Ursachen für Zahlungsschwierigkeiten voraus. Ziel ist die Erhaltung des Unternehmens und seiner Arbeitsplätze; siehe Abbildung.

Satzung
eine durch öffentliche Beurkundung fixierte Verfassung einer Kapitalgesellschaft, einer Genossenschaft (↑ Statut) oder einer Körperschaft des öffentlichen Rechts. Die S. erfaßt die Gesamtheit aller Rechtsvorschriften, die für die einzelne Körperschaft dann zwingend sind.
Bei *Kapitalgesellschaften* umfaßt die S. die Benennung der Firma, Sitz der Gesellschaft, Art der Aktien (z.B. Stamm- oder Vorzugsaktie) oder der Geschäftsanteile (GmbH), Höhe des Grund- oder Stammkapitals, Ausgabe- und Nennbetrag der Aktie, evtl. Gewährung eines Gründerlohnes und eine Reihe anderer Bestimmungen, die für einen reibungslosen Geschäftsverlauf sorgen sollen. Dazu zählen auch die Befugnisse der gewählten Organe. Die S. kann nur mit einer 3/4-Mehrheit geändert werden.
Satzungen von *Körperschaften des öffentlichen Rechts* (z.B. Landesversicherungsanstalten) werden entweder von den zuständigen Aufsichtsbehörden oder von den Organen selbst aufgestellt.

Schachtelprivileg
steuerliche Regelung, um eine Doppelbesteuerung im Rahmen der Körperschaftsteuer zu vermeiden. Das Wort Privileg ist, genau genommen, unkorrekt, da im S. lediglich eine

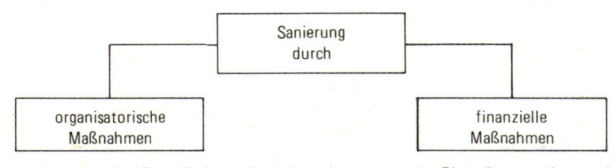

```
                    Sanierung
                      durch
         ┌──────────────┴──────────────┐
   organisatorische                finanzielle
     Maßnahmen                     Maßnahmen
```

- Anpassung an die veränderte allgemeine wirtschaftliche Lage
- Umstellung des Fertigungs- und Verkaufsprogramms auf die Bedürfnisse der Kunden
- Überprüfung und Straffung der Kostenkontrolle
- Überprüfung und Straffung des betrieblichen Ablaufes
- Überprüfung der Mitarbeiter, besonders der leitenden Angestellten
- Stillegung unrentabler Betriebszweige

- Eintreibung noch ausstehender Forderungen
- Kapitalerhöhung bei Kapitalgesellschaften
- Aufnahme neuer Gesellschafter bei Personengesellschaften
- Umwandlung von Fremdkapital in Eigenkapital durch Beteiligung der Schuldner am Unternehmen
- Erreichung von Zahlungsaufschub
- Umschuldung durch Umwandlung kurzfristiger Verbindlichkeiten in längerfristige Darlehen oder langfristige Hypotheken

Angleichung an die übliche einmalige Besteuerung von Gewinnen stattfindet. Die unmittelbare Beteiligung muß mindestens 25% des Stamm- oder Grundkapitals betragen. Folgen: Die auf die Beteiligung entfallenden Gewinnanteile sind für die beteiligte Obergesellschaft körperschaftsteuerfrei, da sie bereits bei der Untergesellschaft versteuert wurden.

Schadenersatz
Anspruch eines Geschädigten an eine Person oder Partei, die den Schaden verursacht hat. Eine Kausalität muß vorliegen, d.h., durch ein bestimmtes Verhalten (Ursache, Ursächlichkeit) muß ein Schaden entstanden sein. Arten:
1. Bei *Leistungsstörungen* in Kaufverträgen: 1. Lieferungsverzug: a) S. wegen Nichterfüllung, wenn diese Maßnahme vorher angedroht wurde; b) S. wegen verspäteter Lieferung kann immer verlangt werden. – 2. Annahmeverzug: a) S. nach Durchführung des Selbsthilfeverkaufs unter vorheriger Androhung; b) S. nach Durchführung des ↑ Notverkaufs ohne Androhung. – 3. ↑ Mängelrüge: S., wenn der Mangel arglistig verschwiegen wurde oder eine zugesicherte Eigenschaft fehlte.

II. Bei *Verletzung* der erforderlichen Sorgfaltspflicht, z. B. Aufsichtspflicht bei Kindern, Tierhalterhaftung.

Schatzanweisung
kurz- oder mittelfristige Schuldverschreibung der Gebietsköperschaften, um ihren Finanzbedarf zu decken. Arten:
I. *Unverzinsliche* Schatzanweisungen (Laufzeit zwischen 6 und 24 Monaten) werden nicht direkt verzinst, sondern der Käufer braucht beim Kauf weniger zu zahlen. *Beispiel:* Nennwert 30000 DM. Bei 10% Verkaufszins (3000 DM) zahlt der Käufer 27000 DM. Rückzahlung 30000 DM.
II. *Verzinsliche* Schatzanweisungen werden am Fälligkeitstag inklusive Zinsen zurückgezahlt.

Schatzwechsel
Wechsel der öffentlichen Hand, um kurzfristige Liquiditätsengpässe zu überbrücken (Laufzeit 3 bis 6 Monate). Die Bundesbank kauft diese Wechsel unter Abzug des Diskonts auf.

Scheck
Anweisung an ein Kreditinstitut, einen bestimmten Betrag aus einem Guthaben zu zahlen. Die Anweisung wird auf einem Scheckformular gegeben. Der S. ist ein *Inhaberpapier,* die Bank

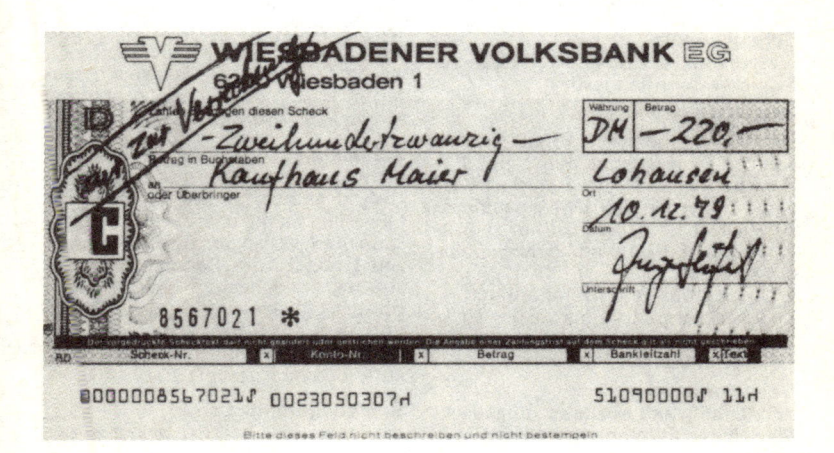

Scheckarten

zahlt an jeden, der den Scheck vorlegt, also Inhaber des S. ist. Der S. ist ein *Zahlungsmittel,* es besteht jedoch kein Annahmezwang.
Der S. ist immer bei Sicht fällig. Die Vorlagefrist im Inland beträgt 8 Tage, innerhalb Europas 20 Tage, in Übersee 70 Tage.

Scheckarten
I. *Verrechnungsscheck.* Mit dem Quervermerk »nur zur Verrechnung« wird der Scheck nicht bar ausgezahlt, sondern der Person, die auf dem Scheck namentlich genannt ist, auf einem Konto gutgeschrieben.
II. *Barscheck.* Der Scheck wird dem Vorleger bar ausgezahlt.
III. *Rektascheck.* Der auf dem Scheck Genannte kann den Scheck nicht weitergeben, da der Zusatz »nicht an Order« das verhindert. Nur der Empfänger kann mit dem Scheck etwas anfangen.
IV. *Inhaberscheck.* Jeder, der den Scheck besitzt (innehat), kann ihn einlösen. Üblich bei vielen Barschecks.
V. *Namensscheck.* Nur die auf dem Scheck genannte Person kann ihn einlösen oder an Dritte übertragen. Üblich bei den Verrechnungsschecks.

Scheckfähigkeit
Befähigung, rechtswirksam Scheckverbindlichkeiten eingehen zu können.

Scheckgesetz
Gesetz vom 14.8.1933, das einheitliche Scheckvorschriften festlegt.

Scheckkarte
eine von der bezogenen Bank an den Kunden ausgegebene Karte mit der Zusicherung an Dritte, Schecks bis zu einer Höhe von 300 DM einzulösen. Der Scheckempfänger hat nur zu prüfen, ob Scheckkarte und Scheck übereinstimmen:
I. Unterschrift und Kontonummer,
II. Scheckkartennummer auf der Rückseite des Schecks,
III. Einhaltung der Vorlagefrist.

Scheckreiterei
Ausstellung und Austausch ungedeckter Schecks durch mehrere Beteiligte, die bei der jeweiligen Hausbank zum Einzug gegeben werden.

Scheckverlust
verlorenes Zahlungsmittel. Der unehrliche Finder kann einen Barscheck sofort einlösen. Schutzmöglichkeit: Scheck bei der Bank umgehend sperren lassen und den Scheck beim Amtsgericht für kraftlos erklären.

Scheck-Wechsel-Verfahren
ein Verfahren, bei dem der Lieferant den vom Kunden akzeptierten Wechsel nicht zurückhält, sondern der Kunde den Wechsel selbst bei der Bank diskontiert. Die Bank gibt dem Kunden nach Abzug des Diskonts Bargeld (Scheck), das dieser dem Lieferranten unter Abzug des Skontos überweist.

Scheingeschäft
S. ist ein nichtiges Rechtsgeschäft. Das Rechtsgeschäft, das verdeckt werden soll, ist gültig.

Scheinkaufmann
nach § 5 HGB ein Kaufmann, der eigentlich nach Art und Umfang ↑ Minderkaufmann wäre, sich aber widerrechtlich ins Handelsregister hat eintragen lassen, um den Anschein zu erwecken, ein Vollkaufmann zu sein. Der S. wird im Geschäftsverkehr wie ein ↑ Vollkaufmann behandelt. *Beispiel:* Verträge mit hohen Vertragsstrafen könnte ein Minderkaufmann wegen Unverhältnismäßigkeit herabsetzen lassen. Als S. besitzt er diese Möglichkeit nicht mehr.

Schenkung
unentgeltliche Vermögensübertragung an andere. Der Vertrag ist einseitig verpflichtend, d. h. der Begünstigte kann die S. verlangen. Eine S. kann wegen Undanks des Beschenkten, Verarmung des Schenkers oder Widerruf rückgängig gemacht werden. Die S. unterliegt der *Schenkungsteuer,* die je nach Familienstand und nach Schenkungsbeträgen gestaffelt ist.

Schiedsgericht
ein Organ, das bei Streitigkeiten zwi-

schen Rechtsparteien entscheidet. Die Anrufung des Schiedsgerichts wird vorher vertraglich vereinbart, da die staatliche Gerichtsbarkeit häufig teurer ist und nicht so zweckentsprechend entscheiden kann. Das S. hat gleiche Gerichtsbarkeit, d.h. der Schiedsspruch hat Urteilskraft. Staatliche Gerichte können die Urteile für vollstreckbar erklären, was nur aus wichtigem Grund versagt werden kann. Im übrigen haben sich die Schiedsrichter nach dem materiellen Recht zu richten, d.h. mit der Frage zu beschäftigen, was Recht sein soll.

Schiffsfrachtbrief
†Konnossement.

Schlichtung
ein Verfahren, das bei vertraglichen Schwierigkeiten eingeleitet wird, um zu einer für alle annehmbaren Lösung zu kommen. Die Schlichtungsabreden werden gewöhnlich in den Tarifverträgen oder Schlichtungsvereinbarungen festgehalten.

Schlußbilanz
Bilanz am Ende einer Rechnungsperiode, die aus dem Abschluß aller Bestandskonten u. Inventur entsteht.

Schlußnote
vom † Handelsmakler zu erstellende und zu unterschreibende Urkunde, die nach Abschluß eines Geschäfts den beteiligten Parteien zugestellt werden muß.

Schlußrechnung
eine vom Konkursverwalter aufgestellte Abrechnung, nachdem er die Gegenstände verwertet hat. Die S. ist eine Rechenschaftslegung gegenüber der Gläubigerversammlung. Mindestens 3 Tage vor Beginn des † Schlußtermins ist die S. beim Konkursgericht zu hinterlegen.

Schlußtermin
letzte Gläubigerversammlung vor der Aufhebung des Konkurses. Im S. wird das noch verfügbare Restvermögen verteilt (Schlußverteilung). Masseschulden und Massekosten müssen vorher voll erfüllt worden sein. Im S.

können noch Einwände gegen die Schlußverteilung erhoben werden. U.a. ist auch über die Vergütung des Konkursverwalters und des Gläubigerausschusses zu diskutieren.

Schlußverkauf
genauer: Saisonschlußverkauf. Zweimal jährlich stattfindender Verkauf zu herabgesetzten Preisen. Die Termine sind genau bestimmt. Beginn: Sommerschlußverkauf am letzten Montag im Juli, Winterschlußverkauf am letzten Montag im Januar. Die Dauer ist auf 12 Werktage festgesetzt. Durch die gesetzliche Regelung entfällt die behördliche Genehmigung im Einzelfall. († unlauterer Wettbewerb).

Schneeballsystem
Verkaufsform, bei der dem Kunden ein Großteil der Rechnungssumme erlassen wird unter der Voraussetzung, daß er den Verkäufer neue Kunden beschafft, die dann wiederum diesem System unterworfen sind. Die Möglichkeit der Kundengewinnung wächst somit lawinenartig an. Das S. verstößt gegen die guten Sitten und gegen das Gesetz gegen den † unlauteren Wettbewerb.

Schneller Brüter
Kernreaktor, dessen Kettenreaktion durch energiereiche (schnelle) Neutronen aufrechterhalten wird und der mehr spaltbares Material erzeugt als er verbraucht.

Schriftform
gesetzlich angeordnete Formvorschrift bei bestimmten Rechtsgeschäften, bei der die Unterschrift eigenhändig geleistet werden muß, z.B. bei Schuldversprechen, Bürgschaften, Mietverträgen über 1 Jahr, Konkurrenzklauseln.

Schrottwert
Verkaufswert einer abgenutzten Anlage. Grundsätzlich wird der Anschaffungswert einer Anlage über den Nutzungszeitraum abgeschrieben. Wenn der Schrottwert aber noch einen erheblichen Betrag ausmacht, wird nur die Differenz zwischen Anschaffungs-

Schuldanerkenntnis

wert und geschätztem Schrottwert abgeschrieben (die Rechtsprechung spricht von 20 000 DM).

Schuldanerkenntnis
schriftlicher Vertrag zwischen Gläubiger und Schuldner, durch den der Schuldner entweder eine neue Verbindlichkeit akzeptiert, losgelöst vom vorherigen Schuldgrund (abstraktes S.) oder eine bestehende Schuld bestätigt. Gesetzesgrundlage: BGB.

Schuldmitübernahme
Vertrag, durch den eine Person in die bestehende Schuld eines anderen eintritt. Der alte und der neue Schuldner haften gemeinsam als Gesamtschuldner. Die S. ähnelt der selbstschuldnerischen Bürgschaft. Im Gegensatz zu dieser bedarf sie allerdings keiner Form. Gesetzesgrundlage: BGB § 414 ff.

Schuldner
derjenige, der einem anderen, dem Gläubiger, eine Leistung zu erbringen hat. Gesetzesgrundlage: BGB. Zweites Buch.

Schuldnerverzug
Wer eine ordnungsgemäß ausgeführte Leistung vertragswidrig nicht annimmt, befindet sich in S. Eine vorherige *Mahnung* ist notwendig, sofern die Leistung nicht an einen festen Termin gebunden war (Fixgeschäft). Die Leistung muß für den anderen nachholbar sein, sonst liegt eine Unmöglichkeit vor, die den Schuldner befreit. Der Schuldner hat grundsätzlich den Schaden zu tragen. Ist eine Leistungserfüllung für den Gläubiger uninteressant geworden, kann er die Leistung ablehnen und Schadenersatz wegen Nichterfüllung verlangen (z.B. ↑ Lieferungsverzug). Innerhalb des Schuldnerverzugs haftet der Schuldner auch für den zufälligen Untergang (höhere Gewalt) der nicht angenommenen Leistung. *Beispiel:* Der Kunde befindet sich im ↑ Annahmeverzug. Die ordnungsgemäß angelieferte Ware wird durch einen Blitzschlag auf dem Weg zum Lagerhaus vernichtet, in dem der Lieferant die Ware hinterlegen wollte.

Folge: Der Kunde muß die Ware bezahlen.

Schuldrecht
die im zweiten Buch des ↑Bürgerlichen Gesetzbuchs abgehandelten Paragraphen (Recht der Schuldverhältnisse). Im S. werden die Beziehungen zwischen Menschen und sonstigen Rechtssubjekten (z.B. Gesellschaften) behandelt. Oft besteht eine wechselseitige Beziehung, d.h. einer Schuld auf der einen Seite entspricht eine Forderung auf der anderen Seite. – Gegensatz: Sachenrecht, das die Beziehung zwischen Menschen und Dingen regelt, z.B. Eigentum, Besitz, Nießbrauch, Pfandrecht (Drittes Buch des BGB).

Schuldschein
eine Urkunde, in der der Schuldner eine Leistung verspricht, z.B. die Zahlung einer bestimmten Summe. Zahlt er dann zum versprochenen Zeitpunkt, kann er die Herausgabe des Schuldscheins verlangen. Ist der Gläubiger dazu außerstande, kann der Schuldner auf dessen Kosten eine öffentlich beglaubigte Erklärung der Zahlung verlangen. Die Schuld kann vom Gläubiger auch ohne S. verlangt werden, da der S. lediglich ein Beweismittel ist und kein Wertpapier, bei dem nur bei Vorlage Rechte geltend gemacht werden können.

Schuldverhältnis
Eine Rechtsbeziehung zwischen zwei oder mehreren Personen, die eine gegenüber der anderen (und gegenseitig) ein Tun oder Unterlassen fordern kann. Beispiele: Kaufvertrag, Darlehen, Bürgschaft, Gesellschaft. Neben diesen *vertraglichen* existieren auch *gesetzlich* festgeschriebene Schuldverhältnisse, z.B. aus unerlaubter Handlung oder aus ungerechtfertigter Bereicherung, Tierhalterhaftung, Rufmord.

Schuldverschreibung
festverzinsliches Wertpapier, das meist für langfristige Finanzierungsvorgänge ausgegeben wird (Gläubigerpapier). Obligation, Optionsanleihe, Wandel-

schuldverschreibung, Industrieobligation, Inhaberschuldverschreibung, Anleihe, Gewinnschuldverschreibung.

Schuldwechsel
Wechsel, der den Bezogenen(Akzeptanten) zum Hauptschuldner macht. Buchhalterische Behandlung für den Schuldner nach der Akzeptierung: »Verbindlichkeiten an S.« Rechtlich wird die Verbindlichkeit erst bei Einlösung am Verfalltag getilgt. – Gegensatz: ↑ Besitzwechsel.

Schuldzinsen
Entgelt für Fremdkapital. Die Möglichkeit, S. als Sonderausgaben im Lohnsteuerjahresausgleich absetzen zu können, ist seit 1974 nicht mehr gegeben. Zinsen i.e.S. zählen nicht zu den Betriebsausgaben, sondern zu den neutralen Ausgaben. Nach GKR und Großhandelskontenrahmen werden S. gesondert in der Klasse 2 erfaßt.

Schutzmarke
↑ Warenzeichen.

Schutzzoll
staatliche Maßnahme, durch Zollerhebung auf Einfuhren die binnenländische Wirtschaft zu schützen. Der S. ist eine protektionistische Maßnahme, die durch eine Reihe von Abkommen, u.a. dem ↑ GATT, abgebaut werden sollte. Der S. ist aber auch heute noch ein oft angewandtes und wirksames Schutzmittel.

Schwarzer Freitag
seit dem ersten Börsenkrach am Freitag, dem 9.5.1873 geläufiger Ausdruck für schwerwiegende Kurszusammenbrüche an der Börse. Bekanntester s.F. ist der 13.5.1927

Schwarzmarkt
Markt, der sich unter Umgehung gesetzlicher Vorschriften bildet. Nach dem Kriege wurden auf dem S. Waren zu überhöhten Preisen verkauft oder getauscht, die Folge waren empfindliche Strafen für diejenigen, die als Anbieter oder Nachfrager auftauchten. Wegen staatlicher Preisreglementierungen (Preisstop) halten die Anbieter die Waren zurück. Es entsteht ein Nachfrageüberhang, der auf dem S. durch überhöhte Preise abgebaut wird.

schwebende Geschäfte
ein von keiner Seite voll erfülltes Geschäft. S.G. werden in der Bilanz in Form von Rückstellungen nur dann berücksichtigt, wenn ein erkennbarer Verlust wahrscheinlich ist. Weitere Anwendung des Begriffs: 1. Beim *Ausscheiden* eines Gesellschafters müssen in der sog. Abschichtungsbilanz die s.G. abgewickelt werden. 2. Bei Verträgen mit Minderjährigen ist das Geschäft so lange schwebend, bis die Zustimmung oder Ablehnung des gesetzlichen Vertreters eintrifft. 3. Im *Konkursverfahren* kann der Konkursverwalter auf der Durchführung von schwebenden Geschäften bestehen. Er muß dann allerdings auch voll erfüllen.

Schweigepflicht
Verpflichtung einer Person, über bestimmte Sachverhalte zu schweigen. Arten:
I. Die Treuepflicht verbietet es einem *Arbeitnehmer* ihm bekannte und anvertraute Geschäftsgeheimnisse Unbefugten weiter zu geben.
II. Die *Bank* darf über Vermögensverhältnisse ihrer Kunden keine Auskunft geben. Ausnahme: Im Rahmen eines Steuerfahndungsverfahrens.
III. *Öffentliche Stellen* wie Post, Steuerbehörden oder Bedienstete in anderen Abteilungen, die Daten von Bürgern festgehalten haben, sind zu strengster Verschwiegenheit verpflichtet (Datenschutzgesetz).
IV. *Ärztliche* S. über den Gesundheitszustand eines Patienten.
V. S. anderer Gruppen wie *Rechtsanwälte* und *Wirtschaftsprüfer*. Die Verletzung der S. zieht in den meisten Fällen Schadenersatzansprüche nach sich.

Schwerbehinderte
Personen mit einer dauernden Erwerbsminderung um mindestens 50% gelten als S. Ihnen gleichgestellt sind Personen mit einer Erwerbsmin-

derung um mindestens 30%, wenn sie ohne Zuhilfenahme des Schwerbehindertengesetzes aufgrund ihrer Behinderung keine Anstellung finden. Private und öffentliche Arbeitgeber, die über mindestens 16 Arbeitsplätze verfügen, müssen davon 6% mit Schwerbehinderten besetzen. Anderenfalls müssen sie für jeden durch S. nichtbesetzten Arbeitsplatz 100 DM monatlich als Ausgleichsabgabe abführen. Der S. hat nach dem Schwerbehindertengesetz eine Kündigungsfrist von mindestens 4 Wochen. Jede Kündigung, auch die außerordentliche, bedarf der Zustimmung der Hauptfürsorgestelle. Der S. hat Anspruch auf einen zusätzlichen Jahresurlaub von 6 Arbeitstagen.

Schwerindustrie
Sammelbegriff für einen Wirtschaftszweig, der im wesentlichen die eisenverarbeitende, eisenerzeugende Industrie und den Bergbau umfaßt. Typisch für die damit zusammenhängenden hohen Fixkostenanteile. Man kann sagen, daß die S. schwerfällig auf Marktveränderungen reagiert.

Schwund
mengenmäßiger Verlust durch Schäden aller Art. Im Transportbereich durch ↑ Leckage. Im Lagerbereich durch meist unvorhergesehene Ereignisse, die in der Kostenrechnung durch die Einrechnung der ↑ kalkulatorischen Wagnisse ihren Niederschlag finden.

Seefrachtgeschäft
Transport von Gütern nach Übersee gegen Entgelt. Der Absender heißt Befrachter, der Reeder Verfrachter, der Frachtführer, der das Gut dem Verfrachter übergibt, Ablader. Befrachter und Ablader sind i.d.R. identisch. Dem S. liegt entweder ein Chartervertrag oder ein Stückgutvertrag zugrunde. Das verlangte Beförderungsentgelt wird Seefracht genannt.

sekundärer Bereich (Sektor)
volkswirtschaftlicher Ausdruck für das produzierende und verarbeitende Gewerbe, ↑ Produktionsbereiche.

Sekundärforschung
↑ Marktforschung.

Selbstfinanzierung
Beschaffung von Geldmitteln durch die eigene Ertragskraft des Unternehmens. *Arten:*
I. Nichtausgeschüttete Gewinne (Bildung von Rücklagen).
II. Agio bei Über-pari-Emissionen.
III. Abschreibungen (↑ Eigenfinanzierung).

Selbsthilfeverkauf
Verkauf einer Ware durch eine öffentliche Versteigerung. Dem sich in ↑ Annahmeverzug befindlichen Käufer muß der S. vorher angedroht worden sein. Nimmt der Käufer die Nachfristensetzung zur Abnahme der Ware nicht wahr, so ist ihm Ort und Zeitpunkt des Selbsthilfeverkaufs anzuzeigen. Androhung und Nachfristsetzung sind beim ↑ Notverkauf nicht notwendig.

Selbstkontrahieren
das Abschließen eines Rechtsgeschäfts, das jemand als Vertreter eines anderen mit sich selbst durchführt. Diese Geschäfte sind grundsätzlich verboten. Beispiel: 1. Ein gesetzlicher Vertreter verkauft im Namen seines Sohnes an sich selbst eine Münzsammlung, die dieser von der Großmutter geerbt hat. 2. Ein Vorstandsmitglied, als gesetzlicher Vertreter der Aktiengesellschaft, verkauft an seine Frau, die ihm eine Vertretungsberechtigung gegeben hat, ein Kraftfahrzeug der Aktiengesellschaft (In-sich-Geschäfte).

Selbstkosten
die Summe aller im betrieblichen Leistungsprozeß entstandenen Kosten, oft bezogen auf je ein Stück.
I. Errechnung der S. im *Fertigungsbereich* (Zuschlagskalkulation):

    Materialeinzelkosten
+ Materialgemeinkosten
= Materialkosten (I)
    Fertigungslöhne
+ Fertigungsgemeinkosten
+ Sondereinzelkosten der Fertigung
= Fertigungskosten (2)
= (1 + 2) Herstellkosten
+ Verwaltungs- und Vertriebsgemeinkosten
+ Sondereinzelkosten des Vertriebs
= Selbstkosten

II. Errechnung im *Handelsbereich:*

Listeneinkaufspreis
./. Rabatt
= Zieleinkaufspreis
./. Skonto
= Bareinkaufspreis
+ Bezugskosten (einschl. Zölle und Abgaben)
= Bezugspreis (Einstandspreis)
+ Handlungskosten (Verwaltungs-, Lager- und Vertriebskosten)
= Selbstkosten

selbstschuldnerische Bürgschaft
↑ Bürgschaftserklärung, bei der der Bürge nicht die ↑ Einrede der Vorausklage hat, d.h. der Gläubiger kann sich bei Zahlungsschwierigkeiten des Hauptschuldners sofort an den Bürgen wenden. Die s.B. unterliegt der Schriftform. Ausnahme: Bürgschaften bei Geschäften eines Vollkaufmanns im Rahmen seines Handelsgewerbes sind auch mündlich wirksam und im Zweifel immer selbstschuldnerisch.

Selbstverwaltung
Möglichkeit für Körperschaften des öffentlichen Rechts und für Gemeinden, durch eigene Organe eine Verwaltung selbst durchzuführen. Die S. bei den Sozialversicherungsträgern gibt dem Bürger das Recht, an der Erfüllung von Staatsaufgaben mitzuwirken.
– In der Krankenversicherung, der Rentenversicherung und der Unfallversicherung durch die Vertreterversammlung (höchstens 60 Pers.) und den Vorstand (höchstens 12 Pers.), die jeweils zur Hälfte aus Vertretern der Arbeitgeber und Arbeitnehmer bestehen. – Im Verwaltungsrat, in dem Vorstand und in den Verwaltungsausschüssen bei der Bundesanstalt für Arbeit sind neben Arbeitgeber- und Arbeitnehmervertreter auch Delegierte des Staates vorhanden. – In der landwirtschaftlichen Unfallversicherung sind Versicherte, Selbständige ohne Arbeitnehmer und Arbeitgeber zu je 1/3 vertreten. – Weitere S. wird bei Industrie- und Handelskammern, in Kirchenverbänden, an Schulen und Universitäten geübt. Die S. wird auf der Grundlage einer eigenen oder staatlich gegebenen Satzung durchgeführt.

Serienfertigung
industrielles Fertigungsverfahren, bei der neben- oder nacheinander geringfügig voneinander abweichende Produkte produziert werden. In dieser Mehrproduktfertigung wird von jeder Serie nur eine begrenzte Stückzahl hergestellt. Kundenwünsche können berücksichtigt werden.

Sicherheit am Arbeitsplatz
Vorsorge des Unternehmens zum Schutz des Arbeitnehmers. Gesetzliche Grundlage bilden Gewerbeordnung, Arbeitsstättenverordnung und Arbeitssicherheitsgesetz. Maßnahmen sind z. B. Lärmschutzeinrichtungen, Erste-Hilfe-Stationen, Schutzhelme.

Sicherheitsleistung
Leistung einer Partei, um einem Rechtsnachteil zu entgehen, z.B. im Zivilprozeß die Hinterlegung von Geld, um eine Zwangsvollstreckung aus einem vorläufig vollstreckbaren Urteil abzuwenden. Die Höhe wird vom Richter festgesetzt. Bei gewährten Krediten kann die S. durch Personalsicherheiten oder durch Sachsicherheiten geleistet werden.

Sicherungsgeber
derjenige, der dem Sicherungsnehmer als Sicherheitsleistung Vermögenswerte überträgt.

Sicherungshypothek
↑ Hypothek, bei deren Geltendmachung das Bestehen der zugrundeliegenden Forderung bewiesen werden muß. Das steht im Widerspruch zum Öffentlichen Glauben einer im Grundbuch eingetragenen Hypothek. Die S. ist daher als solche im Grundbuch zu kennzeichnen.

Sicherungsübereignung
eine Form der modernen Kreditsicherung. Der Schuldner bleibt Besitzer der Sache, der Gläubiger erlangt das Eigentum.
Üblich ist die S. von Maschinen und Warenlagern. Die S. ist eine Weiterentwicklung des Pfandrechtes, da im Pfandrecht die Gegenstände übergeben werden müssen, der Schuldner aber gerade mit diesen Sachen arbeiten muß (Maschinen, Waren u.s.w.).

Sichteinlagen

Sichteinlagen
Einlagen bei der Bank, die täglich abgehoben werden können. Daher werden sie auch täglich fällige Gelder genannt. S. dienen in erster Linie dem bargeldlosen Zahlungsverkehr und werden in der Regel niedrig verzinst. Für Barabhebungen hat die Bank eine Liquiditätsreserve zu halten. († Buchgeld, † Giralgeld). S. bei Notenbanken sind unverzinslich. – Gegensatz: Spar- und † Termineinlagen.

Sichtwechsel
ein Wechsel, der keinen bestimmten Fälligkeitstag enthält, sondern den Vermerk »bei Sicht« hat. Der S. ist also bei Vorlage einzulösen. Die längste Laufzeit beträgt nach Wechselgesetz 1 Jahr vom Ausstellungsdatum an gerechnet. Der Aussteller kann aber auch bestimmen, daß der Wechsel nicht vor einem bestimmten Termin vorgelegt werden soll. Die Fälligkeit von Nachsichtwechseln lauten auf eine bestimmte Zeit nach der Vorlage, z.B. »30 Tage nach Sicht«.

Sittenwidrigkeit
Rechtsgeschäfte, die gegen die guten Sitten verstoßen, sind nichtig. Definition: Rechtsgeschäfte, die nach Inhalt, Motiv oder Zweck dem Anstandsgefühl aller billig und gerecht Denkenden widersprechen, sind sittenwidrig. Darunter fallen Wucher, vergleichende Werbung, Knebelungsverträge, Zahlung von Schmiergeldern. Wer einem anderen durch S. einen Schaden zugefügt hat, ist zum Schadenersatz verpflichtet.

Skonto
(ital.: sconto = Abzug); Preisnachlaß durch den Lieferanten, wenn der Kunde innerhalb einer bestimmten Frist zahlt, z.B. »zahlbar innerhalb 10 Tagen mit 2% Skonto oder 30 Tage netto« (ohne Abzug). † Preisnachlässe.

Software
Sammelbegriff für die in der elektronischen Datenverarbeitung erforderlichen Programme, sowie im engeren Sinne auch die Programmiersprache und die sonstigen Anwendungsprogramme, z. B. Modularprogramme. – Gegensatz: † Hardware.

Solarheizung
Heizungsanlage, bei der das Wasser durch Sonnenenergie aufgeheizt wird.

Solawechsel
ein Wechsel, bei dem sich der Aussteller zur Zahlung verpflichtet (auch Eigenwechsel). – Gegensatz: † gezogener Wechsel.

Soll-Ist-Vergleich
Vergleich und Kontrolle der in der Plankostenrechnung vorgegebenen Sollkosten mit den tatsächlich angefallenen Kosten (Istkosten). Wichtigste Betrachtungsgröße ist die Verbrauchsabweichung, da die Einflüsse durch Beschäftigungs- und Preisabweichungen vorher ausgeschaltet werden. Innerhalb der einzelnen Kostenstellen werden die Verbrauchsabweichungen analysiert.

Sollkaufmann
nach § 2 HGB ein Kaufmann, der zwar kein Grundhandelsgewerbe nach § 1 HGB betreibt, dessen Geschäft aber aufgrund seiner Art und Größe eine kaufmännische Organisation benötigt. Der S. muß sich ins Handelsregister eintragen lassen. Die Eintragung hat rechtserzeugenden (konstitutiven) Charakter, d.h., erst mit der Eintragung wird der S. Vollkaufmann. Betriebe: Theater, große Kinos, Privatschulen, Urproduktion wie Bergwerke, Hochseefischerei und Steinbruch, nicht dagegen Betriebe der Land- und Forstwirtschaft.

Sonderabschreibung
außerplanmäßige Abschreibung wegen unvorhergesehener Werminderungen, z.B. bei Brand oder technischer Veralterung. Eine S. ist kein betrieblicher Vorgang, d.h. er berührt nicht die Kostenrechnung, sondern er geht in das neutrale Ergebnis ein (Klasse 2). Im Einkommensteuergesetz sind eine Reihe von Sonderabschreibungs-Möglichkeiten aufgezählt.

Sonderausgaben
Begriff aus dem Einkommensteuerrecht. S. sind Aufwendungen des

Arbeitnehmers, die, soweit sie keine Betriebsausgaben oder Werbungskosten sind, allgemein als Kosten der Lebensführung anzusehen sind. Beispiele: Vermögensteuer, Kirchensteuer (unbeschränkt abzugsfähig), Sozialversicherungsbeiträge, Beiträge für Lebensversicherung und Bausparvertrag (beschränkt abzugsfähig).

Sondereinzelkosten
Kosten, die speziell für einen Auftrag anfallen und daher nicht in die Kostenstellenrechnung einbezogen werden. Arten: 1. S. der Fertigung: Anfertigen von Spezialwerkzeugen, von Schablonen, Patent- und Lizenzkosten. 2. S. des Vertriebs: Provisionen, spezielle Transportmittel und -verpackung, Zölle.

Sondergerichtsbarkeit
neben der ordentlichen Gerichtsbarkeit verlangt das Grundgesetz Sondergerichte für bestimmte Aufgabenbereiche. Arten: Arbeitsgerichtsbarkeit, Verwaltungsgerichtsbarkeit, Sozialgerichtsbarkeit und Finanzgerichtsbarkeit.

Sondervermögen
I. Das S. der *Kapitalgesellschaften* ist das Haftungskapital, das ihr als rechtlich selbständiger Person gehört. - Gegensatz: Vermögen der natürlichen Personen.
II. Das S. des *Bundes* ist zwar rechtlich unselbständig (es gehört zum Bundesvermögen), hat aber einen eigenen Haushalt (verwaltungsgemäß getrennt). Arten: z.B. Deutsche Bundespost, Deutsche Bundesbahn, ERP, Ausgleichsfonds für den Lastenausgleich.

Sonderziehungsrechte (SZR)
im Rahmen des ↑ IMF den angeschlossenen Mitgliedern gewährter Buchkredit im Verhältnis zu ihren eingezahlten Quoten. Der Kredit wird den Notenbanken der jeweiligen Länder gewährt, damit sich diese dann gegen Hingabe der erhaltenen SZR bei den Notenbanken anderer Länder die gewünschte fremde Währung besorgen können.

Sonnenkollektoren
Einrichtungen zur Erwärmung von Wasser durch Sonnenstrahlen. Das Wasser läuft über die mit einem stark reflektierenden Material beschichtete Unterschicht und wird dadurch erwärmt und an eine Heizung abgegeben.

sonstige Forderungen/sonstige Verbindlichkeiten
Forderungen und Verbindlichkeiten, die nicht aus Warenlieferungen und Leistungen, sondern aus anderen Betriebsvorgängen stammen. Beispiele: 1. Sonstige *Forderungen:* Vorschüsse, Vorsteuerüberhang, geleistete Anzahlungen. 2. Sonstige *Verbindlichkeiten:* Anzahlungen von Kunden, Zahllast, noch abzuführende Abgaben aus Finanzamt und an die Krankenkasse, Dividenden und Tantiemen, ↑ Jahresabgrenzung.

Sorten
S. sind ausländische Banknoten und Münzen, aber auch in fremder Währung ausgestellte Kupons ausländischer Effekten.

Sortenfertigung
Produktionsverfahren, das artverwandte Produkte herstellt, deren Ausgangsmaterial gleich ist. Die Unterschiede entstehen lediglich durch die Bearbeitungsvorgänge. Auf derselben Anlage können somit nacheinander verwandte Produkte produziert werden, z.B. im Stahlwerk Stahlsorten A,B,C, in einer Brauerei Starkbier, Exportbier, Pils.

Sortiment
herkömmlicher Ausdruck für ein Warenangebot. Das Zusammenstellen von Sortimenten für die Einzelhändler ist eine der wesentlichsten Aufgaben des Großhändlers. Die Artikel werden je nach Zielgruppen zusammengestellt. Warenhäuser haben ein sehr breites Spezialgeschäft, hingegen ein sehr tiefes S. Die Sortimentspolitik ist eine lebenswichtige Aufgabe für das jeweilige Unternehmen, da ein zu breites S. die Gefahr der »Verzettelung« in sich birgt und durch den geringen

Sozialbericht

Warenumschlag der einzelnen Artikel eine zu hohe Kapitalbindung zur Folge hat. Ein zu tiefes S. kann die gleiche Wirkung haben. Geht die Tiefe zu Lasten der Breite, so können evtl. Kundenwünsche nicht erfüllt werden. Die Folge ist eine Abwanderung zur Konkurrenz.

Sozialbericht
innerhalb des Geschäftsberichtes einer AG der Bereich, der sich mit der Entwicklung und dem Ausbau sozialer Einrichtungen und den sozialen Zuwendungen an Arbeitnehmer beschäftigt.

soziale Aufwendungen
Arbeitgeberanteil zur Sozialversicherung. Die sozialen Aufwendungen erhöhen den Personalaufwand der Arbeitgeber und zählen zu den Lohnnebenkosten. Andere Aufwendungen wie Zuschüsse zu Kuraufhalten, Krankheitszuschüsse u.s.w. sind zwar auch s.A., sie zählen buchhalterisch jedoch zu den sonstigen Personalkosten.

soziale Marktwirtschaft
↑ Marktwirtschaft.

Sozialgerichtsbarkeit
Rechtstreitigkeiten, die sich aus den Bereichen der Sozialversicherung ableiten lassen (Rentenversicherung, Arbeitslosenversicherung, Krankenkasse, Unfallversicherung, Kindergeld), werden vor Sozialgerichten entschieden. Aufbau: 1. Untere Instanz: Sozialgerichte. 2. Mittelinstanz: Landessozialgerichte. 3. Oberste Instanz: Bundessozialgericht.

Sozialprodukt
die von einer Volkswirtschaft innerhalb eines Zeitraums (meist ein Jahr)

Ermittlungsarten des Sozialprodukts		
Entstehungsrechnung	**Verteilungsrechnung**	**Verwendungsrechnung**
Ansatz: Produktionsbeiträge der einzelnen Wirtschaftsbereiche	**Ansatz:** die an die Produktionsfaktoren gezahlten Einkommen (Faktorentgelte)	**Ansatz:** die in der Volkswirtschaft konsumierten und investierten Güter
Warenproduzierendes Gewerbe + Land- und Forstwirtschaft + Handel und Verkehr + private Dienstleistungen + staatliche Dienstleistungen + private Haushalte und private Organisationen ohne Erwerbscharakter = Bruttosozialprodukt zu Marktpreisen	Einkommen aus unselbständiger Arbeit + Einkommen der Haushalte aus Unternehmertätigkeit und Vermögen + Einkommen der Unternehmen aus eigener Rechtspersönlichkeit (unverteilte Gewinne) + Einkommen des Staates aus Unternehmertätigkeit und Vermögen = Nettosozialprodukt zu Faktorkosten (Volkseinkommen) + indirekte Steuern − Subventionen = Nettosozialprodukt zu Marktpreisen + Abschreibungen = Bruttosozialprodukt zu Marktpreisen	+ privater Konsum + staatlicher Konsum + Bruttoinvestitionen + Exporte − Importe = Bruttosozialprodukt zu Marktpreisen

Sozialprodukt

Sozialprodukt

Sozialprodukt
= Wert aller Güter und Dienste, die innerhalb eines Jahres in einer Volkswirtschaft erstellt werden
= Gesamtergebnis volkswirtschaftlicher Tätigkeit eines Jahres

Bruttoproduktionswert	Nettoproduktionswert = Bruttosozialprodukt zu Marktpreisen	Nettosozialprodukt zu Marktpreisen	Nettosozialprodukt zu Faktorkosten = Volkseinkommen	verfügbare Einkommen
= Vorleistungen				
+ Abschreibungen	= Abschreibungen			
+ indirekte Steuern − Subventionen	+ indirekte Steuern − Subventionen	+ indirekte Steuern − Subventionen		
+ Löhne, Gehälter Sozialleistungen	+ Löhne, Gehälter Sozialleistungen	+ Löhne, Gehälter Sozialleistungen	= Löhne, Gehälter Sozialleistungen	= Volkseinkommen
+ Zinsen, Mieten Pachten	+ Zinsen, Mieten Pachten	+ Zinsen, Mieten Pachten	+ Zinsen, Mieten Pachten	
+ Gewinne	+ Gewinne	+ Gewinne	+ Gewinne	+ indirekte Steuer

Die Leistung unserer Wirtschaft
Bruttosozialprodukt in Milliarden DM

	1972	73	74	75	76	77	78	79	80	1981
NOMINAL	827	920	987	1035	1125	1201	1291	1398	1492	1549
REAL (in Preisen von 1970)	727	763	766	752	792	815	844	881	897	894
ANSTIEG in % (real)	+3,6	+4,9	+0,4	−1,8	+5,3	+2,8	+3,6	+4,4	+1,8	−0,3

Wo erarbeitet? 1981
- Industrie und Handwerk: 46,4
- Handel, Verkehr: 14,7
- Staat u.a.: 13,5
- Landwirtschaft: 2,1
- Dienstleistungen: 23,3

Wofür verwendet? 1981
- Privater Verbrauch: 55,6
- Staatsverbrauch: 21,0
- Investitionen: 22,9
- Sonstiges: 0,5

Wie verteilt? (Volkseinkommen) 1981
- Löhne und Gehälter: 73,3
- Gewinne und Vermögenserträge: 26,7

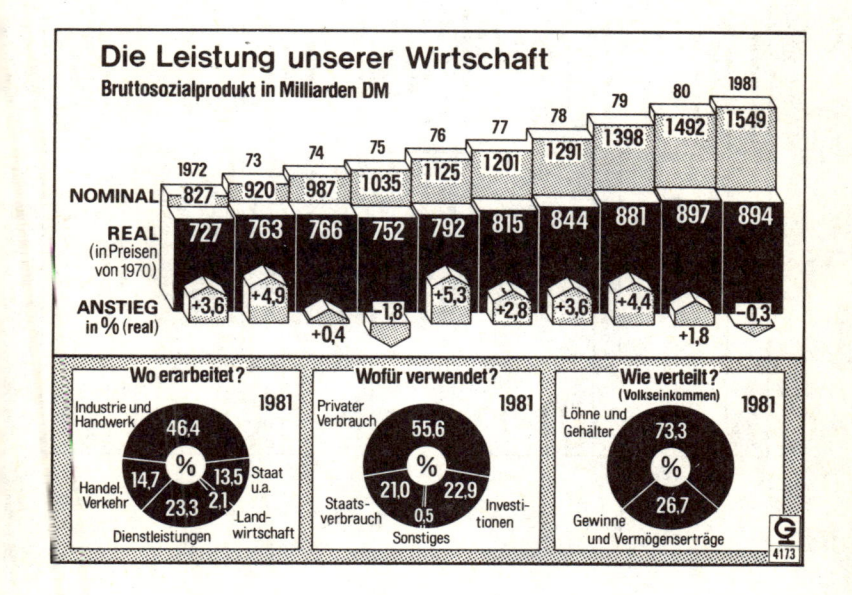

Sozialversicherung

Versicherungs-arten	Rentenversicherung	Krankenversicherung	Arbeitslosenversicherung	Unfallversicherung
Träger	o Bundesversicherungsanstalt für Angestellte (BfA) in Berlin o 17 Landesversicherungsanstalten (LVA) für Arbeiter o Bundesknappschaft für die im Bergbau beschäftigten Arbeitnehmer.	Nach Wahl des An[3]: o Allgemeine Ortskrankenkasse (AOK) o Innungskrankenkassen (IKK) der im Handwerk Beschäftigten o Betriebskrankenkassen (BKK) o Ersatzkassen, z. B. DAK, BEK, KKH	Bundesanstalt für Arbeit in Nürnberg; ihre Zweigstellen sind die Arbeitsämter	o Verschiedene Berufsgenossenschaften (Bg) o Unfallverbände von Bund, Ländern, Gemeinden, Post und Bahn
Versicherungs-pflichtige Personen	o Arbeiter o Angestellte o Auszubildende o Wehr- u. Ersatzdienstleistende o Selbständige unter best. Voraussetzungen	o Arbeiter o Angestellte, die höchstens 75 % der BBG[1] verdienen o Auszubildende o Arbeitslose o Rentner (unter best. Voraussetzungen) in besonderen Fällen auch Selbständige, Behinderte und Studenten	o Arbeiter o Angestellte o Auszubildende	o Alle Arbeitnehmer o Auszubildende o Arbeitslose o Kinder in Kindergärten o Schüler und Studenten o Personen, die andere aus Lebensgefahr retten
Beitragshöhe	o 18 % vom Bruttoverdienst, jedoch höchstens von der BBG[1] o Freiwillige Höherversicherung ist möglich	o z. Z. etwa 11–12 % vom Bruttoverdienst, jedoch höchstens von 75 % der BBG[1]. Rentner sollen ab 1983 einen gewissen Prozentsatz ihrer Rente aufwenden.	4 % des Bruttodienstes, jedoch höchstens von der BBG[1]; ab 1983 soll die A. angehoben werden.	Abhängig von o Gefahrenklasse, in die jeder An[3] eingestuft wird o Lohnsumme, die Ag[2] zahlt
Beitragsauf-bringung	o Je zur Hälfte vom Ag[2] und An[3]; ist das Bruttoeinkommen des An[3] nicht höher als 10 % der BBG[1], dann zahlt der Ag[2] alles allein o Zuschüsse des Bundes an die Sozialversicherungsträger			Ag[2] zahlt für seine An[3] Bund, Länder u. Gemeinden für Kindergartenkinder, Schüler, Studenten u. Lebensretter
Pflichten des An[3]	o Zu- und Abgänge von An[3] bei der Krankenkasse melden o Beiträge errechnen und an die Krankenkasse (Einzugsstelle) abführen o Einstellung eines An[3] nur nach Vorlage des „Versicherungsnachweisheftes" o Eintragungen im Versicherungsnachweisheft am Jahresende			Zu- u. Abgänge von An[3] bei der Bg[4] melden Beiträge an Bg[4] abführen Arbeitsunfälle innerhalb 3 Tagen an Bg[4] melden Bestellung eines Sicherheitsbeauftragten in Unternehmen mit mehr als 20 Beschäftigten
Pflichten des An[2]	o Versicherungsnachweisheft besorgen und dem Ag[2] vorlegen	o Krankmeldung innerhalb von 3–7 Tagen (je nach Bundesland) o Ärztliches Attest besorgen, wenn länger als 3 Tage krank o Rezeptgebühr zahlen	o Unverzüglich beim Arbeitsamt als arbeitslos melden o Vom Arbeitsamt angebotene zumutbare Arbeit annehmen	Beachtung der Unfallverhütungsvorschriften (Tragen von Sicherheitsschuhen, Schutzbrillen, (usw.)

Sozialversicherung

Leistungen	○ Altersruhegeld ab – 60 J. (Frauen, arbeitslose Männer) – 61 J. (Schwerbehinderte[5], Berufs- und Erwerbsunfähige) – 63 J. (flexible Altersgrenze) nach mindestens 35 Versicherungsjahren – 65 Jahre (allgemein) – 67 Jahre (spätestens) ○ Berufs- und Erwerbsunfähigkeitsrente ○ Hinterbliebenenrente ○ Heilbehandlung zur Verbesserung der Erwerbsfähigkeit ○ Berufliche Rehabilitation ○ Krankenversicherungsbeiträge der Rentner	○ Maßnahmen zur Früherkennung von Krankheiten bei – Frauen ab 30 Jahren – Männern ab 45 Jahren – Kindern bis 4 Jahre ○ Krankenhilfe (zeitlich unbegrenzt); dazu gehören Arzt- u. Arzneikosten, Heilmittel, Brillen, und dergleichen. Die Rezeptgebühr soll ab 1983 erhöht werden. ○ Krankengeld (80 % des Bruttoverdienstes, höchstens jedoch den Nettoverdienst) für höchstens 78 Wochen; weitere 5 Arbeitstage pro Jahr zur Pflege eines kranken Kindes unter 8 Jahren ○ Krankenhauspflege (zeitlich unbegrenzt) Geplant ist künftig eine Eigenbeteiligung an den Krankenhauskosten. Durchschnittliche Verweildauer in Krankenhäusern soll 14 Tage betragen. ○ Mutterschaftshilfe (Kosten bei einer Geburt) ○ Familienhilfe für die Familienmitglieder eines Versicherten, wenn sie kein eigenes Einkommen haben ○ Sterbegeld	○ Berufsberatung ○ Arbeitsvermittlung ○ Zuschüsse zur beruflichen Ausund Fortbildung sowie Umschulung auf einen anderen Beruf ○ Arbeitslosengeld (ca. 68 % des Nettoverdienstes) bis zu 312 Tage ○ Arbeitslosenhilfe (ca. 58 % des Verdienstes) ohne zeitliche Begrenzung an bedürftige Arbeitslose, die keinen Anspruch (mehr) auf Arbeitslosengeld haben ○ Kurzarbeitergeld ○ Schlechtwettergeld ○ Krankenversicherungsbeiträge für Arbeitslose und deren Angehörige, ab 1983 sollen die Beitragszahlungen gekürzt werden.	○ Unfallverhütung durch Unfallverhütungsvorschriften und Aufklärung ○ Heilbehandlung nach Arbeitsunfällen oder bei Berufskrankheiten ○ Rehabilitation = Umschulung auf einen anderen Beruf nach Arbeitsunfall oder Berufskrankheit ○ Rente – Vollrente bei völliger Erwerbsunfähigkeit – Teilrente bei mindestens 20%iger Erwerbsunfähigkeit ○ Hinterbliebenenrente ○ Abfindungen (an Stelle einer Rente) ○ Sterbegeld
Voraussetzung für die Leistungen	○ Mindestens 180 Monate Wartezeit[6] sowie entweder mindestens 60 Jahre alt (Frauen oder arbeitslose Männer) bzw. 63/65 Jahre Berufs- oder Erwerbsunfähigkeit nach mindestens 60 Monaten Wartezeit[6] ○ Tod des Versicherten	○ Krankheit des Versicherten oder eines Familienmitgliedes ○ Geburt (Wochenhilfe) ○ Tod des Versicherten oder eines Familienmitgliedes (Sterbegeld)	○ mindestens 26 Wochen beitragspflichtige Tätigkeit in den letzten 3 Jahren vor der Arbeitslosigkeit ○ ohne eigenes Verschulden arbeitslos, aber arbeitsfähig und arbeitswillig. Bei verschuldeter Arbeitslosigkeit 4 Wochen Sperrzeit ○ persönlicher Antrag beim Arbeitsamt	○ Arbeitsunfall ○ Berufskrankheit

1 Beitragsbemessungsgrenze, wird jährlich neu festgelegt. 1979 = 4 000,– DM pro Monat
2 Arbeitgeber
3 Arbeitnehmer
4 Berufsgenossenschaft
5 Ab 1980 bereits mit 60 Jahren
6 Wartezeit = Zeiten der Beitragszahlung, Wehrdienst, Schulausbildung, Arbeitslosigkeit, usw.

Sozialversicherung

erstellten Güter und Dienstleistungen; Gesamtergebnis volkswirtschaftlicher Tätigkeit.
Sozialproduktarten und Berechnung des S. siehe Abbildungen Seite 214/5.

Sozialversicherung
gesetzliche Pflichtversicherung, die die Arbeitnehmer vor Schäden aller Art und Einkommenseinbußen schützen soll, z.B. Krankheit, Alter, Unfall, Arbeitslosigkeit. Träger, Beiträge, Leistungen usw. siehe Abb. S. 216/7.

Sparen
S. bedeutet Anhäufen von Geldkapital und gleichzeitig Konsumverzicht. *Arten:* S. der Haushalte mit Sparbuch (geringe Verzinsung, schnelle Verfügbarkeit) über Sparbrief und festverzinsliche Wertpapiere bis zur Anlage in Aktien, Gold (Risiko, höhere Verzinsung möglich. Verfügbarkeit z.T. eingeschränkt); S. der Unternehmen: ↑ Selbstfinanzierung.

Sparförderung
staatliche Maßnahme zu Steigerung des Sparwillens durch Gewährung von Vergünstigungen. Gesetzliche Grundlage sind 3. Vermögensbildungsgesetz und Sparprämiengesetz. Nach dem 3. Verm.-G. überweist der Arbeitgeber mtl. 52 DM des Bruttogehalts auf ein Sparkonto oder einer sonstigen Anlage. Die vom AG gewährten Zuschüsse erhöhen das steuerpfl. Arbeitseinkommen des AN. Beim Sparp.-G. gewährt der Staat eine Prämie, die sich nach Einkommen, Familienstand und Kinderzahl richtet. Diese AN-Sparzulage beträgt seit 1982 nur noch 20% auf den Sparbetrag, höchstens 124,80 DM und 30%, höchstens 187,20 DM für Arbeitnehmer mit 3 und mehr Kindern unter 18 Jahren. ↑ Prämiensparen. ↑ vermögenswirksame Leistungen. Die Sparbeträge sind 6 bzw. 7 Jahre festgelegt.

Sparkassen
Geldinstitute mit öffentlich-rechtlichem Charakter. Die betreffenden Gebietskörperschaften haften für evtl. auftretende Verbindlichkeiten. S. unterliegen, wie andere Banken auch, der Aufsicht des Bundesaufsichtsamtes für das Kreditwesen in Berlin.

Spediteur
als S. fungiert derjenige, der auf eigenen Namen für fremde Rechnung Versendungen durch einen Frachtführer oder Verfrachter (Seeschiffe) durchführen läßt. Häufig ist der S. selbst Frachtführer. Der S. betreibt ein Grundhandelsgewerbe nach § 1 HGB und ist somit Mußkaufmann. Der Versender schließt mit dem S. einen Frachtvertrag nach HGB und ADSp (Allgemeine Deutsche Spediteursbedingungen), die dem S. gewisse Vorschriften auferlegen. Der S. hat Anspruch auf Provision und Auslagenersatz. Solange er im Besitz der Ware ist, hat er daran ein gesetzliches Pfandrecht.

Spekulation
(lat.: Voraussicht); in erster Linie eine Geschäftstätigkeit in der Hoffnung, daß der Marktwert des Geschäftsobjekts (z.B. Devisen) in Zukunft steigen wird. Spekuliert man an der Börse auf eine Hausse, bedeutet das, daß man mit einem Ansteigen des Kurses rechnet und dann einen Gewinn erzielt (Wertpapiere, Gold, Silber u.s.w.). Spekuliert man auf eine Baisse, so ist das in einem Termingeschäft möglich. Beispiel: Ein Bankkunde möchte Dollars in 2 Monaten zu einem bestimmten Kurs aufkaufen. Die Bank kennt den dann bestehenden Kurs aber nicht. Sie bietet den Dollar zu einem Wechselkurs von derzeitig 1,70 DM an, in Erwartung, daß der Dollar in 2 Monaten nicht höher stehen wird. Fällt der Kurs z.B. auf 1,65 DM, so ist der Kunde verpflichtet, 1,70 DM zu zahlen. Die Bank hat dann durch diesen Kursverfall verdient. Umgekehrt setzt sie zu, wenn der Kurs auf 1,75 DM stehen sollte. Für einige Geschäfte muß Spekulationssteuer (eine Form der Einkommensteuer) bezahlt werden, wenn der Gewinn über 1 000 DM liegt und sich in gewissen Zeiträumen abspielt. V.a. handelt es sich dabei um Wertpapiere

und Grundstücke. Liegen zwischen An- und Verkauf von Wertpapieren weniger als 6 Monate, von Grundstücken weniger als 2 Jahre, so fällt S.-steuer an.

Sperrfrist
im Vergleichsverfahren die letzten 30 Tage vor Stellung des Vergleichsantrags, in denen Gläubiger Befriedigung erlangt haben. Im Verfahren müssen sie das Erlangte herausgeben und werden zu normalen Vergleichsgläubigern.

Sperrminorität
Besitz einer Aktienminderheit, die gewisse Entscheidungen der Mehrheit der Hauptversammlung »sperren« kann. Von S. spricht man, wenn jemand an einer Aktiengesellschaft mit 25% + 1 Aktie beteiligt ist. Damit kann er jede Entscheidung blockieren, zu der eine 3/4-Mehrheit erforderlich ist, z.B. Satzungsänderungen, Fusionen, Grundkapitalveränderungen.

Spezieswaren
Waren, die nicht nach Maß, Zahl und Gewicht bestimmbar sind. Sie werden auch als »nicht vertretbare« Sachen bezeichnet. Beispiele: Spezialmaschinen, einzelne Gemälde, seltene Gegenstände jeglicher Art. Bei Rechtsgeschäften über S. wird der Verkäufer von seiner Verpflichtung zur Nachlieferung befreit, wenn die Ware zufällig untergeht. Der Hersteller einer Spezialmaschine ist lediglich zur Nachbesserung verpflichtet, sofern das nicht mit einem zu hohen Kostenaufwand verbunden ist. Lehnt er die Reparatur ab, so ist er evtl. schadenersatzpflichtig. – Gegensatz: Vertretbare Sachen = Gattungswaren.

Spezifikationskauf
Kaufvertrag, bei dem lediglich Art, Menge und Preis vereinbart werden. Die nähere Bestimmung der zu liefernden Ware wird dann beim Abruf der Waren vorgenommen. ↑Bestimmungskauf.

Splittingverfahren
sind beide Ehegatten unbeschränkt steuerpflichtig und werden zusammen veranlagt, kommt das S. zur Anwendung, bei dem zunächst das Gesamteinkommen halbiert, davon die Steuer ermittelt wird und diese dann zu verdoppeln ist.

sprungfixe Kosten
↑Fixkosten.

Sprungregreß
im Wechselprotest die Möglichkeit, jeden in Regreß zu nehmen, der in der Reihe der Vormänner auf dem Wechsel steht. Es muß also nicht immer der direkte Vormann sein (↑ Reihenregreß), sondern meist derjenige, der am zahlungskräftigsten erscheint.

staatliche Preisregulierung
Beeinflussung von Güterpreisen durch den Staat aus einkommens- oder sozialpolitischen Gründen. Man unterscheidet marktkonforme P. (Interventionspreise) und nichtkonforme P. (Höchst-, Mindest- oder Festpreise). Folgen sind ↑ Schwarzmärkte oder Überschußproduktion (z.B. Butterberg).

Staatsanleihe
↑Schuldverschreibung des Staates, um sich vom Kapitalmarkt Geld für Finanzierungsvorhaben zu besorgen, ↑Anleihe.

Stabilitätsgesetz
Gesetz zur Förderung der Stabilität und des Wachstums der Wirtschaft vom 8. Juni 1967. Das S. verpflichtet Bund und Länder, ihre wirtschaftlichen Aktivitäten so auszurichten, daß die Kriterien des ↑»Magischen Vierecks« Beachtung finden. Der ↑Jahreswirtschaftsbericht der Bundesregierung gibt hierzu die Orientierungsdaten; siehe Abbildung Seite 220.

Stagflation
Begriff, der sich aus den Wörtern Stagnation und Inflation zusammensetzt. Bedeutung: Trotz stagnierender Wirtschaft steigen die Preise.

Stammaktie
↑Aktie, die dem Aktionär die normalen

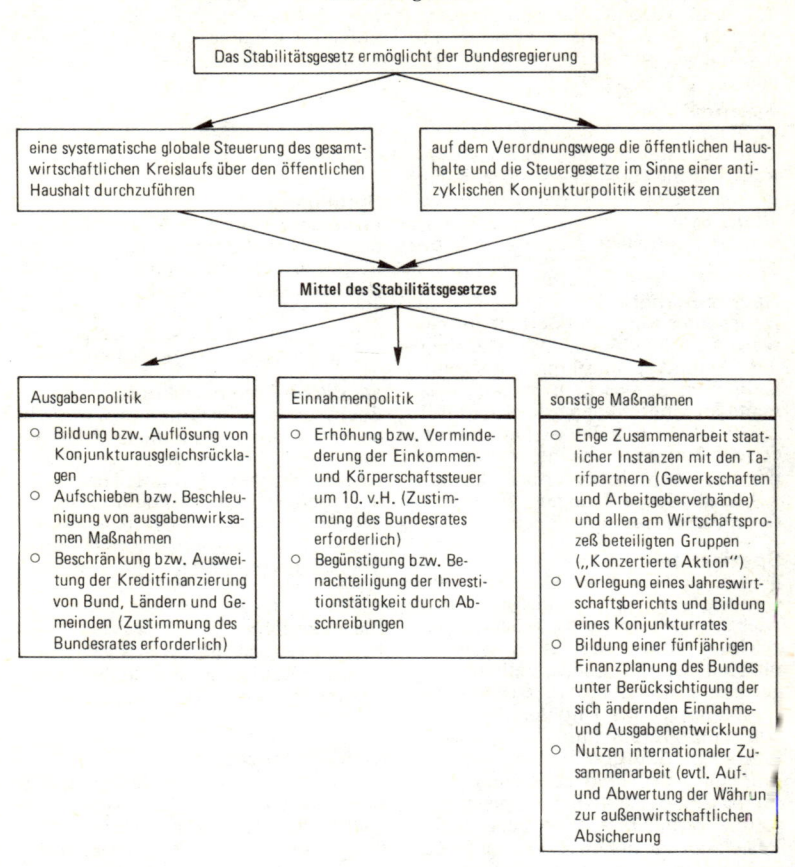

Stammeinlage

Stabilitätsgesetz

Das Stabilitätsgesetz ermöglicht der Bundesregierung

- eine systematische globale Steuerung des gesamtwirtschaftlichen Kreislaufs über den öffentlichen Haushalt durchzuführen
- auf dem Verordnungswege die öffentlichen Haushalte und die Steuergesetze im Sinne einer antizyklischen Konjunkturpolitik einzusetzen

Mittel des Stabilitätsgesetzes

Ausgabenpolitik	Einnahmenpolitik	sonstige Maßnahmen
○ Bildung bzw. Auflösung von Konjunkturausgleichsrücklagen ○ Aufschieben bzw. Beschleunigung von ausgabenwirksamen Maßnahmen ○ Beschränkung bzw. Ausweitung der Kreditfinanzierung von Bund, Ländern und Gemeinden (Zustimmung des Bundesrates erforderlich)	○ Erhöhung bzw. Verminderung der Einkommen- und Körperschaftssteuer um 10. v.H. (Zustimmung des Bundesrates erforderlich) ○ Begünstigung bzw. Benachteiligung der Investitionstätigkeit durch Abschreibungen	○ Enge Zusammenarbeit staatlicher Instanzen mit den Tarifpartnern (Gewerkschaften und Arbeitgeberverbände) und allen am Wirtschaftsprozeß beteiligten Gruppen („Konzertierte Aktion") ○ Vorlegung eines Jahreswirtschaftsberichts und Bildung eines Konjunkturrates ○ Bildung einer fünfjährigen Finanzplanung des Bundes unter Berücksichtigung der sich ändernden Einnahme- und Ausgabenentwicklung ○ Nutzen internationaler Zusammenarbeit (evtl. Auf- und Abwertung der Währung zur außenwirtschaftlichen Absicherung

Aktionärsrechte gewährt. – Gegensatz: Vorzugsaktie.

Stammeinlage
Einlage des Gesellschafters einer GmbH. Die Mindesteinlage beträgt 500 DM, wovon mindestens 250 DM eingezahlt sein müssen. Die S. muß durch volle Hundert teilbar sein. Der Gesamtbetrag der Stammeinlagen muß mit dem Stammkapital übereinstimmen. Jeder Gesellschafter darf bei der Gründung nur eine S. übernehmen, die aber verschieden hoch sein kann. In der Gesellschafterversammlung hat der Gesellschafter für je 100 DM eine Stimme.

Stammkapital
Haftungskapital der GmbH. Das S. darf 50 000 DM nicht unterschreiten und muß bei der Gründung mind. zu 50% eingezahlt sein. Das S. erscheint in der Bilanz auf der Passivseite und zählt

neben dem Fremdkapital zur Mittelherkunft (Finanzierung). Das S. ist in Stammeinlagen aufgeteilt, deren Höhe für die einzelnen Gesellschafter oberste Haftungsgrenze darstellen.

Stamokap (Staatsmonopolistischer Kapitalismus)
Begriff, der die Verbindung von Staats- u. Kapitalinteressen beschreibt. Die Anhänger der S.-Bewegung gehen davon aus, daß die Macht der Monopole den Staat unmittelbar beeinflußt und daß dadurch Staat und Monopole gegen die Interessen der einzelnen Bürger zu einer Einheit zusammenschmelzen. Der Staat muß bei dieser These durch Wirtschafts- und Steuerpolitik die Monopole stützen und hat somit als Folge beschränkte Einflußmöglichkeiten auf Produktion und Arbeitsweisen der Monopole. Als logische Folgerung sehen die Anhänger der These die Verstaatlichung, da die Privatwirtschaft vom Staat abhängt.

Standardisierung
Vereinheitlichung, die in den verschiedensten Bereichen der Wirtschaft Eingang gefunden hat und eine erhebliche Erleichterung für die Betroffenen darstellt.
I. In der *Produktion* durch Normung und Typung, die für den Hersteller vereinfachte Produktion und Lagerhaltung, für den Käufer vereinfachte Bestellung und bessere Ersatzteilbeschaffung zur Folge hat.
II. In der *Organisation* durch Festlegung von Formularen und Vordrucken, bzw. von Briefen, die in immer gleicher Aufmachung an die Kunden versandt werden, z.B. Zahlungsaufforderungen, Werbebriefe.
III. Im *Rechnungswesen* innerhalb der Kalkulation das Rechnen mit Normalgemeinkosten oder mit einem Standardkostensatz innerhalb der Plankostenrechnung.

Standortfaktoren
Bestimmungsgründe für die Wahl eines Standortes; siehe Abbildung.

Statistik
I. Ein Verfahren, mit dessen Hilfe Massenerscheinungen zahlenmäßig erfaßt werden. Als S. werden auch Zusammenstellungen von Zahlenübersichten bezeichnet. *Arbeitsweise* der S.: Festlegung des Untersuchungsziels (z.B. Wählerstruktur in Hamburg) – Erhebung (Ermittlung der Werte durch Befragung) – Aufbereitung (Zahlen in eine übersichtliche Form bringen) und Auswertung (Ergebnisse interpretieren). *Erhebungsformen* sind die Totalerhebung, bei der alle Einheiten erfaßt werden und die Teilerhebung, in Form einer Stichprobe, bei der zufällig und/oder nach einem bestimmten Schema ein Teil der Grund-

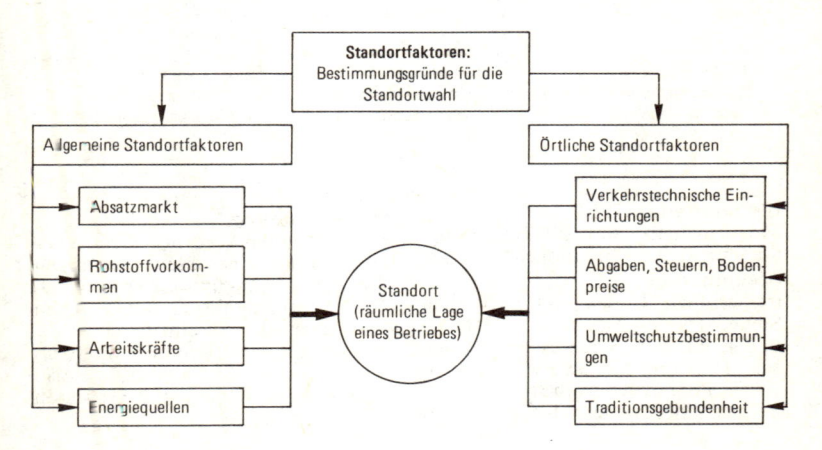

```
                    ┌─────────────────────────┐
                    │ Standortfaktoren:       │
                    │ Bestimmungsgründe für   │
                    │ die Standortwahl        │
                    └─────────────────────────┘
                     ↙                      ↘
 ┌─────────────────────────┐      ┌─────────────────────────┐
 │ Allgemeine              │      │ Örtliche                │
 │ Standortfaktoren        │      │ Standortfaktoren        │
 └─────────────────────────┘      └─────────────────────────┘
   │                                  │
   ├─ Absatzmarkt                     ├─ Verkehrstechnische Einrichtungen
   │                                  │
   ├─ Rohstoffvorkommen               ├─ Abgaben, Steuern, Bodenpreise
   │                                  │
   ├─ Arbeitskräfte                   ├─ Umweltschutzbestimmungen
   │                                  │
   └─ Energiequellen                  └─ Traditionsgebundenheit
                     ↘                      ↙
                    ┌─────────────────────────┐
                    │ Standort                │
                    │ (räumliche Lage         │
                    │ eines Betriebes)        │
                    └─────────────────────────┘
```

gesamteinheit erfaßt wird. Stichproben sollen repräsentativ sein, d.h. der betrachtete Teilbereich soll ein getreues Bild des Gesamtbereichs sein.
Aufbereitungsformen sind Zeitreihen, Häufigkeitsverteilungen, Mittelwerte, Streuungsmaße.

II. Die *Betriebsstatistik* verfolgt die Abweichungen von Richtzahlen im Bereich der Kosten und Erlöse, des Gewinns und stellt, soweit möglich, Vergleichszahlen mit anderen Betrieben auf.

Statistisches Bundesamt
das S. B. ist eine selbständige Oberbehörde im Geschäftsbereich des Bundesministeriums des Innern.
Ihre Hauptaufgaben sind die Aufstellung von vergleichbaren inländischen Statistiken (z.B. Bankenstatistik, Verkehrsstatistik) und der volkswirtschaftlichen Gesamtrechnung (↑Sozialprodukt), Abgabe von Gutachten im statistischen Bereich sowie die Vorbereitung von Bundesgesetzen und Rechtsverordnungen, die sich mit der Statistik befassen.

Statut
anderer Ausdruck für↑Satzung, der v.a. bei Genossenschaften verwendet wird.

rechtswissenschaftliches Studium mit anschließender 3jähriger Praxis im Steuerwesen oder ein Realschulabschluß mit Gehilfenprüfung im steuerberatenden oder wirtschaftsberatenden Beruf und anschließender 10jähriger Praxis auf dem Gebiet des Steuerwesens. Neben diesen fachlichen Voraussetzungen wird persönliche Unbescholtenheit vorausgesetzt. Nach der Prüfung wird dem S. vom Landesfinanzministerium die Berechtigung zur Berufsausübung erteilt.

Steuerbilanz
aus der↑Handelsbilanz abgeleitete Bilanz, die nach steuerrechtlichen Vorschriften aufgestellt wird. Zum Teil sind Handelsbilanz und S. identisch. Die S. soll den tatsächlich erwirtschafteten Gewinn ermitteln. Die Bewertungsspielräume sind enger gefaßt als in der Handelsbilanz, bei der nach Vorsichtskriterien bilanziert wird.
Beispiele: ↑ Fifo- oder ↑ Lifo-Verfahren zur Bewertung der Vorräte sind in der Handelsbilanz erlaubt.
In der S. ist dagegen nur die Durchschnittsbewertung zugelassen. Der derivative (entgeltlich erworbene) Firmenwert kann in der Handelsbilanz, aber muß in der S. aktiviert werden.

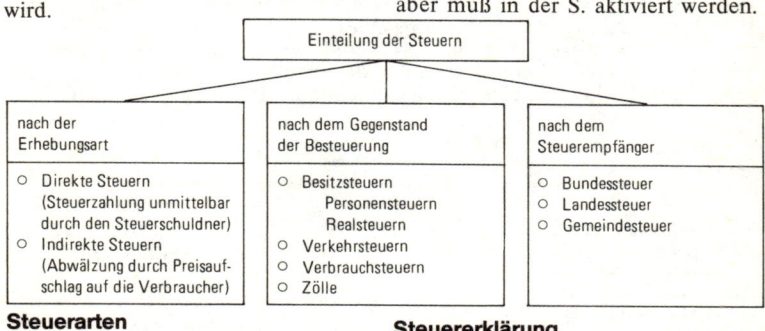

Einteilung der Steuern		
nach der Erhebungsart	nach dem Gegenstand der Besteuerung	nach dem Steuerempfänger
○ Direkte Steuern (Steuerzahlung unmittelbar durch den Steuerschuldner) ○ Indirekte Steuern (Abwälzung durch Preisaufschlag auf die Verbraucher)	○ Besitzsteuern 　Personensteuern 　Realsteuern ○ Verkehrsteuern ○ Verbrauchsteuern ○ Zölle	○ Bundessteuer ○ Landessteuer ○ Gemeindesteuer

Steuerarten
Möglichkeiten zur Einteilung der Steuern; siehe Abbildungen S. 222/3.

Steuerberater
freiberuflich Tätiger, der nach dem Steuerberatungsgesetz geschäftsmäßig Hilfe in Steuersachen leistet. Voraussetzung für die Zulassung zur Prüfung ist entweder ein abgeschlossenes wirtschaftswissenschaftliches oder

Steuererklärung
meist auf einem Vordruck abzugebende Erklärung eines Steuerpflichtigen über erzielte Einkünfte. Wann, in welchen Zeiträumen und mit welchen Unterlagen die S. einzureichen ist, wird in der Abgabenordnung (AO) erläutert. Die S. ist wahrheitsgemäß nach bestem Wissen und Gewissen abzugeben.

Steuerarten

Besitzsteuern		Verkehrssteuern	Verbrauchssteuern Zölle
Personensteuern	Realsteuern = Objekt- oder Sachsteuern		
Einkommensteuer B/L Lohnsteuer B/L Körperschaftsteuer B/L Kapitalertragsteuer B/L Aufsichtsratsteuer B/L Vermögensteuer L Erbschaftsteuer L (Schenkungssteuer) Kirchensteuer	Grundsteuer G Gewerbesteuer G Hundesteuer G	Umsatzsteuer B/L Grunderwerb- steuer L/G Kraftfahrzeug- steuer L Wechselsteuer L Versicherung- steuer L Kapitalverkehr- steuer L	**auf Lebensmittel:** Zuckersteuer B Salzsteuer B Essigsäuresteuer B **auf Genußmittel:** Biersteuer L Tabaksteuer B Kaffeesteuer B Teesteuer B Schaumweinsteuer B Getränkesteuer G **auf sonstige Verbrauchsgüter:** Mineralölsteuer B Leuchtmittelsteuer B Spielkartensteuer B Zündwarensteuer B Zölle: Schutzzölle B Finanzzölle B Einfuhrumsatz- steuer B

(B = Bundessteuer, L = Landessteuer, G = Gemeindesteuer)

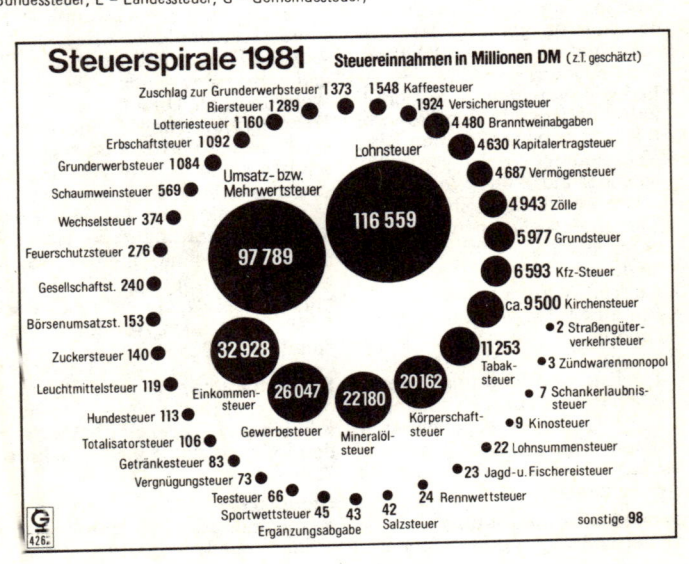

Steuerspirale 1981 — Steuereinnahmen in Millionen DM (z.T. geschätzt)

- Zuschlag zur Grunderwerbsteuer 1373
- Kaffeesteuer 1548
- Biersteuer 1289
- Versicherungsteuer 1924
- Lotteriesteuer 1160
- Branntweinabgaben 4480
- Erbschaftsteuer 1092
- Lohnsteuer 116559
- Kapitalertragsteuer 4630
- Grunderwerbsteuer 1084
- Umsatz- bzw. Mehrwertsteuer 97789
- Vermögensteuer 4687
- Schaumweinsteuer 569
- Zölle 4943
- Wechselsteuer 374
- Grundsteuer 5977
- Feuerschutzsteuer 276
- Kfz-Steuer 6593
- Gesellschaftst. 240
- Kirchensteuer ca. 9500
- Börsenumsatzst. 153
- Tabaksteuer 11253
- Zuckersteuer 140
- Einkommensteuer 32928
- Gewerbesteuer 26047
- Mineralölsteuer 22180
- Körperschaftsteuer 20162
- Leuchtmittelsteuer 119
- Straßengüterverkehrsteuer 2
- Zündwarenmonopol 3
- Hundesteuer 113
- Schankerlaubnissteuer 7
- Totalisatorsteuer 106
- Kinosteuer 9
- Getränkesteuer 83
- Lohnsummensteuer 22
- Vergnügungsteuer 73
- Jagd-u. Fischereisteuer 23
- Teesteuer 66
- Rennwettsteuer 24
- Sportwettsteuer 45
- Ergänzungsabgabe 43
- Salzsteuer 42
- sonstige 98

Steuerflucht

Steuerflucht
Verlegung von Wohn- oder Unternehmenssitz ins Ausland mit dem Ziel der Steuerersparnis. Maßnahmen gegen S. im Außensteuergesetz.

Steuerfreibetrag
wird auf Antrag des Lohnsteuerpflichtigen in die Steuerkarte eingetragen, wenn im laufenden Kalenderjahr die Freibeträge für Werbungskosten, Sonderausgaben und außergewöhnliche Belastungen die Pauschalbeträge übersteigen. Der Betrag muß mind. 1 800 DM ohne Pauschbeträge betragen.

Steuerhinterziehung
Straftatbestand, wenn abzuführende Steuern nicht oder vorsätzlich nicht richtig abgeführt wurden. Die hinterzogenen Steuern sind zu verzinsen. S. wird, je nach Schwere des Tatbestandes, mit Freiheitsstrafen bis zu 10 Jahren oder mit einer Geldstrafe geahndet.

Steuerklasse
in die Lohnsteuerkarte einzutragendes Merkmal, das sich nach Familienstand, Alter und Kinderzahl richtet.
- I = Ledige, Verwitwete, Geschiedene, dauernd getrennt lebende Arbeitnehmer unter 49 Jahren ohne Kinder.
- II = Ledige, Verwitwete, dauernd getrennt Lebende über 49 Jahre, oder mit mindestens einem Kind.
- III = Verheiratete Alleinverdiener oder der auf Antrag in Steuerklasse V eingestufte Ehepartner.
- IV = Verheiratete Doppelverdiener. Günstiger als III mit V, wenn beide ungefähr gleich viel verdienen. IV ist identisch mit I.
- V = Für einen Ehegatten, wenn der andere in Steuerklasse III kommt.
- VI = Höchste Besteuerung, wenn entweder dem Arbeitgeber keine Steuerkarte vorgelegt wurde oder es sich um ein zweites oder weitere Arbeitsverhältnisse handelt.

Steuermeßzahl/-meßbetrag
die Steuermeßzahl gibt bei der Realsteuer (v.a. Gewerbesteuer) den Prozentsatz an, mit der der Gewerbeertrag (5%) und das Gewerbekapital (2‰) zu versteuern sind (↑ Gewerbesteuer).
Der Steuermeßbetrag ergibt sich dann als DM-Betrag.
Beispiel: Bereinigter Gewerbeertrag 100 000 DM, 5% Steuermeßzahl = 5 000 DM Steuermeßbetrag.

Steuern
S. sind einmalige oder regelmäßige Geldleistungen, die der Steuerpflichtige ohne Anspruch auf eine Gegenleistung einem öffentlichen Finanzwesen zu entrichten hat. Zur Deckung der notwendigen Ausgaben benötigen Bund, Länder und Gemeinden Abgaben (Steuern), die sie aufgrund ihrer Finanzhoheit von den Steuerpflichtigen erheben. Bundestag, Landtage und Stadt- oder Gemeinderäte berechtigen die Finanzämter, Geld von den Bürgern (Steuerschulden) einzuholen und erstellen gleichzeitig Haushaltspläne, die die Verwendungszwecke der staatlichen Einnahmen vorschreiben. Steuern werden verwendet für folgende Aufgaben: *Soziale Sicherheit* (z.B. Sozialversicherungszuschüsse, Arbeitsbeschaffung, Gesundheit, Fürsorge, Jugendpflege, Kriegsopferversorgung, Kindergeld, Wohngeld), *Bau- und Wohnungswesen* (Straßenbau, Wohnungsbau, Öffentliche Gebäude), *Wirtschaftsförderung* (Subventionen gefährdeter Wirtschaftszweige, Zuschüsse an die Landwirtschaft, Infrastrukturmaßnahmen, Förderung wirtschaftlich schwacher Gebiete (Zonenrandgebiet) und andere Bereiche (Verteidigung, Bildung, Öffentliche Sicherheit und Ordnung, Wiedergutmachung, Gesetzgebung und Verwaltung); siehe auch Abbildung Steuerspirale Seite 223.

Steuernummer
eine vom Finanzamt an den Steuerschuldner ausgegebene Nummer, die dann Grundlage jeglichen Schriftverkehrs ist.

Steueroase
Bezeichnung für Länder mit niedriger Steuerlast, z.B. Bermuda-Inseln.

Steuerpflicht
die Verpflichtung einer natürlichen oder juristischen Person, beim Vorliegen der vom Gesetz festgelegten Voraussetzungen, Steuern zu entrichten und alle in Steuergesetzen genannten Verpflichtungen zu erfüllen (z.B. Buchführung, Belegsammlung).

Steuerpolitik
alle Maßnahmen steuerlicher Art zur Steuerung der Wirtschaft. Ziele: Steigerung des Steueraufkommens; Beeinflussung der ↑Konjunkturpolitik, Sozialpolitik und Bevölkerungspolitik.

Steuerschuldner
kann sowohl der Steuerpflichtige als auch der ↑ Steuerträger sein, also die Person, die aus ihrem Einkommen oder Vermögen die Steuerlast zu tragen hat.

Steuertarif
regelt das »Wieviel« der Steuerzahlung durch Nennung der Steuersätze für ein bestimmtes Steuerobjekt. Beispiel Einkommensteuer: *Freizone* bei Einkommen bis 4212 DM (Verheiratete jeweils × 2); *Proportionalzone* z.Zt. bis 18 000 DM mit 22% Besteuerung; *Progressionszone* bei Einkommen über 18 000 DM bis 130 000 DM, die mit 22%–56% versteuert werden. Darüber hinaus gilt wieder die Proportionalzone. *Steuerprogression* bedeutet dabei, daß jede zusätzlich verdiente Geldeinheit mit einem überproportionalen Steuersatz belegt wird. Die Rechtfertigung ergibt sich aus der Annahme, daß ein steigendes Einkommen Ausdruck zunehmender persönlicher Leistungsfähigkeit sei und damit die Möglichkeit, zusätzlich Opfer zu bringen, relativ größer sei als bei geringer Verdienenden.

Steuerträger
der durch die Steuer tatsächlich Belastete; Beispiel Mineralölsteuer: Steuerpflichtiger ist die Benzingesellschaft, S. ist der Autofahrer.

Steuerüberwälzung
Form der Steuerabwehr, bei der die Steuerlast vom Steuerpflichtigen an den Steuerträger weitergegeben wird. Beispiel Mineralsteuer.

Stichprobe
aus einer Gesamtheit ausgewählte Teilmenge. Ziel der S. ist der Versuch, das Ergebnis der Teilmengenuntersuchung auf die Gesamtheit zu übertragen; ↑Statistik.

Stille Gesellschaft
die S. G. ist keine Handelsgesellschaft. Der »stille« Gesellschafter bringt nur Kapital in das Unternehmen – ein Einzelunternehmen oder eine Personengesellschaft – ein und erhält dafür einen vereinbarten Gewinnanteil. Er hat keinen Einfluß auf das Unternehmen.

Stimmrecht
I. Das Recht eines *Aktionärs*, in der Hauptversammlung einer AG mit abzustimmen. Jede Stammaktie gewährt dieses Recht. Vorzugsaktien werden manchmal ohne S. ausgegeben. Aktien, die ein mehrfaches S. haben (Mehrstimmrechtsaktien), können nur mit Zustimmung des Wirtschaftsministeriums ausgegeben werden. Das S. kann durch Vollmacht an andere übertragen werden. Üblich ist das Übertragen des Rechts auf eine Bank durch Kleinaktionäre. Durch eine Vielzahl solcher Vollmachten erhält die Bank eine erhebliche Stimmmacht in der Hauptversammlung.
II. Jeder *Gesellschafter* in der Gesellschafterversammlung einer GmbH hat je 100 DM eine Stimme.

Storno
(ital.: Streichung);
I. Das *Zurückziehen* von erteilten Aufträgen.
II. Das *Korrigieren* einer unrichtigen Buchung in der Buchhaltung.

Streckengeschäft
Handelsgeschäft, bei dem der Großhändler lediglich als Vermittler auftritt. Der Lieferant sendet die Ware direkt an den Kunden des Großhändlers, nachdem er den Kundenauftrag vom Großhändler erhalten hat.

Streik
zulässiges Kampfmittel der Arbeitnehmer, um gewerkschaftliche Forderungen durchzusetzen. Innerhalb der Laufzeit eines Tarifvertrages darf nicht

Stückakkord

gestreikt werden (Friedenspflicht). Beim Streik wird die Arbeit für eine gewisse Dauer niedergelegt. Bei Warnstreiks wird die Bereitschaft der Arbeitnehmer gezeigt, im Falle einer Nichteinigung zwischen den Tarifparteien die Arbeit niederzulegen.
Dem Beginn und Ende eines Streiks geht eine Urabstimmung (= Befragung der Gewerkschaftsmitglieder, ob sie einem S. zustimmen; Zustimmungsquote 75% muß erreicht werden) voraus, in der die organisierten Arbeitnehmer ihre Zustimmung oder Ablehnung dokumentieren können. Während des Streiks werden den Arbeitnehmern Unterstützungen von den Gewerkschaften gezahlt.
Gegenmittel der Arbeitgeber gegen den S. ist die ↑ Aussperrung; ↑ Tarifkonflikt.

Stückakkord
↑ Akkordlohn.

Stückfixkosten
Belastung eines einzelnen Produkts mit Fixkosten. Je höher die Ausstoßmenge, umso geringer werden die S. (Degression der S.) ↑ Fixkostendegression.

Stückkurs
der Börsenkurs für eine Aktie, ausgedrückt in DM.

Stücklisten
in Worten ausgedrückte ↑ Zeichnungssätze eines Erzeugnisses, bzw. Erzeugnisteiles, z.B. Material-, Einkaufs-, Lagerstückliste.

Stückzinsen
Zinsen, die beim Verkauf von festverzinslichen Wertpapieren dem Kurswert hinzugerechnet werden und der Kapitalertragssteuer unterliegen.

Stufenausbildung
berufliche Ausbildung, die sachlich und zeitlich in Grundbildung und Fachbildung gegliedert ist.

stumme Verkäufer
Warenautomaten bzw. Behälter aus Metall, die eine Ware im Laden präsentieren sollen. Sie fördern Impulskäufe und dienen oft als Zweitplazierung innerhalb eines Ladens. In der Praxis werden sie auch Dispenser genannt.

Stundung
vom Gläubiger dem Schuldner gegenüber gewährter Zahlungsaufschub. Während der S. tritt eine Hemmung der Verjährung ein. Eine S. kann auch von öffentlichen Stellen wie Finanzämtern und Gerichten, einem Steuerschuldner oder einem zu einer Geldstrafe Verurteilten zugestanden werden, wenn die Einziehung zu erheblichen sozialen Härten führen wird.

Submissionskartell
verbotenes Kartell, bei dem die Beteiligten im Rahmen öffentlicher Ausschreibungen ihre Kostenvoranschläge so abgeben, daß ein vorher benannter Anbieter den Zuschlag erhält. Damit kommt jeder der Beteiligten einmal in den Genuß von öffentlichen Aufträgen. Es findet kein Preiskampf statt.

Substanzsteuer
Steuer, die aufgrund vorhandener Vermögenswerte gezahlt werden muß. V. a. handelt es sich dabei um Grundsteuer, Erbschaftsteuer, Gewerbekapitalsteuer und Vermögensteuer. Die Zahlungsfähigkeit des Steuersubjekts wird dabei außer acht gelassen. Der Betroffene muß sich evtl. durch Veräußerung oder Belastung des Vermögenswertes das nötige Kapital besorgen.- Gegensatz: ↑ Ertragsteuer.

Substitution
(lat.: = Ersetzung);
I. Im *Konsumbereich* ist S. der alternative Ersatz für ein Produkt, z.B. Kohle statt Öl, Tee für Kaffee, Feuerzeuge für Streichhölzer.
II. Im *arbeitstechnischen* Bereich bedeutet S. den Ersatz eines Produktionsfaktors durch einen anderen, z.B. menschliche Arbeitskraft durch Maschinen.

Subvention
(lat.: Hilfeleistung); Unterstützungszahlungen des Staates an Unternehmen, auch Finanzhilfe an Haushalte (= Transfers). Wichtigste S.-Arten sind Erhaltungss. (z.B. Landwirtschaft) und

Erziehungss. (Stabilisierung neuer Wirtschaftszweige); sie können direkt oder indirekt (Steuererleichterung) gewährt werden.

summarisches Zinsrechnen
Methode zu Errechnung von Tageszinsen für mehrere Kapitalien mit unterschiedlicher Laufzeit aber gleichem Zinssatz. Formel: 1% des Kapitals ×

Zinstage = $\frac{\text{Zinszahl}}{\text{Zinsdivisor}}$; Zinsdivisor = 360 : Prozentsatz.

Surrogat
(lat.: Ersatzmittel); Ersatzgegenstand für eine Sache, die zerstört, beschädigt oder entzogen wurde.

Swing
(engl.: Spielraum); v.a. im innerdeutschen Handel vereinbarte Aufrechnung von beiderseitigen Lieferungen, bei der einem Partner eine bestimmte Kreditgrenze eingeräumt wird.

Syndikat
straff organisiertes Vertriebs- und Verwaltungssystem für angeschlossene Unternehmen. Diese liefern ihre Produktion an das S., das die Waren dann vertreibt. Das S. ist ein Kartell »höchster« Ordnung mit einer eigenen Rechtspersönlichkeit und ist genehmigungspflichtig. Es wird auch als Rationalisierungskartell im Verkehrsbereich angesehen.

T

Tabaksteuer
eine indirekte Steuer (Verbrauchsteuer) auf den Konsum von Tabakwaren. Bemessungsgrundlage ist der Verkaufspreis. Die T. wird auf den Verbraucher überwälzt. Darüber hinaus wird bei der Einfuhr von Tabak ein Tabakzoll erhoben.

Tagebuch
I. Innerhalb der *Buchführung* ein anderer Ausdruck für ↑ Grundbuch.
II. Ein von einem *Handelsmakler* zu führendes Buch, in das er täglich seine Geschäftstätigkeit eintragen muß. Auf Verlangen muß der Handelsmakler den Parteien Einblick in das T. geben, damit diese den derzeitigen Stand des vermittelten Geschäfts ablesen können.

Tageszinsen
Wert für ausgeliehenes Kapital, berechnet nach Tagen. In der kaufmännischen Zinsrechnung hat 1 Monat 30 Tage, 1 Jahr 360 Tage. Zinsformel:

$$\frac{\text{Kapital} \times \text{Prozentsatz} \times \text{Tage}}{100 \times 360}$$

Tagwechsel
übliche Form des Wechsels, der an einem bestimmten, in der Wechselurkunde benannten Termin, fällig ist. *Beispiel:* »Gegen diesen Wechsel zahlen Sie am 22. März 1980...«.

täglich fällige Gelder
der Bank zur Verfügung gestelltes Geld, das vom Einleger täglich abgehoben werden kann. V. a. handelt es sich dabei um Transaktionen auf dem Geldmarkt zwischen Geschäftsbanken. T. f. G. müssen an dem Kündigungstag bis 11:00 Uhr gekündigt sein ↑ Sichteinlagen.

Talon
↑ Erneuerungsschein.

Tante-Emma-Laden
volkstümlicher Ausdruck für ein kleines, in der Regel nur vom Inhaber betriebenes Einzelhandelsgeschäft. Während bis Mitte der 70er Jahre viele dieser kleinen Läden schließen mußten, ist seit einigen Jahren wieder ein Aufwärtstrend zu verzeichnen. Die großen SB-Läden und Supermärkte gewähren dem Käufer zwar oft ein breiteres Angebot und u. U. etwas günstigere Preise, jedoch fehlt jegliche Serviceleistung und persönliche Beratung. Der heutige Käufer möchte aus der Anonymität heraus und zahlt lieber etwas mehr in einer angenehmeren Atmosphäre.

Tantieme
eine an Vorstand und Aufsichtsrat einer Unternehmung gezahlte Gewinnbeteiligung, deren Höhe sich aus der Satzung ergibt. *Berechnung:*
I. T. an den *Vorstand* = ein gewisser Prozentsatz vom Jahresüberschuß ./. Verlustvortrag ./. Einstellungen in die ↑ offenen Rücklagen.
II. T. an den *Aufsichtsrat* = ein gewisser Prozentsatz vom Bilanzgewinn ./. 4% des eingezahlten Grundkapitals.
Die T. soll angemessen sein, d. h. den Leistungen von Vorstand und Aufsichtsrat entsprechen.

Tara
Differenz zwischen Brutto- und Nettogewicht ist das Gewicht der Verpakkung. Preisangaben beziehen sich grundsätzlich auf das Nettogewicht. Ausnahme: ↑ brutto für netto.

Tarif
(arab. = Preissätze); Angabe der Prei-

ses, meist in einer Tabelle, der für eine gewisse Leistung zu zahlen ist.
Beispiele: Eisenbahnt., Luftfrachtt., Lohnt. (Ecklöhne), Steuert. für die verschiedensten Steuersätze, z.B. Einkommen- u. Lohnsteuer, Gewerbesteuer, Erbschaftsteuer.

Tarifautonomie
Grundsatz, daß Arbeitgeberverband und Gewerkschaft das alleinige Recht haben, ohne staatliche Einmischung Tarifverträge abzuschließen, abgeleitet aus Artikel 9 Grundgesetz.

Tarifkonflikt
Streit zwischen den Tarifpartnern über Lohn, Arbeitszeit o. ä.; Ablauf siehe Abbildung.

Tarifpartner
Bezeichnung für die tarifverhandeln-

Tarifkonflikt

```
Die Gewerkschaften legen den Arbeitgebervertretern ihre Forderungen vor
        │
        ▼
Die Arbeitgebervertreter legen den Gewerkschaften in den nun folgenden Verhandlungen ihr Angebot vor
        │
        ▼
    <Einigung?> ──ja──┐
        │            │
       nein          │
        ▼            │
Die Verhandlungen werden von einem der Tarifpartner für gescheitert erklärt. Dadurch erlischt die „Friedenspflicht"; jetzt sind Arbeitskampfmaßnahmen gesetzlich erlaubt
        │            │
        ▼            │
Neutraler Schlichter macht einen Kompromißvorschlag
        │            │
        ▼            │
 <Wird der Vorschlag angenommen?> ──ja──► Abschluß eines neuen TV
        │
       nein
        ▼
Gewerkschaften befragen ihre Mitglieder, ob sie zu einem Streik bereit sind („Urabstimmung")
        │
        ▼
 <Arbeitnehmer stimmen für einen Streik?> ──ja──► Gewerkschaften organisieren den Streik und rufen ihn aus ──► Arbeitgeber sperren die Arbeitnehmer aus
        │                                                                                                        │
       nein ◄────────────────────────────────────────────────────────────────────────────────────────────────────┘
        ▼
Neue Verhandlungen zwischen Gewerkschaften und Arbeitgebervertretern
```

Beendigung des Streiks, wenn mindestens 25% der streikenden Gewerkschaftsmitglieder dafür sind

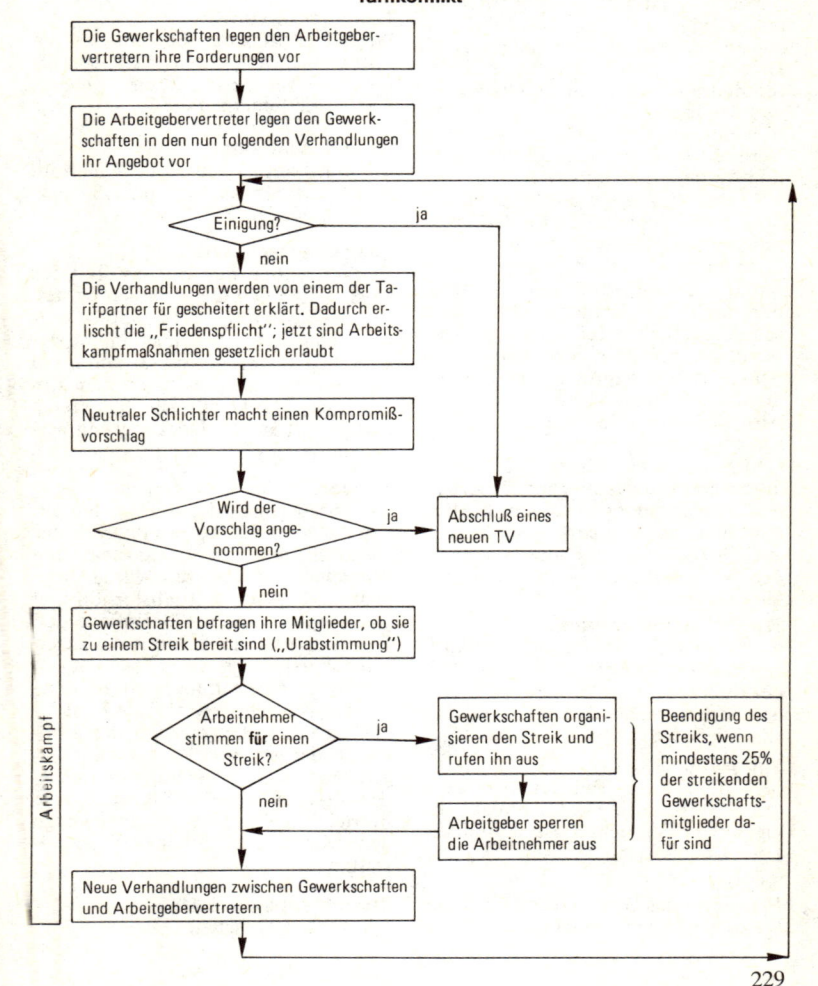

Arbeitskampf

Tarifvertrag

den Parteien Arbeitgeber und Gewerkschaften. Sie werden auch Tarifparteien oder Sozialpartner genannt.

Tarifvertrag
ein der Schriftform bedürfender Vertrag zwischen Arbeitgeber(-verbänden) und Gewerkschaft(en), der die Mindestarbeitsbedingungen für einzelne Berufszweige regelt. *Inhalte* des T. können sein: Lohn und Gehalt, Arbeitszeit, Urlaub, Kündigungsfristen, Überstunden. *Arten:* Manteltarifverträge enthalten Angaben über allgemeine Arbeitsbedingungen (z.B. Urlaub) und gelten oft für einen längeren Zeitraum. Lohn- und Gehaltstarifverträge regeln die Entgeltfestsetzung (Ecklohn) unter Berücksichtigung von Vorbildung, Alter, Schwierigkeitsgrad und Betriebszugehörigkeit.
Während der *Laufzeit* des T. besteht die ↑Friedenspflicht und die Einwirkungspflicht; letztere verpflichtet die Parteien, auf ihre Verbandsmitglieder im Sinne des T. einzuwirken. Friedens- und Einwirkungspflicht zählen zum schuldrechtlichen Teil eines T. und berechtigen bei ihrer Verletzung zum Schadenersatzanspruch. Der T. endet durch Kündigung oder bei befristetem Abschluß durch Zeitablauf.
Ein abgeschlossener T. kann mit einer ↑ Allgemeinverbindlichkeitserklärung durch den Bundesminister für Arbeit und Sozialordnung versehen werden, d.h., daß auch nichtangeschlossene Arbeitgeber und Arbeitnehmer sich dem Verhandlungsergebnis unterwerfen müssen.

Taschengeldparagraph
nach § 110 BGB für einen Minderjährigen die Möglichkeit, im Rahmen seiner ihm zur freien Verfügung stehenden Mittel, rechtswirksam Geschäfte abschließen zu können.

Tätigkeitszeit
nach↑REFA ein Teil der Grundzeit (T. + Wartezeit). Die T. umfaßt die eigentliche Verrichtungszeit und die Überwachungszeit.

Tausch
Hingabe eines Gutes (Ware, Leistung, Geld) gegen den Empfang eines anderen Gutes. Der Wert getauschter Güter richtet sich nach den subjektiven Vorstellungen der Tauschenden und nach dem Knappheitsgrad. *Formen:* Naturaltausch (Ware gegen Ware) und Güter/Geldtausch.

Täuschung
↑arglistige T.

Teilbilanz
↑Zahlungsbilanz.

Teilhaberpapiere
Wertpapier, das den Berechtigten als Mitinhaber an einer Aktiengesellschaft ausweist, z.B. Aktien. – Gegensatz: ↑ Gläubigerpapiere.

Teilindossament
ein Indossament, das sich lediglich auf einen Teil der Wechsel- oder Schecksumme bezieht.

Teilkostenrechnung
Verfahren, bei dem nur ein Teil der Kosten, nämlich die variablen Kosten auf die Kostenträger verrechnet werden. Der Fixkostenblock bleibt gewöhnlich unverteilt, es sei denn, ein Teil der Fixkosten läßt sich dem Kostenträger direkt zurechnen (erzeugnisfixe Kosten).↑Deckungsbeitragsrechnung.

Teilwert
nach Steuerrecht der Betrag, den ein Erwerber des Betriebs im Rahmen des Gesamtkaufpreises für das einzelne Wirtschaftsgut ansetzen würde. Man geht von einer Betriebsfortführung aus, sonst könnte der Betroffene den Wert evtl. nur zum Schrottpreis ansetzen. Oberste Grenze des Teilwertes ist der Wiederbeschaffungswert, unterste Grenze der Schrottwert. Der T. ist für den einzelnen Gegenstand meist höher als der gemeine Wert, da der Gegenstand im Gesamtgefüge des Betriebes besser zu verwerten ist, als der vom Betrieb gelöste Gegenstand, der auf dem Markt zum gemeinen Wert verkauft wird.

Teilzahlungsgeschäft
↑Abzahlungsgeschäft.

tel quel
(franz.: so wie . . .); häufig im überseeischen Handel vorkommende Klausel, die den Käufer verpflichtet, die Ware so zu nehmen, wie sie ist. Das schließt auch die qualitativ schlechteste Sorte ein, sofern sie noch handelbar ist. Beschädigte oder verdorbene Waren zählen nicht dazu.

Termineinlagen
Einlagen bei einer Bank, die nur zu bestimmten Terminen kündbar sind. Arten:
I. *Festgelder* werden für eine bestimmte Zeit festgelegt und können vor deren Ablauf nicht gekündigt werden.
II. *Kündigungsgelder* sind jederzeit unter Einhaltung einer bestimmten Kündigungsfrist rückzahlbar (z.B. 2 Monate). – Gegensatz: ↑ Sichteinlagen.

Termingeschäft
Zeitgeschäft an der Börse, bei dem die Erfüllung des Vertrages und der Augenblick der Preisfestsetzung zeitlich auseinanderfallen. *Beispiele:*
I. Beim *Warentermingeschäft* schließt der Käufer mit dem Verkäufer zu festen Konditionen einen Kaufvertrag ab, z.B. am 10. Jan. 1980 Waren zu 10 DM pro Stück zu kaufen. Die Lieferung soll aber erst im Juli 1980 ausgeführt werden. Steigen in der Zwischenzeit die Preise, hat der Kunde den Vorteil. Bei Preissenkungen verhält es sich umgekehrt.
II. Im *Devisentermingeschäft* vereinbart der Bankkunde mit der Bank ein festes Umtauschverhältnis für Devisen, die er z.B. in 3 Monaten einzulösen gedenkt. In der Zwischenzeit auftretende Kursschwankungen bleiben unberücksichtigt. Zum gewünschten Umtauschtag gilt der vorher vereinbarte Kurs.
III. Vertragsabschlüsse über zukünftige Wertpapierkäufe sind seit 1970 im Rahmen der *Optionsgeschäfte* wieder möglich. Am Vertragstag wird der bestehende Kurs vereinbart, der später dann eingehalten werden muß.

Terminrechnung
↑mittlerer Verfalltag.

Terms of Trade
Verhältniszahl der Einfuhren zu den Ausfuhren einer Volkswirtschaft. T. o. T. geben an, wieviel Güter das Exportland aufwenden muß, um eine bestimmte Menge von Gütern einführen zu können. Diese Preisrelation verbessert sich, wenn die Importpreise zurückgehen, die Exportpreise konstant bleiben, bzw. die Importpreise konstant bleiben und die Exportpreise steigen. Bei einer Verschlechterung verhält es sich umgekehrt, d. h. es müssen mehr Güter exportiert werden, um die Importe bezahlen zu können.

tertiärer Sektor
volkswirtschaftlicher Begriff für das Dienstleistungs- und Handelsgewerbe.

Testament
eine einseitige Willenserklärung des Erblassers, sein Vermögen auf die Erben zu übertragen. Arten:
I. Beim *eigenhändigen* T. muß das T. eigenhändig geschrieben und unterschrieben sein.
II. Beim *notariellen* T. erklärt der Erblasser seinen Willen mündlich oder durch Übergabe einer Schrift zur Niederschrift beim Notar.
Beim nahen Tode kann unter Hinzuziehung von drei Zeugen ein Nott. gemacht werden, das von anderen geschrieben und vom Erblasser unterschrieben wird.

Thesaurierung
(griech.: Schatz); Ansammlung von Wertgegenständen. Im Rahmen der Selbstfinanzierung spricht man von Gewinnt., wenn nicht ausgeschüttete Gewinne für Finanzierungszwecke herangezogen werden.

Tilgung
Rückzahlung langfristiger Schulden in Form von Teilbeträgen. Höhe und Fälligkeit der Raten sind bei einer Finanzplanung durch Aufstellen eines T.-planes zu berücksichtigen.

Tilgungsanleihe
Beschaffung von langfristigem Fremdkapital, das nach einem Tilgungsplan in festen Raten zurückzuzahlen ist. Bei

Wertpapieren kann die Rückzahlung aber auch durch Auslosung oder fristgerechter Kündigung der Anleihen erfolgen. Die Aufnahme von Fremdkapital in Form einer T. lohnt sich immer dann, wenn die jährlichen Tilgungsraten (Tilgung + Zins) niedriger sind als die Abschreibungen bzw. die Erträge, die aus dem gekauften Anlagegegenstand gezogen werden.

time lag
(engl.: lag = Verzögerung); Zeitraum zwischen zwei Ereignissen. *Beispiel:* Die Erhöhung der Mehrwertsteuer soll den Staatshaushalt sanieren. Vom Zeitpunkt der Erörterung bis zur Einführung und dem Wirksamwerden in Form erhöhter Einnahmen des Staates vergeht eine gewisse Zeit.

Tochtergesellschaft
in einem Konzern eine abhängige Gesellschaft, deren Kapital oft vollständig im Besitz der Muttergesellschaft ist.

Tranche
(franz.: Abschnitt, Scheibe); bei der Emission (Ausgabe) von Wertpapieren wird häufig nicht der gesamte Betrag auf einmal, sondern ein Teilbetrag aufgelegt. Als T. wird auch eine Emission in verschiedenen Ländern bezeichnet, da das einzelne Land nur eine »Scheibe« vom Gesamtausgabevolumen erhält.

Transfer
(engl.: Übertragung); im allgemeinen eine volkswirtschaftliche Bezeichnung für den zwischenstaatlichen Zahlungsverkehr, wobei die Währung des einen Landes in die Währung des Empfängerlandes umgetauscht wird. Eine Zahlung durch Gold ist notwendig, wenn das Importland keine Devisen besitzt oder die eigene Währung nicht in fremde umgetauscht werden kann, da sie allgemein nicht angekauft wird, z.B. der Rubel. Die UdSSR ist in diesem Fall gezwungen, Gold für Weizenlieferungen auszugeben.

Transfereinkommen
Einkommenszahlungen durch den Staat an Personen, die im Augenblick der Zahlung keine direkte ökonomische Gegenleistung für ihr erhaltenes Einkommen erbringen, z.B. Pensionen. Zusammen mit dem Volkseinkommen (Nettosozialprodukt zu Faktorkosten) bilden die T. das »private Einkommen«.

Transithandel
(lat.: transitus = Durchgang); ein Handel, bei dem die Ware das Land des Transithändlers unbearbeitet und unverändert passiert. Gewöhnlich sind drei Länder beteiligt. *Beispiel:* Ein Transithändler aus der Bundesrepublik kauft aus Holland Käse und verkauft diesen nach Österreich. Er ist somit häufig Importeur und Exporteur zugleich.
Geht die Ware im vorgenannten Beispiel direkt von Holland nach Österreich unter Einschaltung des deutschen Großhändlers, spricht man auch von einem Streckengeschäft.

Transportversicherung
Versicherung für Transportmittel und transportierte Waren. Über die T. wird ein Transportversicherungsschein ausgestellt, der als gekorenes kaufmännisches Orderpapier gilt, d.h., er kann mit der Orderklausel durch Indossament an Dritte übertragen werden.

Trassant
der Austeller eines gezogenen Wechsels.

Trassat
der Bezogene (Akzeptant) auf einem Wechsel.

Tratte
solange der Wechsel durch den Bezogenen noch nicht akzeptiert wurde, wird er als T. (↑gezogener Wechsel) bezeichnet.

Trend
langfristige Grundrichtung eines statistisch erfaßten Entwicklungsverlaufs; oft fälschlich gebraucht für Tendenz.

Treuepflicht
Pflicht des Arbeitnehmers, aufgrund seines Arbeitsverhältnisses die Interessen des Arbeitgebers zu verfolgen, insbesondere keine Geschäftsgeheimnisse zu verraten, keine Schmiergelder anzunehmen oder sonstige, für den

Arbeitgeber nachteilige Aktivitäten zu entfalten. Der T. des Arbeitnehmers steht die Fürsorgepflicht des Arbeitgebers gegenüber.

Treu und Glauben
nach dem BGB hat ein Schuldner eine Schuld in der Weise zu bewirken, wie T. u. G. mit Rücksicht auf die Verkehrssitte es erfordern.

Trust
Zusammenschluß von Unternehmen unter Aufgabe der wirtschatlichen und rechtlichen Selbständigkeit. Ein T. führt zu einer Verschmelzung der beteiligten Unternehmen durch Neugründung. Ziel ist die Marktbeherrschung. Diese Unternehmenskonzentration wurde bereits im letzten Jahrhundert nach dem sog. »Antitrustgesetz« in Amerika unter Kontrolle und Aufsicht gestellt. Spätere Äußerungen und Verschärfungen mußten ein Unterlaufen des Gesetzes erneut verhindern helfen.

Typisierung
Vereinheitlichung von Endprodukten.
– Gegensatz: Normung = Vereinheitlichung von Einzelteilen.
Die Grenze ist oft fließend, da Endprodukte für die einzelnen Betriebe Vorprodukte und für andere Betriebe Endprodukte sein können.

U

Überbewertung
Wertansatz von Posten in der Bilanz, der gegen gesetzliche Vorschriften verstößt und somit die Nichtigkeit der Bilanz nach sich zieht. Arten: 1. Zu hoher Ansatz von *Aktivposten*, die die Vermögenslage Dritten gegenüber zu optimistisch darstellt, z.B. Bewertung über den Anschaffungspreis. 2. Zu niedriger Ansatz von *Passivposten*, der die Schulden nicht in voller Höhe ausweist und ebenfalls die Vermögenslage nicht richtig darstellt, z.B. Anleihen werden nicht mit dem Rückzahlungsbetrag passiviert. – Gegensatz: ↑Unterbewertung.

Überbringerklausel
durch den Vermerk »oder Überbringer« wird der Scheck zum Inhaberpapier, d.h. die Bank kann an jeden zahlen, der den Scheck vorlegt.

Übereignung
Eigentumsübertragung einer Sache an eine Person durch Übergabe. Nur wer selbst Eigentümer ist, kann auch Eigentum übertragen, d.h. wer Ware gestohlen hat, kann diese nicht rechtswirksam an Dritte übertragen, da er nicht Eigentümer ist. Die Ü. muß ausdrücklich erklärt werden und von den Vertragspartnern gewollt sein. Ist der Eigentümer nicht im Besitz der Sache, so genügt die Abtretung des Herausgabeanspruchs, d.h., der neue Eigentümer wird in die Lage versetzt, die Herausgabe der Ware zu verlangen. Eine besondere Form ist die ↑Sicherungsübereignung. Der Sicherungsgeber bleibt im Besitz der Sache und überträgt nur das Eigentum.

Übergabe
die tatsächliche Übertragung einer Sache auf einen neuen Besitzer. Man spricht auch von einem unmittelbaren Besitz, den der Erwerber der Sache hat.

Übermittlungsirrtum
↑Irrtum.

Über-pari-Emission
Ausgabe von Wertpapieren über dem Nennwert. Sie ist abhängig vom Ruf des Unternehmens am Börsenmarkt (Vermögen, Ertragserwartung). Eine unbekannte Aktiengesellschaft wird schwerlich Aktien über dem Nennwert verkaufen können. Die Ü.p.E. verpflichtet die Aktiengesellschaft, die über dem Nennwert erhaltenen Beträge in die gesetzliche Rücklage zu legen.

Überschuldung
eine Ü. liegt vor, wenn das Vermögen geringer ist als die Verbindlichkeiten. Ist dieser Zustand auf absehbare Zeit nicht zu verändern, muß Konkurs- oder Vergleichsantrag gestellt werden (durch Inhaber, Gesellschafter oder gesetzlichen Vertreter). Eine vorübergehende Zahlungsunfähigkeit ist noch kein Tatbestand der Ü., ebenso bedeutet ein Überwiegen der Passiva über die Aktiva noch keine Zahlungsunfähigkeit, da eventuell noch Kredite in Anspruch genommen werden könnten. Bei Aktiengesellschaften ist jedoch der Vorstand verpflichtet, eine außerordentliche Hauptversammlung einzuberufen, wenn durch Verluste die Hälfte des Grundkapitals verloren ist

Übertragungsbilanz
Teilbilanz der ↑Zahlungsbilanz.

Übertragungsbuchführung
Verfahren der Buchführung mit zwei Buchungsvorgängen je Geschäftsvor-

Umlaufvermögen

fall: 1. Eintragung im Grundbuch, 2. Übertragung auf das Hauptbuch. Bei dieser Übertragung können Ü.-fehler auftreten. – Gegensatz: Durchschreibebuchführung.

Überweisung
eine bargeldlose Zahlungsart, bei der der Inhaber eines Bankkontos oder Postscheckkontos das Institut anweist, von seinem Konto auf das Konto eines anderen Geld zu überweisen. Diese Ü. wird mittels eines Bank- oder Postüberweisungsformulars durchgeführt.

Umbuchung
Buchung schon einmal verbuchter Beträge auf andere Konten, auch vorbereitende Abschlußbuchung genannt. Beispiele: Bezugskosten über das Wareneinkaufskonto, Privatkonto über das Kapitalkonto, Rücksendungen und Gutschriften von/an Kunden an das Warenverkaufskonto. In der Betriebsübersicht werden U. in der Umbuchungsbilanz erfaßt.

Umlageverfahren
Mehrfach verwendeter Begriff:
I. Werden bei der Rentenfinanzierung die Einzahlungen in die *Rentenversicherung* der arbeitenden Bevölkerung auf die Rentenempfänger als Rentenzahlung sofort umgelegt (Generationsvertrag), spricht man von U.
II. Bei *Genossenschaften* liegt bei Verteilung des Verlustes nach Haftsummen ein U. vor.
III. Im Bereich der *Gebietskörperschaften* ist damit die Umlegung der Kosten eines Großprojektes auf die Beteiligten gemeint (z. B. Bund, Länder, Gemeinden).

Umlaufgeschwindigkeit
in erster Linie ein volkswirtschaftlicher Ausdruck, der die Häufigkeit des Umschlags einer Geldeinheit widerspiegelt und als Multiplikator zur Berechnung der nachfragewirksamen Geldmenge dient. *Beispiel:* Zentralbankgeld im Umlauf × U. = nachfragewirksame Geldmenge.

Umlaufvermögen
Sammelbegriff für einen Teil der Vermögensseite (Aktiva) der Bilanz. Das U. ist nicht dazu bestimmt, dem Unternehmen länger zur Verfügung zu stehen, sondern soll nach Möglichkeit schnell umschlagen (umlaufen). Nach dem Bilanzgliederungsgrundsatz soll das U. nach steigender Liquidität gegliedert sein. *Grobgliederung:* 1. Waren (Vorräte), 2. Forderungen, 3. Geldmittel. Zusammen mit dem Anlagevermögen bildet das U. die Aktivseite der Bilanz.

Umsatzsteuer

Zweck	Besteuerung von Lieferungen und Leistungen eines Unternehmens im Inland gegen Entgelt; Eigenverbrauch der Unternehmen; Einfuhr von Gütern.
Steuerpflichtiger	alle Unternehmen (natürliche und juristische Personen); wegen der Abwälzbarkeit ist jedoch der Endverbraucher Steuerträger
Bemessungsgrundlage	bei Lieferungen und sonstigen Leistungen: Umsatz nach dem Entgelt (Nettopreis) bei Eigenverbrauch: Wert der entnommenen Gegenstände/Waren bei Einfuhr: Zollwert der Güter/Waren
Berechnung	der Normalsteuersatz beträgt 13 % vom Nettoverkaufspreis der gelieferten Ware oder Dienstleistung; ein ermäßigter Steuersatz von 6,5 % gilt für Nahrungsmittel, landwirtschaftliche Erzeugnisse, Umsätze aus freiberuflicher Tätigkeit
Steuerbefreiung	folgende Umsätze sind von der Umsatzsteuer befreit: Ausfuhrumsätze, Umsätze der Kreditgewährung, Vermietung und Verpachtung von Grundstücken, Umsätze der Bundespost im Post- und Fernmeldewesen, Umsätze mit sozialpolitischem Charakter (Sozialversicherungen)
Verfahren der Steuererhebung	bis zum 10. jeden Monats ist eine Umsatzsteuer-Voranmeldung aufzustellen und dem Finanzamt die errechnete Vorauszahlung zu leisten nach Ablauf eines Kalenderjahres ist eine Umsatzsteuer-Erklärung abzugeben

Umsatz
die Summe der verkauften Leistungseinheiten einer Unternehmung; Gegensatz: Absatz.

Umsatzsteuer
als Verkehrssteuer die ergiebigste Steuer, die am Verkehrsvorgang »Umsatz« anknüpft. Die U. ist eine Mehrwertsteuer, bei der nur der mit jeder Handelsstufe entstehende Mehrwert steuerlich berechnet wird. Die U. ist eine indirekte Steuer, die Traglast liegt beim Endverbraucher.
Die U., in der Bundesrepublik in Form der Mehrwertsteuer erhoben, ist kein Kostenfaktor für den Unternehmer; er zieht sie lediglich für das Finanzamt ein. Der Unternehmer kürzt die Steuerschuld um die in den Eingangsrechnungen aufgeführten Steuerbeträge (Vorsteuer), die er an seinen Vorlieferanten gezahlt hat. Es bleibt die sog. Zahllast an das Finanzamt als Differenz von U. und Vorsteuer übrig; siehe Abbildung Seite 235.
Mitte 1983 ist eine Mehrwertsteuer-Erhöhung von 13% auf 14% zu erwarten.

Umschlagsdauer
↑Lagerkennziffern.

Umtausch
I. Im Rahmen der *Kulanz* vom Verkäufer dem Käufer eingeräumtes Recht, Waren gegen andere Waren auszuwechseln oder eine Gutschrift des Rechnungsbetrages zu erhalten. Das Umtauschrecht ist meist unter Angabe einer Frist in den allgemeinen Geschäftsbedingungen festgehalten.

II. Das Recht eines Käufers bei einer ↑ *Mängelrüge*. Es muß sich bei dem Geschäft aber um Gattungswaren handeln, um den U. verlangen zu können.

Umwandlung
nach dem Aktiengesetz mögliche Form einer Veränderung der Rechtsform eines Unternehmens. Arten: I. *Formwechselnde* U. Das Unternehmen wechselt lediglich sein rechtliches Kleid, nach innen bleibt alles unverändert.

II. *Übertragende* U. Das Unternehmen überträgt seine gesamten Vermögenswerte auf ein anderes Unternehmen und löst sich somit auf. Wird bei der unter II. genannten übertragenen U. das Vermögen in ein bestehendes Unternehmen übertragen, spricht man von verschmelzender U., wird eine neue Gesellschaft gegründet, von einer errichtenden U.

unbeschränkte Steuerpflicht
Steuerpflicht, die das gesamte Einkommen und Vermögen im Ausland und Inland erfaßt. Das trifft für einen Personenkreis zu, der entweder seinen gewöhnlichen Wohn- oder Geschäftssitz im Geltungsbereich des Inlands hat oder, unabhängig davon, im Inland als Inhaber eines Unternehmens tätig ist (Steueranpassungsgesetz). Zu berücksichtigen ist allerdings die Vermeidung einer ↑ Doppelbesteuerung.

uneinbringliche Forderungen
als u. F. gelten solche, die nach allgemeiner Auffassung als verloren angesehen werden können, z.B. nach einem Konkurs oder Vergleich. Nach dem HGB §40 sind u. F. abzuschreiben und die Umsatzsteuer ist zu korrigieren. Buchung: Abschreibung auf Forderungen und Umsatzsteuer an Forderungen (zweifelhafte Forderungen).

Unfallversicherung
↑Sozialversicherung.

ungewisse Verbindlichkeiten
Schulden, die zwar dem Grunde nach feststehen, deren Höhe oder Fälligkeit jedoch noch ungewiß ist, z.B. die Gerichtskosten für einen schwebenden Prozeß. Buchhalterisch müssen für solche Fälle Rückstellungen gebildet werden. Buchung: Aufwandskonto an Rückstellungen.

unlauterer Wettbewerb
Einsatz von Wettbewerbsmitteln, die andere Mitbewerber in nicht rechtmäßiger Weise behindern oder vom Wettbewerb ausschließen. U.a. führt das UWG (Gesetz gegen den unlauteren Wettbewerb) folgende Verstöße auf: 1. Irreführende Werbung durch falsche Angaben über Beschaffenheit,

Ursprung, Herstellungsart einer Ware. 2. Vergleichende Werbung. 3. Lockvogelwerbung. 4. Fälschliches Ankündigen von Konkursware. 5. Fälschliches Ankündigen von Räumungs- und Schlußverkäufen. Das UWG schreibt hierbei genau vor, wann diese Ankündigungen zu benutzen sind. 6. Anreißen von Kunden auf der Straße. 7. Ansprechen von Leidtragenden nach einem Sterbefall. 8. Bestechen von Angestellten einer Firma. 9. Anschwärzen von Mitbewerbern. 10. Kreditgefährdung von Mitbewerbern durch Verleumdung. Verstöße gegen das UWG können mit Geld oder Gefängnis bestraft werden.

unmittelbarer Besitzer
↑Besitz.

Unmöglichkeit
U. ist eine Leistungsstörung in einem Vertrag. Der Schuldner ist hierbei nicht (mehr) in der Lage, die versprochene Leistung auszuführen. Arten: I. *Anfängliche* U. = die Leistung konnte von Anfang an nicht erbracht werden. 1. Konnte sie von keinem erbracht werden, spricht man von *objektiver* U. mit der Folge, daß der Vertrag nichtig ist (evtl. Schadenersatzpflicht des Schädigers). 2. Konnte die Leistung lediglich vom Schuldner nicht erbracht werden, spricht man von *subjektiver* U. oder auch von Unvermögen. Folge: Haftung des Verkäufers für den entstandenen Schaden.
II. *Nachträgliche* U. = die Leistung wird nach Vertragsschluß unmöglich. 1. Handelt es sich bei dem zugrundeliegenden Geschäft um eine Spezieswaare, so wird der Schuldner von der Leistungspflicht befreit, wenn die Ware ohne sein Verschulden untergeht. 2. Bei Gattungswaren ist der Schuldner immer verpflichtet, Ersatz zu liefern. Auch wenn die Waren durch höhere Gewalt untergehen. 3. Hat der Gläubiger (Kunde) die U. zu vertreten, z. B. durch Vernichtung nach Ablieferung der Ware, so behält der Schuldner (Lieferer) den Anspruch auf die Gegenleistung (Geld).

UNO
engl. Abkürzung für United Nations Organization. Die UNO ist die Nachfolgeorganisation des nach dem 1. Weltkrieg gegründeten Völkerbundes (1919–1933). 1945 in San Francisco durch 51 teilnehmende Staaten mit einfacher Mehrheit gegründet, beruht ihre Idee auf der Erhaltung eines dauernden Friedens und auf der Zusammenarbeit der Völker auf kultureller, wirtschaftlicher und humanitärer Ebene.
Im wesentlichen teilt sich die heute 151 Staaten umfassende UNO in folgende Organe: Die *Vollversammlung*. Sie tritt jährlich einmal oder zu Sondersitzungen zusammen. Jedes Mitgliedsland hat eine Stimme. Die Beschlüsse werden mit einfacher Mehrheit oder in wichtigen Angelegenheiten mit Zweidrittel-Mehrheit gefaßt. Der *Sicherheitsrat*. Er ist ständig tätig und besteht aus 5 ständigen und 10 nichtständigen Mitgliedern, die alle 2 Jahre neu gewählt werden. Die 5 ständigen Vertreter, USA, UdSSR, Großbritannien, Frankreich und China haben ein absolutes Vetorecht, d. h., stimmt einer der fünf mit »Nein«, kann der Entschluß nicht ausgeführt werden. Der *Wirtschafts- und Sozialrat,* bestehend aus 18 gewählten Mitgliedern (für 3 Jahre), befaßt sich insbesonders mit dem wirtschaftlichen und sozialen Fortschritt der Entwicklungsländer. Der *Treuhänderrat,* der sich mit der Verwaltung der unselbständigen Gebiete der Welt beschäftigt, spielt heute eine untergeordnete Rolle. Der *internationale Gerichtshof* in Den Haag ist das rechtsprechende Organ der UNO. Die angeschlossenen Staaten haben sich verpflichtet, sich den Urteilen der UNO zu beugen. Das *Sekretariat* der UNO ist das Verwaltungsorgan. An der Spitze steht der Generalsekretär. Er wird vom Sicherheitsrat empfohlen und von der Vollversammlung ernannt.

Unpfändbarkeit
der einer Zwangsvollstreckung nicht unterliegende Teil von Sachen oder Rechten:

Unterbewertung

I. U. von *Sachen*. 1. Gegenstände, die der Haushaltsführung und dem Erwerbszweck (z.B. Arbeitsgerätschaften) dienen. 2. Nahrungs- und Feuerungsvorräte für die nächsten 4 Wochen bzw. die dafür notwendigen Geldbeträge.
II. U. von *Rechten* (Forderungen). 1. Eine Lohnpfändung ist nur ab einer gewissen Höhe zulässig, wobei lt. Bundessozialgericht noch so viel Lohn auszuzahlen ist, daß die Arbeitslust erhalten bleibt. 2. Einkünfte aus Vermietung und Verpachtung sind nur dann pfändbar, wenn sie den Betrag der notwendigen Belastungen (Tilgung, Hypothekenzinsen) und den notwendigen Erhaltungsaufwand (z.B. Reparaturen) übersteigen.

Unterbewertung

Wertansatz in der Bilanz mit dem Zweck der Bildung stiller Reserven. Arten: 1. Zu niedriger Ansatz der Vermögensgegenstände auf der Aktivseite der Bilanz. 2. Zu hohe Einstellungen auf der Passivseite der Bilanz, z.B. zu hohe Pauschalwertberichtigungen, zu hohe Rückstellungen. Aktivisch kann eine U. sogar gesetzlich vorgeschrieben sein, da die Vermögenswerte nur max. zum Anschaffungswert bilanziert werden dürfen. *Beispiel:* Kauf eines Grundstücks für 100000 DM. Heutiger Marktwert 500 000 DM. Bilanzansatz: 100 000 DM (↑Imparitätsprinzip). Wird eine U. mit dem Gedanken eines niedrigen Gewinns und somit niedrigerer Dividendenzahlung durchgeführt, so kann eine Aktionärsminderheit von zusammen 5% des Grundkapitals oder einer Nennwertsumme von 1 Mill. DM beim zuständigen Gericht eine Sonderprüfung verlangen. – Gegensatz: ↑Überbewertung.

Unterbilanz

Bezeichnung für die Differenz in einer Bilanz, bei der die Passiven die Aktiven übersteigen. Da auf der Passivseite auch das Eigenkapital ausgewiesen ist, braucht eine U. noch kein Grund zur Zahlungsunfähigkeit zu sein. Stellt man das Gesamtvermögen den Gesamtverbindlichkeiten gegenüber, kann man bei der U. feststellen, wieviel vom Grundkapital verloren ist. Beträgt der Verlust bei Aktiengesellschaften die Hälfte des Grundkapitals, so muß der Vorstand unverzüglich eine außerordentliche Hauptversammlung einberufen.

Unterbrechung

eine U. im Zivilprozeß tritt bei bestimmten Ereignissen ein. Die U. hat zur Folge, daß der Prozeß nach Beendigung der U. von neuem zu laufen beginnt; ↑Verjährung.

Unternehmen

rechtliche Wirtschaftseinheit, in der die Gewinnung oder Weiterverarbeitung von Gütern erfolgt oder Dienstleistungen erbracht werden. Im Gegensatz dazu ist der *Betrieb* eine Produktionsstätte, d.h. die technisch-organisatorische Wirtschaftseinheit. Ein U. kann also mehrere Betriebe umfassen; siehe Abbildung Seite 239.

Unternehmensarten

nach dem Merkmal der Eigentumsverhältnisse unterscheidbare Unternehmensformen in *private* Unternehmen, *gemeinwirtschaftlich-öffentliche* Unternehmen (z.B. Bundesbahn) und *gemischtwirtschaftliche* Unternehmen (z.B. Veba).

Unternehmensergebnis

↑Gewinn.

Unternehmensform

Rechtsform der Unternehmen. Man unterscheidet:
I. *Einzelunternehmen.*
II. *Gesellschaftsunternehmen:* 1. Personengesellschaften in Form der Handelsgesellschaft (OHG, KG) und der BGB-Gesellschaft; 2. Kapitalgesellschaften als Handelsgesellschaft (GmbH, AG, KGaA) sowie Bergrechtliche Gewerkschaften und Reedereien.
III. *Genossenschaftliche Unternehmen:* 1. Eingetragene Genossenschaften mit (un-)beschränkter Haftung und Versicherungsvereine auf Gegenseitigkeit.

Unternehmensfunktion

Aufgabenerfüllung eines Unternehmens im Sinne des U.-ziels. Man unter-

Unternehmensziele

Unternehmen

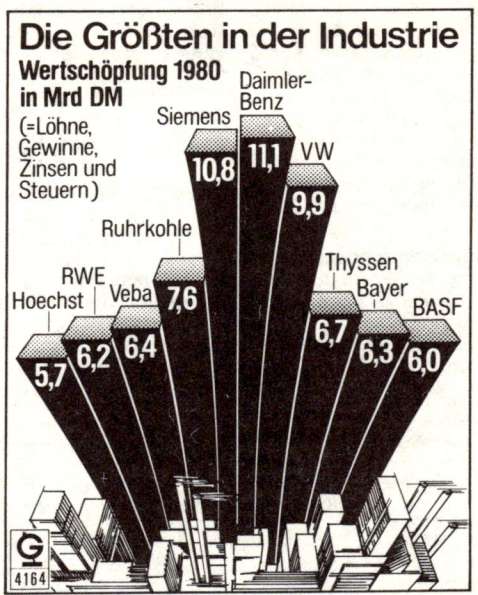

Die Größten in der Industrie
Wertschöpfung 1980 in Mrd DM
(=Löhne, Gewinne, Zinsen und Steuern)

- Siemens 10,8
- Daimler-Benz 11,1
- VW 9,9
- Ruhrkohle 7,6
- Hoechst 5,7
- RWE 6,2
- Veba 6,4
- Thyssen Bayer 6,7
- 6,3
- BASF 6,0

scheidet folgende Hauptfunktionen: Beschaffung und Lagerung; Produktion; Absatz. Daneben benötigt jedes Unternehmen mindestens Leitung, Planung, Organisation, Investition und Finanzierung, Personalverwaltung, Rechnungswesen; siehe Abbildung.

Unternehmenshierarchie
»Stufenleiter« eines Unternehmens, die Auskunft über die Rangordnung einer Abteilung bzw. Person gibt.

Unternehmensziele
wünschenswerter Zustand, herbei-

Unternehmensfunktion

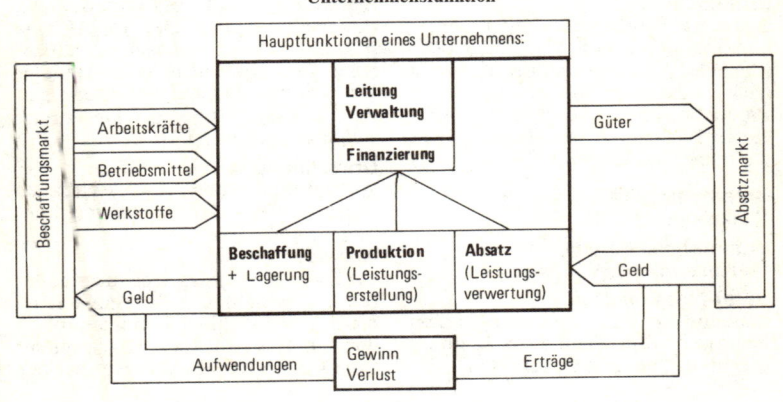

Hauptfunktionen eines Unternehmens:
- Leitung Verwaltung
- Finanzierung
- Beschaffung + Lagerung
- Produktion (Leistungserstellung)
- Absatz (Leistungsverwertung)

Beschaffungsmarkt → Arbeitskräfte, Betriebsmittel, Werkstoffe → Güter → Absatzmarkt
Geld ← → Geld
Aufwendungen — Gewinn/Verlust — Erträge

Unternehmenszusammenschlüsse

führbar durch systematische und planvolle Betätigung des Unternehmens. Hauptziele erwerbswirtschaftlich geführter Unternehmen sind vor allem Gewinnmaximierung, Markterweiterung, Produktivitätssteigerung, Machterweiterung, Liquidität. Oft werden Ober/Unter- und Haupt/Teilziele formuliert. Vorgehensweise bei der Zielsetzung: Festlegung, Planung, Durchführung der Maßnahmen und Kontrolle.

Unternehmenszusammenschlüsse
vertraglich geregelte Vereinigung von Unternehmen. *Gründe:* siehe Abbildung.
Arten: Kartell, Interessengemeinschaft, Pool, Konzern, Trust.

Unterversicherung
besteht bei Gegenständen, deren Zeitwert wesentlich über der Versicherungssumme liegt.

unverzüglich
zivilrechtliche Bedeutung: »Ohne schuldhaftes Zögern«. Es bleibt also noch eine gewisse Überlegungsfrist.

unvollkommener Markt
Marktform, die sich durch folgende Kriterien charakterisieren läßt: 1. Gleichartige Güter werden zu verschiedenen Preisen gehandelt, 2. Die einzelnen Marktteilnehmer gewähren Präferenzen (Bevorzugungen), z.B. man kauft nicht unbedingt dort, wo es am billigsten ist, 3. Es existieren Teil-

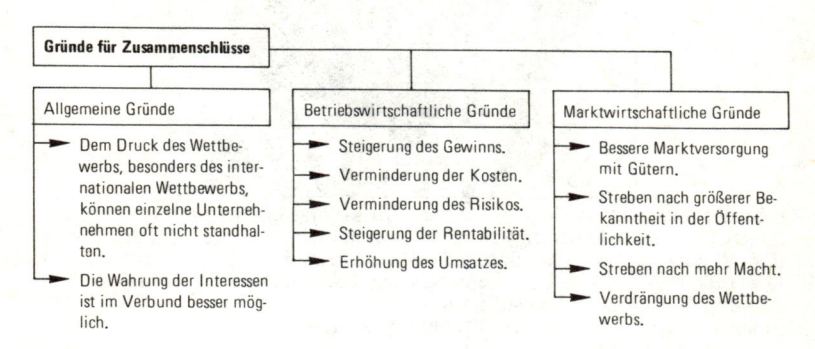

Gründe für Zusammenschlüsse		
Allgemeine Gründe	Betriebswirtschaftliche Gründe	Marktwirtschaftliche Gründe
▶ Dem Druck des Wettbewerbs, besonders des internationalen Wettbewerbs, können einzelne Unternehmen oft nicht standhalten. ▶ Die Wahrung der Interessen ist im Verbund besser möglich.	▶ Steigerung des Gewinns. ▶ Verminderung der Kosten. ▶ Verminderung des Risikos. ▶ Steigerung der Rentabilität. ▶ Erhöhung des Umsatzes.	▶ Bessere Marktversorgung mit Gütern. ▶ Streben nach größerer Bekanntheit in der Öffentlichkeit. ▶ Streben nach mehr Macht. ▶ Verdrängung des Wettbewerbs.

Unternehmer
eigenverantwortlicher Leiter einer Unternehmung als Selbständiger oder Manager. Als Selbständiger ist er – je nach Rechtsform – Eigentümer der Produktionsmittel und hat Verfügungsgewalt über den Gewinn, trägt dafür aber das Risiko.

Unternehmerlohn
↑ kalkulatorischer U.

Unternehmerwagnis
↑ kalkulatorische Wagnisse.

Unter-pari-Emission
Ausgabe von Wertpapieren unter dem Nennwert. Bei Schuldverschreibungen üblich, bei Aktien verboten.

märkte, so daß Markttransparenz (Übersicht) fehlt, 4. Der Anpassungsprozeß kann sich nicht ohne Verzögerung vollziehen, d.h., der Anbieter kann nicht sofort auf Veränderungen der Nachfrage reagieren. – Gegensatz: ↑ vollkommener Markt.

Urabstimmung
Abstimmung der gewerkschaftlich organisierten Arbeitnehmer über einen Streik.

Urkunde
ein Schriftstück, das Gedankenäußerungen festhält. Die Wirksamkeit ist nicht an den rechtlich korrekten Inhalt oder an eine Unterschrift gebunden. Eine U. verbrieft aber das Recht einer

Person in einer irgendwie gearteten Weise, z.B. aus Wechseln, Schecks, Aktien, Schenkung, Darlehensversprechen. Streitigkeiten aus einer U. werden in einem Urkundenprozeß geklärt.

Urlaub
† Jahresurlaub.

Urproduktion
volkswirtschaftlicher Ausdruck für die Nutzung des Bodens durch Abbau oder Anbau. Dazu zählen v.a. der Bergbau, die Fischerei, die Land- und Forstwirtschaft, die Erdölförderung und der Abbau anderer Rohstoffe (z.B. Erz, Gold, Silber).

Urteil
gerichtliche Entscheidung über eine Klage. Je nach Art der Klage und Instanz sind verschiedene Rechtsmittel zugelassen, um das U. anzufechten. († Berufung, † Revision). Das U. wird den Parteien schriftlich zugeleitet und enthält eine umfangreiche Begründung.

Usancen
Handelsbräuche, die sich durch die Praxis in den verschiedensten Bereichen gebildet haben.

V

Valuta
(ital.: Wert); der Begriff wird verschieden verwendet:
I. Ausdruck für *ausländisches Zahlungsmittel*.
II. Begriff für *ausländische Wertpapiere* (Valutapapiere).
III. Valuta*kredit* ist ein gewährter Kredit in Auslandswährung.
IV. *Wertstellung* (Zeitpunkt) auf einem Konto, von dem an die Zinsen zu laufen beginnen.

variable Kosten
in der Teilkostenrechnung der Teil der Kosten, der sich mit dem Beschäftigungsgrad verändert. Unterscheidung:
I. *Proportionale* Kosten verändern sich gleichlaufend mit dem Beschäftigungsgrad (z.B. Rohstoffe).
II. *Unterproportionale* Kosten steigen zwar auch, aber nicht im selben Verhältnis wie der Beschäftigungsgrad.
III. *Überproportional* steigen die Kosten, wenn sie, z.B. durch Überstundenzuschläge, stärker zunehmen als der Beschäftigungsgrad. – Gegensatz: ↑ Fixkosten.

Veranlagung
formgerechte Steuerfestsetzung durch das Finanzamt. Zu diesem Zweck müssen Formblätter (z.B. Einkommensteuererklärung) ausgefüllt werden und zur Nachprüfbarkeit der Angaben dem Finanzamt alle erforderlichen Nachweise vorgelegt werden. Buchführende Betriebe haben ihre Bilanz einzureichen. Ehepaare können eine getrennte V. oder eine Zusammenv. wählen, wenn ihr Einzeleinkommen 24 000 DM (zusammen 48 000 DM) übersteigt. Bei der V. der Umsatzsteuer und der Vermögensteuer gelten besondere Vorschriften und Veranlagungszeiträume.

verarbeitende Industrie
Industriezweige, die Rohstoffe be- und verarbeiten, verbessern, umwandeln oder veredeln.

Verbände
Zusammenschlüsse von Personen oder Vereinigungen auf freiwilliger Basis zur Durchsetzung gemeinsamer Interessen, vor allem wirtschaftlicher, politischer, sozialer oder kultureller Art. Der organisatorische Aufbau eines Verbandes ist unterschiedlich. Gewöhnlich haben V. ein Präsidium, einen Vorstand und einen Geschäftsführer; ↑ Lobby.

Verbindlichkeiten
Bezeichnung für die Schulden einer Unternehmung. Sie stehen auf der Passivseite der Bilanz; Arten:
I. *Langfristige* V., z.B. Darlehen, Hypothekenschulden. Gewöhnlich werden V. als langfristig bezeichnet, wenn die Laufzeit mehr als 4 J. beträgt.
II. *Kurzfristige* V. wie Lieferantenschulden, Bankverbindlichkeiten, Kundenanzahlungen.

verbotene Kartelle
das Verbot bezieht sich auf ↑ Kartelle in Form eines Preiskartells, eines Gebietskartells, eines Quotenkartells oder eines Submissionskartells. – Gegensatz: anmeldepflichtige und genehmigungspflichtige Kartelle.

Verbrauch
I. *Verzehr* (Konsum) von Gütern und Dienstleistung zur Bedürfnisbefriedigung.
II. *Verwendung* von Roh-, Hilfs- und Betriebsstoffen für die Produktion von Gütern.

Verbrauchsteuern
indirekte Steuern, die auf den Verbrauch von Gütern erhoben werden und im Preis enthalten sind, z. B. Mineralölsteuern, Tabaksteuer, Kaffee- und Teesteuer, Biersteuer. Steuerträger ist der Endverbraucher.

verbundene Unternehmen
v. U. stehen in einer gewissen Rechtsbeziehung zueinander., ohne ihre rechtliche Selbständigkeit aufzugeben. Das Aktiengesetz zählt in den §§ 16–19 v. U. auf und gibt darüber hinaus Auskunft über Sonderbestimmungen für v. U. Arten: 1. In Mehrheitsbesitz stehende und Unternehmen mit Mehrheitsbeteiligung. 2. Abhängige und herrschende Unternehmen. 3. Konzernunternehmen. 4. Wechselseitig beteiligte Unternehmen.

verdeckte Gewinnausschüttung
Zuwendungen an Gesellschafter, die materielle Vorteile in irgendeiner Form darstellen, z. B. günstige Kredite, Ausgabe von Gratisaktien, überhöhte Zinszahlungen für ein Gesellschafterdarlehen, außergewöhnliche Verbilligungen von Sachwerten. Die Zuwendungen sind gewinnerhöhend für die Gesellschaft und einkommensteuerpflichtig für den Empfänger.

Verein
freiwilliger Zusammenschluß von Personen, die unter gemeinschaftlichem Namen einen bestimmten Zweck verfolgen. Der V. existiert unabhängig vom Mitgliederbestand.
I. *Rechtsfähiger* V. Zusammenschluß von mind. 7 Personen zur Erreichung eines gemeinsamen Zwecks gemäß schriftlicher Vereinssatzung. Der V. wird beim Vereinsregister durch den Vorstand angemeldet. Arten: 1. Nichtwirtschaftlicher V. (ideeller V., z.B. Ruderverein). Die Rechtsfähigkeit erlangt der V. durch die Eintragung ins Vereinsregister. 2. Der wirtschaftliche V. richtet seinen Geschäftsbetrieb auf Gewinnerzielung. Seine Rechtsfähigkeit erlangt er durch staatliche Verleihung.
II. *Nichtrechtsfähiger* V. Dieser V. kann nicht eingetragen werden und kommt der Gesellschaft des bürgerlichen Rechts sehr nahe.
Gesetzesgrundlage für den V. ist das BGB. Unabhängig von der Form unterliegen Vereine der Körperschaftssteuer, die wirtschaftlichen Vereine auch der Gewerbesteuer.

Vereinsregister
ein beim Amtsgericht geführtes Register, in das nichtwirtschaftliche Vereine mit einer Mindestgründerzahl von 7 Personen eingetragen werden. Mit der Eintragung erlangt der Verein die Rechtsfähigkeit.

Vereinte Nationen
↑UNO.

Verfalltag
Fälligkeitstag eines Wechsels.

Verfassung
Sammelbegriff für die Gesamtheit der staatlichen Grundregeln über den rechtlichen Aufbau eines Staates. Die V. der Bundesrepublik ist im Grundgesetz geregelt. Ein Grundsatz ist die Gewaltenteilung. Verfassungsändernde Gesetze bedürfen der 2/3-Mehrheit des Bundestages und des Bundesrates. Hüterin der V. in der Bundesrepublik ist das Bundesverfassungsgericht.

Vergleich
Übereinkommen zwischen Schuldner und Gläubiger, um dem Schuldner durch einen teilweisen Schuldenerlaß das Fortbestehen seines Unternehmens zu ermöglichen. Arten: 1. *Außergerichtlicher* V. Der Schuldner versucht, ohne Einschaltung des Gerichts, die Gläubiger zum Verzicht auf einen Teil ihrer Forderungen zu bewegen. 2. *Gerichtlicher* V; siehe Abb. S. 244.

vergleichende Werbung
Anpreisung, die die Vorteile der eigenen Produkte mit Nachteilen namentlich genannter Konkurrenzprodukte vergleicht. Die v. W. verstößt gegen das UWG und ist verboten.

Verjährung
ist eine vom Gesetz vorgeschriebene Zeit abgelaufen, dann muß der Schuldner nicht mehr leisten. Die Gläubigerforderung ist verjährt.

Vergleich

Gerichtlicher Vergleich	
➤ Zweck:	Ein drohendes Konkursverfahren soll abgewendet werden.
➤ Voraussetzung:	Zahlungsunfähigkeit (Insolvenz) muß bereits bestehen.
➤ Antrag:	Den Vergleichsantrag kann **nur der Schuldner** beim zuständigen Amtsgericht stellen.
➤ Inhalt des Antrags:	○ **Persönliche Daten** über den Schuldner ○ Ein bestimmter **Vergleichsvorschlag**, der allen Gläubigern mindestens 35 % der Forderungen sicherstellt

➤ Anlagen zum Antrag:	1. Eine Übersicht über den Vermögensstand des Schuldners
	2. a) Ein Verzeichnis aller Gläubiger mit Angabe der einzelnen Forderungen
	   b) Ein Verzeichnis aller Schuldner mit Angabe der einzelnen Schulden
	3. Eine Erklärung des Schuldners über
	   a) eventuelle innerhalb des letzten Jahres vorgenommenen Vermögensauseinandersetzungen zwischen Ehegatten und nahen Verwandten
	   b) eventuelle Verfügungen innerhalb der letzten zwei Jahre über Vermögensgegenstände zugunsten des Ehegatten oder naher Verwandter
	   c) eventuelle außergerichtliche oder gerichtliche Vergleiche innerhalb der letzten 5 Jahre

➤ Maßnahmen des Amtsgerichts:	○ Der Vergleichsantrag wird geprüft. ○ Ein vorläufiger **Vergleichsverwalter** wird eingesetzt. ○ Ein **Gutachten** der IHK wird eingeholt.
➤ Ablehnung des Antrags:	Nach Prüfung wird der Antrag eventuell abgelehnt, wenn der Schuldner nicht vergleichswürdig ist, weil ○ die gesetzliche Vergleichsquote nicht erreicht wird. ○ innerhalb der letzten 5 Jahre schon einmal ein Vergleichs- oder Konkursverfahren durchgeführt wurde. ○ der Schuldner geflohen ist oder sich verborgen hält. ○ die Buchführung mangelhaft und dadurch ein Überblick über die Vermögenslage nicht möglich ist. ○ die Insolvenz durch Leichtsinn herbeigeführt wurde.
➤ Gang des Verfahrens:	Ist der Schuldner vergleichswürdig, wird das Vergleichsverfahren durchgeführt. Das Amtsgericht verfügt ○ die Einsetzung eines endgültigen Vergleichsverwalters. Dieser überwacht die Geschäftsführung und die private Lebenshaltung des Schuldners. Der Schuldner behält die Verfügung über sein Vermögen. ○ die Eintragung des Verfahrens in das HR. ○ einen Vergleichstermin zur gerichtlichen Verhandlung mit den Gläubigern.
➤ Vergleichstermin:	Beim Vergleichstermin wird unter den **Gläubigern** über den **Vergleichsvorschlag** abgestimmt. Der Vergleichsvorschlag ist angenommen, ○ wenn bei einer Quote **unter 50 %** die Mehrheit der Gläubiger, die mindestens 80 % der Forderungen besitzen, zustimmen. ○ wenn bei einer Quote **über 50 %** die Mehrheit der Gläubiger, die mindestens 75 % der Forderungen besitzen, zustimmen. Das **Gericht bestätigt** den Vergleich und verfügt die Eintragung in das HR. **Anschlußkonkurs** beschließt das Gericht, wenn die erforderliche Zustimmung versagt wird.
➤ Vollstrekkungsverbot:	**Zwangsvollstreckungen** gegen den Schuldner sind für die Dauer des Verfahrens nicht statthaft. Die Verjährung ist für die gleiche Zeit gehemmt.
➤ Zwangsvergleich:	Der Zwangsvergleich wird als gerichtliches Verfahren durchgeführt, wenn ○ die bevorrechtigten Gläubiger voll befriedigt sind. ○ die Vergleichsquote noch mindestens 20 % beträgt. ○ die Gläubiger der nicht bevorrechtigten Forderungen zustimmen.

Verkaufsförderung

Besondere Verjährungsfristen gelten für Mängelrügen, im Scheckrecht, im Wechselrecht, im Strafrecht und im Prozeßrecht; siehe Abbildungen.

Verkäufermarkt
der Markt wird vom Verkäufer beherrscht, d. h. der Absatz bietet ihm keine Schwierigkeit, da die Nachfrage das Angebot übersteigt. Der V. war nach dem Kriege vorhanden (etwa bis 1960), da der Nachholbedarf recht groß war. – Gegensatz: ↑ Käufermarkt.

Verkaufsförderung
Inbegriff aller Maßnahmen eines Unternehmens, um das Produkt so günstig wie möglich auf dem Markt zu plazieren und ihm absatzsteigernde Unterstützung zu geben, auch Sales Promotion genannt. Beispiele: Produktvorführung, Schulung von Verkaufs- und Außendienstpersonal.

Verjährung

Wichtige Verjährungsfristen		
30 Jahre	**4 Jahre**	**2 Jahre**
Beginn: Mit dem Datum der Entstehung oder der Fälligkeit der Schuld.	**Beginn:** Mit dem Jahresende, das auf die Entstehung oder Fälligkeit der Schuld folgt.	**Beginn:** Mit dem Jahresende, das auf die Entstehung oder Fälligkeit der Schuld folgt.
Es verjähren: ○ Ansprüche von Privatleuten untereinander. ○ Ansprüche aus rechtskräftigen Urteilen und Vergleichen. ○ Konkursforderungen. ○ Darlehensforderungen.	Es verjähren Ansprüche ○ von Kaufleuten untereinander. ○ auf Zinsen jeder Art. ○ auf wiederkehrende regelmäßige Zahlungen (Unterhaltsbeiträge, Renten, Miete, Pacht).	Es verjähren Ansprüche von ○ Kaufleuten an Privatleute. ○ Lohn- und Gehaltsempfängern an den Arbeitgeber. ○ Transportunternehmen. ○ Gast- und Pensionswirten. ○ freiberuflich Tätigen (Anwälte, Ärzte, Architekten usw.).

Unterbrechung und Hemmung der Verjährung	
Die Verjährung wird unterbrochen durch	Die Verjährung wird gehemmt, solange
○ gerichtlichen Mahnbescheid. ○ Klage des Gläubigers. ○ Teilzahlung des Schuldners. ○ Zinszahlung des Schuldners. ○ Gesuch um Stundung. ○ besonderes Schuldanerkenntnis. ○ Anmeldung der Forderung zum Konkurs.	○ die Rechtspflege stillsteht (z. B. durch Naturkatastrophen oder Krieg). ○ der Gläubiger die Forderung stundet. ○ der Schuldner die Zahlung aus berechtigten Gründen verweigern kann. ○ über das Vermögen des Schuldners infolge Vergleich oder Konkurs eine Geschäftsaufsicht besteht.
Vom Tage der Unterbrechung an beginnt die Verjährungsfrist von neuem an voll zu laufen. Die Zeit vor der Unterbrechung wird nicht mitgezählt.	Vom Tage der Hemmung an ruht die Verjährungsfrist für die Zeit der Hemmung. Die Hemmungszeit wird nach Ende der Hemmung der Verjährungsfrist hinzugezählt.

Verkehrshypothek
Bezeichnung für die im Normalfall auftretende Hypothek. – Gegensatz: Sicherungshypothek, für die besondere Bestimmungen gelten.

Verkehrssitte
Handelsbrauch, der von dem Beteiligten gewöhnlich angewendet wird. Er darf allerdings nicht gegen gesetzliche Regelungen verstoßen. In der Auslegung von Verträgen spielt die V. eine große Rolle. Bei der Beurteilung von strittigen Fällen wird der Handelsbrauch als Kriterium herangezogen nach dem Grundsatz: Hat der Betreffende nach Treu und Glauben mit Rücksicht auf die V. gehandelt?

Verkehrsteuern
werden von Vorgängen erhoben, denen ein Güter- oder Leistungsaustausch zugrunde liegt. Die V. ist also nicht personenbezogen wie die Besitzsteuer. Im wesentlichen zählen dazu die Umsatzsteuer, Kapitalverkehrsteuer, Wechselsteuer, Grunderwerbsteuer, Versicherungsteuer.

Verkehrswert
Wertansatz, der jederzeit den erzielbaren Verkaufswert ausdrückt. Wichtig ist der V. bei der Absicherung von Krediten (↑gemeiner Wert).

Verkürzung der Ausbildung
↑Ausbildungsdauer.

Verlust
Begriff des kaufmännischen Rechnungswesens. Der V. wird normalerweise zweifach festgestellt: einmal in der G+V-Rechnung, wenn die Aufwendungen die Erträge übersteigen, und zum anderen in der Bilanz, wenn die Passivseite die Aktivseite übersteigt. Bei Personengesellschaften und Einzelunternehmen wird der V. aus der G+V-Rechnung direkt an das Kapitalkonto gebucht und reduziert somit das Eigenkapital.

Verlustvortrag
bei Aktiengesellschaften ein aus dem Vorjahr übernommener Verlust. Der Verlust reduziert im Folgejahr den evtl. Jahresüberschuß und wird vor der Einstellung einer Rücklage oder einer evtl. Dividendenzahlung berücksichtigt. Beispiel:

Jahresüberschuß bzw. Jahresfehlbetrag
± Gewinnvortrag oder Verlustvortrag
± Rücklageneinstellung oder -auflösung
= Bilanzgewinn bzw. Bilanzverlust

Vermischung
ein im BGB beschriebener Begriff. V. entsteht, wenn bewegliche Sachen in der Form zusammengemischt werden, daß eine Teilung nicht mehr möglich ist, z. B. Getreide oder Flüssigkeiten. Die Eigentümer erwerben Miteigentum im Verhältnis ihres Anteils an der Gesamtheit. Auch bei einer Verarbeitung werden die einzelnen Stoffe so verbunden, daß eine Teilung nicht mehr möglich ist. Deshalb spricht das Gesetz auch von Verbindung, Vermischung oder Verarbeitung.

Vermögen
I. Die einer *Privatperson* gehörenden, in Geld bewertbaren Sachwerte oder reinen Geldwerte.
II. Das V. einer *Unternehmung* ist die Ausstattung mit Bar- und Sachmitteln und steht auf der Aktivseite der Bilanz. Die Aktivseite gliedert sich in Anlagev. und Umlaufv. Zieht man von der Vermögensseite die Verbindlichkeiten der Passivseite ab, erhält man das Reinvermögen.
III. *Volkswirtschaftlich* spricht man vom Produktivv. (Produktivkapital) als demjenigen V., das der gewerblichen Wirtschaft für Produktionszwecke zur Verfügung steht (Maschinen, Rohstoffe, Werkzeuge).

Vermögensaufbau
Zusammensetzung (Struktur) von Anlagevermögen und Umlaufvermögen in der Bilanz. Eine einheitliche Kennziffer gibt es nicht. Eine objektive Beurteilung kann nur durch Betriebsvergleiche erfolgen. Der V. ist abhängig davon, ob es sich um anlageintensive oder umlaufintensive Betriebe handelt; letztere vor allem im Handel (hohe Vorratshaltung).

Vermögensaufstellung
↑Bilanz, ↑Bewertung.

Vermögensteuer
die V. zählt zu den direkten Steuern, zahlbar von natürlichen und juristischen Personen. Berechnungsgrundlage ist das Reinvermögen einschließlich ausländischem Vermögen. Für Personen, die beschränkt steuerpflichtig sind, gilt nur das Inlandsvermögen. Der Steuersatz beträgt für natürliche Personen grundsätzlich 0,5%, für die übrigen Personen (z.B. juristische Personen) 0,7% des steuerpflichtigen Vermögens abzügl. Freibeträge (bei natürlichen Personen je Ehepartner 70 000 DM). Öffentlich-rechtliche Geldinstitute, Gewerkschaften, Verbände, Parteien und Institutionen mit gemeinnützigem Charakter können von der Zahlung der V. befreit werden.

vermögenswirksame Leistungen
Zahlungen des Arbeitgebers an den Arbeitnehmer, um im Zuge einer Vermögensumverteilung dem Arbeitnehmer eine zusätzliche Leistung zu gewähren, in der Bundesrepublik in Form des 624-Mark-Gesetzes; ↑Sparförderung.

Verpackungsarten
Möglichkeiten zur äußeren Umhüllung von Waren zum Schutz während des Transports. Man unterscheidet *Verkaufsverpackung* (z.B. Waschmitteltrommel), *Versandverpackung* und *Lieferverpackung* (z.B. Flachpaletten). Die Kosten der Verpackung trägt der Endverbraucher. Handelsübliche Verpackungsbedingungen sind »netto einschl. V.«; »brutto einschl. V.« oder »brutto für netto« und »netto ohne V.«

Verpfändung
↑Pfandrecht.

Verpflichtungsgeschäft
Teil eines Vertrages, der die eigentliche Schuld aus dem Vertrag begründet, z.B. eine Sache ordentlich zu liefern und das Eigentum zu übertragen. Im sog. Erfüllungsgeschäft wird die eingegangene Verpflichtung erfüllt.

Verrechnungspreis
I. *Bewertung* von Roh-, Hilfs- und Betriebsstoffen in der Bilanz zum *Festpreis*.

II. In der *Plankostenrechnung* der Ansatz der Kosten in den einzelnen Kostenstellen. Dadurch wird erreicht, daß Schwankungen in der Kalkulation ausgeschaltet werden und die Möglichkeit der Feststellung einer Verbrauchsabweichung gegeben ist.

Verrechnungsscheck
Zahlungsmittel zur bargeldlosen Verrechnung vom Konto des Ausstellers auf das Konto des Zahlungsempfängers. Dazu wird das übliche Scheckformular mit dem Vermerk »Nur zur Verrechnung« (quer über die linke obere Ecke) versehen.

Versandgeschäft
Handelsart, bei der eine Sache mittels Katalog oder Anzeigen angeboten wird und bei der die Auslieferung einer schriftlichen Bestellung durch Post oder Bahn direkt an den Besteller erfolgt.

Verschmelzung
↑Fusion.

Verschulden
Rechtsbegriff, der einer schadenstiftenden Person Vorsatz oder Fahrlässigkeit vorwirft.

Versender
derjenige, der einen Versendungsauftrag an einen Spediteur gibt.

Versendungskauf
Kauf, bei dem der Verkäufer die Ware an einen anderen Ort als den Erfüllungsort versendet. Der Erfüllungsort ist in der Regel der Ort des Verkäufers. Die Gefahr eines zufälligen Untergangs geht mit der Übergabe der Ware an den Frachtführer auf den Käufer über. Die Frachtkosten trägt in der Regel ebenfalls der Käufer. Die Klausel »frei Haus« bezieht sich nur auf die Bezahlung der Fracht durch den Lieferanten, nicht auch auf den Gefahrübergang.

Versicherung
I. 1. Eine *private* Absicherung gegen Risiken jeglicher Art, z.B. Lebensv., Unfallv., Invaliditätsv., Betriebsunterbrechungsv., Feuerv. 2. Eine *zwangsweise* erhobene V. im Bereich der So-

Versicherungsarten

zialv., um soziale Härten zu vermeiden (Krankheit, Arbeitslosigkeit, Alter).
II. Im privaten Bereich ein *Unternehmen,* das ein Grundhandelsgewerbe nach § 1 HGB betreibt (Versicherungsverein auf Gegenseitigkeit).
2. Im Bereich der Sozialv. handelt es sich um öffentlich-rechtliche Anstalten mit Selbstverwaltungscharakter.

Versicherungsarten
Möglichkeiten zur Versicherung von Personen oder Sachen; siehe Abbildung.

unterliegen grundsätzlich nicht der Verjährung. Wann v.M. üblicherweise verjähren, hängt vom gehandelten Gegenstand ab. Der oft genannte Zeitraum von 6 Monaten nach Lieferung kann dann nicht zutreffen, wenn ein versteckter Mangel bei der Art des Gegenstandes erst später festgestellt werden kann, z.B. ein Hochofen, dessen Kapazität nur langsam gesteigert werden kann, oder wenn bei einem Gebäude, das bauliche Fehler aufweist, diese erst im Wohnzustand erkannt werden.

Versicherungsarten

Sozialversicherungen	Individualversicherungen (Privatversicherungen)		
	Personenversicherung	Sachversicherung	Vermögensversicherung
Rentenversicherung	Lebensversicherung	Feuerversicherung	Haftpflichtversicherung
Krankenversicherung	Krankenversicherung	Leitungswasserversicherung	Kreditversicherung
Arbeitslosenversicherung	Unfallversicherung	Einbruch/Diebstahlversicherung	
Unfallversicherung		Transportversicherung	

Versicherungspflicht
im Sozialversicherungsbereich die Pflicht eines jeden Arbeitnehmers, Beiträge zu leisten. Die V. entsteht mit Beginn der Tätigkeit und endet gewöhnlich mit deren Aufgabe.

Versicherungsschein
eine von einem Versicherungsunternehmen ausgestellte Urkunde, die den abgeschlossenen Versicherungsvertrag darstellt (Police).

verstärkter Personalkredit
Kredit, bei dem eine zusätzliche Person für die Einhaltung der Rückzahlung garantiert. Im einzelnen handelt es sich dabei um eine Bürgschaft, eine Schuldmitübernahme, im weitesten Sinn auch um eine offene Zession.

versteckte Mängel
Mängel, die vom Käufer nicht sofort erkannt werden können. V.M. sind unverzüglich nach Bekanntwerden dem Verkäufer mitzuteilen. Arglistig vom Verkäufer verschwiegene Mängel

Versteigerung
eine Veranstaltung, bei der Gegenstände durch einen Zuschlag an den Meistbietenden verkauft werden. Gewerbsmäßige private Versteigerungen bedürfen der behördlichen Genehmigung. Eine behördlich angeordnete V., z.B. Zwangsversteigerung, muß vorher öffentlich bekannt gemacht werden. Das Gericht setzt hierbei vorher ein Mindestgebot fest, das nicht unterschritten werden darf. Gold- und Silberwerte dürfen nicht unter dem Börsenpreis verkauft werden.

Verteilungsrechnung
Volkswirtschaftlich die Verteilung des Volkseinkommens auf die Bereiche unselbständige Arbeit, Unternehmertätigkeit und Vermögen. *Betriebswirtschaftlich* die Verteilung des Gewinns bei Gesellschaftsunternehmen nach Gesetz oder Gesellschaftervertrag.

Vertrag
Der V. ist eine schriftliche oder münd-

liche Übereinkunft zweier oder mehrerer Parteien, etwas zu tun oder zu unterlassen. Der V. kommt durch Antrag (Angebot) und Annahme zustande. Neben dem Mietvertrag, dem Pachtvertrag, dem Geschäftsvertrag und dem Arbeitsvertrag spielt der ↑Kaufvertrag die wichtigste Rolle.
Das Zustandekommen von Verträgen kann durch Schweigen (z.B. Kauf auf Probe, Schenkungen), durch schlüssige Handlung (wortlose Annahme einer angebotenen Ware) oder durch ausdrückliche Handlung in schriftlicher, in öffentlich beglaubigter oder in notariell beurkundeter Form erreicht werden.

Vertragsfreiheit
Möglichkeit für jeden Bürger, Rechtsgeschäfte abzuschließen oder es zu unterlassen. Grenzen: Gesetze, Verordnungen, Allgemeine Geschäftsbedingungen.

Vertragsstrafe
Vereinbarung in Verträgen, die den Schuldner verpflichtet, bei Nichterfüllung des Vertrages eine Summe in Geld zu leisten (Konventionalstrafe). Bei unverhältnismäßiger Höhe kann die V. vom Richter herabgesetzt werden, wenn der Schuldner kein Vollkaufmann ist.

vertretbare Sachen
Gegenstände des Rechtsverkehrs, die nach Maß, Zahl oder Gewicht bestimmt werden können (↑Gattungswaren). – Gegensatz: ↑Spezieswaren.

Vertreter
↑Handelsvertreter.

Vertreterversammlung
Organ der Genossenschaft bei mehr als 3 000 Mitgliedern als Ersatz für die Generalversammlung.

Vertretung
das rechtliche verbindliche Handeln für einen anderen. Die V. innerhalb einer OHG durch einen Gesellschafter umfaßt alle Geschäfte und Rechtshandlungen einschließlich Prokuraerteilung und Grundstücksveräußerung, ausgenommen das Ges.-verhältnis berührende Geschäfte. Man unterscheidet Alleinvertretung und Gesamtvertretung, die zur Wirkung gegenüber Dritten ins Handelsregister einzutragen sind.

Vertrieb
der Absatz von Gütern und Dienstleistungen und alle damit zusammenhängenden Maßnahmen.

Vertriebsgemeinkosten
auf die Kostenträger nicht direkt zurechenbare Kosten, die im Bereich des Vertriebs anfallen, z.B. Fixum des Außendienstlers oder die Gehälter der im Vertrieb arbeitenden Angestellten. V. werden im Betriebsabrechnungsbogen verteilt.

Vertriebswege
Absatzwege vom Hersteller bis zum Endverbraucher. Formen:
I. *Direktvertrieb:* Ware gelangt vom Hersteller direkt zum Verbraucher, z.B. durch Verkauf an der Haustür (Staubsauger).
II. *Indirekter Vertrieb:* Waren gehen an unabhängige Handelsstufen (Großhandel/Einzelhandel), die sie dem Verbraucher anbieten.
III. *Versandhandel:* Sonderform des Direktverkaufs durch Versand nach Bestellung aus einem Katalog.
IV. ↑ *Syndikat.*

Verwahrung
das entgeltliche oder unentgeltliche Aufbewahren von beweglichen Sachen. Der Verwahrer hat das Hinterlegte dem Berechtigten jederzeit auf Verlangen herauszugeben. Besondere Vorschriften gelten für die V. von Wertpapieren (↑Depotgeschäft).

Verwaltungsgemeinkosten
Kosten der Verwaltung, die im BAB eine eigene Kostenstelle haben, auf der sie gesammelt werden. In der Kalkulation werden sie mit einem Prozentzuschlag berücksichtigt, da sie nicht direkt zugerechnet werden können (Gehälter, Strom, u.s.w.).

Verwaltungsgerichtsbarkeit
Gerichtsbarkeit, die sich mit Streitigkeiten von Bürgern mit der öffentlichen Verwaltung beschäftigt (außer Verfassungsfragen). Die V. bietet einen

Verwaltungsrat

Schutz vor Behördenwillkür. Aufbau: Verwaltungsgericht, Oberverwaltungsgericht und als Revisionsinstanz das Bundesverwaltungsgericht.

Verwaltungsrat
Organ einer Körperschaft oder Anstalt des öffentlichen Rechts, das ähnliche Kontrollfunktion über den Vorstand hat wie der Aufsichtsrat bei der Aktiengesellschaft.

Verwendungsrechnung
↑Sozialprodukt.

Verwertungsrecht
I. Im *Urheberrecht* das alleinige Recht des Urhebers, das Werk zu verwerten. V.a. zählt dazu das Vervielfältigen und Verbreiten. Das Recht kann übertragen werden; gewöhnlich an Verlage.
II. Das Recht einer Person, eine Sache zu verwerten, wenn der *Schuldner* seinen Verpflichtungen nicht nachkommt, z.B. im Pfandrecht (Hypotheken, Grundschuld, Rentenschuld).

Verzicht
einseitige Willenserklärung, mit der der Betreffende ein ihm zustehendes Recht aufgibt.

Verzug
eine Vertragsverletzung, die einklagbare Rechte für den Betroffenen nach sich zieht. V.a. zählen dazu der ↑ Annahmeverzug und der ↑ Lieferungsverzug.

Verzugszinsen
von einem im Verzug befindlichen Schuldner zu zahlende Zinsen. Gesetzliche V. nach dem BGB unter Privatpersonen betragen 4%, unter Kaufleuten nach HGB 5%. Verträge können höhere V. vorsehen. Steuerlich unterliegen die V. der Umsatzsteuer.

vinkulierte Namensaktien
Aktien, die auf einen bestimmten Namen lauten und deren Weiterveräußerung an die Zustimmung des Vorstandes der betreffenden Aktiengesellschaft gebunden ist.

Volkseinkommen
Summe aller von Inländern im Laufe einer Periode bezogenen Einkommen, auch Nettosozialprodukt zu Faktorkosten genannt; ↑Sozialprodukt.

Volkswirtschaft
die Summe aller Einzelwirtschaften und deren Beziehungen untereinander, hauptsächlich die Käufe und Verkäufe zwischen Unternehmen, privaten Haushalten, Staat und Ausland. Die Funktion der V. besteht in der Bereitstellung von Produktionsfaktoren, Gütern und Dienstleistungen, um damit die Bedürfnisse der Wirtschaftssubjekte zu erfüllen. Merkmale einer V. sind Arbeitsteilung, Austausch über Märkte, funktionierendes Geldwesen, Außenhandel und eine staatliche Rechtsordnung.

Volkswirtschaftliche Gesamtrechnung
zahlenmäßige Darstellung der Transaktionen sämtlicher Wirtschaftseinheiten. Die V.G. bezieht sich auf eine vergangene Periode, kann aber auch als Vorausschau verwendet werden. Die V.G. stellt ein umfassendes Instrument der Wirtschaftsbeobachtung dar und dient als wesentliche Grundlage für gesamtwirtschaftliche Analysen und Vorhersagen. Ausgangspunkt ist der ↑Wirtschaftskreislauf. Die Darstellung geschieht oft in Kontenform.

Volkswirtschaftslehre
Wirtschaftswissenschaft, die sich mit gesamtwirtschaftlichen Zusammenhängen befaßt, auch Nationalökonomie genannt. Die V. gehört zu den angewandten Sozialwissenschaften und ist eine sogenannte Erfahrungswissenschaft. Sie umfaßt hauptsächlich die Teilgebiete Wirtschaftstheorie, Wirtschaftspolitik, Sozialpolitik, Konjunktur- und Wachstumspolitik, Finanzwissenschaft, Geldlehre, Außenhandelslehre.

Vollbeschäftigung
Ziel innerhalb des ↑ Magischen Vierecks, einen hohen Beschäftigungsstand zu haben. V. liegt dann vor, wenn jeder Arbeitsuchende einen Arbeitsplatz findet. Allerdings spricht man schon von V., wenn die Arbeitslosenquote um 1,5% liegt.

voll geschäftsfähig
↑Geschäftsfähigkeit.

Vollhafter
↑Komplementär.

Vollkaufmann
eine Person, die alle Rechte und Pflichten eines Kaufmanns hat. Für V. gelten alle Vorschriften des HGB. Der V. muß einen kaufmännisch eingerichteten Betrieb haben und im Handelsregister eingetragen sein. V. sind Muß-, (nur bei entsprechender Größe, sonst Minder-), Soll-, Kann- und Formkaufleute.

vollkommener Markt
Begriff aus der Preistheorie, der einen unterschiedlosen Markt kennzeichnet. *Bedingungen* für einen vollkommenen Markt:
I. Homogenität (Gleichartigkeit) der Güter.
II. Sämtliche Marktteilnehmer haben eine völlige Marktübersicht.
III. Es bestehen keine persönlichen Bevorzugungen (Präferenzen).
IV. Auf jede Veränderung des Marktes reagieren die Marktteilnehmer sofort.
V. Sämtliche Anbieter streben nach Gewinnmaximum, sämtliche Konsumenten nach dem Nutzenmaximum.

Vollkostenrechnung
Verfahren der Kostenrechnung, bei dem sämtliche bei der Leistungserstellung entstandenen Kosten auf die Kostenträger verrechnet werden. – Gegensatz: ↑ Teilkostenrechnung.

Vollmacht
↑Prokura ↑ Handlungsvollmacht.

vollstreckbare Urkunde
ausgestellte Urkunde, von einem Gericht oder Notar, aus der der Gläubiger unmittelbar die Zwangsvollstreckung betreiben kann.

Vorkalkulation
eine *vor* der Leistungserstellung liegende Erfassung der auf das Produkt bezogenen Kosten. Die V. ist nach Ausführung des Auftrages mit der Nachkalkulation zu vergleichen.

Vorkaufsrecht
Recht des Vorkäufers, in einem zwischen dem Eigentümer und einem Dritten geschlossenen Kaufvertrag anstelle des Dritten einzutreten. Bei Grundstücken wird das V. ins Grundbuch eingetragen und wirkt auch gegen Dritte, die das Grundstück kaufen wollen.

Vormerkung
Eintragung ins Grundbuch, die ein Recht am Grundstück sichern soll, z. B. soll durch die Auflassungsv. dokumentiert werden, daß bereits eine Übereinkunft über die Veräußerung des Grundstücks vorliegt. Auch die Bestellung einer Hypothek gehört zur V.

Vorrat
in der Bilanz ist der Vorrat ein Posten des Umlaufvermögens. Der V. ist nicht dazu bestimmt, dauernd dem Geschäftsbetrieb zu dienen, sondern soll sich nach Möglichkeit durch Verkäufe schnell umschlagen. Für Handelsbetriebe bilden das Vorratsvermögen die eingekauften verkaufsfähigen Waren. Fertigungsbetriebe gliedern ihre Vorräte in Rohstoffe, Hilfsstoffe, Betriebsstoffe, Fertigerzeugnisse und unfertige Erzeugnisse. Evtl. zählen auch Handelswaren dazu.

Vorratsbewertung
handelsrechtlich können Vorräte nach dem Lifo-, Fifo- oder Hifo-Verfahren bewertet werden. Steuerrechtlich ist grundsätzlich nur die Durchschnittsbewertung erlaubt, u.U. auch das ↑ Lifo-Verfahren, wenn der Nachweis darüber anhand von Verbrauchsbelegen geführt wird.

Vorsorgepauschale
nach Einkommensteuerrecht Teil der Sonderausgaben, die in der Einkommensteuererklärung anzugeben sind.

Vorstand
Organ eines Vereins, einer Aktiengesellschaft oder Genossenschaft, das die Aufgabe der Geschäftsführung innehat. Der V. ist gesetzlicher Vertreter der von ihr vertretenen juristischen Person. Bei der AG wird der V. für 5 Jahre vom Aufsichtsrat gewählt. Er hat diesem regelmäßig Bericht über den Geschäftsgang zu geben. Bei der Genossenschaft muß der V. aus mindestens 2 Personen, bei landwirtschaftlichen Genossenschaften aus 3–5 Personen bestehen. Die Mitglieder des Aufsichtsrats wählen einen Vorstandsvorsitzenden. Nach neuem Mitbestimmungsgesetz und Montanmitbestimmungsgesetz gehört zum V. ein

Vorsteuer

Arbeitsdirektor, der die Arbeitnehmerinteressen vertreten soll und nicht gegen die Mehrheit der Stimmen der Arbeitnehmer in den Aufsichtsrat gewählt werden kann. Die Vergütung der Vorstandsmitglieder wird in Form von Bezügen und Tantiemen geregelt.

Vorsteuer
Umsatzsteuerbeträge, die auf Rechnungen besonders ausgewiesen sind und beim Weiterverkauf von Waren und Leistungen mit der eigenen geschuldeten Umsatzsteuer verrechnet werden. Die V. bildet eine Forderung gegenüber dem Finanzamt. Existiert am Bilanzstichtag ein Vorsteuerüberhang, so ist dieser zu aktivieren.

Vorzugsaktie
↑ Aktie.

W

Wachstum
Prozentuale Erhöhung des realen Bruttosozialproduktes im Vergleich zur Vorperiode. Ein angemessenes Wachstum zu schaffen, ist eine Zielsetzung innerhalb des ↑Magischen Vierecks. Die in der letzten Zeit immer häufiger gestellte Forderung nach einer Reduzierung des Wachstums hat folgende Hintergründe: Einerseits befürchtet man, daß das ökologische Gleichgewicht durch eine rapide Verschmutzung der Umwelt gefährdet wird, zum anderen ist man der Meinung, daß die Lebensqualität durch die starke Arbeits- und Umweltbelastung bedroht wird, obwohl der Lebensstandard vielleicht steigen kann.

Wachstumsarten
Formen des Wachstums. Man unterscheidet quantitatives (mengenmäßiges) Wachstum, d.h. mehr Produktion und Sozialprodukt und qualitatives Wachstum durch technischen Fortschritt und im weitesten Sinne auch Bildungs-, Umwelt- und sozialpolitisch motivierte Investitionen.

Wachstumsfaktoren
Bestimmungsgründe für das Wachsen einer Volkswirtschaft; siehe Abbildung Seite 253.

Wachstumspolitik
die Summe aller staatlichen und privaten Maßnahmen zur Steigerung des Wirtschaftswachstums; siehe Abbildung Seite 254.

Wahlsysteme
I. *Mehrheitswahl.* Gewählt wird eine Person (Persönlichkeitswahl). Wer innerhalb des Wahlkreises die meisten Stimmen erhält, hat gewonnen. Der Nachteil liegt darin, daß viele Stimmen verlorengehen.
II. *Verhältniswahl.* Gewählt wird die Partei, d.h. alle Stimmen kommen zum Zuge. Die Parteien können im Verhältnis zu ihrem Gesamtwähleranteil Abgeordnete entsenden. Beispiel: Partei A hat 45%, B 40% und C 15%. Die Gesamtabgeordnetenzahl wird nun prozentual auf die Parteien verteilt.
III. Das *kombinierte Wahlsystem.* Dieses in der Bundesrepublik vorherr-

Wachstumsfaktoren		
Boden	**Arbeit**	**Kapital**
○ Vorhandensein von Bodenschätzen ○ Günstige landwirtschaftliche Produktionsbedingungen ○ Erschließung neuer Rohstoff- und Energiequellen	○ Bevölkerungswachstum ○ Ausbildungsstand und technisches ‚Know How' der Bevölkerung ○ Arbeitsmoral ○ Anteil der Erwerbstätigen an der Gesamtbevölkerung ○ Gesellschaftliche und betriebliche Arbeitsteilung	○ Kapitalbildung durch Sparen und Investieren (Neu-Investitionen) ○ Kapazitätserhöhung durch Anwendung neuer Maschinen (Technischer Fortschritt) ○ Anteil des Volkseinkommens für Investitionen statt für Konsumzwecke

Wagnisse

Staatliche Wachstumsmaßnahmen	
Bevölkerungs- politik	○ Bevölkerungspolitische Maßnahmen zur Erhöhung der Geburtenquote ○ Maßnahmen zur Erhöhung des Anteils der Erwerbstätigen zur Gesamtbevölkerung ○ Einsatz ausländischer Arbeitskräfte
Infrastruktur- politik	○ Verkehrsmäßige Erschließung ○ Versorgung mit Energie, Wasser und Kanalisation ○ Förderung von Bildungsmaßnahmen ○ Förderung des technischen Fortschritts ○ Förderung von Forschungsvorhaben
Strukturpolitik	○ Maßnahmen zur Förderung von Privat-Investitionen ○ Förderung und Erleichterung des Strukturwandels
Investitions- neigung	○ Förderung der Investitionsbereitschaft ○ Gewährung von Investitionsprämien ○ Förderung der Sparbereitschaft der Bevölkerung ○ Gewinnanreize für Investitionen

schende Wahlsystem kombiniert die Vorteile unter I. und II. Gewählt wird mit 2 Stimmen, d. h., der Wähler kann mit seiner 1. Stimme die Person seines Vertrauens wählen, mit der 2. Stimme die gewünschte Partei. Ausschlaggebend für die Anzahl der Sitze im Parlament ist die Zweitstimme. Von den gewonnenen Sitzen werden die Direktmandate der Erststimmen abgezogen. Die verbleibenden Sitze werden nach dem d'Hondtschen Höchstzahlverfahren verteilt. Dabei werden die Stimmen je Partei durch 1, 2, 3 usw. geteilt. Jede Partei erhält soviele Sitze, wie sie höhere Quotienten als ihre Mitbewerber aufweist. Durch die Einführung der 5%-Klausel wird vermieden, daß Parteien, die keine 5% der Zweitstimmen auf sich vereinigen, nicht in das Parlament einziehen können. Ersatzweise kann aber eine Partei das doch erreichen, wenn sie in 3 Wahlkreisen ihre Kandidaten durch die Erststimme direkt durchbekommen hat.

Wagnisse
↑kalkulatorische Wagnisse.

Währung
I. Gesetzliches *Zahlungsmittel* eines Landes.
II. Sie wird auch *Geldordnung* oder *Verfassung* des Geldwesens genannt. Hinsichtlich des Außenwertes einer W. ist deren Kaufkraft maßgebend. Der Wechselkurs wird normalerweise an der Börse festgestellt. Er spiegelt das Vertrauen des Auslandes in eine W. und somit in die volkswirtschaftliche Stabilität dieses Landes wider; ↑Geld.

Währungspolitik
gesamtstaatliche Maßnahmen, um binnenländisch und außenwirtschaflich die benötigten Geldmengen zur Verfügung stellen zu können. In der Bundesrepublik sollen Bundesregierung und Bundesbank kooperativ zusammenarbeiten, um das wirtschaftspolitische Ziel der Währungsstabilität zu erreichen; ↑Geldmengenpolitik. siehe Abbildung.

Währungsschlange
↑Europäisches Währungssystem.

Wandelschuldverschreibung
eine Schuldverschreibung (Gläubigerpapier), die das Recht gewährt, nach Ablauf einer bestimmten Zeit (vertraglich vereinbart) die Schuldverschreibung in Aktien (Teilhaberpapier) umzuwandeln. Die Ausgabe einer W. bedarf der Zustimmung einer 3/4-Mehrheit der Hauptversammlung. Den Aktionären steht ein Bezugsrecht auf die W. zu, es sei denn, das Recht ist von einer 3/4-Mehrheit ausgeschlossen worden. Der Entschluß zum Umtausch wird dann auftreten, wenn der garantierte Zins der Schuldver-

schreibung niedriger ist als der Dividendenzins.

Wandlung
Rückgängigmachen eines Vertrages. Das Recht des Gläubigers, bei Vertragsverletzung den Partner haftbar zu machen. Anwendung:

I. Im Bereich der *Mängelrüge* hat der Käufer grundsätzlich das Recht zu wandeln. Ist W. ausgeschlossen und lediglich Nachbesserung vereinbart, so kann trotzdem gewandelt werden, wenn die Nachbesserung nicht den gewünschten Erfolg erzielt.

II. Im *Lieferungsverzug,* wenn nach abgelaufener Nachfristsetzung und vorheriger Androhung der W. nicht geliefert wurde.

III. *Rücktritt* aus allen übrigen Vertragsarten, die das vertragliche Recht der W. zulassen oder die dem Zurücktretenden das gesetzliche Recht einräumen, z.B. bei Täuschung oder Nichtigkeit von Verträgen; ↑Minderung.

Warenausgang
Entnahme oder Veräußerung von Waren. Der private Verbrauch wird ebenfalls als Warenverkauf gebucht. Buchung bei Verkauf: Forderungen (Bank) an Warenverkauf + Umsatzsteuer bzw. bei Entnahme Privat an Warenverkauf + Umsatzsteuer. Verkäufe an Wiederverkäufer sind in einem Warenausgangsbuch festzuhalten, das 10 Jahre aufzubewahren ist.

Wareneingang
Einkauf von Waren; der Eingang von Waren zieht eine Reihe von Aktivitäten nach sich. Bei der Ankunft muß die Warenannahme das Vorhandensein offener Mängel prüfen (Art, Menge, Güte, Beschaffenheit). Anschließend wird der Wareneingang verbucht: Wareneinkauf + Vorsteuer an Verbindlichkeiten (oder Kasse/Bank). Außerhalb der Buchhaltung wird häufig noch ein Nebenbuch, das Wareneingangsbuch, geführt, das in Kontenform, Art, Preis und Menge der eingekauften Waren getrennt ausweist. Kaufleute, die der Buchführungspflicht unterliegen, sind zur Führung eines Wareneingangsbuches nicht verpflichtet.

Wareneinsatz
die zur Umsatzerzielung notwendige Warenmenge, bewertet zu Einstandspreisen.
Der Wareneinsatz errechnet sich aus dem Wareneinkaufskonto wie folgt: Anfangsbestand + Zukäufe + Bezugskosten ./. Rücksendungen u. Gutschriften ./. Schlußbestand.

Warenkennzeichnung
Beschreibung eines Gegenstandes hinsichtlich Art, Beschaffenheit und Güte. Art ist dabei die handelsübliche Bezeichnung einer Ware, z.B. Coca-Cola. Beschaffenheit und Güte können durch Muster, Proben, Abbildungen, Beschreibung oder Normung festgestellt werden.

Warenkonto
im Handelsbereich ein gemischtes Konto, das Wareneingänge und Warenausgänge erfaßt. Üblicherweise aber aufgeteilt in ein Wareneinkaufs- und Warenverkaufskonto.
Der Schlußbestand des Wareneinkaufskontos wird zur Bilanz und der Wareneinsatz zur G+V-Rechnung abgeschlossen. Das Warenverkaufskonto ist ein reines Erfolgskonto.

Warenkorb
ausgesuchte Güter (Waren u. Dienstleistungen), deren Preisveränderung von Jahr zu Jahr im ↑Preisindex (für Lebenshaltung) festgehalten wird. Der W. soll repräsentativ sein. Das bedeutet, daß bei Veränderungen der Käufergewohnheiten der W. geändert werden muß (letzte Änderung 1976). Der W. setzt sich aus 778 Artikeln (1979) zusammen.

Warenkredit
I. Im *Bankbereich* die Absicherung eines Kredites durch Waren (↑Sicherungsübereignung).
II. Übliche Bezeichnung für einen *Lieferantenkredit* (↑Verbindlichkeiten).

Warenmenge
nach Stück, Meter, Kilogramm, Liter oder nichtmetrischen Einheiten wie z.B. Unze und Barrel bemessener Umfang einer Ware.

Warenrohgewinn
der positive Unterschiedsbetrag zwischen Verkaufs- und Einstandspreisen einer Ware. Ist der Verkaufspreis geringer als der Einstandspreis der verkauften Ware spricht man von Warenrohverlust.

Warentermingeschäft
Außenhandelsgeschäft, bei dem Waren zu einem späteren Zeitpunkt geliefert werden sollen, der Preis aber bereits heute auf der Basis eines festen Wechselkurses vereinbart wird.

Warenwechsel
↑Handelswechsel.

Warenzeichen
ein Symbol, dessen sich jemand zur Unterscheidung seiner Waren von denen anderer Hersteller bedient. Das W. ist schutzfähig und wird in die Zeichenrolle beim Bundespatentamt eingetragen. Ausnahme: Freizeichen (z. B. geflügeltes Rad) oder andere Zeichen, die nicht genügend unterscheidungskräftig sind (einfache Zahlen). Haben sich solche Zahlen aber bereits als W. durchgesetzt, sind sie schutzfähig (z. B. 4711). Die Schutzdauer beträgt 10 Jahre, mit Verlängerungsmöglichkeit.

Wärmepumpe
mit der W. wird Wärme aus den oberen Schichten des Erdreichs gezogen und in der Energieversorgung vorwiegend von Privathäusern eingesetzt.

Wechsel
der W. ist eine Urkunde (Wertpapier), in der sich der Bezogene verpflichtet, an einem bestimmten Termin (Fälligkeit) zu zahlen. Solange der Wechsel noch nicht akzeptiert ist, wird er als Tratte bezeichnet, nach der Akzeptierung als Akzept. Wird er als Zahlungsmittel weitergegeben, spricht man von einer Rimesse. Gewöhnlich zieht der Aussteller auf den Schuldner einen Wechsel, indem er ihm einen ausgefertigten Wechsel zur Akzeptierung schickt. Zieht der Aussteller den Wechsel auf sich selbst, so sind Aussteller und Bezogener identisch (Solawechsel). Grundsätzlich ist der W. bei Sicht fällig. Üblicherweise schreibt der Aussteller jedoch einen bestimmten Termin vor, an dem der W. zur Einlösung vorgelegt werden soll.
I. Formale Erfordernisse des Wechsels (man spricht auch von den 8 *gesetzlichen Bestandteilen*): 1. Ausstellungsort und -datum, 2. das Wort W. im Text 3. Verfalltag, 4. Wechselempfänger (Remittent), 5. Wechselbetrag in DM und Buchstaben (im Zweifel zählt das Geschriebene), 6. der Bezogene, 7. der Zahlungsort und 8. die Unterschrift des Ausstellers.
II. Der W. kann verschieden *verwendet* werden: 1. als Zahlungsmittel, indem er an andere indossiert (übertragen) wird; 2. als Wertaufbewahrungsmittel, um ihn selbst am Verfalltag dem Bezogenen vorzulegen, 3. zum Diskont an die Bank, um von der Bank Barmittel zu erhalten. Die auf der Rückseite des Wechsels vermerkten Personen, die den W. übertragen haben, heißen Indossanten. Am Verfalltag oder an den beiden folgenden Werktagen ist der W. dem Bezogenen vorzulegen. Löst der Schuldner den W. nicht ein, ergeht eine ↑Notifikation. Rechtsgrundlage: Wechselgesetz.

Wechselarten
I. *Sichtwechsel,* fällig bei der Vorlage.
II. *Nachsichtwechsel,* fällig an einem bestimmten Termin nach der Vorlage, z. B. »zahlen Sie 30 Tage nach Sicht«.
III. *Datowechsel.* Der Ausstellungstag bestimmt die Fälligkeit, z. B. »Zahlen Sie heute in 2 Monaten«.
IV. Der *Tagwechsel* ist die üblichs Form, in der der Verfalltag kalendermäßig genau bestimmt ist, z. B. »Gegen diesen Wechsel zahlen Sie am 22. März 19...«.

Wechselbuchung
die Verbuchung eingehender oder ausgehender Wechsel geschieht in der Praxis in vielfacher Form. In der Regel hat sich bei der Weitergabe (Indossierung) und Diskontierung aber folgende Buchung in der Nennwertform mit Nachbelastung des Diskonts durchgesetzt. *Beispiel:* Zahlung durch eigenen Wechsel in Höhe von 3 000 DM/Laufzeit 60 Tage/Diskont 6%.

1. Aus der Sicht des Kunden:
a) Verbindlichkeiten an Schuldwechsel 3 000 DM
b) Diskontaufwand 30 DM
  + Vorsteuer 3 DM
  an Verbindlichkeiten 33 DM
2. Aus der Sicht des Lieferanten:
a) Besitzwechsel an
  Forderungen 3 000 DM
b) Forderungen 33 DM
  an Diskonterträge 30 DM
  Umsatzsteuer 3 DM

Beispiel: Diskontierung (Verkauf) des Wechsels von 3 000 DM an die Bank /. 30 DM Diskont durch den Wechselempfänger. Buchung:
1. Bank 2970 DM + Diskontaufwand 30 DM an Besitzwechsel 3 000 DM
Beispiel: Vorlage des Wechsels am Verfalltag durch die Bank. Buchung beim Bezogenen:
1. Schuldwechsel an Bank 3 000 DM

Wechselbürgschaft
↑Avalkredit.

Wechseldiskont
↑Diskont.

Wechselfunktion
der Wechsel garantiert beim Indossament drei Funktionen.
I. Die *Transportfunktion.* Bei der Indossierung werden alle Rechte und Pflichten auf den nächsten Inhaber übertragen.
II. Die *Legitimationsfunktion.* Jeder Berechtigte kann sich durch das Indossament legitimieren und die ihm zustehenden Rechte aus dem Wechsel geltend machen.
III. Die *Garantiefunktion.* Wer auf dem Wechsel steht, garantiert dessen Einlösung.

Wechselkurs
Preis für eine Einheit ausländischen Geldes (z.B. Dollar) zahlbar in der Inlandswährung (z.B. 2 DM); ↑Aufwertung, ↑Abwertung.

Wechselmarken
Steuermarken, die auf den Wechsel geklebt werden. Ohne W. darf der Wechsel nicht in den Verkehr gebracht werden. Pro angefangene 100 DM werden -,15 DM berechnet.

Wechselobligo
die Gesamtheit aller bestehenden Wechselverpflichtungen a) speziell bei einer Bank oder b) einem Unternehmen überhaupt. In der Bilanz ist das Volumen der weitergegebenen Wechsel zu vermerken.

Wechselprotest
das Nichteinlösen eines Wechsels am Verfalltag zieht den förmlichen Protest nach sich. Der letzte Inhaber beauftragt seinen Anwalt, wechselmäßigen Protest zu erheben. Zu diesem Zweck wird eine öffentliche Urkunde ausgestellt, die aussagt, daß der Wechsel erfolglos vorgelegt wurde. Der Wechselinhaber muß den Vormann und den Austeller binnen 4 Tagen von dem W. informieren. Die Protesturkunde ist im Wechselprozeß dem Wechsel beizufügen. Das Verfahren wird streng und kurzfristig durchgeführt. ↑Notifikation.

Wechselregreß
die Möglichkeit eines Wechselnehmers, sich bei Nichteinlösung durch den Bezogenen an anderen auf dem Wechsel genannten Personen schadlos zu halten (↑Reihenregreß, ↑Sprungregreß).

Wechselreiterei
eine Möglichkeit zweier oder mehrerer Personen, sich durch gegenseitiges Ausstellen und Akzeptieren von Wechseln Kredit zu verschaffen. Die einzelne Person ist dann auf einem Wechsel der Aussteller, auf dem anderen der Bezogene.

Wechselverlängerung
↑Prolongation.

Wechselverlust
Abhandenkommen eines Wechsels durch Diebstahl oder Verlegen. Bei W. muß beim Amtsgericht ein Aufgebotsverfahren bestellt werden, damit der Wechsel für kraftlos erklärt werden kann.

Weihnachtsgratifikation
Gewährung von Zuwendungen an den Arbeitnehmer. Von der W. sind seit 1980 600 DM steuerfrei und 100 DM sozialversicherungsfrei. Der Freibe-

trag von 600 DM gilt auch dann, wenn keine W. gezahlt wurde.

Weltbank
den ↑IMF unterstützendes Organ, das in Zusammenhang mit dem ↑Bretton-Woods-Abkommen 1945 gegründet wurde. Ursprünglich für den Wiederaufbau und zur Unterstützung der vom zweiten Weltkrieg geschädigten Länder gedacht, betreibt die W. heute in immer stärkerem Maße Entwicklungs- und Förderungspolitik in den angeschlossenen Ländern (v.a. Entwicklungsländer). Der Weltbankpräsident Mc. Namara war u.a. Initiator des Nord-Süd-Dialogs.

Weltwirtschaft
länderübergreifende Verpflechtung der Versorgungs- und Leistungsnetze aller Volkswirtschaften durch Ex- und Importe.

Werbeerfolg
das Ergebnis einer Werbemaßnahme, meßbar z.B. im Umsatz oder Bekanntheitsgrad. Der W. hängt im wesentlichen davon ab, welche Werbemittel mit welchen Werbeträgern zu welchem Zeitpunkt und an welchem Ort eingesetzt werden (Werbeplan). Dabei spielt das zur Verfügung stehende Geld eine wichtige Rolle. Der W. kann durch nicht fachmännische Arbeitsweise gefährdet werden. Daher empfiehlt sich häufig der Einsatz von Werbeagenturen. Die Überprüfung eines Werbeerfolges kann durch Feststellen der Rücklaufquoten auf Anzeigen, Umsatzveränderungen oder durch Verkaufsgespräche erfolgen.

Werbeetat
das einer Firma zur Verfügung stehende Geldvolumen, um Werbemaßnahmen durchführen zu können.

Werbemittel
alle einem Unternehmen zur Verfügung stehenden Hilfsmittel, um das Produkt herauszustellen. Die W. bieten vielfache Gestaltungsmöglichkeiten innerhalb von Werbeaktionen. Beispiele: Filme, Radiospots, Anzeigen, Plakate, Lichtwerbung, Briefe, Prospekte, aber auch Verkaufsgespräche.

Werbeträger
Einrichtungen, die das ↑Werbemittel an den Verbraucher herantragen sollen. Beispiele: Fernsehen, Radio, Litfaßsäule, Häuserwände, Zeitungen.

Werbung
der Inbegriff aller Maßnahmen, die darauf gerichtet sind, die Produkte eines Unternehmens in der Öffentlichkeit bekannt zu machen und Kaufwürsche zu wecken. Die W. soll klar und wahr sein. W. ist eines der wichtigsten absatzpolitischen Mittel.
Kurzfristig soll die W. Marktanteile ausdehnen oder eine Stagnation beenden. Langfristig wird auch die Festigung bzw. die Verbesserung des Firmenrufs angestrebt; siehe Abbildung. Als Beispiel für die Höhe der Kosten in der Fernsehwerbung siehe Abbildung.

Was 30 Sekunden Sendezeit kosten:

ZDF
35 400,– DM
im Sommer
46 200,– DM
Frühjahr/Herbst/Winter

Süddeutscher Rundfunk
600,– bis 1 650,– DM

Radio Luxemburg
300,– bis 3060,– DM

Quelle: UNI-Berufswahlmagazin

KWS

Werbungskosten
Ausgaben, die steuermindernd geltend gemacht werden können. W. sind ähnlich den Betriebsausgaben bei der Gewinneinkünften (↑ Einkünfte). Dazu zählen u. a. 1. Aufwendungen für Fahrten zwischen Wohnung und Arbeitsstätte, 2. Beiträge an Berufsverbände, z.B. Gewerkschaftsbeiträge.

3. Aufwendungen für Arbeitsmittel, 4. Mehraufwendungen für doppelte Haushaltsführung, 5. Mehraufwendungen für Verpflegung bei beruflicher Abwesenheit von mehr als 12 Std., 6. andere W. wie beruflich bedingte Umzugskosten, Reisekosten, Berufsfortbildungskosten, Kosten für ein häusliches Arbeitszimmer. Im Lohnsteuertarif ist eine Werbungskostenpauschale von 564 DM eingearbeitet.

Werklieferungsvertrag
↑Werkvertrag.

Werkstattfertigung
Fertigungsverfahren, bei dem in einer Werkstatt gleiche Maschinenarten konzentriert sind, z. B. nur Drehbänke.

Werkstoff
einer der betriebswirtschaftlichen Produktionsfaktoren (neben Betriebsmitteln und menschlicher Arbeit). Zu den Werkstoffen zählen Roh-, Hilfs- und Betriebsstoffe, halbfertige Erzeugnisse und Fertigerzeugnisse. Letztere werden unverarbeitet oder nur leicht veredelt in das zu fertigende Produkt eingearbeitet.

Werkvertrag
Vertrag, bei dem ein Unternehmer verspricht, erfolgreich ein Werk herzustellen. Der Besteller verspricht das Werk zu bezahlen (Werklohn). Beim W. hat der Besteller nur das Recht auf Nachbesserung, da es sich häufig um eine Spezialanfertigung handelt. Ist die Nachbesserung für den Hersteller mit einem unverhältnismäßig hohen Aufwand verbunden, kann er die Nachbesserung ablehnen. Er hat dann aber evtl. den entstandenen Schaden zu ersetzen. Besorgt der Hersteller den notwendigen Stoff selbst, spricht man von einem *Werklieferungsvertrag*.

Wertberichtigung
eine indirekte Abschreibung auf Gegenstände des Anlagevermögens oder auf Forderungen (Pauschalwertberichtigung). Die W. erscheint auf der Passivseite der Bilanz als Korrekturposten zum entsprechenden Aktivposten. Der Vorteil bei der Verbuchung der W. liegt darin, daß sowohl der Anschaffungswert auf der Aktivseite als auch die Wertminderung auf der Passivseite der Bilanz sofort ersichtlich sind.

Wertminderung
Abnahme eines Vermögenswertes durch verschiedene Ursachen, wie Abnutzung, Veralterung, Ablauf eines Patentes, Sinken der Börsenpreise für einige Gegenstände des Umlaufvermögens, Fehlinvestitionen. Buchhalterisch wird der W. durch eine Abschreibung Rechnung getragen.

Wertpapiere
Urkunden, die ein Recht über ein Vermögen in der Weise bescheinigen, das ohne diese Urkunde nicht geltend gemacht werden kann. Die Vorlage des Papiers ist also Voraussetzung. Der Schuldner kann dann mit befreiender Wirkung leisten. Bei Order- und Inhaberpapieren ist zusätzlich die Übergabe des Wertpapiers notwendig.
Einteilung: Aktien, Rentenwerte, Investmentzertifikate und Schuldverschreibungen.

Wertschöpfungssteuer
Steuer, durch die die ↑ Gewerbesteuer ersetzt werden soll. Die W. soll nicht nur von gewerblichen Unternehmen, sondern auch von freien Berufen und Behörden bezahlt werden. Bemessungsgrundlage soll sein die Summe von Löhnen, Mieten und Pachten, Zinsen und Gewinnen. Evtl. Vorteil: Auf Grund der breiten Bemessungsgrundlage würde die Steuerlast auf die Erträge geringer und die Kapitalbildung daher leichter.

Wertzoll
übliche Zollberechnung, die sich nach dem Wert der importierten Waren ausrichtet. Festgesetzt wird ein verschieden hoher Prozentsatz vom Rechnungsbetrag.

wesentliche Bestandteile
Gegenstände, die ohne Beschädigung der Hauptsache von dieser nicht getrennt werden können. So gehören z. B. Gebäude zum wesentlichen Bestandteil eines Grundstückes.

Wettbewerb
Unternehmen, die sich auf dem Markt als Konkurrenten gegenüberstehen, betreiben einen Leistungskampf, den W. Der W. kann scharf und hart sein, darf aber nicht gegen das UWG (Ge-

setz gegen den ↑ unlauteren Wettbewerb) verstoßen. Der W. fördert den technischen Fortschritt, weil jede Unternehmung versucht, bessere Güter auf den Markt zu bringen. Der Verbraucher profitiert vom W. durch Preis- und Qualitätskonkurrenz der Anbieter. *Wirtschaftspolitisch* sichert W. das Funktionieren eines auf Angebot und Nachfrage basierenden Preismechanismus.

Wettbewerbsrecht
Gesetze und Vorschriften, die einen reibungslosen Wettbewerb garantieren sollen; ↑ Unlauterer Wettbewerb, ↑ Kartellgesetz.

Wettbewerbsverbot
↑ Konkurrenzklausel.

Wiederaufbereitung
Möglichkeit der Atomkraftwerke, etwa 95% des Brennstoffes in Form von Uran und Plutonium zurückzugewinnen. In nachgelagerten Betrieben wird das wiederaufbereitete Material erneut zu Brennstäben verarbeitet.

Willenserklärung
gewollte und zwangsfreie Erklärung einer Person, um eine Rechtsfolge zu erreichen, z.B. Vertragsabschluß, Kündigung, Anfechtung. Voraussetzung ist die Geschäftsfähigkeit der erklärenden Person. W. kommt zustande durch 1. mündliche, schriftliche oder telefonische Äußerung; 2. bloße Handlung (konkludente Handlung), aus der sich der Wille erkennen läßt (z.B. Mitbieten in Auktionen, Kopfnicken, Einsteigen in ein Taxi); 3. in Ausnahmefällen durch Schweigen. *Arten:* Empfangsbedürftige W. wie Kündigung, Mahnung, muß dem Angesprochenen zugehen (z.B. in seinen Briefkasten gelangen), bei nicht empfangsbedürftiger W., wie dem Testament, ist dies nicht erforderlich.

Wirtschaft
Bezeichnung für den Bereich der *ökonomischen* Tätigkeit einer Gesellschaft. Ziel der Tätigkeiten ist die Deckung des Bedarfs an Waren und Dienstleistungen. Der Zwang zum Wirtschaften ergibt sich aus der relativen Knappheit der Güter. Die Grundfragen der W. lauten: Was soll produziert werden? Wie soll es hergestellt werden? An wen soll es verteilt werden? Merkmalsausprägungen einer W. sind der Grad der Arbeitsteilung, die Eigentumsverfassung, der Stand der Technik, die Art der Koordination ökonomischer Tätigkeiten (Markt oder Plan) und die sozialen und rechtlichen Rahmenbedingungen.

wirtschaftliche Güterarten
alle zur Bedürfnisbefriedigung herangezogenen knappen Waren und Dienstleistungen; s. Abbildung.

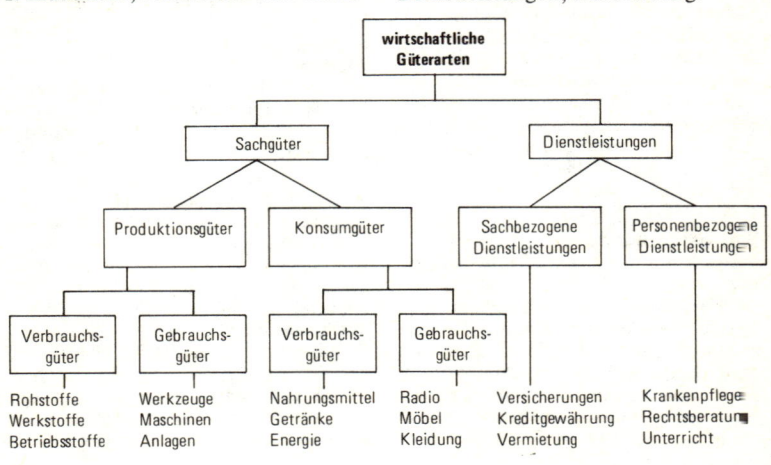

```
                     wirtschaftliche
                       Güterarten
                    /              \
              Sachgüter          Dienstleistungen
              /      \            /            \
      Produktionsgüter  Konsumgüter   Sachbezogene   Personenbezogene
        /      \         /      \    Dienstleistungen  Dienstleistungen
  Verbrauchs- Gebrauchs- Verbrauchs- Gebrauchs-
    güter      güter       güter      güter

  Rohstoffe   Werkzeuge  Nahrungsmittel Radio    Versicherungen   Krankenpflege
  Werkstoffe  Maschinen  Getränke       Möbel    Kreditgewährung  Rechtsberatung
  Betriebsstoffe Anlagen Energie        Kleidung Vermietung       Unterricht
```

Wirtschaftlichkeit
durch eine Gegenüberstellung von Aufwand und Ertrag zeigt sich, ob ökonomisch gearbeitet wurde, d. h., ob die vorhandenen Produktionsfaktoren richtig und ausreichend koordiniert eingesetzt wurden; ↑Maximumprinzip und ↑Minimumprinzip.

Wirtschaftsausschuß
im Betriebsverfassungsgesetz vereinbartes Gremium, das in Unternehmen mit über 100 Arbeitnehmern eingerichtet werden soll. Der W. besteht aus 3-7 Betriebsangehörigen, wovon mindestens einer Betriebsratsmitglied sein muß. Der Unternehmer hat zusammen mit dem W. der Belegschaft mindestens einmal im Vierteljahr einen wirtschaftlichen Lagebericht zu geben.

Wirtschaftsgymnasium
Schulform, mit der i. d. R. die allgemeine Hochschulreife erreicht wird. Dauer 3 Jahre; Voraussetzung: Mittlere Reife. Oft auch *berufliches* Gymnasium oder *Wirtschaftsoberschule* genannt.

Wirtschaftsjahr
↑Geschäftsjahr.

Wirtschaftskreislauf
Darstellung der ökonomischen Leistungen und Gegenleistungen von Wirtschaftssubjekten in Form eines Kreislaufs. Beim einfachen W. vollzieht sich zwischen zwei Wirtschaftssubjekten ein Waren-Geld-Tausch. Die Volkswirtschaft faßt nun viele Wirtschaftssubjekte zu sogenannten Wirtschaftssektoren zusammen. Der erweiterte W. zeigt daher alle Güter- und Geldströme zwischen den fünf Sektoren Unternehmen, privater Haushalt, Staat, Banken und Ausland; siehe Abbildungen S. 261/2.

Wirtschaftsordnung
gesetzliche und frei geschaffene Regeln und Normen, nach denen eine Wirtschaft ablaufen soll. Die W. der Bundesrepublik basiert auf dem Prinzip der sozialen Marktwirtschaft im Gegensatz zur Zentralverwaltungswirtschaft, in der die Wirtschaft zentral gelenkt wird.

Wirtschaftspolitik
Summe aller Maßnahmen des Staates zur Beeinflussung von Ablauf und Struktur der Wirtschaft, um damit die gesetzten ökonomischen Ziele (↑Magisches Viereck) zu erreichen. Arten:
I. *Konjunktur- und Wachstumspolitik;* Maßnahmen zur Stabilisierung des Wirtschaftsablaufs.
II. *Fiskalpolitik;* Maßnahmen zur Beschaffung von Einnahmen für den Staat und deren Verwendung für Aufgaben des Staates.
III. *Ordnungspolitik;* Entscheidung über Fragen des Wirtschaftssystems;
IV. *Sektorale und regionale Wirtschaftspolitik;* Maßnahmen zur Förderung einzelner Wirtschaftszweige oder Regionen.
V. *Geldpolitik;* oft der Konjunkturpolitik untergeordnete, sonst aber selbständige Politik zur Regulierung der Geldmenge und Beeinflussung des Preisniveaus.

Wirtschaftskreislauf

Verkäufer	Ware → ← Geld	Käufer

Unternehmen	← Arbeitsleistung Einkommen →	Haushalte

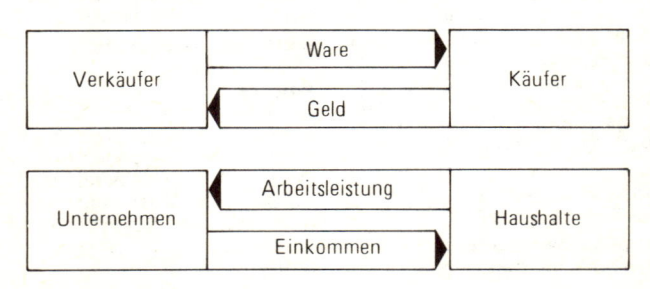

Wirtschaftsprüfer

Wirtschaftskreislauf

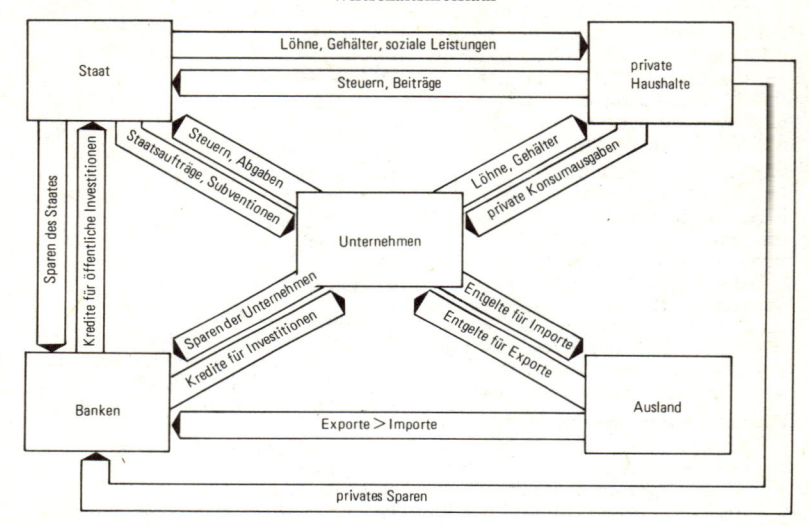

Diagramm: Staat ↔ private Haushalte (Löhne, Gehälter, soziale Leistungen; Steuern, Beiträge); Staat ↔ Unternehmen (Staatsaufträge, Subventionen; Steuern, Abgaben); Unternehmen ↔ private Haushalte (Löhne, Gehälter; private Konsumausgaben); Unternehmen ↔ Banken (Sparen der Unternehmen; Kredite für Investitionen); Unternehmen ↔ Ausland (Entgelte für Importe; Entgelte für Exporte); Staat ↔ Banken (Sparen des Staates; Kredite für öffentliche Investitionen); Banken ↔ Ausland (Exporte > Importe); private Haushalte → Banken (privates Sparen).

Wirtschaftsprüfer
freier Beruf, der durch öffentliche Bestellung dem Ausübenden den Befähigungsnachweis verleiht, betriebswirtschaftliche Gutachten zu erstellen, steuerberatend tätig zu sein und v.a. auch Jahresabschlüsse zu prüfen, die häufig ohne den Bestätigungsvermerk eines W. nicht veröffentlicht werden können (z.B. Aktiengesellschaft). An die Bestellung werden hohe Anforderungen geknüpft. So schreibt u.a. die Wirtschaftsprüferordnung vor, daß eine Prüfungszulassung zum W. ein abgeschlossenes Hochschulstudium und eine anschließende sechsjährige Tätigkeit im Wirtschaftsleben, von der mind. vier Jahre als Prüfungstätigkeit abgeleistet sein müssen, voraussetzt. Wer kein Hochschulstudium absolviert hat, kann auch durch eine langjährige (mind. 10 Jahre) Tätigkeit bei einem W. die Prüfungszulassung bekommen. Die Prüfung gilt allerdings im wirtschaftswissenschaftlichen Bereich als äußerst schwer.

Wirtschaftsschwankungen
↑Konjunkturschwankungen.

Wirtschaftssektoren
Zusammenfassung gleichartiger Wirtschaftssubjekte, z.B. aller öffentlichen Haushalte (Bund, Land, Gemeinde, Sozialversicherung) zu einer Einheit. W. sind die privaten Haushalte, Unternehmen, Staat, Banken und das Ausland. ↑Wirtschaftskreislauf.

Wirtschaftssubjekt
Träger wirtschaftlicher Handlungen. W. ist z.B. der Konsument, der Sparer, Produzent, Investor, aber auch ein Unternehmer oder ein privater Haushalt.

Wirtschaftsungleichgewicht
↑Inflation, ↑Konjunktur.

Wirtschaftswachstum
↑Wachstum.

Wucher
nichtiger Vertrag, bei dem zwischen Leistung und Gegenleistung ein gravierendes Mißverhältnis besteht. Wichtig dabei ist allerdings, daß der Vertrag unter Ausnutzung einer Notlage oder der Unerfahrenheit und Unkenntnis des Vertragspartners geschlossen wurde.

Z

Zahlkarte
Form der halbbaren Zahlung, bei der der Empfänger ein Postscheckkonto besitzen muß. Der Zahler zahlt mittels eines Zahlkartenformulars das Geld am Postschalter bar ein, das dann dem Empfänger auf seinem Postscheckkonto gutgeschrieben wird. Wird diese Form der Zahlung im Bankwesen benutzt, so entspricht die Z. dem Zahlschein, der an jedem Bankschalter ausliegt.

Zahlungsarten
↑Barzahlung, ↑bargeldlose Zahlung, ↑halbbare Zahlung.

Zahlungsbedingungen
Vereinbarungen in Handelsverträgen über den Zahlungsort, Zahlungszeitpunkt und die Zahlungsweise. V. a. gehören Gewährungen von Skonto und evtl. zu leistende Vorauszahlungen in die Z. hinein, z. B. »zahlbar innerhalb 10 Tagen mit 2% Skonto, oder 30 Tage netto«. Ist vertraglich nichts vereinbart, so ist der Zahlungsbetrag sofort nach Übergabe der Ware fällig.

Zahlungsbefehl
jetzt Mahnbescheid. ↑Mahnverfahren.

Zahlungsbilanz
die Z. ist eine zusammengefaßte Gegenüberstellung der Werte aller Transaktionen zwischen Inland und Ausland in einer Periode.

Die Z. besteht aus fünf *Teilbilanzen*. Formal ist jede Zahlungsbilanz immer ausgeglichen, da nach dem Prinzip der doppelten Buchführung die Einnahmen und Ausgaben sich gegenseitig ausgleichen.

Die Summe der Salden aller Teilbilanzen ist Null. Die Teilbilanzen selbst können nicht alle aktiv oder passiv sein; jedoch soll sich ihre Zusammenfassung – die Zahlungsbilanz – langfristig im Gleichgewicht befinden. So kann z.B. eine aktive Handelsbilanz durch eine negative Dienstleistungsbilanz wieder ausgeglichen werden.

Außenwirtschaftliches Gleichgewicht (ausgeglichene Zahlungsbilanz) ist eines der Hauptziele der Wirtschaftspolitik. Wird die Geldwertstabilität von den wichtigsten Handelspartnerländern nicht in den Vordergrund gestellt, so verursachen die unterschiedlichen Inflationsgeschwindigkeiten wieder neue Ungleichgewichte; siehe Abbildungen Seite 264/5.

Zahlungsmittel
Geld und Geldersatz sowie Buchgeld zur Begleichung einer Verbindlichkeit. Für den Empfänger besteht lediglich bei gesetzlichen Zahlungsmitteln (Geldnoten und Münzen) die Verpflichtung der Annahme. Bei Schecks und Wechseln können Annahmeschwierigkeiten auftreten.

Zahlungsschwierigkeiten
der vorübergehende Mangel an Zahlungsmitteln zur pünktlichen Schuldenbegleichung. *Ursachen:* Umsatz- und Gewinnrückgang, steigende Verschuldung, sinkendes Eigenkapital. *Folgen:* Vertrauensschwund, erschwerte Kreditvergabe, zögernde Belieferung und Nichtausnutzung von Skonti. Z. können durch Sanierung oder Vergleich abgewendet werden.

Zahlungsunfähigkeit
das Unvermögen eines Schuldners, seinen Zahlungsverpflichtungen nachzukommen.

Zahlungsverkehr

Zahlungsbilanz

Güterausfuhr bzw. Einnahmen	Güvereinfuhr bzw. Ausgaben
S **Handelbilanz** H	
Warenexporte	Warenimporte
S **Dienstleistungsbilanz** H	
Dienstleistungsexporte	Dienstleistungsimporte
= Leistungsbilanz	
S **Übertragungsbilanz** H	
Empfangene Übertragungen	Geleistete Übertragungen
= Bilanz der laufenden Posten	
S **Kapitalverkehrsbilanz** H	

Kapitalimporte
  Forderungsabnahme an das Ausland
  Schuldzunahme an das Ausland
	Kapitalexporte
	  Forderungszunahme an das Ausland
	  Schuldabnahme an das Ausland

S **Gold- und Devisenbilanz** H	
Bestandsminderung an Gold und Devisen	Bestandserhöhung an Gold und Devisen
= Zahlungsbilanz	

Zahlungsverkehr
↑ Barzahlung, ↑ halbbare Zahlung, ↑ bargeldlose Zahlung.

Zahlungsverzug
Z. tritt mit dem Zeitpunkt ein, in dem der Schuldner einen im Vertrag fest vereinbarten Termin der Zahlung verstreichen läßt, sonst nach Mahnung und Stellung einer angemessenen Nachfrist. Der Gläubiger hat zunächst folgende Rechte: Zahlung verlangen, notfalls gerichtlich erzwingen oder Schadenersatz verlangen (Verzugszinsen, Auslagen). Hat ein Kaufmann den Kaufpreis gestundet, z.B. im Zielverkauf (Regel), so kann er nicht vom Vertrag zurücktreten, d.h. die Ware zurückverlangen.
Der Gläubiger hat die Möglichkeit, den Schuldner für den gesamten Schaden im Zuge des Mahnverfahrens verantwortlich zu machen. Verläuft das Mahnverfahren fruchtlos, so wird der Gläubiger Maßnahmen zur Zwangsvollstreckung einleiten. Dabei können die Mittel der Pfändung, der Zwangsversteigerung, der Zwangsverwaltung und der Sicherungshypothek angewendet werden.

Zeichnungssatz
Darstellung neuer Produkte in Form mehrerer Zeichnungen. Die Gesamtzeichnung stellt das gesamte Produkt übersichtlich unter Angabe technischer Daten dar. Die Teilzeichnungen sind Anweisungen an die zuständigen Bearbeitungsabteilungen.

Zeitlohn
↑ Lohnformen.

Zeitsichtwechsel
↑ Wechsel (Nachsichtwechsel).

Zession

Zahlungsbilanz

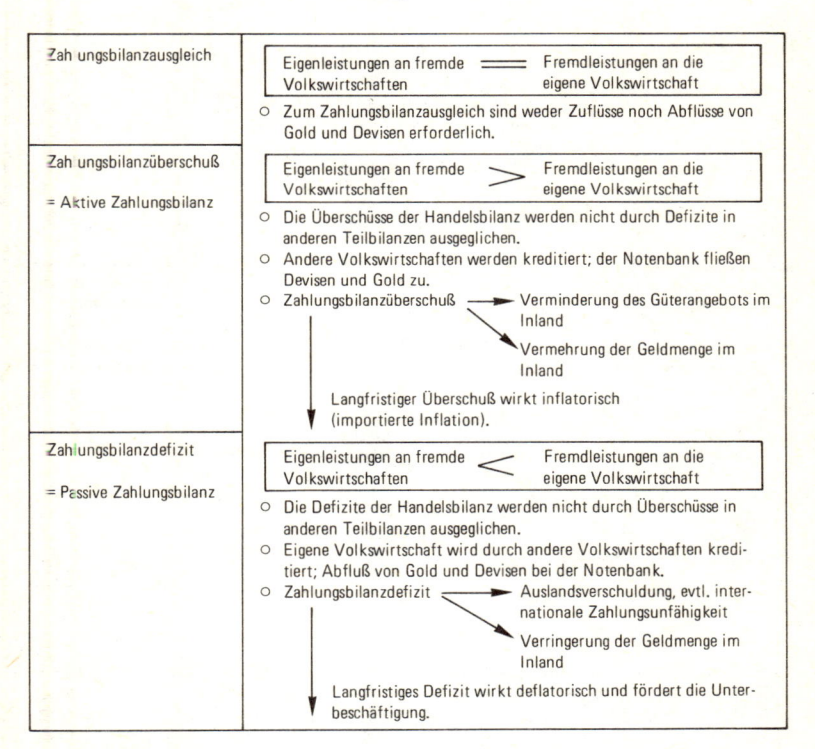

Zahlungsbilanzausgleich	Eigenleistungen an fremde Volkswirtschaften = Fremdleistungen an die eigene Volkswirtschaft
	○ Zum Zahlungsbilanzausgleich sind weder Zuflüsse noch Abflüsse von Gold und Devisen erforderlich.
Zahlungsbilanzüberschuß = Aktive Zahlungsbilanz	Eigenleistungen an fremde Volkswirtschaften > Fremdleistungen an die eigene Volkswirtschaft
	○ Die Überschüsse der Handelsbilanz werden nicht durch Defizite in anderen Teilbilanzen ausgeglichen. ○ Andere Volkswirtschaften werden kreditiert; der Notenbank fließen Devisen und Gold zu. ○ Zahlungsbilanzüberschuß → Verminderung des Güterangebots im Inland / Vermehrung der Geldmenge im Inland ↓ Langfristiger Überschuß wirkt inflatorisch (importierte Inflation).
Zahlungsbilanzdefizit = Passive Zahlungsbilanz	Eigenleistungen an fremde Volkswirtschaften < Fremdleistungen an die eigene Volkswirtschaft
	○ Die Defizite der Handelsbilanz werden nicht durch Überschüsse in anderen Teilbilanzen ausgeglichen. ○ Eigene Volkswirtschaft wird durch andere Volkswirtschaften kreditiert; Abfluß von Gold und Devisen bei der Notenbank. ○ Zahlungsbilanzdefizit → Auslandsverschuldung, evtl. internationale Zahlungsunfähigkeit / Verringerung der Geldmenge im Inland ↓ Langfristiges Defizit wirkt deflatorisch und fördert die Unterbeschäftigung.

Zentralbankgeld
Bezeichnung für das im Umlauf befindliche Geld, zuzüglich der Einlagen bei der Bundesbank durch Banken und Nichtbanken.

Zentralbankrat
Entscheidungsorgan der Bundesbank. Der Z. besteht aus dem Bundesbankpräsidenten, dem Vize-Präsidenten, bis zu 8 weiteren Mitgliedern des Direktoriums und den 11 LZB-Präsidenten. *Bundesbank.

Zentraleinheit
Bestandteil einer Datenverarbeitungsanlage. Die herkömmliche Z. besitzt neben dem Hauptspeicher noch das Steuer- und Rechenwerk; die moderne Z. besteht aus Hauptspeicher und Prozessor. Eine Z. ist kein Bauteil, sondern eine Funktionseinheit innerhalb der Anlage.

Zentralverwaltungswirtschaft
eine Wirtschaftsordnung, die ihre Grundlage in einer zentralen Planung und Lenkung von Produktion und Absatz hat; siehe Abbildung Seite 266.

Zession
(lat.: Abtretung); eine Forderung wird vom Zedenten an den Zessionär, in der Regel eine Bank, übertragen. Die Mitwirkung des Drittschuldners, also des Kunden des Kaufmanns, ist nicht erforderlich. Man spricht dann von einer stillen Z. Wird der Kunde von der Abtretung informiert, spricht man von einer offenen Z. Bei einer Z. wird dem

Zeugnis

Zentralverwaltungswirtschaft

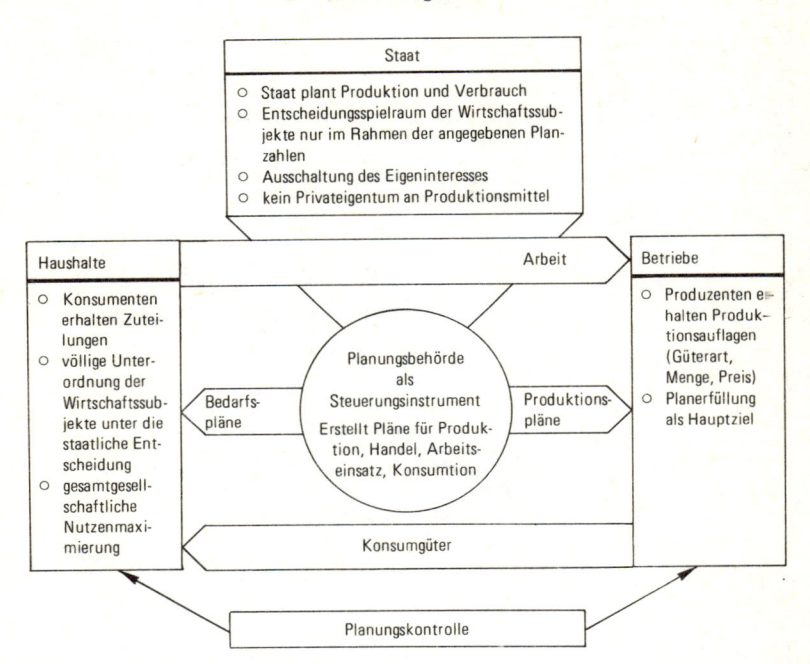

```
┌─────────────────────────────────────────────┐
│ Staat                                       │
├─────────────────────────────────────────────┤
│ ○ Staat plant Produktion und Verbrauch      │
│ ○ Entscheidungsspielraum der Wirtschaftssub-│
│   jekte nur im Rahmen der angegebenen Plan- │
│   zahlen                                    │
│ ○ Ausschaltung des Eigeninteresses          │
│ ○ kein Privateigentum an Produktionsmittel  │
└─────────────────────────────────────────────┘
```

Haushalte	Arbeit	Betriebe
○ Konsumenten erhalten Zuteilungen ○ völlige Unterordnung der Wirtschaftssubjekte unter die staatliche Entscheidung ○ gesamtgesellschaftliche Nutzenmaximierung	Bedarfspläne — Planungsbehörde als Steuerungsinstrument Erstellt Pläne für Produktion, Handel, Arbeitseinsatz, Konsumtion — Produktionspläne Konsumgüter	○ Produzenten erhalten Produktionsauflagen (Güterart, Menge, Preis) ○ Planerfüllung als Hauptziel

Planungskontrolle

Gläubiger (Bank) die Stellung eines voll- und selbständig Berechtigten eingeräumt. Nur im Innenverhältnis zum Kreditnehmer ist der Gläubiger verpflichtet, die Forderung selbst einzuziehen, wenn dieser nicht zahlt. Arten:
I. *Einzelzession*. Nur eine Forderung wird an die Bank übertragen.
II. *Mantelzession*. Eine Reihe von Forderungen, die ein bestimmtes Gesamtvolumen haben müssen, werden zediert. Häufig zur Absicherung eines hohen Kontokorrentkredits. Eingelöste Forderungen müssen mit neuen Forderungen ersetzt werden. Der Zedent kann zu diesem Zweck der Bank laufend die Rechnungsdurchschläge schicken oder periodisch Listen mit Namen, Wohnort, Forderungsgrund und -betrag vorlegen.
III. *Globalzession*. Bei einer Vielzahl von kleinen Forderungen kann es Schwierigkeiten geben, der Bank immer rechtzeitig die Forderungslisten einzureichen. Zu diesem Zweck wird vereinbart, daß alle bestehenden und zukünftigen Forderungen abgetreten werden. Die Gefahr besteht für die Bank in einer evtl. Übersicherung des gewährten Kredits und somit eines nichtigen Knebelungsvertrages.

Zeugnis
dem ausscheidenden Arbeitnehmer oder Auszubildenden auszustellender Nachweis seiner Tätigkeit. In dem Z. dürfen keine für den Arbeitnehmer nachteiligen Vorkommnisse aufgeführt sein, ohne Zustimmung des Arbeitnehmes dürfen keine Angaben über seinen Gesundheitszustand gemacht werden. Das Z. ist dem Arbeitnehmer unverzüglich auszuhändigen.

Zielkauf
Kaufvorgang, bei dem einige Tage nach Eintreffen der Lieferung erst gezahlt zu werden braucht.

Ziehungsrechte
Möglichkeit eines Staates, gegen Hingabe eigener Währung Devisen aus einem internationalen Fond zu erhalten, um Zahlungsbilanzdefizite abzudecken; ↑IMF.

Zins
der Preis für überlassenes Geld oder Kapital, also auch für Vermögenswerte wie Wohnungen und andere Gegenstände (Miete, Pachtz.).

Zinsfuß
prozentuale Angabe des zu zahlenden Zinses. Der Z. richtet sich nach dem Diskontsatz und der Geldmengenpolitik der Bundesbank sowie den Beziehungen zwischen Bank und Bankkunden. Kaufleute untereinander können den gesetzlichen Z. von 5%, Privatpersonen von 4% zugrunde legen.

Zinsrechnung
kaufmännische Rechenart, die sich auf Zinsen, Zinsfuß, Kapital und Zeit bezieht.
Formel zur Berechnung der Zinsen:

$$Zinsen = \frac{Kapital \times Zeit \times Zinsfuß}{100 \times 360}$$

Formel zur Berechnung von Zinsfuß, Kapital oder Zeit:

immer → $\frac{Zinsen \times 100 \times 360}{Kapital \times Zinsfuß}$ = Zeit

oder   Zinsfuß × Zeit = Kapital
oder   Kapital × Zeit = Zinsfuß

Zinsschein
Urkunde, die für den Erhalt der Zinsen für festverzinsliche Wertpapiere dient. Sämtliche Zinsscheine zuzüglich des Erneuerungsscheins ergeben den Zinsscheinbogen.

Zivilgerichtsbarkeit
regelt die Rechtsverhältnisse und -bezehungen der Bürger untereinander und ist für Handelssachen zuständig. 1. Instanz bis zum Streitwert von 3 000 DM ist der Einzelrichter im Amtsgericht, sonst das Landgericht. zuständig. Weitere Instanzen: Oberlandesgericht und Bundesgerichtshof.

Zoll
steuerähnliche Abgabe an den Staat bei der Ein- oder Ausfuhr von Gütern in das Zollin- oder -ausland. Im Rahmen des Protektionismus spielt der Schutzzoll eine wichtige Rolle, da er inländische Produzenten vor ausländischer Konkurrenz schützen soll. Der Z. wird gewöhnlich als Wertz. beziffert, d. h. nach dem Wert der eingeführten Güter, aber auch nach Gewicht, Maß, Länge oder Stückzahl.

Zollbürgschaft
↑Avalkredit.

Zollgebiet
Hoheitsgebiet, das durch eine Grenze markiert ist, bei deren Überquerung Güter der inländischen Zollverordnung unterliegen.

Zolltarif
Verzeichnis der zu erhebenden Zölle, geordnet nach Warengattungen. Dem Z. liegt jeweils ein Tarifschema zugrunde.

Zollunion
Zusammenschluß mehrerer Länder mit der Absprache, bei gegenseitigem Güteraustausch keinen Zoll zu erheben und gegenüber Drittländern einen gemeinsamen Außenzolltarif anzuwenden.

Zubehör
bewegliche Sachen, die, ohne Bestandteile der Hauptsache zu sein, dazu bestimmt sind, der Hauptsache zu dienen, z.B. ein Reifen dem Auto oder Maschinen den Gebäuden. Z. wird im Zweifel bei Belastungen oder Veräußerungen der Hauptsache mit übertragen.

Zug um Zug
Leistungsaustausch, bei dem beide Parteien gleichzeitig erfüllen, z.B. Warenlieferung gegen Bezahlung.

Zurückbehaltungsrecht
das Recht einer Partei, eine Leistung so lange zu verweigern, bis der Vertragspartner die geschuldete Leistung erbringt. Es muß ein wirtschaftlicher Zusammenhang zwischen den beiden Leistungen bestehen. Bei Forderungen aus gegenseitigen Verträgen bestehen Sonderregelungen.

Zusatzkosten

Zusatzkosten
Begriff der Kosten- und Leistungsrechnung der besagt, daß Kosten in Ansatz gebracht werden, denen kein Aufwand gegenübersteht. Dazu zählen kalkulatorische Wagnisse, kalkulatorische Unternehmerlöhne und kalkulatorische Zinsen.

Zuschlagskalkulation
bei Einzel- oder Serienfertigung angewendete Kalkulation, die mit Einzel- und Gemeinkosten rechnet. Die dem einzelnen Auftrag nicht direkt zurechenbaren Gemeinkosten werden im Betriebsabrechnungsbogen verteilt, in dem auch die notwendigen Zuschläge für die Z. errechnet werden.
Schema:

```
   Materialeinzelkosten (Rohstoffverbrauch)
 + Materialkosten % BAB
(1) Materialkosten
 + Fertigungseinzelkosten (Fertigungslöhne)
 + Fertigungsgemeinkosten % BAB
(2) Fertigungskosten
 + Sondereinzelkosten der Fertigung
 = Herstellkosten
 + Verwaltungsgemeinkosten % BAB
 + Vertriebsgemeinkosten % BAB
 + evtl. Sondereinzelkosten des Vertriebs
 = Selbstkosten
```

Zwangsvergleich
vom Gemeinschuldner vorgeschlagener Vergleich zur Abwendung eines bereits eröffneten Konkurses, wenn für die Weiterführung des notleidenden Unternehmens sinnvoller Anlaß besteht. Dem Z. kann vom Konkursgericht nur dann zugestimmt werden, wenn die bevorrechtigten Gläubiger (↑Konkurs) voll befriedigt worden sind und den nicht bevorrechtigten eine Mindestquote von 20% geboten wurde. Vorteil: Eine leichtfertige Weggabe der Vermögensmasse im Konkurs wird verhindert.
Beim Z. muß allerdings ein Aufschwung oder Vermögenszuwachs in Sicht sein, sonst wird niemand dem Z. zustimmen.

Zwangsversteigerung
↑Zwangsvollstreckung.

Zwangsvollstreckung
Anwendung staatlicher Gewalt zur Durchsetzung eines privatrechtlichen Anspruchs des Gläubigers.
I. Z. in das *bewegliche* Vermögen. ↑Pfändung. Frühestens eine Woche nach der Pfändung kann die Zwangsversteigerung durch den Gerichtsvollzieher durchgeführt werden. Sie ist mit Ort, Zeit und Gegenstand der Versteigerung bekanntzugeben.
II. Z. in das *unbewegliche* Vermögen. 1. Im Rahmen der Zwangsversteigerung wird das Grundstück veräußert. Aus dem Erlös werden die Gläubiger befriedigt. 2. Zwangsverwaltung ist die Verwaltung von Grund und Boden durch einen Zwangsverwalter, der mit den eingehenden Erträgen die Gläubiger nach und nach befriedigt, ohne daß das Grundstück unter Preis verkauft werden muß. 3. Durch Bestellung einer ↑Sicherungshypothek. Der Gläubiger kann beim Grundbuchamt unter Vorlage des vollstreckbaren Titels die Eintragung einer Hypothek (auch Zwangshypothek) beantragen.

zweifelhafte Forderung
Forderung, deren Eingang ungewiß ist. Das Gesetz schreibt vor, daß solche Forderungen am Jahresende mit ihrem wahrscheinlichen Wert anzugeben sind, d. h. der vermutete Ausfall ist abzuschreiben. Buchung: Abschreibung auf Forderungen an z.F. (oder indirekt über Einzelwertberichtigung). Zu beachten ist, daß die Umsatzsteuer bei dieser geschätzten Abschreibung am Jahresende außer acht gelassen werden muß. Korrigiert wird sie erst dann, wenn der tatsächliche Ausfall feststeht.

zweiseitige Verträge
auf zwei gleichlautenden Willenserklärungen beruhendes Rechtsgeschäft, das für einen Vertragsteil eine Verpflichtung, für den anderen eine einklagbare Berechtigung darstellt (Schenkungsversprechen).

Zwischenlager
Aufbewahrungsort atomarer Abfälle, für die noch kein endgültiges Lager vorhanden ist. Ein Z. erfüllt also eine Pufferfunktion, bis die schadlose Be-

seitigung vom Atommüll dauerhaft sichergestellt ist.

Zwischenprüfung
nach § 42 Berufsbildungsgesetz vorgeschriebener Test zur Feststellung des Leistungsstandes des Auszubildenden innerhalb der Ausbildungszeit, oft nach 1 bis 1 1/2 Jahren. Der Ausbilder meldet den Auszubildenden zur Prüfung an, stellt ihn für die Prüfungsdauer frei und zahlt die Prüfungsgebühr.

Zwischenschein
auf den Namen lautendes Wertpapier, das die Mitgliedschaft zu einer AG verbrieft und ausgegeben wird, solange die volle Einzahlung des Aktienbetrages noch nicht geleistet wurde (Interimsschein).

Anhang

Handelsenglisch
im
Überblick

Englischer Briefaufbau

1. Briefkopf (heading)	HENRY MILLER & CO.
2. Briefdatum (date)	March 2nd, 19 ..
3. Zeichen (reference initials)	Our Ref. KU/ML
4. Empfänger (inside address)	Messrs. Heinrich Schulze OHG Gotenstr. 10 2000 Hamburg
5. Anrede (salutation) 1. 2.	Dear Sirs, or Dear Mr. . . . . .
6. Betreff-Zeile (subject-line)	Inquiry for . . . . .
7. Hauptteil (body of the letter)	We have learned from our . . . . .
8. Grußformel (complimentary close)	1. Yours faithfully 2. Yours sincerely
9. Unterschrift (signature)	H. Miller General Manager

Der formale Briefaufbau jedes kaufmännischen Briefes ist gleich. Er ist gleichzeitig ein logischer Ablauf von Informationsgebung an den Empfänger. Wie dargestellt, ist der Aufbau eines deutschen Briefes von der Briefkopfzeile bis zur Anrede etwas anders als der englische Aufbau.

Erläuterung des englischen Briefaufbaus:

1. Briefkopf (heading). Der Empfänger möchte schließlich wissen, wer geschrieben hat.
2. Briefdatum (date). Nach dem Tagesdatum können folgende Endungen erscheinen: st (für 1 = fir$\underline{st}$), nd (für 2 = seco$\underline{nd}$), rd (für 3 = thi$\underline{rd}$), th (für Zahlen bis zum 20. = four$\underline{th}$, fif$\underline{th}$ usw.). Danach Neubeginn: 21. = twenty fir$\underline{st}$ usw.
3. Zeichen des Schreibers und des Diktierers (reference initials = Our ref:).

Deutscher Briefaufbau

1. Briefkopf

    HEINRICH SCHULZE OHG

2. Empfänger

    Messrs. Laudel & Co.
    Knob Oak Ln 4107
    28211 Charlotte, N.G.
    U.S.A.

3. Briefdatum und Zeichenzeile (vorgedruckt)

    2000 Hamburg
    Gotenstr. 10
    ... ... Unser Zeichen March 2nd, 19 ..
    ku/ml

4. Betreff-Zeile

    Betr.:
    Inquiry for .....

5. Anrede

    Dear Sirs,

4. Empfängeranschrift (inside address).
5. Anrede (salutation). Üblich sind „Dear Sirs," „Dear Mr. Laudel," je nachdem, wie gut der Angeredete bekannt ist.
6. Betreff-Zeile (subject-line). Sie soll in Kurzform den Grund des Schreibens widerspiegeln, z. B. „Anfrage über Eisenbolzen Nr. A 14."
7. Hauptteil (body of the letter).
8. Grußformel (complimentary close). Das im Deutschen übliche „Mit freundlichen Grüßen" heißt in Großbritannien „Yours sincerely," oder sincerely yours." In Amerika häufig „Yours truly." Der Ausdruck „Yours faithfully" ist in den Fällen auch noch gebräuchliches Schlußwort, in denen der Angeschriebene nicht bekannt ist, also bei „Dear Sirs". Es ähnelt unserem „Hochachtungsvoll".
9. Unterschrift des Verantwortlichen (signature) in handschriftlicher Form. Der Name und Titel des Unterschreibenden wird in Maschinenschrift daruntergesetzt, da der Namenszug selten leserlich ist.

Darstellungsformen verschiedener Geschäftsbriefe
I. Anfrage (inquiry)
Üblicherweise beginnen viele Geschäftsanbahnungen mit der Anfrage (inquiry) über bestimmte Waren, über Lieferungs- und Zahlungsbedingungen. Es hat sich in der Praxis eine gewisse Form von Redewendungen gebildet, die sog. „Phraseology."
Beispiele von Redewendungen für Anfragen:

A. Briefbeginnmöglichkeiten

1. We have learned from Messrs. Schneider & Co. that you are manufacturers of . . .
2. We owe your address to our mutual business friend Messrs. Hamann & Co. who told us that you are in a position to deliver . . .
3. We have seen your stand at the Frankfurt Fair.
4. As our stock is running short, we need information about the following goods:
5. We are in the market for . . .
6. We have seen your advertisement in . . .
7. We are interested in . . .

1. Von der Firma Schneider & Co. haben wir erfahren, daß Sie Hersteller von . . . sind.
2. Ihre Adresse verdanken wir unserem gemeinsamen Geschäftsfreund Hamann & Co., die uns informierten, daß Sie . . . liefern können.
3. Wir haben Ihren Ausstellungsstand auf der Frankfurter Messe gesehen.
4. Da unser Lagervorrat zur Neige geht, benötigen wir nähere Angaben über folgende Waren:
5. Wir haben Bedarf an . . .
6. Wir haben Ihre Anzeige in . . . gesehen.
7. Wir sind an . . . interessiert.

B. Anfrageinhalte mit Darstellung zukünftiger Geschäftsentwicklungen:

1. Please send us your catalogue and latest price-list.
2. If your prices and other conditions are competitive, a) substantial orders will follow, b) . . . we should be able to place regular orders, c) . . . your products should find a ready market.

1. Bitte senden Sie uns Ihren Katalog mit der neuesten Preisliste.
2. Wenn Ihre Preise und Konditionen konkurrenzfähig sind, a) werden größere Aufträge folgen, b) . . . wären wir in der Lage, regelmäßige Aufträge zu erteilen, c) . . . werden Ihre Produkte einen guten Absatz finden.

3. We need samples of the goods we have seen at the fair.
4. If the samples meet our satisfaction, a) a trial order will follow, b) . . . we could order immediately.

3. Wir benötigen Muster der Waren, die wir auf der Messe gesehen haben.
4. Wenn die Muster uns zufriedenstellen, a) werden wir einen Probeauftrag erteilen, b) . . . könnten wir sofort bestellen.

5. Let us know your easy terms of delivery and payment.

5. Informieren Sie uns bitte über Ihre günstigsten Lieferungs- und Zahlungsbedingungen.

C. Abschlußredewendungen:

1. Information about our company can be obtained from . . .
2. For any information, we refer you to . . .
3. Your prompt reply will be appreciated.

1. Informationen über unsere Firma können von . . . eingeholt werden.
2. Für Informationen jeglicher Art verweisen wir Sie . . .
3. Für eine umgehende Antwort wären wir Ihnen sehr dankbar.

HEINRICH SCHULZE OHG
BEKLEIDUNGSSPEZIALIST FÜR DIE FRAU

Messrs. Brother & Cie.
Broadway 25 B
72100 New York, N.Y.
U.S.A.

				2000 Hamburg
		Unser Zeichen		Lindenstr. 24
...	...	...	hf/la	Febr. 3rd, 1982

Betreff:
Inquiry for Sateen, Quality A 1.

Dear Sirs,
we owe your address to our mutual business friend Messrs. Tretter & Co., who told us that you are in a position to deliver Sateen Nr. A1.
Please send us your latest price-list and terms of delivery and payment.
If your conditions are competitive we should be able to place regular and substantial orders.
Information about our company can be obtained from Messrs. Tretter & Co., Knoxville Tennessee.

Yours sincerely

Vokabeln zu I. Anfrage (inquiry)

address	Adresse
manufacturer	Hersteller
to owe	verdanken
mutual business friend	gemeinsamer Geschäftsfreund
in a position ...	in der Lage
to deliver	liefern
stand	Verkaufsstand
trade fair	Messe
stock	Lagerbestand
to run short	zur Neige gehen
goods	Waren
in the market for...	Bedarf haben an...
advertisement	Anzeige
latest catalogue	neuester Katalog
price-list	Preisliste
competitive	konkurrenzfähig
conditions	Konditionen
order	Auftrag
to find a ready market	einen guten Absatz finden
samples	Muster
to meet satisfaction	treffen Zufriedenheit
trial order	Probeauftrag
immediately	sofort
low	niedrig
delivery	Lieferung
payment	Zahlung
can be obtained...	kann eingeholt werden...
to refer (to)	verweisen (an)
terms of payment	Zahlungsbedingungen
terms of delivery	Lieferungsbedingungen

II. Angebot (offer)

Schwerpunkt jeder kaufmännischen Tätigkeit ist das Unterbreiten von Angeboten. Das kann auf der Basis vorangegangener Anfragen (inquiries) sein (solicited offer = verlangtes Angebot) oder routinemäßig (unsolicited offer = unverlangtes Angebot). Angebote sind bindend (firm), d. h. der Anbietende ist an seine Aussagen solange gebunden, bis er auf verkehrsüblichem Wege mit einer Antwort auf sein Angebot rechnen kann. Allerdings kann er sein Angebot mit sog. „Freizeichnungsklauseln" versehen, wie z. B. „solange Vorrat reicht" = „subject unsold" oder „freibleibend" = „without engagement." Diese Einschränkungen werden als „clause to the contrary" = „Klausel, die das Gegenteil besagt" bezeichnet. Der Inhalt (content) eines Angebots soll so ausführlich und klar sein, daß der Interessent lediglich „ja" oder „nein" zu sagen braucht. Nachfragen, die durch unklare Aussagen entstehen, verzögern Geschäftsbeziehungen und verärgern teilweise sogar den Kunden. Ein Angebot sollte folgende Mindestanforderungen beinhalten:
1. Art und Qualitätsbezeichnung der angebotenen Waren (nature and quality of the goods offered). 2. Lieferbare Menge (quantity). 3. Preise unter Berücksichtigung von Nachlässen (prices and discounts). 4. Lieferungs- u. Zahlungsbedingungen (terms of delivery and payments). Falls notwendig werden dem Angebot Muster (samples) beigefügt.

A: Briefbeginnmöglichkeiten

1. In reply to your letter dated . . . we offer you . . .

1. In Beantwortung Ihres Schreibens vom . . . können wir Ihnen . . . anbieten.

2. We are obliged for your inquiry of 22nd March and are pleased to quote as follows . . .

2. Für Ihre Anfrage vom 22. März bedanken wir uns recht herzlich und bieten Ihnen gerne wie folgt an . . .

3. With reference to your inquiry of 1st July we send you the samples by separate post.

3. Bezugnehmend auf Ihre Anfrage vom 1. Juli senden wir Ihnen mit getrennter Post die Muster.

4. As requested we are sending you by the same post the samples you wanted.

4. Wunschgemäß senden wir Ihnen mit gleicher Post die verlangten Muster.

5. We note with regret that you have not placed an order for a considerable time.

5. Mit Bedauern stellen wir fest, daß Sie seit langer Zeit keinen Auftrag mehr vergeben haben.

6. Our business friend N. Heim & Co. has given us your name as one of the leading importers of . . .
Therefore we have much pleasure to offer the following goods under our best conditions:

6. Unser Geschäftsfreund N. Heim & Co. hat uns Ihre Adresse gegeben als einen der wichtigsten Importeure von . . . Daher sind wir froh, Ihnen zu günstigen Bedingungen folgende Waren anbieten zu können:

B. Hauptteil mit Lieferungs- und Zahlungsbedingungen

1. Enclosed you will find our latest catalogue and price-list.
a) The prices are understood f.o.b. London.
b) In accordance with INCOTERMS 1953 the goods are sent "ex ship".

c) Our prices include packing.

1. In der Anlage fügen wir unserer neuesten Katalog und Preisliste bei.
a) Die Preise verstehen sich f.o.b London.
b) In Übereinstimmung mit der INCOTERMS (internationale Handelsvereinbarungen) von 1953 werden die Waren „ab Schiff" geliefert.
c) Unsere Preise verstehen sich inkl. Verpackung.

2. We are convinced that the articles will find a ready market.
3. On the catalogue-price we grant you a discount of 30%.
4. The offer is made "subject unsold".
5. If you are interested we assure a prompt execution of this offer.

6. Our prices and other conditions are extremely good und compare favourably with those of our competitors.

7. Our terms of payment are "net cash" without discount, as the prices are keenly calculated.

8. Our prices are quoted . . .
a) cash on delivery (l.o.d.)
b) payment on receipt of invoice
c) cash against documents (documents against payment D/P-d/p)
d) against irrevocable L/C (letter of credit)
e) by two months credit

9. a) The goods can be delivered . . .

b) Delivery can be made . . .

c) We assure you that your order will be executed . . .

Die Redewendungen 9a–c können beliebig mit den nachfolgenden Lieferungsbedingungen kombiniert werden:
1. promptly and carefully
2. within 3 weeks
3. immediately, a) carriage paid –
                b) f.o.r. (free on rail) –
                c) c.i.f. (cost, insurance, freight) –
                d) ex works
4. by the end of . . . at the latest.
5. 14 days after receipt of order.

C. Briefschluß
1. A trial order will show you that our goods will find a ready market.

2. A quick reply is necessary, because our offer is made "subject unsold".

---

2. Wir sind überzeugt, daß die Artikel einen guten Absatz finden werden.
3. Auf den Katalogpreis gewähren wir Ihnen 30% Rabatt.
4. Das Angebot gilt „solange Vorrat reicht".
5. Wenn Sie an diesem Auftrag interessiert sind, sichern wir Ihnen eine prompte Auslieferung zu.

6. Unsere Preise und Konditionen sind außergewöhnlich gut und schneiden günstig im Vergleich mit der Konkurrenz ab.

7. Unsere Zahlungsbedingungen sind „netto Kasse", da ein Abzug von den hart kalkulierten Preisen nicht möglich ist.

8. Unsere Preise verstehen sich . . .
a) gegen Nachnahme
b) Zahlung bei Erhalt der Rechnung
c) Kasse gegen Dokumente

d) gegen unwiderrufliches Akkreditiv

e) mit 2 Monaten Ziel.
9. a) Die Waren können . . . geliefert werden.
b) Die Lieferung kann . . . ausgeführt werden.
c) Wir versichern, daß Ihr Auftrag . . . ausgeführt wird.

1. prompt und sorgfältig
2. innerhalb 3 Wochen
3. sofort, a) frachtfrei –
           b) frei Waggon –
           c) inkl. Kosten, Versicherung u. Fracht –
           d) ab Werk.
4. bis spätestens Ende . . .
5. 14 Tage nach Erhalt des Auftrags.

1. Ein Probeauftrag wird Ihnen zeigen, daß unsere Waren einen guten Absatz finden werden.
2. Für eine umgehende Antwort wären wir Ihnen dankbar, da das Angebot mit der Einschränkung „solange Vorrat reicht" gegeben wird.

3. We look forward to your order and hope that it will lead to mutual profit.	3. Wir erwarten Ihren Auftrag und hoffen, daß es zum Vorteil für beide Seiten wird.
4. We are sure that our offer will find your interest and hope to hear from you soon.	4. Wir sind sicher, daß unser Angebot Ihr Interesse finden wird und hoffen bald von Ihnen zu hören.

MESSRS. BROTHER & CIE.
BROADWAY 25 B
72100 NEW YORK, N.Y.
U.S.A.

Our ref.
BR/IL

Febr. 21st 1982

Messrs. Heinrich Schulze OHG
Lindenstr. 24
2000 Hamburg

Dear Sirs,

<u>Offer for Sateen, Quality A 1</u>

We are obliged for your inquiry of 3rd Febr. 1982 and are pleased to quote Sateen Quality A1 under best conditions. Enclosed you will find our latest catalogue with price-list. Prices are understood less 30% special-discount, including seaworthy packing.
Payment on receipt of invoice. The goods can be delivered within 3 weeks after receipt of order, c.i.f.
By the same post we send you samples, which show you that the quality of the goods will find a ready market in Germany.
We look forward to your early reply.

Yours truly

Encl.: Samples

Vokabeln zu II. Angebot (offer)

(un)solicited offer	(un)verlangtes Angebot
firm	bindend
subject unsold	solange Vorrat reicht
without engagement	freibleibend
clause to the contrary	Klausel, die das Gegenteil besagt
content	Inhalt
nature and quality of the goods	Art und Qualitätsbezeichnung
terms of delivery and payment	Lieferungs- u. Zahlungsbedingungen
samples	Muster
in reply	in Beantwortung
we are obliged... (oc.: we thank you)	wir bedanken uns...
to refer...	beziehen auf
by separate post	mit getrennter Post
to request	bitten
to regret	bedauern
to place an order	einen Auftrag vergeben
in accordance with...	in Übereinstimmung mit...
ex ship	ab Schiff
including packing	inklusive Verpackung
to convince	überzeugen
to find a ready market	einen guten Absatz finden
execution	Ausführung
to compare	vergleichen
competitor	Konkurrent
net cash without discount	netto Kasse, ohne Abzug
keenly calculated	hart kalkuliert
cash on delivery	Nachnahme
cash against documents	Kasse gegen Dokumente
by two months credit	mit 2 Monaten Ziel
to assure	versichern
to execute	ausführen
carriage paid	frachtfrei
f.o.r. (free on rail)	frei Waggon
c.i.f. (cost, insurance, freight)	Kosten, Versicherung, Fracht
trial order	Probeauftrag
necessary	notwendig
we look forward to... (wichtig: Verlaufsform schließt sich an, z.B. hearing, awaiting usw.)	wir erwarten...

III. Auftrag (order)

Mit der Auftragserteilung, auf der Basis des *vorangegangenen* Angebotes, schließt sich der Geschäftsbeziehungskreis. Ein Kaufvertrag ist zustande gekommen, da eine zweiseitige (gegenseitige) übereinstimmende Willenserklärung vorliegt. Sollte der Auftrag auch nur in einem Punkt vom Angebot abweichen, liegt lediglich eine erneute Anfrage von Seiten des Kunden vor, ob der Lieferant zu den neu genannten Bedingungen zu liefern bereit ist. Ist z. B. dem Auftraggeber der Preis zu hoch und er bestellt eine gewisse Menge zu einem ihm genehmen Preis, so muß der Lieferant dies erst bestätigen. Die Bestätigung kann auch durch Stillschweigen (oder „bloßes Handeln") erfolgen (Ausnahme!), indem er liefert und somit den vorgeschlagenen, veränderten Preis akzeptiert. Reagiert er nicht, so hat er den vorgeschlagenen Preis abgelehnt. Der Auftrag wird dann so behandelt, als ob er nicht abgegeben sei. Diese Aufträge, verbunden mit einem Gegenvorschlag, werden „Buyers – Counter – Offer" genannt.

A Briefbeginnmöglichkeiten:

1. We thank you for your offer of...

2. We have received your letter of Febr. 15th 1982 offering us...

3. With reference to your offer of...

4. Please book the following order for immediate delivery:

5. We order as per your quotation of Jan. 3rd ...

1. Wir danken Ihnen für Ihr Angebot vom...

2. Ihren Brief vom 15. Febr. 1982 haben wir erhalten, in dem Sie uns ... anboten.

3. Wir beziehen uns auf Ihr Angebot vom...

4. Bitte notieren Sie den folgenden Auftrag zur sofortigen Lieferung:

5. Laut Ihrem Preisangebot vom 3. Jan. bestellen wir hiermit...

B. Briefhauptteil:

1. Enclosed you will find our order for...

2. The quality of your samples has impressed us favourably. Therefore we order...

a) The goods are delivered in exact accordance with the samples.

b) The delivery dates must be strictly observed.

c) The goods must be delivered by... at the latest.

d) Please do your best to supply the finest quality.

3. Our order is given on condition that the goods ordered will reach us by the end of this month at the latest.

1. In der Anlage finden Sie unseren Auftrag über...

2. Die Qualität Ihrer Muster hat uns sehr beeindruckt. Daher bestellen wir...

a) Die Waren sind in der gleicher Qualität wie die Muster zu liefern.

b) Die Lieferungsbedingungen müssen genau eingehalten werden.

c) Die Waren müssen spätestens bis zum... geliefert werden.

d) Bitte liefern Sie nach Möglichkeit die beste Qualität.

3. Der Auftrag wird unter dem Vorbehalt gegeben, daß die bestellten Waren bis spätestens Ende des Monats ankommen.

C. Briefschluß

1. As our stock is running short, the ordered goods are delivered immediately.

2. Please advise us as soon as the goods are ready for dispatch.

1. Da unser Vorrat zur Neige geht, müssen die Waren umgehend geliefert werden.

2. Bitte informieren Sie uns, sobald die Waren versandbereit sind.

3. We hope that you will execute the order with the usual care.	3. Wir hoffen, daß der Auftrag mit der üblichen Sorgfalt ausgeführt wird.
4. A prompt execution of this order is necessary.	4. Eine umgehende Erledigung des Auftrags ist notwendig.
5. If the order is executed to our satisfaction, further order will follow.	5. Wenn die Ausführung des Auftrags zur Zufriedenheit ausfällt, werden weitere Aufträge folgen.

HEINRICH SCHULZE OHG
BEKLEIDUNGSSPEZIALIST FÜR DIE FRAU

Messrs. Brother & Cie.
Broadway 25 B
72100 New York, N.Y.
U.S.A.

			Unser Zeichen hf/la	2000 Hamburg Lindenstr. 24 March, 2nd 1982
. . .	. . .	. . .		

Betreff:
Order for Sateen, Quality A 1

Dear Sirs,
we thank you for your offer of Febr. 21st 1982. The samples and terms of payment and delivery have impressed us favourably. Therefore we order for delivery within 3 weeks at the latest c.i.f.

                5.000 yards Sateen, Quality A 1.

The goods are to be delivered in exact accordance with the samples. Payment on receipt of invoice.
If the order is executed to our satisfaction, further order will follow.

                        Yours sincerely

Vokabeln zu III. Auftrag (order)

order	Auftrag
to receive	erhalten
with reference…	unter Bezugnahme…
to book	notieren
immediate	sofort
delivery	Lieferung
quotation	Preisangebot
enclosed	beiliegend
to impress	beeindrucken
favourable	vorzüglich, vorteilhaft
in accordance with	in Übereinstimmung mit
to observe	einhalten
at the latest	bis spätestens
to supply	liefern
conditionally	unter Vorbehalt
to reach	erreichen
stock	Lager
running low	zur Neige gehen
to advise	informieren
usual care	übliche Sorgfalt
satisfaction	Zufriedenheit
invoice	Rechnung

IV. Auftragsbestätigung (acknowledgement of order)

Notwendig ist eine Auftragsbestätigung bei Angeboten, die entweder unter gewissen Vorbehalten gegeben wurden (z. B. „solange Vorrat reicht," „unverbindlich" usw.), oder wenn der gegebene Auftrag vom Angebot abweicht. In dieser Bestätigung sollten die wichtigsten Vertragspunkte wiederholt werden, um jeden Irrtum auszuschließen.

A. Briefbeginnmöglichkeiten mit Hauptteil:

1. We are in receipt of your letter of 23rd of June enclosing order for . . .

1. Wir haben Ihren Brief vom 23. Juni erhalten, in dem Sie . . . orderten.

2. Thank you for your order of 2nd of March.

2. Vielen Dank für Ihren Auftrag vom 2. März.

3. We have received your order with best thanks.

2. dto.

a) The delivery will be made in accordance with our offer.

a) Die Lieferung wird in Übereinstimmung mit unserem Angebot ausgeführt.

b) We assure you that your instructions will be carefully followed.

b) Wir versichern Ihnen, daß Ihre Anweisungen sorgfältig ausgeführt werden.

c) We can deliver the goods within the time limit given.

c) Wir können die Waren in der vorgegebenen Zeit liefern.

Möglichkeiten der Ablehnung

d) We regret that

d) Wir bedauern, daß

1. we are unable to dispatch the goods within the time you wanted,

1. wir nicht in der Lage sind, die gewünschten Waren rechtzeitig zu liefern,

2. the goods ordered are out of stock,

2. die Waren nicht mehr auf Lager sind,

3. we cannot agree to your terms of payment.

3. wir Ihren Zahlungsvorschlägen nicht zustimmen können.

Folgeformulierungen

1. In accordance to our offer of 1st of April we are prepared to deliver the goods within 4 weeks.

In Übereinstimmung mit unserem Angebot vom 1. April sind wir bereit, die Waren innerhalb 4 Wochen zu liefern.

2. A new supplier has enabled us to deliver the goods requested in 2 months.
3. We would be prepared to grant you a special discount of 10% if you could increase your order to 3.000 pieces.

B. Briefschluß
1. We hope,
a) further orders will follow,
b) that our goods will find a ready market.
c) that the goods will find your entire satisfaction.

Ein neuer Lieferant gibt uns die Möglichkeit, die gewünschten Waren in 2 Monaten zu liefern.
Wir wären bereit, Ihnen einen Sonderrabatt von 10% zu gewähren, wenn das Auftragsvolumen 3.000 erreicht.

1. Wir hoffen,
a) daß weitere Aufträge folgen werden,
b) daß unsere Waren einen guten Absatz finden werden,
c) daß die Waren Sie zufriedenstellen werden.

MESSRS. BROTHER & CIE.
BROADWAY 25 B
72100 NEW YORK, N.Y.
U.S.A.

Our ref.
BR/IL

March 22nd 1982

Messrs. Heinrich Schulze OHG
Lindenstr. 24
2000 Hamburg

Dear Sirs,

<u>Acknowledgement of order for Sateen, Quality A1</u>

Thank you for your order of March 2nd 1982. The delivery will be made in exact accordance with our offer. The goods will be ready next week and will be dispatched c.i.f. The prices are to be understood less 30% special discount, including seaworthy packing. As usual, payment on receipt of invoice.
We hope that this order will convince you to give further orders.

Yours truly

Vokabeln zu IV. Auftragsbestätigung (acknowledgement of order)

in accordance	in Übereinstimmung
to assure	versichern
instruction	Anweisung
careful	sorgfältig
to follow	folgen
to regret	bedauern
unable	unmöglich
limited	begrenzt
to agree	übereinstimmen
further	weitere
entire	völlig
satisfaction	Zufriedenheit
to prepare	bereit
supplier	Lieferant
in a position	in der Lage
to rise	anheben
usual	gewöhnlich
to grant	gewähren